U0482500

早期德意志教育学形态

On Morphologies of the Early German Pedagogies

牛国兴　著

中国社会科学出版社

图书在版编目(CIP)数据

早期德意志教育学形态 / 牛国兴著. —北京：中国社会科学出版社，2022.3
ISBN 978-7-5203-9521-2

Ⅰ.①早… Ⅱ.①牛… Ⅲ.①教育学—学科发展—研究—德国—1780-1810 Ⅳ.①G40

中国版本图书馆 CIP 数据核字 (2022) 第 015001 号

出 版 人	赵剑英
责任编辑	高 歌
责任校对	李 琳
责任印制	戴 宽

出　　版	中国社会科学出版社
社　　址	北京鼓楼西大街甲 158 号
邮　　编	100720
网　　址	http://www.csspw.cn
发 行 部	010-84083685
门 市 部	010-84029450
经　　销	新华书店及其他书店
印　　刷	北京君升印刷有限公司
装　　订	廊坊市广阳区广增装订厂
版　　次	2022 年 3 月第 1 版
印　　次	2022 年 3 月第 1 次印刷
开　　本	710×1000　1/16
印　　张	24.5
插　　页	2
字　　数	355 千字
定　　价	146.00 元

凡购买中国社会科学出版社图书，如有质量问题请与本社营销中心联系调换
电话：010-84083683
版权所有　侵权必究

出 版 说 明

为进一步加大对哲学社会科学领域青年人才扶持力度,促进优秀青年学者更快更好成长,国家社科基金2019年起设立博士论文出版项目,重点资助学术基础扎实、具有创新意识和发展潜力的青年学者。每年评选一次。2020年经组织申报、专家评审、社会公示,评选出第二批博士论文项目。按照"统一标识、统一封面、统一版式、统一标准"的总体要求,现予出版,以飨读者。

全国哲学社会科学工作办公室

2021 年

序

牛国兴博士的著作《早期德意志教育学形态》出版，可喜可贺。一时间不会洛阳纸贵，长期看必有学术地位。

付梓前，牛博士索序。在我，一则以喜，一则以惧。博士学位论文，获得国家社科基金资助出版。这样的小概率大好事，我和周边同仁身上，没发生过，自然喜上眉梢。论文围绕我过去常提给博士生的一个问题展开：赫尔巴特以前的德国教育学是什么样的。对问题的价值，我只有直觉，外加一点想象。缺乏基本知识，不敢妄断什么。作序时，忐忑不安。

"早期德意志教育学形态"如何的问题，只引起国兴同学一人的持续兴趣。为此，国兴博士付出高昂代价。十年磨一剑，剑气上连牛。牛卧自由国，国兴勘乱流。祝贺！

对博士生的学位论文选题这等大事，我遵循自定的"诡异三律"：

1. 不在导师专攻的疑题中接盘。洒脱，自在。
2. 不在专家趋附的场面上凑趣。独立，自省。
3. 不在圣明布阵的沙盘里现形。超逸，自由。

"三律"，是出于敬畏学术的谦卑之心而提出的行为规范。师生共同接受规范约束，各自实现意志自由。国兴等同学的选题，完全符合三律。符合三律，只是手段，不是目的。同行评议是检验学术成就的唯一专业标准。因此，我唠叨《早期德意志教育学形态》的学术价值再三再四，不会为之加分。

敬候业界批评。不过，问题越是精专，越是前沿，同行越少。短时间内，评议起来，怕是波澜不惊。高深研究者是孤独的。不孤不独，不高不深。孤独者不会拥有公共群体。前簇后拥的恢弘场景，与之绝缘。乐在孤独中，孤独乐无穷。

学术规范，不在同行评议之列。学林杂剧之一是，剽窃、抄袭之类，有心的外行人和初级机器人，也能发现。在同行评议时，却未必都发现得了。岂不怪哉？

高徒月晕名师。徒登高，师未名。自在、自省、自由，使然。

是为序。

董　标

广州　火炉山

2022 年 2 月 12 日

摘　　要

"教育学观念"经"教育学行动"成为"教育学实体"的过程，是教育学存在的确证。借助教育学形态研究理论，本书旨在为早期德意志教育学的发展状况提供新的描述和解释。

1780—1810年间，至少有十三本教育学著作在德意志地区出版，它们分别以"教育艺术"、"教育原理"、"教育学说"或"教育学"为名，对此后的教育学以及教育事业的发展有重要的影响。这些出现在十八世纪前后的早期德意志教育学，作为迥异而独立教育学存在，拥有各自的生成过程、结构特征和效应影响，呈现出多种多样的形态。它们的集中出现形成了独特的教育学现象，彼此间的交叠、影响和互动，形成了纷繁复杂的关系和教育学效应。这各异的教育学形态，该如何描绘；这独特的教育学现象，该如何解释；这纷繁复杂的关系，该如何处理；当时德国的教育学知识领域中的光彩和阴影，又该如何反映？遗憾的是，这些早期德意志教育学，在当今中文教育学研究中是"缺位"的。

为改善这种境况，本书借用教育学形态研究理论的分析范式，从情境、语言和观念三个维度分别考察诸早期德意志教育学。对各教育学的分辨、解析、描述和解释，是研究的第一步；与之同步的，是在多个维度上对诸教育学的分析比较；最终，依据分析结果，将诸早期德意志教育学分门别类，确立它们在教育学系谱中位置。为方便研究，特选取六部教育学著作为研究对象。它们分别是特拉普的《教育学尝试》(1780)、康德的《康德论教育学》(1803)、尼迈尔的《教育与教学原理》(1796)、施瓦茨的《教育与教学学说教科书》(1805)、赫尔巴特的《普通教育学》(1806)、里希特的《莱瓦娜，或教育学说》(1807)。

本书共分为五个部分。

第一部分是绪论。通过对陈桂生问题的分析，对国内外相关研究文献的回顾，提出本书拟解决的问题。

第二部分探讨情境与教育学行动的关系。教育学形态研究的初阶分析，是情境分析。18世纪末19世纪初的德意志地区，"德意志民族的神圣罗马帝国"由衰落走向灭亡，理性与非理性在思想领域交织碰撞催生了一系列思想运动，与此同时，德意志地区的教育实践得到一定的发展，这些为早期德意志教育学的产生提供了土壤。而出生和成长于这一时期的教育学的作者们，因不同的背景和成长经历，发展出不同的个性特征。时代情境塑造了作者个性，个性特征影响作者对时代情境的感知，两种因素的叠加、互动，形成了形态丰富、风格迥异的教育学。

第三部分探讨语言与教育学实体的关系。教育学形态研究的中阶分析，是语言分析。它主要探究语言在教育学场域的应用过程，即观念教育学转化为实体教育学的过程。在分析各教育学实体内容结构的基础上，研究呈现了不同教育学的作者在教育学的陈述原则、陈述结构、陈述内容等方面的差异。六部教育学在陈述语言的异同，体现出各教育学实体之间的传承与互动。

第四部分探讨观念与教育学存在的关系。教育学形态研究的高阶分析，是观念分析。它以概念为起点，经对基本概念、基本判断和核心命题的考察，确定诸教育学的性质及其区别。

第五部分是结语。研究表明："得教育学风气之先者"，并非赫尔巴特一人，而是作为一种整体现象的早期德意志教育学；早期德意志教育学三十年的发展历程，亦是德意志教育学科学化的初始进程；参照教育学形态研究理论的分类模型，可将早期德意志教育学初步分类：特拉普和施瓦茨教育学属于学校教育学，康德、尼迈尔、赫尔巴特和里希特教育学属于家庭教育学。

关键词：德意志教育学；教育学形态研究；康德；赫尔巴特；里希特

Abstract

The definite proof of the pedagogical existence is the process that "the pedagogical ideas" through "the pedagogical acts" to become "the pedagogical entities". This book intended to present some new descriptions and explanations for the development of the early German pedagogies.

During the period of 1780 – 1810, at least 13 pedagogical works were published in the German region. Their names were different as "the pedagogical art", "the pedagogical principle", "the pedagogical doctrine", "the pedagogical manual" and "the pedagogy" etc. Those pedagogies had significant impacts on the development of later German pedagogy and education. As distinct and independent pedagogy these early German pedagogies which appeared around the 18th century, had different generation processes, structural characteristics and influences, appeared varied forms. Their emergence has formed a unique pedagogical phenomenon. The crossing influence and interaction of them has formed complex relationships and pedagogical effects. How to describe these different pedagogical morphology; how to explain the unique pedagogical phenomenon; how to deal with this complicated relationship; how to reflect the brilliance and shadow in the pedagogical knowledge in Germany? Unfortunately, they are absent in current Chinese pedagogical study.

This book studied the early German pedagogies in situation, language and idea those three levels by the theory of morphological study on pedagogy. The first step was the analysis, description, explanation of each pedagogy. Synchronously this book comparatively analyzed those pedagogies at three levels in situation, language and idea. Finally, the early German pedagogies were classified according the result of those analyses. Six pedagogies were chosen as the study objects: E. C. Trapp's "Versuch einer Pädagogik" (1780), I. Kant's "I. Kant über Pädagogik" (1803), A. H. Niemeyer's "Grundsätze der Erziehung und des Unterrichts" (1796), F. H. C. Schwarz's "Lehrbuch der Pädagogik und Didaktik" (1805), J. F. Herbart's "Allgemeine Pädagogik" (1806), J. P. F. Richter's "Levana oder Erziehlehre" (1807).

This book divided into five parts.

The first part is introduction. Based on the analysis of Chen Guisheng's problem andthe review of relevant research literature, this part posed the research question, introduced research methodology and clarified research design.

The second part explored the relationship between contexts and pedagogical actions. The situational analysis is the primary paradigm of the morphological study on pedagogy. At the end of eighteenth century and early nineteenth century, there were lots of changes in German region: "die heiligen römischen Reich Deutscher Nation" was in decline and finally die out, the collision of the rational and irrational thoughts forced a series of ideological movement, the educational practice developed quickly. Those were the soil of the early German pedagogies. Due to different background and development experience, these authors who were born and raised in this period and situation, developed various personalities and characteristics, which were the reason of those rich morphological and different stylistic pedagogies.

The third part discussed the relationship between language and pedagogical entities. The language analysis is the middle paradigm ofthe morphological study on pedagogy. Based on the analysis of the content and structure of these pedagogies, the study compared different choices of the content, different arrangements of the statement structure and the diversities in the principle of statement by different authors. The similarities and differences in the language of statement reflected the inheritance and interaction between the various pedagogical entities.

The fourth part discussed the relationship between ideas and pedagogical existences. The idea analysis is the advanced paradigm of the morphological study on pedagogy. It started from the concept by the analysis of the basic concept, the basic judgment and the core proposition, determined the nature of different pedagogies.

The last part is conclusion. It was not Herbartwho played the role "the pioneer in pedagogies" but the early German pedagogies as a whole phenomenon. The thirty years development of the early German pedagogies was also the junior scientific process of the pedagogy. According to the classification model of the the morphological study on pedagogy, the pedagogy of Trapp and Schwarz belongs to the school pedagogy, the pedagogy of Kant, Niemeyer, Herbart and Richter belongs to the family pedagogy.

Key Words: The German Pedagogy; the morphological study on pedagogy; I. Kant; J. F. Herbart; J. P. F. Richter

目　录

绪　论 ……………………………………………………………（1）
 第一节　陈桂生问题 ……………………………………………（1）
  一　早期德意志教育学在中国的命运 ……………………（1）
  二　以里希特教育学为切入点 ……………………………（6）
 第二节　文献回顾 ………………………………………………（12）
  一　对早期德意志教育学发展状况的研究 ………………（12）
  二　对里希特教育学的研究 ………………………………（30）
 第三节　研究构想 ………………………………………………（48）
  一　对"陈桂生问题"的重新回答 …………………………（48）
  二　教育学形态研究的方法论 ……………………………（49）
  三　陈述结构 ………………………………………………（57）

第一章　情境与教育学行动 …………………………………（59）
 第一节　时代情境 ………………………………………………（60）
  一　从衰败到灭亡："德意志民族的神圣罗马帝国"的
   变局 ………………………………………………………（61）
  二　理性与非理性的交锋：19世纪前后德意志地区的
   时代精神 …………………………………………………（66）
  三　"教育世纪"：18世纪下半叶德意志地区的教育
   实践 ………………………………………………………（84）
 第二节　作者个性 ………………………………………………（99）

一　里希特肖像……………………………………………（99）
　　二　诸教育学作者群像……………………………………（113）
第三节　情境知觉与教育学生成………………………………（129）
　　一　写给父母的"莱瓦娜"………………………………（129）
　　二　体系化教育学的初次尝试……………………………（132）
　　三　由大学讲义而来的教育学……………………………（135）
　　四　作为家庭教育指南的教育学…………………………（139）
　　五　神学教授的教育学……………………………………（142）
　　六　遭冷遇的教育学………………………………………（147）
本章结语…………………………………………………………（152）

第二章　语言与教育学实体 …………………………………（154）
第一节　教育学的内容结构……………………………………（155）
　　一　《莱瓦娜，或教育学说》……………………………（155）
　　二　《教育学尝试》………………………………………（165）
　　三　《康德论教育学》……………………………………（169）
　　四　《教育与教学原理》…………………………………（175）
　　五　《教育与教学学说教科书》…………………………（181）
　　六　《普通教育学》………………………………………（186）
第二节　教育学的陈述模式……………………………………（194）
　　一　内容选择………………………………………………（194）
　　二　篇章结构………………………………………………（197）
　　三　陈述原则………………………………………………（199）
第三节　教育学的陈述语言……………………………………（204）
　　一　"音重于义"教育学…………………………………（204）
　　二　"规范理论"教育学…………………………………（210）
　　三　"浅显易懂"教育学…………………………………（212）
　　四　"操作指南"教育学…………………………………（213）
　　五　"力求客观"教育学…………………………………（215）

六　"晦涩简略"教育学 ……………………………………… (217)
　本章结语 …………………………………………………………… (221)

第三章　观念与教育学存在 ………………………………………… (223)
　第一节　教育学的基本概念 ……………………………………… (224)
　　一　基本概念的比较 ……………………………………… (224)
　　二　教育 ……………………………………………………… (227)
　　三　教化 ……………………………………………………… (250)
　　四　教学 ……………………………………………………… (261)
　　五　教育目的 ………………………………………………… (269)
　第二节　教育学的基本判断与核心命题 ………………………… (286)
　　一　里希特教育学 …………………………………………… (287)
　　二　特拉普教育学 …………………………………………… (292)
　　三　康德教育学 ……………………………………………… (294)
　　四　尼迈尔教育学 …………………………………………… (296)
　　五　施瓦茨教育学 …………………………………………… (298)
　　六　赫尔巴特教育学 ………………………………………… (301)
　第三节　教育学的基本概念和核心命题的对比分析 …………… (305)
　　一　"教育"概念对比 ……………………………………… (305)
　　二　"教学"概念对比 ……………………………………… (307)
　　三　"教育目的"概念对比 ………………………………… (309)
　　四　核心命题对比 …………………………………………… (313)
　本章结语 …………………………………………………………… (318)

结语　早期德意志教育学的"归位" …………………………… (320)
　第一节　近代教育学的故乡：德意志地区 ……………………… (320)
　第二节　得教育学风气之先者：早期德意志教育学 …………… (322)
　　一　教育学情境 ……………………………………………… (322)
　　二　教育学语言 ……………………………………………… (323)

三　教育学观念 …………………………………………（324）
第三节　"教育学科学化"的起源 ………………………………（326）
　　一　"教育艺术"：教育实践的理论化尝试 …………………（327）
　　二　"教育学"：对教育学"理论基础"的探寻 …………（328）
　　三　"教育原理/学说"：对教育学"自身概念"的
　　　　推求 ……………………………………………………（329）
　　四　"普通教育学"：教育学"体系化"的努力 …………（330）
第四节　早期德意志教育学的形态分类 ………………………（332）
　　一　制度教育学 …………………………………………（332）
　　二　应用教育学 …………………………………………（333）
　　三　学名教育学 …………………………………………（333）
第五节　回到早期德意志教育学 ………………………………（335）

附　录 ……………………………………………………………（336）

参考文献 …………………………………………………………（346）

索　引 ……………………………………………………………（362）

后　记 ……………………………………………………………（367）

Contents

Introduction ··· (1)

  Section 1   Chen Guisheng's Question ·························· (1)

    1   The Fate of the early German Pedagogies in
       China ·· (1)

    2   J. P. F. Richter's Pedagogy as an Entry Point ············· (6)

  Section 2   Literature review ··································· (12)

    1   Research on the Development of the early German
       Pedagogies ·· (12)

    2   Research on J. P. F. Richter's Pedagogy ················· (30)

  Section 3   Research Design ··································· (48)

    1   New Answer to "Chen Guisheng's Question" ············· (48)

    2   The morphological Study on Pedagogy ···················· (49)

    3   Statement Structure ·· (57)

Chapter 1   Situation and Pedagogical Action ················ (59)

  Section 1   The Background of Times ·························· (60)

    1   The Changing Situation of "die Heiliges Römisches Reich
       deutscher Nation" ··· (61)

    2   The Spirit of Times in Germany Around the 19th
       Century ··· (66)

3　Educational Practice in Germany in the Second Half of
　　　　the 18th Century ………………………………………… (84)
　Section 2　The Personality of Author ………………………… (99)
　　1　The Portrait of J. P. F. Richter ………………………… (99)
　　2　Group Portraits of the other pedagogical Authors ……… (113)
　Section 3　Situational Perception and Educational produce … (129)
　　1　"Levana" to parents ……………………………………… (129)
　　2　The first Attempt of the systematic Pedagogy …………… (132)
　　3　The Pedagogy from University Lectures ………………… (135)
　　4　The Pedagogy as a Guide for Family Education ………… (139)
　　5　The Pedagogy by theological Professor ………………… (142)
　　6　The Pedagogy that has been coldly received …………… (147)
　Chapter Conclusion ………………………………………………… (152)

Chapter 2　Language and Pedagogical Entity ……………… (154)
　Section 1　The Structure of Pedagogy ………………………… (155)
　　1　"Levana oder Erziehlehre" ……………………………… (155)
　　2　"Versuch einer Pädagogik" ……………………………… (165)
　　3　"I. Kant über Pädagogik" ……………………………… (169)
　　4　"Grundsätze der Erziehung und des Unterrichts" …… (175)
　　5　"Lehrbuch der Pädagogik und Didaktik" ……………… (181)
　　6　"Allgemeine Pädagogik aus dem Zweck der
　　　　Erziehung" ………………………………………………… (186)
　Section 2　The Statement Model of Pedagogy ………………… (194)
　　1　The Selection of Contents ……………………………… (194)
　　2　The Structure of Chapters ……………………………… (197)
　　3　The Principle of Statements …………………………… (199)
　Section 3　The Statement Language of Pedagogy …………… (204)
　　1　The Pedagogy which paid more Attendtion to Sounds … (204)

2　The Pedagogy which was "the Normative Theory" ……（210）
　3　The Pedagogy which was easy to understand …………（212）
　4　The Pedagogy which was "the Guide for Parents" ……（213）
　5　The Pedagogy which strived to be objective …………（215）
　6　The Pedagogy which was obscure and concise …………（217）
Chapter Conclusion ………………………………………………（221）

Chapter 3　Ideas and the Pedagogical Existence ……………（223）
　Section 1　Basic Concepts of Pedagogy ……………………（224）
　　1　Comparison of basic concepts ……………………………（224）
　　2　Erziehung ……………………………………………………（227）
　　3　Bildung ………………………………………………………（250）
　　4　Teaching ……………………………………………………（261）
　　5　Educational Purposes ……………………………………（269）
　Section 2　Basic Judgments and Propositions of Pedagogy ……（286）
　　1　J. P. F. Richter's Pedagogy ……………………………（287）
　　2　E. C. Trapp's Pedagogy …………………………………（292）
　　3　I. Kant's Pedagogy ………………………………………（294）
　　4　A. H. Niemeyer's Pedagogy ……………………………（296）
　　5　F. H. C. Schwartz's Pedagogy …………………………（298）
　　6　J. F. Herbart's Pedagogy ………………………………（301）
　Section 3　The Comparison of basic Concepts and
　　　　　　Propositions ……………………………………（305）
　　1　The Comparison of the concept of "education" ………（305）
　　2　The Comparison of the concept of "teaching" …………（307）
　　3　The Comparison of the concept of "educational
　　　　purpose" ……………………………………………………（309）
　　4　The Comparison of core propositions …………………（313）
Chapter Conclusion ………………………………………………（318）

Conclusion   The "Returning" to the Early German Pedagogies ……………………………… (320)

 Section 1 German region: The hometown of modern pedagogy ………………………………………… (320)

 Section 2 The early German Pedagogies: The Pioneer of Pedagogy ………………………………………… (322)

  1 Pedagogical Situation ……………………………… (322)

  2 Pedagogical Language ……………………………… (323)

  3 Pedagogical Ideas ………………………………… (324)

 Section 3 The Origin of "Scientization of Pedagogy" ……… (326)

  1 "The Pedagogical Art": An Attempt of the Theorization of the Educational Practices ……………………… (327)

  2 "The Pedagogy": An Explore of the Theoretical Foundations of the Pedagogy ……………………………… (328)

  3 "The Pedagogical Principle/Doctrine": An Inquiry of the Pedagogical Concepts ………………………………… (329)

  4 "The General Pedagogy": A Strive of the Systematic Pedagogy ……………………………………………… (330)

 Section 4 Morphological classification of early German pedagogies ……………………………………………… (332)

  1 Institutionalized Pedagogies ……………………… (332)

  2 Applied Pedagogies ………………………………… (333)

  3 The Pedagogies with the scientific names …………… (333)

 Section 5 The "Returning" to the Early German Pedagogies … (335)

Appendix ……………………………………………………… (336)

References …………………………………………………… (346)

Index ………………………………………………………… (362)

Postscript …………………………………………………… (367)

绪 论

第一节 陈桂生问题

一 早期德意志教育学在中国的命运

18世纪末19世纪初的德意志地区尚不存在一个统一的、有民族认同的德国，而是一个由德语联系起来的文化空间。1806年之前的德意志民族的神圣罗马帝国（Heiliges Römisches Reich deutscher Nation），下辖数百个大大小小的邦国，在地理上，不仅包括今天的德国，还包括奥地利、中欧和南欧的部分地区。因此，本书采用"德意志地区"来指称当时的德国，而将产生于其中的教育学，称为"德意志教育学"。

陈桂生曾发问："哪里是近代教育学的故乡？谁得教育学风气之先？"[①] 这个问题的答案，多数教育学的研习者会脱口而出：德国是近代教育学的故乡，得教育学风气之先者是赫尔巴特。这似乎是教育学的基本常识。实际上，这条常识须重新修订。以德国为近代教育学故乡，符合事实；但"得教育学风气之先者"，却并非赫尔巴特，而是另有其人。

在国内大部分教育学研究和教学中，都认为赫尔巴特在教育学

[①] 陈桂生：《历史的"教育学现象"透视：近代教育学史探索》，人民教育出版社1998年版，第53页。

发展史上厥功至伟。他通常被看作是"科学教育学之父"或"科学教育学的奠基人"。① 其对教育学命运的论判名句时常被人引用："假如教育学能尽可能地明确自身的概念，进而培植出独立的思想，那么情况可能会好很多；它由此会成为一个研究领域的中心，而不再像偏僻的、被占领的区域一样，堕入被外人治理的危险境地。"② 倘若仔细推敲，此论断隐含重要信息：当时已经存在若干教育学，且赫尔巴特对它们并不满意。而这些出现在赫尔巴特《普通教育学》之前的教育学，长期以来不为中国的教育学研习者重视。

18 世纪中叶，启蒙思想席卷欧洲。在德意志地区，一批受启蒙精神影响的邦国君主开启改革，促进了教育事业的发展。德国的市民阶层（Bürgertum）形成较晚，当法国人投入到风雷激荡的社会政治运动之时，德国人却只能委身在思想领域有所作为。在启蒙浪潮中，教育的作用被重新认识，"教育"与"启蒙"以及"人的成熟"之间建立了紧密联系。一时间，有知识有教养的人，均以思考、关心、探讨教育为己任。神学家、哲学家、教育家、文学家争相发表教育见解，多所大学开设教育学课程，多篇教育研究论文发表，多部教育著作以及教化小说（Bildungsroman）出版，盛况非凡。③ 值得注意的是，在这段德意志教育学"百花齐放"的时期，赫尔巴特

---

① 19 世纪 80 年代早期，剑桥大学的布劳伊把"现代科学教育学的奠基人"（The founder of modern scientific pedagogics）和"德国心理学的奠基人"（the founder of modern German psychology）两顶桂冠加到赫尔巴特头上。疑此为后人所谓"科学教育学之父"等加冕者之始。见 Oscar Browning, An Introduction to the History of Educational Theories, London: Kegan Paul, Trench, & Co., Paternoster Square, 1882, p. 172. 转引自董标《卢梭悖论——"教育学形态"的案例研究》，《中国教育科学》2013 年第 1 期。

② 参见［德］赫尔巴特《普通教育学》，载《赫尔巴特文集 3》（教育学卷一），李其龙主编，浙江教育出版社 2002 年版，第 11 页。

③ 教化小说，又译修养小说，是德国文学中特有的一种小说形式，它不像英法小说那样，描绘一幅广阔的、绚丽多彩的社会画面，或者讲述生动有趣甚至是错综复杂的故事。而是讲述一个人在社会现实中的成长过程，通过各种磨炼使个人与社会相适应。因此，教化小说的最大特点，就是集中写主人公如何成长的过程，他的成长不是靠闭门修炼，而是通过社会实践。教化小说的宗旨，不是（转下页）

的《普通教育学》作为其中一本，在当时并未享有今日之盛名。赫尔巴特曾悲鸣："我那可怜的教育学，跫音不响，友声未闻。"①它沉寂了许久，直至赫尔巴特学派的出现。因此，以赫尔巴特教育学为"得风气之先者"，不合实际。

陈桂生亦曾尝试回答自己提出的问题：

> 在德国近代教育学前驱为教育学催生之际，法国与英国的教育家似乎甘愿让德国学者专美于前，遂使德国成为近代教育学的故乡。②

> 通常在溯"教育学"之源时，以赫尔巴特的《普通教育学》为始俑之作，……在此以前至少有7本（施瓦茨两本）教育学或近于教育学的著作行世。③

（接上页）传达作者对社会的观察和认识，而是表达作者的生活体验以及他所认识的人生真谛。这种小说有明显的自传成分，既有作者的实际经历，也有作者的理想。公认的教化小说，从维兰德的《阿迦通》开始，到歌德的《威廉·迈斯特的学习时代》达到顶峰。十九世纪，教化小说是德意志小说的主要形式之一。教化小说与发展小说（Entwicklungsroman）类似，但一般不将之称作教育小说。因为"教化小说"与"教育小说（Erziehungsroman）"有区别，教育小说强调非成长过程，而是教育过程，从居高临下的教育者的视角构造小说。参见范大灿主编《德国文学史》（第2卷），译林出版社2006年版，第394页；谷裕《德语修养小说研究》，北京大学出版社2013年版；潘一禾《文学家笔下的佳偶——外国教育小说一瞥》，《浙江大学学报》（社会科学版）1996年第1期。有研究者将西方学者对教化小说的定义总结为两种类型："一是'理性判断类'，着眼于深入剖析教化小说最为成熟的内涵，以艾布拉姆斯的论述为代表：'这类小说的主题是主人公思想和性格的发展，叙述主人公从幼年开始经历的各种遭遇。主人公通常要经历一场精神上的危机，然后长大成人并认识到自己在人世间的位置和作用。'其二是'形态描述类'，重在描述其特有的叙事形态及演变规律，威廉·狄尔泰将其描绘为'成长维度'与'教育维度'相互交融又各有侧重的小说形式。"参见徐秀明等《教化小说的西方渊源与中国衍变》，《上海师范大学学报》（哲学社会科学版）2011年第1期。

① 转引自董标《卢梭悖论——"教育学形态"的案例研究》，《中国教育科学》2013年第1期。参见 George Basil Randels, *The Doctrines of Herbart in the United States*, Ph. D. Thesis of the University of Pennsylvania, 1909, p. 5.

② 陈桂生：《历史的"教育学现象"透视：近代教育学史探索》，人民教育出版社1998年版，第53页。

③ 陈桂生：《历史的"教育学现象"透视：近代教育学史探索》，人民教育出版社1998年版，第65页。

据已掌握的资料显示,1806 年之前,至少有十三本教育学著作在德意志地区出版,它们分别以"教育艺术""教育原理""教育学说"或"教育学"为名。其出版概况见下表:

表 0-1　　　　　　　　早期德意志教育学出版概况

序号	出版时间(年)	作者	题名	出版地
1	1771	J. P. Miller (1705—1781)	Grundsätze einer weisen und christlichen Erziehungskunst《智慧与基督的教育艺术原理》	Göttingen(哥廷根)
2	1780	F. S. Bock (1716—1785)	Lehrbuch der Erziehungskunst, zum Gebrauch für christliche Eltern und künftige Jugendlehrer《教育艺术教科书——写给基督教父母和未来的青少年教师》	Königsberg(柯尼斯堡)①
3	1780	E. C. Trapp (1745—1818)	Versuch einer Pädagogik《教育学尝试》	Berlin(柏林)
4	1793	J. C. Greiling (1765—1840)	Über den Endzweck der Erziehung und über den ersten Grundsatz einer Wissenschaft derselben《论教育的最终目的兼论教育作为一门科学的首要原理》	Schneeberg(施内贝格)
5	1795	J. H. G. Heusinger (1767—1837)	Versuch eines Lehr Lehrbuchs der Erziehungskunst《教育艺术教科书的尝试》	Leipzig(莱比锡)
6	1796	A. H. Niemeyer (1754—1828)	Grundsätze der Erziehung und des Unterrichts《教育与教学原理》	Halle(哈勒)
7	1797	H. Stephani (1761—1850)	Grundriß der Staatserziehungswissenschaft《国家教育科学基础》	Weißenfels(魏森费尔斯)
8	1799—1801	W. F. Lehne	Handbuch der Pädagogik nach einem Systematischen Entwurfe《系统性构思的教育学指南》	Göttingen(哥廷根)
9	1802—1813	F. H. C. Schwarz (1766—1837)	Erziehungslehre《教育学说》	Leipzig(莱比锡)
10	1803	I. Kant (1724—1804) D. F. T. Rink	I. Kant über Pädagogik《康德论教育学》	Königsberg(柯尼斯堡)

---

① 柯尼斯堡,今名加里宁格勒,属俄罗斯。

续表

序号	出版时间（年）	作者	题名	出版地
11	1805	F. H. C. Schwarz	*Lehrbuch der Pädagogik und Didaktik*《教育学与教学论教科书》	Heidelberg（海德堡）
12	1802/05	K. v. Weiller (1726—1826)	*Versuch eins Lehrgebäudes der Erziehungskunde*《教育常识体系的尝试》	München（慕尼黑）
13	1806	K. H. L. Pölitz (1772—1838)	*Die Erziehungswissenschaft, aus dem Zwecke der Menschheit und des Staates praktisch dargestellt*《教育科学——从人类和国家的目的中实践性阐明的教育科学》	Leipzig（莱比锡）
14	1806	J. F. Herbart (1776—1841)	*Allgemeine Pädagogik aus dem Zweck der Erziehung abgeleitet*《由教育目的导出的普通教育学》	Göttingen（哥廷根）
15	1807	J. P. F. Richter (1763—1825)	*Levana oder Erziehlehre*《莱瓦娜，或教育学说》	Braunschweig（布伦瑞克）
16	1811—1813	V. E. Milde (1777—1853)	*Lehrbuch der allgemeinen Erziehungskunde zum Gebrauch öffentlicher Vorlesungen*《普通教育常识教科书——公开讲座用书》	Wien（维也纳）

以 1806 年为时间节点，目的仅在于统计出版于赫尔巴特《普通教育学》之前的教育学著作，并不意味着早期德意志教育学的发展以此划界。在 1806 至 1810 年间的德意志地区，仍有教育学著作出版。陈著中提到的里希特的著作《莱瓦娜》，实际出版于 1807 年，米尔德的两卷本著作，实际出版于 1811 和 1813 年。①

在列举了德意志教育学的发展盛况之后，陈桂生感叹：

> 短时期内，有十余本教育学及教育理论著作问世，可谓盛矣！早期许多教育学或已失传，至少在中国鲜为人知。②

---

① Jean Paul F. Richter, *Levana oder Erziehlehre*, Braunschweig, 1807. V. E. Milde, *Lehrbuch der allgemeinen Erziehungskunde zum Gebrauch öffentlicher Vorlesungen*, 2 Bände, Wien, 1811-1813.

② 陈桂生：《历史的"教育学现象"透视：近代教育学史探索》，人民教育出版社 1998 年版，第 69 页。

陈桂生感德国教育学兴起之盛,叹中国教育学史发展之弱。感叹之间,传递着老一辈学人的提醒与督促。遗憾的是,二十余年过去,早期德意志诸教育学在中国仍保持着"鲜为人知"的状态。至今未见国内教育学界有对陈桂生问题的进一步回答。[①]

早期德意志教育学,在短时期内集中出现,对此后的教育学以及教育事业的发展有重要的影响。作为单一的教育学存在,它们是如何被生产、传播和消费的,它们之间有着什么样的关系,对后来的教育学又有着怎样的影响?整体而言,这些教育学的出现,形成了一种独特的教育学现象。这一教育学现象,仅出现在18世纪末19世纪初的德国,其他地方均无类似的状况。它为什么仅出现在德国,它的产生有什么样的原因,又导致了怎样的后果,如何来描述和解释它的产生、发展与效应,又该如何反映当时德国教育学知识领域中的光彩与阴影?

以上这些,原本是教育学史研究中的重要问题,而在当下的中国,却被有意无意地遗忘或搁置了。早期德意志教育学逐渐湮没在故纸堆中,不再有人问津。遗忘的原因多重,搁置的结果同一。当今教育学界,传统的教育学史研究日渐式微;而各种名目的教育或教育学层出不穷。这两类现象有紧密联系。对历史的遗忘和搁置,渐成习惯和传统。而缺乏历史感的研究者,生成出的理论未免流于空泛。

本书以早期德意志教育学为研究对象,尝试重新回答陈桂生问题。

二 以里希特教育学为切入点

遵循"分而治之为先,合而统之殿后"的教育学研究模式,首

[①] 此判断的依据,参见本章第二节的文献回顾部分。

先是对诸教育学的描述、解析、分辨。① 然而早期德意志教育学数量繁多、形态各异，如何在上文提及的数十部教育学中，找出一个切入点，是研究伊始必须解决的问题。考虑到德语文献的获取和理解的难易程度，已有中文译本的两部著作——康德的《论教育学》和赫尔巴特的《普通教育学》似乎是相对容易的选择。为追求选题的训练价值，本书尝试以康德和赫尔巴特之外的其他作者为切入点。

导师董标教授提示我关注让·保尔·里希特（Jean Paul Friedrich Richter，1763—1825）的教育学著作《莱瓦娜，或教育学说》，该著曾被赫尔巴特当作教育学教学参考书来使用。② 于是，我一边搜集相关文献，一边研读《莱瓦娜》。在整理和阅读的过程中，有了两个发现。

1. 里希特教育学的"缺位"

里希特的名字，在20世纪上半叶的教育类著作中的出现频率远高于当代。1928年出版的《教育大辞书》中，已收录"利希脱"

---

① 此研究模式借用自董标《"教之术"到"教育学"演变论》，《华南师范大学学报》（社会科学版）2006年第6期。

② 2012年9月，董师提示我关注里希特，并发来里希特教育学著作《莱瓦娜》的英译本。里希特1763年生于德国巴伐利亚，原名"Johann Paul Friedrich Richter"，后更名为Jean，据说因崇拜卢梭。其中文译名，曾有多个版本。在教育学界，曾被译为，李德尔（查士元、查士骥，1928年），利希脱（唐钺、朱经农、高觉敷，1928年；蒋径三，1934年），黎锡特（雷通群，1934年），让·保尔（陈桂生，1998年）；里希特（王坤庆，2000年）；而文学界则延续了英语和德语文献中称之为Jean Paul的传统，将其译为让·保尔。本书根据《德语姓名译名手册》（修订本，新华通讯社译名室编，商务印书馆1999年版）；《世界人名翻译大辞典》（新华通讯社译名室编，中国对外翻译出版公司，1993年版），将其译为里希特。本文中出现的所有外国人名的中文译名，均以这两部著作为准，此后不再一一注明。《莱瓦娜，或教育学说》（Levana, oder Erziehlehre）是里希特出版于1807年一部教育学著作，英文译名"Levana, or the Doctrine of Education"。其中文译名亦有多种：《列凡那》（查士元、查士骥，1928年），《教育原理》（唐钺、朱经农、高觉敷，1928年；蒋径三，1934年；王坤庆，2000年），《教育论》（雷通群，1934年），《莱法那》（黄向阳，1996年；陈桂生，1998年），《莱瓦娜》（李其龙，2002年）。考虑到Levana是古罗马神话中的一位女神的名字，故本书在其中文译名上从李其龙，将之译为《莱瓦娜》。

（里希特）词条。后来出版的部分教育思想史和教育史著作中，里希特及其教育学亦有一席之地。① 然而，20 世纪 40 年代以后的教育思想史或教育史著作中，却未见里希特被提及。②

正如陈桂生所感叹和担心的，早期德意志教育学的作者们，如里希特等，在中国教育学界的"鲜为人知"，已然成为既成事实。20 世纪 40 年代以后的中文教育学著作中，唯有陈桂生的《历史的"教育学现象"透视》和王坤庆的《教育学史论纲》两部著作介绍了里希特，提及里希特的研究论文也是寥寥无几。③ 而且，在可获得的中文文献资料中，除了对康德和赫尔巴特教育学的研究，并未检索到以里希特等人的教育学为主题的研究文献。与中国教育学研究中的"康德热""赫尔巴特热"相对的，是"里希特等人冷"。那么，是什么样的原因导致了里希特等人在当代中国教育学研究中的"缺位"？是因为里希特等人的教育学没有价值吗？笔者的第二个发现，给出了否定的回答。

2. 里希特教育学的价值

里希特曾自信地评价自己的著作："我的《莱瓦娜》，将会像我

---

① 20 世纪上半叶学界对里希特的介绍和研究。查士元、查士骥编译：《世界教育名著提要》（据［日］木村一郎等），新文化学会 1928 年版；唐钺、朱经农、高觉敷主编：《教育大辞书》（一册），商务印书馆 1928 年版；雷通群编：《西洋教育通史》，商务印书馆 1934 年版，福建教育出版社 2011 年版；蒋径三编：《西洋教育思想史》，商务印书馆 1934 年版。在雷著和蒋著中，对里希特教育思想的介绍，均独占一节。

② 笔者查阅了 20 世纪 40 年代以后的一些中文教育思想史和教育史著作，均未发现有对里希特的研究和介绍。例如，徐宗林：《西洋教育思想史》（第三版），台北：文景出版社 1983 年版；张斌贤、褚洪启主编：《西方教育思想史》，四川教育出版社 1993 年版（人民教育出版社 2011 年修订版）；任钟印主编：《世界教育名著通览》，湖北教育出版 1994 年版；吴式颖、任钟印主编：《外国教育思想通史》，湖南教育出版社 2002 年版；林玉体：《西方教育思想史》，九州出版社 2006 年版；单中惠主编：《西方教育思想史》，教育科学出版社 2007 年版。

③ 参见陈桂生《历史的"教育学现象"透视：近代教育学史探索》，人民教育出版社 1998 年版，第 66—69 页；王坤庆《教育学史论纲》，湖北教育出版社 2008 年版，第 93 页。

的小说一样，深刻地影响后世"。① 里希特教育学，曾在德意志地区风靡一时，虽然没有达到其小说的影响力，但也自有独特价值。多部德语的《教育学史》中均有里希特教育学的位置。②

其独特价值的表现之一，是后续部分教育学家对里希特教育学的借用。1807—1809 年，赫尔巴特在哥廷根大学讲授教育学时，曾将里希特的《莱瓦娜》作为自己的教学参考书之一，并根据它来编写自己的授课纲要。③《莱瓦娜》在出版不久即被时任哥廷根大学教育学副教授的赫尔巴特所使用，而且多是赞同式的引用，鲜有批评。可见它在当时的风行程度，同时也反映出德国早期诸教育学形态之间的互动与影响。第斯多惠在 1835 年出版的《德国教师培养指南》中把里希特的著作作为推荐给教师的几部教育著作之一。④

---

① Eduard Berend Werner Volke (Hrsg.), *Jean Paul 1763 – 1963*, Eine Gedächtnisausstellung zum 200. Geburtstag des Dichters im Schiller-Nationalmuseum Marbach a. N. vom 11. April bis 31. Oktober 1963, S. 48.

② 此处的判断，源自本章第二节文献回顾部分的分析结论。

③ 赫尔巴特参考了几位教育家的教育论著，将他们的一些思想吸收融合在一起，形成自己的授课大纲。其中，有大量对里希特的《莱瓦娜》的直接引用，赫尔巴特有标注出引用的页码。除《莱瓦娜》之外，赫尔巴特提到的著作还有：A. H. 尼迈尔的《教育和教学的基本特点——致家长、家庭教师和学校教师》（哈勒，1799 年版）；F. H. C. 施瓦茨著《教育理论》第一部《人类的使命——致教育孩子的女士们》、第二部《从孩子出生到四岁的发展与教育》；第三部《年轻人的进一步发展与教育》。参见[德]赫尔巴特《赫尔巴特教育学讲授纲要（格丁根，1807—1809 年）》，载《赫尔巴特文集 5》（教育学卷三），李其龙主编，浙江教育出版社 2002 年版，第 213—236 页。赫尔巴特的《普通教育学》出版于 1806 年，然而，他在讲课时，却并未见他直接以自己的著作为参考书。实际上，赫尔巴特对自己 1806 年的著作不甚满意。1812 年，他在一篇论文的注释中称其《普通教育学》，"并不涉及我的研究之核心、现在从侧面看有损我职务的委任"。参见[德]赫尔巴特《论教育学的阴暗面》，载李其龙主编《赫尔巴特文集 4》（教育学卷二），浙江教育出版社 2002 年版，第 258 页。德文版本见 J. F. Herbat, *Über die dunkle Seite der Pädagogik*, in Karl Kehrbach (Hrsg.), *Joh. Fr. Herbart's Sämtliche Werke*, Dritt. Band. Labgensalza, 188, S. 452. 不过，从赫尔巴特的授课大纲中还是能看到赫尔巴特按管理、教学和训育这三个概念讲授教育学。

④ [德]第斯多惠：《德国教师篇培养指南》，袁一安译，人民教育出版社 2003 年重印版（初版 1990 年），第 53、54 页。可对比陈桂生：《历史的"教育学现象"透视：近代教育学史探索》，人民教育出版社 1998 年版，第 68 页。

独特价值的表现之二，是其畅销程度。《莱瓦娜》第一版发行2500册，于数年内售罄。读者争相阅读讨论，关于它的书评也在各地期刊上不断发表。1807年的一篇书评将《莱瓦娜》与尼迈尔、施瓦茨、赫尔巴特等人的教育学并列，并突出了它的独特之处："毋庸置疑，这部教育学说可被算作德意志的教育学努力中最高贵的成果。"①

此外，从一些研究成果中，也能发现里希特教育学的价值。英国的里希特研究专家本哈姆（G. F. Benham）指出："《莱瓦娜》曾在英国被当作教师的标准读物。从19世纪下半叶到20世纪早期，它在英国影响深远。""德文版的《莱瓦娜》及其多个其他语言的译本，畅销了多年。"② 德国教育家格鲁贝（August Wilhelm Grube, 1816—1884）在《国民学校教师心理学学习》中评价道："让·保尔的创作就是一部很有价值的教育学。其中坚决抵制了凭经验得到的粗浅知识，如僵硬的体系癖。"③ 更有研究者指出："在浪漫主义时期的德语世界，最著名的也是最被广泛引用的儿童养育方面的作家，就是里希特。"④ 陈桂生也写道："虽算不上是'教育学'，它对后世的影响，实比前面提到的许多早期教育学更广，这就是让·保尔的著作。"⑤

可见，里希特教育学，既曾被同时代教育学家所引用，又被后

---

① 原文出自，*Rezensionen in der (Hallischen) Allgemeinen Literatur-Zeitung* (Halle, Leipzig)，Nr. 211，3. September. 1807，441 – 448. 转引自 Kurt Wölfer (Hrsg.)，"*Sammlung der Zeitgenössischen Rezensionen von Jean Pauls Werken* (Erster Band)"，in *Jahrbuch der Jean-Paul-Gesellschaft.* (13. Jahrgang)，1978，S. 63 – 64.

② G. F. Benham，"Jean Paul Richter's International Contribution to Moral Education"，*Pädagogica Historica*，Vol. 22，No. 1 – 2，1982，pp. 5 – 28.

③ ［德］第斯多惠（Friedrich Adolf Wilhelm Diesterweg，1790 – 1866）：《德国教师培养指南》，袁一安译，人民教育出版社2003年重印版，第54页。

④ Ann Taylor Allen，*Feminism and Motherhood in Germany，1800 – 1914*，Rutgers University Press，1991，p. 29.

⑤ 陈桂生：《历史的"教育学现象"透视：近代教育学史探索》，人民教育出版社1998年版，第66页。

来教育学研究者所重视。它并非没有价值，不应被忽略。

3. 研究对象的确定与切入点的选择

里希特教育学，在20世纪40年代之后在中文书写的教育思想史中"缺位"了。同时"缺位"的，还有比里希特稍早或与他同时期的博克、特拉普、尼迈尔、施瓦茨等人。伴随着他们的"缺位"的，是当代中国教育学研究格局的"冷热不均"，是早期德意志教育学在中文教育学研究中的湮没，是我们关于早期德意志教育学的知识的匮乏。在部分教育学学习者的眼中，赫尔巴特教育学几乎是早期德意志教育学的代名词。在教育学研究中，出现了"赫尔巴特热""康德热"，而特拉普、尼迈尔、施瓦茨等人却被"打入冷宫"。如此也难怪会有对陈桂生问题的误答。以误为对、落入陷阱，纵然危险，然而，回避问题、漠视事实，才最致命。当时的德国教育学"百花齐放"，赫尔巴特教育学仅是其中一枝，除它之外，可供鉴赏者众。

这些"缺位的""湮没的"教育学，有待被重新发掘、研究。如何使它们"重见天日"，让它们在中文书写的教育学史和教育思想史研究中"归位"？"归位"的前提是准确描述。为此，本书参照若干部德语《教育学史》对研究对象的筛选，在1780—1810年的十余部教育学著作中，选取六部作为研究对象。它们分别是特拉普的《教育学尝试》（1780）、康德的《康德论教育学》（1803）、尼迈尔的《教育与教学原理》（1796）、施瓦茨的《教育和教学学说教科书》（1805年初版时名为《教育学与教学论教科书》）、赫尔巴特的《普通教育学》（1806）、里希特的《莱瓦娜，或教育学说》（1807）。为更进一步分辨、明晰各教育学的异同，本书选取里希特教育学作为切入点和参照物。以它为入口，切入作为整体教育学现象的早期德意志教育学；同时借它为参照，比较作为单一教育学存在的早期德意志教育学。

里希特教育学是诸多切入可能性中的一个。由它开始进入对早期德意志教育学发展状况的研究，与从特拉普、康德、尼迈尔、施瓦茨、赫尔巴特或其他任一种教育学开始,在研究模式、结果和价值上,是一样的。

第二节 文献回顾

文献回顾部分,主要关注已有研究在视阈及问题域上的推进。它分为两大部分,一是中、西方文献对早期德意志教育学发展状况的研究;二是中、西方文献对里希特教育学的研究。这一部分的陈述,按问题域分类,以时间为序。

一 对早期德意志教育学发展状况的研究

1. 中文文献

在中文学术界中,对早期德意志教育学发展状况的专项研究一直缺乏。部分研究成果,散见于在"教育思想史"或"教育学史"类著作中。

20世纪初,部分德国教育学被中国学者从日本引介到中国,奠定了中国现代教育学的基础。一批有识之士,或翻译、或编译、或创作出一批由中文书写的教育学著作。伴随这些著作的涌现,也出现了一批论述教育史和教育思想史的著作。①

姜琦编译《西洋教育史大纲》,出版于1921年。该著的附录部分,有一部十七页的《西洋教育学史》。名为"教育学史",实际是对"教育学说"变迁史的简介。姜琦在论及18世纪末19世纪初的

---

① 1928年编撰的《教育大辞书》中对"教育学史"的解释是:"教育学史者,叙述关于教育学说变迁之历史也。故教育学史,系思想变迁史,非教育之变迁史也。……教育学史所取之资料,仅限于教育思想家之著作,而探究其学说。"这一定义,反映了当时一个时期内的教育学史研究的状况:它们或是教育思想史,或是教育学说史,其书写多以某些"代表人物"为中心。参见唐钺、朱经农、高觉敷主编《教育大辞书》(一册),商务印书馆1928年版,第1033页。

诸教育学说时，仅选择了赫尔巴特，未给其他教育学家留下位置。

1934 年，蒋径三在《西洋教育思想史》中，对早期德意志教育学的发展状况有了初步描述。① 在蒋著中，早期德意志诸教育学均被归入新人文主义教育思想。继而根据各自思想特点，再细分为三类：

（a）文艺的新人文主义：赫尔德、歌德、席勒、洪堡、罗金斯等；（b）理性的新人文主义：里希特、康德、霍伊辛格、尼迈尔、赫尔巴特、赫尔巴特学派、贝内克、黑格尔、罗森克兰茨等；（c）社会的新人文主义：费希特、裴斯泰洛齐、施莱尔马赫、福禄贝尔等。

蒋著对每位思想家的具体描述，遵循了"生平简介—思想内容—简要评价"的陈述模式。

同年出版的雷通群著《西洋教育通史》中，亦涉及多位早期德意志教育学家及其教育思想。② 这部"材料上之力求适切，字句上之力求平易，线索上之力求明了，全部上之力求纲领一贯"的著作，将 18 世纪末 19 世纪初的教育思想，按照不同性质，分为几大类：

（a）新人文主义的教育，以赫尔德、洪堡和席勒为代表；理性的道德的教育，包括里希特、康德、尼迈尔、赫尔巴特，以及后来的赫尔巴特学派和罗森克兰茨等人；（b）社会的人道的教育，代表人物为裴斯泰洛齐等人；（c）国家社会主义的教育，其代表人物是费希特。

雷著中，对各教育家的介绍，基本分为"人物略传"和"教育思想"两大部分。这种陈述模式，与蒋著类似，突出教育家的教育

---

① 蒋径三：《西洋教育思想史》，商务印书馆 1934 年版。
② 雷通群：《西洋教育通史》，福建教育出版社 2011 年版。

思想，忽略思想的产生过程及不同思想之间的互动及其效应。遗憾的是，这类陈述模式，影响深久。

1940 年以后，中文学术界中关于早期德意志教育学发展状况的研究，进展缓慢。在教育思想史中，见不到对早期德意志教育学的全面介绍，特拉普、尼迈尔、施瓦茨、里希特等人，均已"缺位"。

1993 年张斌贤、褚洪启主编的《西方教育思想史》出版，这部"比较系统、全面研究西方教育思想的著作"，在论述"近代教育思想史"时，以康德、费希特、裴斯泰洛齐、赫尔巴特、福禄贝尔等人为重点，未提及其他早期德意志教育学家。[1]

在吴式颖、任钟印主编的十卷本《外国教育思想通史》中，第六卷论 18 世纪的教育思想。[2] 关于德国的部分，提及康德、歌德、席勒；第七卷《论 19 世纪的教育思想（上）》，关于德国的部分，涉及费希特、黑格尔、第斯多惠、洪堡、赫尔巴特、福禄贝尔等，而其他早期德意志教育学家是"缺位"的。

中国台湾学者林玉体所著的《西方教育思想史》于 2006 年在北京出版。林著精选研究对象的标准有二：

> "必须含有较深奥的教育学术成分"；"有自己主张，能见人之所未见，或批判他人学说而拓展教育眼界者"。[3]

如此一来，中者甚少。连康德都未入其"法眼"，则特拉普、尼迈尔等人的落选，似乎也在"情理之中"了。

最先探究早期德意志教育学问题的是陈桂生。[4] 其出版于 1998

---

[1] 张斌贤、褚洪启主编：《西方教育思想史》，四川教育出版社 1993 年版（人民教育出版社 2011 年修订版）。
[2] 吴式颖、任钟印主编：《外国教育思想通史》，湖南教育出版社 2002 年版。
[3] 林玉体：《西方教育思想史》，九州出版社 2006 年版。
[4] 根据陈桂生的解释，其著作《历史的"教育学现象"透视：近代教育学史探索》，初稿成于 1990 年夏季，原题为《广义教育学史》。

年的著作《历史的"教育学现象"透视》，瞄准历史的教育学陈述现象与教育学研究现象，按照"逻辑的"历史叙述方式，展现对西方近代教育学史的研究成果。陈著视野宽广，最早认识到研究早期德意志教育学的重要性。陈著第三章——"率先脱颖而出的'教育'之学"——主要关注早期德意志教育学。陈著分析了近代教育学在德国产生的原因与条件：

（a）教育新思潮的激荡，催生变新教育思想为理论的普遍需求；（b）近代教育系统的发展，尤其在德国，初等教育的发展，有培训师资的需要；（c）德国大学的科研和学术水平较高，大学讲坛中开设教育学课程；（d）德国拥有独特的哲学土壤；（e）德国思想家有关心教育的传统，他们多数拥有家庭教师经历；（f）当时的英国、法国都无意在教育学建构方面费工夫。①

以上的这六点原因，导致近代教育学在德国的产生，也带来了早期德意志教育学的繁荣发展。这一分析较侧重时代情境，虽有将这些教育学家作为群体研究的意向，却未在作者个性和情境知觉上进一步深挖。

陈著以创作时间为序，以产生过程与评价为主，介绍了赫尔巴特教育学出现之前的八部"教育学或近于教育学的著作"。《康德论教育学》作为其中代表，被详细探究，其结构、内容、特点均得到探讨，后被归为"规范教育学"。陈著总结了这些早期教育学的任务与价值：

它们大都带有"投石问路"之意。分别在学科名称的选择，学科性质取向的分析，以及构建教育概念系列上做出了尝试。②

---

① 陈桂生：《历史的"教育学现象"透视：近代教育学史探索》，人民教育出版社1998年版，第53—58页。
② 陈桂生：《历史的"教育学现象"透视：近代教育学史探索》，人民教育出版社1998年版，第80—83页。

陈著将这些教育学分为两类："教育"之学（如施瓦茨的《教育原理》）；"教育"之学与"教"之学（如尼迈尔的《教育原理与教授原理》）。① 而赫尔巴特教育学，则超越了这种将"教育"之学与"教"之学分开的框架，将二者结合在一起，成为"教育学"，甚至是"教育科学"。

陈桂生对早期德意志教育学的研究，是迄今中文学术界中对该问题最为深入的探究。后来虽有部分研究成果问世，但它们对这一问题的描述和解释，均未能超越陈著。

范国睿曾先后（1994年和2000年）在两篇论教育学历史发展的文章中，提及若干早期德意志教育学家，特拉普、康德、格赖林、尼迈尔、施瓦茨和赫尔巴特。② 其中，被详细介绍的是特拉普、尼迈尔、康德和赫尔巴特。2004年，瞿葆奎与范国睿共同发表长文《西方教育学史略》，试图"从元教育学的研究视野出发，以较有影响的教育学著作为基础，考察西方教育学的历史发展轨迹"③。早期德意志教育学家中，有四人出现并被分类。特拉普建立教育学科学体系的尝试，被与康德一起归入"作为一门独立形态的教育学的生成"部分；尼迈尔和赫尔巴特对科学教育学的贡献，则被归入"科学教育学基础的奠定"部分。或因"史略"缘故，该文未做展开，其他早期德意志教育学家也未能中选。

2000年，王坤庆出版《教育学史论纲》，试图从理论自身的发展过程来探讨教育学的发展。④ 王著将近现代西方教育学研究范式的演变历程划分为四个阶段：

---

① 陈桂生：《历史的"教育学现象"透视：近代教育学史探索》，人民教育出版社1998年版，第104页。
② 范国睿：《略论传统教育学的历史进程与历史命运》，《江西师范大学学报》（哲学社会科学版）1994第3期；范国睿：《教育哲学与教育科学：历史观点》，《华东师范大学学报》（教育科学版）2000年第1期。
③ 瞿葆奎、范国睿：《西方教育学史略》，载瞿葆奎编著：《教育学的探究》，人民教育出版社2004年版，第390—391页。此文初稿形成于1997年。
④ 王坤庆：《教育学史论纲》，湖北教育出版社2008年版。

(a)"经验—描述"教育学;(b)"哲学—思辨"教育学;(c)"科学—实证"教育学;(d)"规范—综合"教育学。

王著对早期德意志教育学的介绍不多,以康德与赫尔巴特的教育学为主,也提及特拉普和里希特教育学。不过,与陈桂生将赫尔巴特归入"科学的"教育学不同的是,王著中将康德和赫尔巴特同归于"哲学—思辨"教育学。或因两位研究者对"科学"的理解有所不同。

彭正梅的《德国教育学概观:从启蒙运动到当代》,是为数不多的直接以德国教育学为研究对象的专著。[①] 在第一部分"德国教育学简史"中,该著以时间为序,介绍了德国教育学史上的若干代表性人物及其思想。遗憾的是,早期德意志教育学家未能引起关注。

回顾历史,涌现于近代教育学诞生之初的早期德意志教育学的命运,在百年来的中文教育学研究中发生了变化。最初它们被广泛介绍,现今已大部分"缺位"和"隐匿"。

2. 西方文献

西方文献中对早期德意志教育学的研究,较为丰富,同样以"教育思想史""教育学史"类著作为主,也有针对某一类教育学,或者某一部教育学的专题性研究。

就世界范围内的教育学史研究而言,德意志人开创先河,并独领风骚数十年,其教育学史研究起步于19世纪40年代,早于同时代的其他国家。在德国教育学史研究即将进入发展的繁荣期时,法国人才刚刚出版了第一部"教育学史"著作,而英语世界的研究者在教育学史领域尚无建树,正处于观望和惊叹状态。1868年,法国人帕罗兹(Jules Paroz)的《普通教育学史》出版。他在该著前言中写道:"我在本书中所使用的参考资料,主要由德语的教育学文献

---

① 彭正梅:《德国教育学概观:从启蒙运动到当代》,北京大学出版社2011年版。

提供。"① 直到 1883 年，孔佩雷（Gabriel Compayré）的《教育学史》才问世。② 1868 年，英国人奎克（Robert Hebert Quick）在著作《论教育改革者》中感叹："我发现，论及《教育学史》，不仅最好的著作是用德语写作而成，甚至所有的著作都是用德语或者其他外语写作的。"③ 六年后，第一部英语书写的"教育学史"著作才在美国出版，名为《教育学史十二讲》④

（1）德文文献

劳默尔（Karl Ludwig Georg von Raumer）的四卷本《教育学史：从文艺复兴至当代》出版于 1843 至 1854 年间，是第一部以"教育学史"命名并公开出版的德语著作。⑤ 在论述教育和教育思想发展史的前两卷，劳默尔采用了以杰出人物为中心的研究模式。第二卷论从培根去世至裴斯泰洛齐去世期间的教育学史。其中重点描述了泛爱派教育家和裴斯泰洛齐，忽略了大部分早期德意志教育学。该著于 1856 年在德国出第三版时，增加了格斯纳（Johann Matthias Gesner）、埃内斯蒂（Johann August Ernesti）、哈曼（Johann Georg Hamann）、赫尔德、沃尔夫（Friedrich August Wolf）等人。1859 年，该著第三版的第一、二卷被译为英文在美国出版，名为《德国杰出的教师和教育者》。⑥

---

① J. Paroz, *Histoire universelle de la pédagogie*, Paris：C. Delagrav, 1868, p. 4.

② G. Compayré, *Histoire de la Pédagogie*, Paris：P. Delaplane, 1883. 英文版见 Gabriel Compayré, *The history of pedagogy*, translated by William Harold Payne, Boston：D. C. Heath & Co., 1886. 中文版见［法］加布里埃尔·孔佩雷《教育学史》，张瑜、王强译，山东教育出版社 2013 年版。

③ R. H. Quick, *Essays on Educational Reformers*, London：Robert Clarke & Co. 1868, p. Ⅳ.

④ W. N. Hailmann, *Twelve Lectures On the History of Pedagogy：Delivered Before the Cincinnati Teachers' Association*, Cincinnati：Van Antwerp, Bragg, 1874.

⑤ Karl Georg von Raumer, *Geschichte der Pädagogik vom Wiederaufblühen klassischer Studien bis auf unsere Zeit*, Stuttgart：S. G. Liesching, pp. Ⅰ, Ⅱ, Ⅲ, Ⅳ, 1843, 1843, 1847, 1854.

⑥ Karl Georg von Raume, *Memoirs of Eminent Teachers and Educators in Germany：with Contributions to the History of Education from the Fourteenth to the Nineteenth Century*, Translated by L. W. Fitch and F. B. Perkins, New York：F. C. Brownell, 1859.

十七年后,施密德(Karl Schmidt)出版四卷本《教育学史》,试图在世界史和文化史中描述教育理论与实践的发展进程。① 其中第三卷论从路德时代到裴斯泰洛齐的时代。18 世纪下半期的德意志教育思想,被分为唯实论(Realisums)和人文主义。前者的代表人物以泛爱派为主,后者包括格斯纳、埃内斯蒂、海涅(Christian Gottlob Heyne)。第四卷论裴斯泰洛齐到当代,涉及裴斯泰洛齐、福禄贝尔、沃尔夫(F. A. Wolf)、赫尔曼(Gottfried Hermann)、伯克(August Böckh)、蒂尔斯(Friedrich Thiersch)、陶洛夫(Gustav Thaulow)、费希特、施莱尔马赫等人。此外,该著单列一部分论教化理想(Bildungsideale),分类论述了多位教育家:文学家里希特、赫尔德、歌德;哲学家康德、费希特、叔本华、谢林、黑格尔、施莱尔马赫;神学家杜尔施(W. G. Dursch)、帕尔默(Christiana Palmer);心理学家赫尔巴特、贝内克等。

1871 年,德意志帝国建立,德意志民族情绪高涨,政治环境稳定,教育事业继续受到国家重视,一系列师资培训的新政策相继出台。受这些因素的影响,德国《教育学史》著作的发展进入繁荣期,数十部教育学史陆续问世。部分早期德意志教育学成为《教育学史》著作的"常客"。各部《教育学史》著作所录入的诸早期教育学有所不同,且给这些教育学安排的位置也不尽相同。

施特克尔(Albert Stöckl)在 1876 年出版的《教育学史教科书》中,给大部分早期德意志教育学家分配了位置。该著将新时期以来的德意志教育学分为四大类:普通教育学、基础学校教育学、中等学校教育学、大学教育学。康德、费希特、谢林、黑格尔、施莱尔马赫、赫尔巴特与里希特被归入关注普通教育学的哲学家一类。而施瓦茨、尼迈尔属于新教神学的教育学家。此外,谢林、费希特和

---

① Schmidt, Karl. *Geschichte der Pädagogik, Dargestellt in Weltgeschichtlicher Entwicklung und Im Organischen Zusammenhange Mit Dem Kulturleben der Völker*, Cöthen: Schettler, 4 Bde, 1860, 1861, 1861, 1862.

施莱尔马赫还属于大学教育学一类。①

福格尔（August Vogel）在探讨科学教育学的历史时，将卢梭以后的新时代教育学分为两类：

（a）"依赖现实的自然主义"。以裴斯泰洛齐、康德、尼迈尔、费希特、谢林等人为代表。（b）"批判现实的自然主义"。以赫尔巴特、贝内克为代表。②

齐格勒（Theobald Ziegler）尝试科学化书写教育学史，亦将早期德意志教育学归入新人文主义。早期代表人物有格斯纳、埃内斯蒂、海涅等；此后有赫尔德、沃尔夫（Fr. A. Wolf）、洪堡（Wihelm v. Humboldt）等。随后裴斯泰洛齐、康德、费希特、歌德、里希特，施莱尔马赫、赫尔巴特等人均得到详细介绍。③

19世纪90年代以后，早期德意志教育学已成为《教育学史》著作中的常规内容。例如，朔恩（August Schorn）的《教育学史》该著第一版出版于1873年，至第十版时（1896年），增加了对若干早期德意志教育学家的论述。④ 希勒（Hermann Schiller）的《教育学史》第一版（1887）时只介绍了裴斯泰洛齐、赫尔巴特和施莱尔马赫，而至第四版（1904）将早期德意志教育学视为新人文主义运动的一部分。里希特教育学，被归为文学家创作的教育学理论。⑤

鲍姆加特纳（Heinrich Baumgartner）的《教育学史》（1902年）

---

① Albert Stöckl, *Lehrbuch der Geschichte der Pädagogik*, Kirchheim, 1876.

② August Vogel, *Geschichte der Pädagogik als Wissenschaft*, C. Bertelsmann, 1877.

③ Theobald Ziegler, *Geschichte der Pädagogik：Mit Besonderer Rücksicht auf das Höhere Unterrichtswesen*, München, Beck, 1895.

④ Schorn, August, *Geschichte der Pädagogik in Vorbildern und Bildern：mit Holzschnitten aus dem Orbis Pictus und dem Elementarwerk*, 1873. Leipzig: Dürr, 1873. Aufl. 10. 1896.

⑤ Hermann Schiller, *Geschichte der Pädagogik*, Leipzig, O. R. Reisland, 1904. Aufl. 4. Aufl. 1. m, 1887.

以对教育学人物的研究为主。① 他认为，人文主义是19世纪教育学的主要特征，并将其分为四大类。

（a）朝向理性的人文主义：包括哲学家尼迈尔、康德、费希特、施莱尔马赫、赫尔巴特。（b）积极的新教方向的人文主义。（c）天主教方向的人文主义：施瓦茨。（d）作家在教育学上的努力：里希特。

在荷曼（Friedrich Heman）的《新教育学史》（1904年）中，18世纪是"教育学的世纪"。② 他将诸位哲学家归类如下。

（a）"教育学中的自然主义和理性主义"：泛爱派诸教育家以及里希特。（b）德意志人民的审美教育者：克洛卜施托克（Friedrich Gottlieb Klopstock）、莱辛、歌德、席勒。（c）新人文主义：格斯纳、海涅、埃内斯蒂、格迪克（Friedrich Gedike）、福斯（J. H. Voß）、赫尔德、沃尔夫、洪堡、策特利茨（Karl Abraham Freiherr von Zedlitz）。（d）裴斯泰洛齐自成一章。（e）19世纪的哲学科学教育学：康德、费希特、施莱尔马赫、贝内克、黑格尔、赫尔巴特及其学派。

在巴托洛梅（Friedrich Bartholome）的《教育学简史》（1911年）中，启蒙时代之后的新时代教育学，被分为两大部分：③

---

① Heinrich Baumgartner, *Geschichte der Pädagogik: Mit Besonderer Berücksichtigung des Volksschulwesens*, Freibug im Breisgau [u. a.], Herder, 1902.

② Friedrich Heman, *Geschichte der Neueren Pädagogik. Eine Darstellung der Bildungsideale der Deutschen Seit der Renaissance und Reformation zum Unterricht für Lehrerseminare und zum Selbststudium*, Osterwieck: Zickfeldt, 1904.

③ Friedrich Bartholome, *Kurze Geschichte der Pädagogik. Zum Gebrauche an Lehrer-und Lehrerinnenbildungsanstalten sowie für Selbstunterricht und Fortbildung*, Freiburg im Breisgau, Herder, 1911.

（a）裴斯泰洛齐以及追随者。包括新教教育学家福禄贝尔、斯特凡尼（Heinrich Stephani）、第斯多惠等；天主教教育学家赛勒、米尔德等。（b）德意志哲学家和作家影响下的教育学。包括康德、费希特、格拉泽（Johann Baptist Graser）、里希特、赫尔德、歌德、席勒、赫尔巴特及其学派。

福格尔胡伯（Oskar Vogelhuber）的《教育学史》（1926年），以全为特征，如同教育学家名录，为大多数早期德意志教育学家安排了位置，但对每位的介绍也相当简短。在他笔下教育学家被分为三类：①

（a）启蒙教育学，泛爱派诸教育家。（b）观念论（Ideallismus）时期的新人文主义教育学，② 如温克尔曼（Joh. Joachim Winkelmann）、沃尔夫、赫尔德、洪堡，以及属于思想家的康德、费希特、黑格尔、施莱尔马赫，属于文学家的歌德、席勒、里希特、阿恩特。裴斯泰洛齐独占一章。（c）19世纪的教育学，如尼迈尔、丁特尔（Gustav Friedrich Dinter），赛勒、施瓦茨、登策尔（B. G. Denzel）、格拉泽、斯特凡尼、米尔德、福禄贝尔、赫尔巴特等。

莫格（Willy Moog）的《教育学史》（1933年）采用"哲学—教育学"视角，审视过去的教育思想，尝试揭示教育学与"生命的、科学的、时代文化的主导思想"之间的内在关系。③ 他对早期德意志教育学的分类更为细致，多位文学家进入其视野。

---

① Oskar Vogelhuber, *Geschichte der neueren Pädagogik in Leitlinien*, Nürnberg: Korn, 1926.
② Ideallismus 又译唯心主义、唯心论。本文统一译为观念论。
③ Willy Moog, *Geschichte der Pädagogik*, Ratingen bei Düsseldorf; Henn; Hannover: Zickfeldt. Band 3. 1933.

(a) 德意志古典文学时期的作者：莱辛、赫尔德、歌德、席勒等人。(b) 哲学批判论与教育学观念论：康德、裴斯泰洛齐。(c) 19 世纪初的浪漫主义者：里希特、蒂克、诺瓦利斯、施莱格尔、荷尔德林、施莱尔马赫。(d) 国家主义教育学：阿恩特、雅恩。(e) 后康德派的观念论：费希特、谢林、黑格尔。(f) 后康德派的实在论：赫尔巴特、贝内克。(g) 福禄贝尔单列。

"万马齐喑"的纳粹统治结束之后，雷希特曼（Heinrich J. Rechtmann）的《教育学史》（1948 年）啼出新声。① 多部早期德意志教育学，被分门别类。其中，裴斯泰洛齐、施莱尔马赫、赫尔巴特被单列成章。其余教育学则被分为几大类：

(a) 德意志启蒙教育学，即泛爱派教育学。(b) 新人文主义教育学，包括莱辛、格斯纳、赫尔德、歌德、洪堡。(c) 哲学家的教育学，包括特拉普、尼迈尔、康德、席勒、费希特、黑格尔。(d) 天主教神学家的教育学，包括格拉泽、米尔德、赛勒等。(e) 浪漫主义者，包括阿恩特、雅恩、福禄贝尔和里希特。

1951 年，雷布勒（Albert Reble）的《教育学史》出版。② 该著曾多次增订再版，广受欢迎，被当作教育学史的标准著作。雷布勒在研究中，注重教育与总体文化和总体生命的关联，以之为教育学思想不断更新的来源和动力，并由此确立了教育学史研究的"精神科学模式"。他认为，在经历了启蒙时代之后，教育学发展进入"古

---

① Heinrich J. Rechtmann, *Geschichte der Pädagogik: Wandlungen der Deutschen Bildung*, München, Ehrenwirth, 1948.

② Albert Reble, *Geschichte der Pädagogik*, Stuttgart, Klett-Cotta, 1951. 另有配套的文献摘编，见：Albert Reble (Hrsg.), *Geschichte der Pädagogik. Dokumentationsband* (Ⅰ, Ⅱ), Stuuttgart: Ernst Klett, 1971.

典—观念论"时期。这一时期的诸位教育学家被分类如下：

（a）哲学的新人文主义。（b）德意志古典中的人文主义培养思想，赫尔德、里希特、洪堡、歌德、席勒。（c）德意志观念论的哲学与教育学，包括康德、费希特、黑格尔、施莱尔马赫。（d）大众教育思想，包括裴斯泰洛齐、福禄贝尔。（e）赫尔巴特单列一节。

同年，布莱特纳（Fritz Blättner）的《教育学史》出版，被称作"精神科学教育学的杰作"。[1] 该著完全以人物为核心。其中，对泛爱派教育学的介绍置于卢梭之前。裴斯泰洛齐、赫尔德、歌德、施莱尔马赫、赫尔巴特均享有专章。其他早期德意志教育学家，则被分别归入新人文主义和浪漫主义。新人文主义一类包括沃尔夫、洪堡、席勒；浪漫主义教育学则包括里希特、阿恩特、赛勒、雅恩、福禄贝尔。

1952年，博尔诺夫（Otto Friedrich Bollnow）出版《德意志浪漫主义教育学》，该著的论域更为具体。[2] 博尔诺夫以浪漫主义教育学为研究对象，考察了浪漫主义教育学的发展历程，对每一发展阶段的代表性教育学都做了深入的剖析。他认定，阿恩特和里希特为浪漫主义教育学奠定基础；费希特等人的民族教育学是浪漫主义教育学的发展；而福禄贝尔的教育学是浪漫主义教育学鼎盛期的代表。

迪特里希（Theo Dietrich）的《教育学史：以18—20世纪的教育、学校和教学为例》，出版于1970年。[3] 该著开创了以教育学史研

---

[1] Fritz Blättner, *Geschichte der Pädagogik*, Heidelberg, Quelle & Meyer, 1951.

[2] Otto Friedrich Bollnow, *Die Pädagogik der Deutschen Romantik*, *Von Arndt bis Froebel*, Stuttgart: W. Kohlhammer, 1967. Die erst Aufl. im 1952. 该著1952年出第一版，此处引用的是1967年版。

[3] Dietrich, Theo, *Geschichte der Pädagogik*: *in Beispielen aus Erziehung*, *Schule und Unterricht*, *18 - 20 Jahrundert*, Bad Heilbrunn/ Obb., Klinkhardt, 1970.

究中的"问题史研究模式"。在论述 18 世纪的教育学时,特别关注了泛爱派的诸教育家。论至 19 世纪,则突出了新人文主义教育学,包括许韦恩(Johann Wilhelm Süvern)、赫尔德、费希特和洪堡;裴斯泰洛齐的教育实践;福禄贝尔对学校教育的创制;施莱尔马赫对教育学的发展;赫尔巴特及其学派的教育学体系。

布兰科尔兹(Herwig Blankertz)的《教育学史》(1982 年),以思想运动为中心,按时间顺序陈述教育学发展史。[1] 在德意志古典主义时期,产生了以教化概念为核心的新人文主义教育学,洪堡为其代表;属于这一时期的,还有裴斯泰洛齐对教育方法的探索,施莱尔马赫对实践的价值的重视,黑格尔对普遍教化的真相的揭示等。在之后的大工业时期,介绍了作为学校教学的家庭教师教育学,以赫尔巴特及其学派为核心。

克诺普(Karl Knoop)与施瓦布(Martin Schwab)合著的《教育学史导论》(1981 年),采用传记式的书写方式,记录了夸美纽斯以来的十八位重要的教育学家。[2] 诸早期德意志教育学家中,有洪堡、施莱尔马赫、赫尔巴特、福禄贝尔等人入选。

两德统一后,德国教育学史研究的发展进入稳定期,其间出版的新著较少。或是因为,修订和增补后的旧版教育学史,已能充分满足教学和研究的需要。整个 20 世纪 90 年代,仅有一部教育学史出版。即麦尔兹(Fritz März)的《教育学的个人史》(1998 年)。[3]该著以个人为标识,按思想运动分类书写教育学史。

---

[1] Herwig Blankertz, *Die Geschichte der Pädagogik: Von der Aufklärung bis zur Gegenwart*, Wetzlar: Büche der Pandora, 1982. 9. Aufl. 1992. 该著 1982 年出版第一版,此处引用的是 1992 年第九版。

[2] Karl Knoop, Martin Schwab, *Einführung in die Geschichte der Pädagogik. Pädagogen-Porträts aus Vier Jahrhunderten*, Heidelberg: Quelle & Meyer, 1981.

[3] Fritz März, *Personengeschichte der Pädagogik. Ideen-Initiativen-Illusionen*, Bad Heilbrunn: Klinkhardt, 1998.

（a）启蒙运动时期：洛克、卢梭、泛爱派等。（b）新人文主义：赫尔德、洪堡。（c）德意志观念论：康德、费希特和黑格尔。（d）古典主义和浪漫主义作家的教育学：歌德、席勒、里希特、阿恩特。（e）19世纪前半期的教育学经典：裴斯泰洛齐、第斯多惠、施莱尔马赫、赫尔巴特和福禄贝尔。

21世纪的前十年，亦仅有两部《教育学史》在德国出版，且均篇幅简短，少有对早期德意志教育学的描述。[①] 而2010年以来，《教育学史》著作的出版再次兴盛。

本纳（Dietrich Benner）与布吕根（Friedhelm Brüggen）合著的《教育学史》（2011年），尝试探寻教育学思想与行为的自身逻辑。[②] 在本纳等人看来，18世纪的德国教育学，以虔敬派教育学和泛爱派教育学为代表，之后的教育学被分为四类：

（a）康德教育学以及德意志观念论教育学，包括康德、费希特、黑格尔。（b）教育学的浪漫主义，包括诺瓦利斯、里希特、早期施莱尔马赫。（c）新人文主义的教化，包括格斯纳、埃内斯蒂、海涅、沃尔夫、尼哈特默尔（F. I. Niethammer）、赫尔德、席勒、洪堡。（d）教育学体系化探索，包括裴斯泰洛齐、赫尔巴特、施莱尔马赫。

利舍夫斯基（AndreasLischewski）的《教育学的里程碑》（2014年），"关注著名教育家的重要思想和观点"，记录其生平、著作与

[①] Winfried Böhm, *Geschichte der Pädagogik*: *Von Platon bis zur Gegenwart*, München, C. H. Beck, 2004. Roux, Susanna. Schmiedt, Jutta. Geschichte der Pädagogik kompakt, Landau: Empirische Pädagogik. e. V., 2004.

[②] Dietrich Benner, Friedhelm Brüggen, *Geschichte der Pädagogik*: *von Beginn der Neuzeit bis zur Gegenwart*, Stuttgart, Reclam, 2011.

影响。① 该著将诸早期德意志教育学家做了更为详细的分类：

（a）康德、泛爱派被归入启蒙时期。（b）席勒、洪堡、费希特、黑格尔、裴斯泰洛齐被归入古典观念论时期。（c）阿恩特、福禄贝尔被归入教育学的浪漫派。（d）特拉普、赫尔巴特、施莱尔马赫被归入作为科学的教育学。

（2）英文文献

率先向英语世界介绍早期德意志教育学家的著作是美国学者海尔曼（William Nicholas Hailmann）出版于1874年的《教育学史十二讲》。② 该著的第八讲论现代哲学家的影响，介绍了康德、费希特、里希特、叔本华、黑格尔、罗森克兰茨、赫尔巴特、贝内克和斯宾塞。值得注意的是，在海尔曼那里，里希特与赫尔巴特、康德一同被归入影响教育学的哲学家之列。且对里希特的描述篇幅，基本与赫尔巴特相同。

1882年，英国学者布劳伊的《教育理论历史导论》中以重要人物为主介绍教育理论历史的发展。③ 该著介绍了卢梭、裴斯泰洛齐、康德、费希特、赫尔巴特等人，并未超出海尔曼的范围。

美国学者佩因特（F. V. N. Painter），受劳默尔和施密德的启发，为英语世界的读者写下《教育学史》（1886年）。④ 该著第一版中，所涉及的19世纪教育学，仅集中在裴斯泰洛齐、福禄贝尔之上。1904年的第二版，增加了对里希特、康德、赫尔巴特、斯宾塞等人

---

① Andreas Lischewski, *Meilensteine der Pädagogik：Geschichte der Pädagogik nach Personen, Werk und Wirkung*, Stuttgart, Alfred Kröner Verlag, 2014.

② W. N. Hailmann, *Twelve Lectures On the History of Pedagogy：Delivered Before the Cincinnati Teachers' Association*, Cincinnati：Van Antwerp, Bragg, 1874.

③ Oscar Browning, *An Introduction to the History of Educational Theories*, London：Kegan Paul, Trench, & Co., Paternoster Square, 1882.

④ F. V. N. Painter, *A History of Education*, New York：D. Appleton and Company, 1886.

的特别研究。

美国学者霍伊特（C. O. Hoyt）的《现代教育学史研究》（1908年）以人物研究为核心，从人物生平和教育学著作两个方面，介绍了夸美纽斯、卢梭、裴斯泰洛齐、赫尔巴特、福禄贝尔等教育学家。①

通过以上有限的分析可见，至少到20世纪早期，英语的教育学史文献中，对早期德意志教育学的全面介绍，尚不多见。主要集中在康德、裴斯泰洛齐、赫尔巴特和福禄贝尔等人身上。

美国学者科勒（Luella Cole）的《教育学史——从苏格拉底到蒙台梭利》出版于1950年。② 该著将泛爱派归为近代早期教育学。在关于19世纪的部分，介绍了裴斯泰洛齐、赫尔巴特和福禄贝尔。

美国学者鲍尔（Edward J. Power）在《教育学史上的主要思潮》（1962年）中，按照教育思想分类，并介绍了若干教育家。③

（a）18世纪的自然主义。以卢梭和裴斯泰洛齐为代表。（b）教育学的科学化，以赫尔巴特为代表。（c）教育的国家化，在德国以费希特、洪堡为主。（d）福禄贝尔，开创了教育的新维度——幼儿园。

（3）其他

法国学者孔佩雷的《教育学史》（1886年），侧重于法国教育学发展，对德意志地区教育家关注较少。仅涉及康德、裴斯泰洛齐和

---

① C. O. Hoyt, *Studies in the History of Modern Education*, New York, Boston, Chicago: Silver, Burdett and Company, 1908.

② Luella Cole, *A History of Education: Socrates to Mentessori*, Hold, Rinehart and Winston, Inc., 1950.

③ Edward J. Power, *Main Currents in the History of Education*, New York, McGraw-Hill Book Company, 1962.

福禄贝尔。①

20世纪30年代，苏联学者哥兰塔和加业林合著了一本《世界教育学史》，该著由柏嘉翻译成中文于1951年出版。② 早期德意志教育学发展的状况，在该著中并未得到充分反映。只在近代史第一时期中，介绍了裴斯泰洛齐、赫尔巴特、福禄贝尔等人。

3. 小结

根据文献回顾，可初步得出以下认识：

（1）除部分德文的教育学史文献外，中文和英文文献中均缺乏对早期德意志教育学家的全面研究。这也是他们在中国"鲜为人知"的重要原因之一。

（2）德文文献中对几位早期教育学家及其教育学的定位和分类尚未达成共识，仍处于较混乱的状态。例如，施瓦茨时而被定位为新教神学家，时而被定位为天主教神学家；里希特则时而被归入浪漫主义教育学，时而被归入新人文主义教育学，或被归为关心教育的文学家和作家一类。

（3）在中西方的教育学史文献中，罕有将早期德意志教育学作为一种教育学现象的专项研究。对早期德意志教育学的形成原因、发展状况、效应与影响，以及对当时各教育学之间关系的研究，均显薄弱。

（4）综合考察中西方文献中的研究模式，多以"思想史研究模式（Der ideengeschichtliche Zugang）"为主，即以杰出人物及其教育思想为核心的研究模式。这样的研究模式，仅关注单一教育思想或教育学的结构与内容，忽略了它的生成与效应，割裂了各教育学的源流及其相互关系。③

---

① Gabriel Compayré, *The history of pedagogy*, translated by William Harold Payne, Boston: D. C. Heath & Co., 1886. 中译本见［法］加布里埃尔·孔佩雷：《教育学史》，张瑜、王强译，山东教育出版社2013年版。

② ［前苏联］哥兰塔、加业林：《世界教育学史》，柏嘉译，作家书屋刊行1951年版。

③ 对德国教育学史研究模式的专项考察，参见牛国兴《德国"教育学史"研究的历程》，《全球教育展望》2017年第2期。

二 对里希特教育学的研究

1. 里希特教育学在中国

1928年出版的《教育大辞书》中,已收录词条"利希脱"(里希特)。[①] 该词条共九百余字,分两个部分介绍了其生平和教育主张。《莱瓦娜》被译为《教育原理》。这反映当时国内教育学界已对里希特有所注意。

最先向中文世界介绍里希特教育学的著作(译著),是查士元、查士骥编译的《世界教育名著提要》(1928年)。[②] 该提要将《莱瓦娜》译为《列凡那》,被当作"断片的教育论文集"。[③] 在近一千五百字的介绍里,作者简述了《莱瓦娜》中每一章的主题,着重介绍了其中有关教育的精神与原则的论述。文末,作者对里希特的教育思想做了归类,他属于当时的人文主义思潮,同时又抱有"理想性主义"(即今理性主义)的思想。迄今为止,这是《莱瓦娜》唯一一次,在中文的教育名著导读类著作中,被归入世界教育名著之列。

1934年,蒋径三的《西洋教育思想史》与雷通群的《西洋教育通史》相继问世。在蒋著和雷著中,里希特均有属于自己的位置。蒋著中,里希特被归为"新人文主义教育思潮"中的"理性的新人

---

① 唐钺、朱经农、高觉敷主编:《教育大辞书(一册)》,第472—473页。该辞书的编委主要由当时中国留日和留学欧美的学生组成。根据王云五的序言,该辞书于1922年春开始,历六年,方得成,于1928年出版。王的序言,作于1928年2月25日,由此推算辞书在此日期以前已编撰完成。它的出版早于之后的《世界教育名著提要》。

② 参见查士元、查士骥编译《世界教育名著提要之列凡那(据[日]木村一郎等)》,新文化学会1928年版,第1—6页。该著根据日本学者平林松雄、木村一郎、高木敏雄等人所著的《世界教育名著解题》(太阳堂书店1927年版)编译而成。该著以被创作的时间为序,分别介绍了七部教育学著作。

③ 查士元、查士骥编译:《世界教育名著提要之列凡那(据[日]木村一郎等)》,第5页。

文主义"一派，里希特被放在第一节，此后分别介绍了康德、霍伊辛格、尼迈尔、赫尔巴特等人的教育思想。在雷著中，里希特被归入"理性的道德的教育"一派。这种分类结果，与蒋径三相同。因为，雷著所谓"理性的道德教育"之真相，即"理性的新人文主义教育"。① 与蒋著类似，雷著也将里希特放在了康德、尼迈尔、赫尔巴特等人之前。

自蒋、雷二著起，中文书写的西方教育史或思想史类著作中，鲜见里希特的位置，直到陈桂生研究出现。② 陈桂生在《历史的"教育学现象"透视：近代教育学史探索》中将里希特教育学，归入"率先脱颖而出的'教育'之学"之列。至此，里希特教育学终于在由中文书写的教育学史中占据一席之地。陈著对里希特教育学的介绍，有两个来源，其一是格鲁贝在其著作《国民学校教师心理学学习》中对里希特的论述，其二是斯宾塞对《莱瓦娜》的观点的引用。③《莱瓦娜》之所以被单列出来，是因为陈著延续了中文学术界中对里希特教育学的一贯看法，即它仅是若干教育文章的结集，算不上是系统的教育学。④ 实际上，《莱瓦娜》是一部有自己独特体

---

① 雷通群认为："理性的、道德的教育云者，即是认理性主义为教育立论之根底，同时认道德之完成为教育之理想。从其尊重文化及主张调和的陶冶上观，明明是新人文主义之一特色。……是18世纪之理性主义与19世纪之新人文主义相结合而成的思想，可特称之为'理性的新人文主义教育'。"参见雷通群《西洋教育通史》，商务印书馆1934年版，第233页。

② 陈桂生：《历史的"教育学现象"透视：近代教育学史探索》，人民教育出版社1998年版，第66—69页。

③ 陈著中对格鲁贝的里希特研究的引用，来自第斯多惠的《德国教师培养指南》。参见［德］第斯多惠《德国教师培养指南》，2003重印版，第53—54页。对斯宾斯的引用，参见［英］斯宾塞（Herbart Spencer, 1820—1903）《斯宾塞教育论著选》，胡毅、王朋绪译，人民教育出版社2004年版，第86—87页。

④ 在中文学术界中，将《莱瓦娜》当作非系统的教育学的"传统"，由来已久。最早介绍《莱瓦娜》的中文文献《世界教育名著提要》就认为《莱瓦娜》是"断片的教育论文集"（查士元、查士骥主编，1928年版）。此外，《教育大辞书》（唐钺、朱经农、高觉敷主编，1928年版）、蒋径三的《西洋教育思想史》（蒋径三，1934年版）均认为，"其书虽有纲目，非为有系统之论文，亦不风行"）。雷通群的《西洋教育史》写道："全书是由九篇论文撮集而成。"（雷通群，2011年版）

系的教育学。虽然未被算作是"有系统的教育学",但总算是"有位置"了。

王坤庆在《教育学史论纲》中将里希特教育学,归为"经验—描述"教育学。王著在新人文主义教育学一节的末尾,提及了里希特教育学,以其为"艺术的新人文主义教育思想"在德国的代表人物。王著的依据在于:(1)《莱瓦娜》"对19世纪艺术教育的发展起了重要作用"。(2)"他(里希特)还著有一本《艺术教育思想之发展》一书。"[1] 实际上,《莱瓦娜》中并无关于艺术教育的论述,里希特也并没有写下《艺术教育思想之发展》一书。王著所论的《艺术》一书,参考的是姜琦的《现代西洋教育史》。而在姜琦那里,《艺术》一书的作者是约翰尼斯·里希特(Johnnes Richter)。[2] 遗憾的是,里希特在中文教育学史中最近的一次出现是"错位"的;虽然是"错位",但总比"缺位"好,不过,最好是"归位"。

综观中文文献中对里希特教育学的研究,均以简要介绍为主,而且多是对国外文献的引用,缺乏直接深入的探究;对里希特教育学的一些基本问题的认识,比如它的生成、结构、核心内容、效应等,仍待澄清;对它在教育学史中位置的设定,仍然模糊。认清里希特教育学,是引其"归位"的第一步。而使它和与其类似的教育学"归位",则是明晰教育学发展历程的必经之路。

2. 里希特教育学在西方

(1) 总体印象

里希特教育学研究在西方的历史,从《莱瓦娜》甫一出版就开始了。[3] 在二百余年间,西方对里希特教育学的研究,有起有落。在

---

[1] 王坤庆:《教育学史论纲》,湖北教育出版社2008年版,第93页。

[2] 姜琦:《现代西洋教育史》,商务印书馆1935年版,第131页。

[3] 德国人莱恩霍德(Karl Wilhelm Reinhold),是里希特教育学的首位研究者,在《莱瓦娜》出版后的第三年,即1809年,他就出版了127页的《〈莱瓦娜〉词典》。Karl Wilhelm Reinhold, *Wörterbuch zu Jean Paul's Levana oder Erziehungslehre*, Leipzig: J. Ch. Eurich, 1809.

视阈、问题域和方法论上，均有不断的推进。

截至 2016 年 10 月，德语学术界中关于里希特教育学的研究约 113 部，其中包括专著 35 部（含学位论文 17 部），其余为论文。分布见图 0-1。

如图 0-1 所示，德语学术界对里希特教育学的研究，最早可追溯至《莱瓦娜》出版两年后。从里希特一百周年诞辰（1863 年）开始，陆续出现关于里希特教育学的介绍性论文。19 世纪 90 年代，研究文献数量显著增多，但以介绍性为主，关注的焦点在于里希特的教育学家身份。20 世纪的第一个十年，即《莱瓦娜》出版 100 周年（1907 年）前后，研究文献的数量达到首个峰值。这一时期，除部分纪念性文章之外，有八部研究著作（包括学位论文）出版，产生了一些较具价值的研究。其中，对里希特教育学家身份的研究持续深入，《莱瓦娜》成为研究重点，里希特与其他教育学家的对比研究成为著作关注的焦点。此后学术界对里希特教育学的兴趣，一直得到维持。在里希特逝世 100 周年（1925 年）之时，大量纪念性论文发表，将文献数量推至另一个峰值。纪念性论文成为这一时期文献的主题，另有两部研究里希特教化小说的学位论文问世。至 20 世纪 50 年代前后，有五部著作（包括学位论文）出版，里希特教育学中的具体问题得到详细阐释，如精神教育、家庭教育、童年与成年等。里希特 200 周年诞辰（1963 年）之际，文献数量又升至另一小高峰。纪念性论文再次占据多数，部分著作探讨了里希特教育学中的教育学概念、人类学、神学等问题。20 世纪 70 年代以来，研究文献的数量下降，学术界对里希特教育学的兴趣减少。然而，数量虽减少，质量却在增长，专题性研究不断推向深入。这一时期的文献，以高质量的专著（包括学位论文）和论文为主。文献在里希特教育学的具体内容、所使用的概念和体系、书写方式等问题上，均有深入的研究。

英语学术界中，对里希特教育学的研究起步较晚。德·昆西

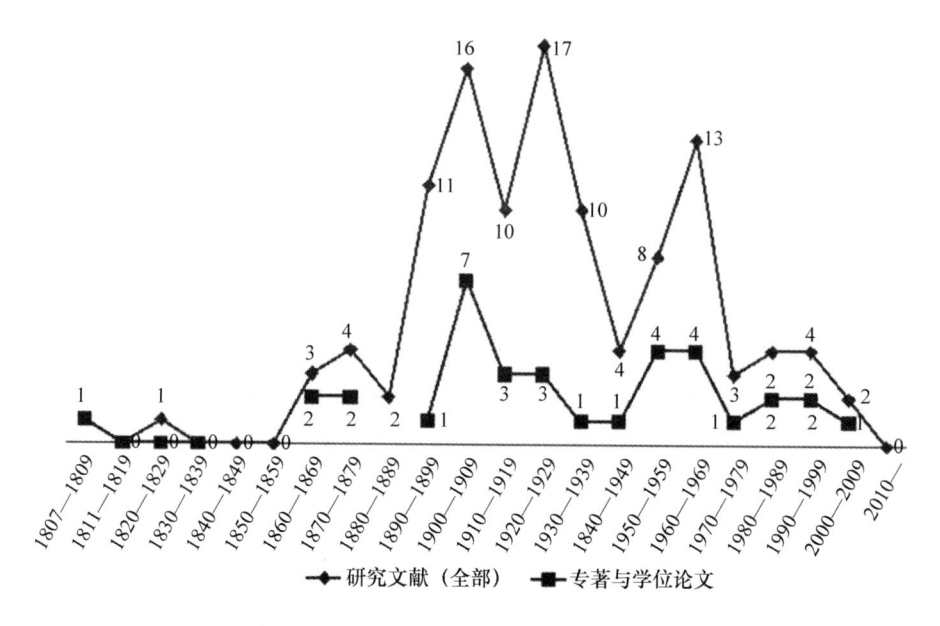

图 0-1 里希特教育学研究德语文献的分布

(Thomas De Quincey, 1785—1859) 首先向英语世界介绍里希特。[1]此后,在英语世界大力推介里希特的是卡莱尔(Thomas Carlyle, 1795—1881)。[2] 不过,德·昆西和卡莱尔对里希特的推介,主要以

---

[1] 德·昆西曾模仿里希特的写作模式创作出《莱瓦娜与我们悲伤的女神们》。参见:Thomas De Quincey, *Confessions of an English Opium-eater* (*With 'Levana', 'the Rosicrucians and Freemasons', 'Notes from the Pocket-Book of a Late Opium-Eater'*, With introductory note by William Sharp. London: Walter Scott, 24 Warwick Lane, 1886, pp. 105 – 113. Levana and our Ladies of Sorrow. 关于对德·昆西和里希特的《莱瓦娜》对比研究,参见:Frederick Burwick, "The Dream-Visions of Jean Paul and Thomas De Quiney", *Comparative Literature*, Vol. 20, No. 1, 1968, pp. 1 – 26 (《让·保尔与德·昆西的"梦境视角"》). Joel D. Black, "Levana: Levitation in Jean Paul and Thomas De Quincey", *Comparative Literature*, Vol. 32, No. 1 (《莱瓦娜,里希特和德昆西著作中的"悬浮"》)。

[2] 对卡莱尔与里希特的关系的研究,参见:Theodore Geissenodereer, "Carlyle and Jean Paul Friederich Richter", *The Journal of English and Germanic Philology*, Vol. 25, No. 4 (Oct., 1926), pp. 540 – 553; J. P. Vijn, *Carlyle and Jean Paul: Their Spiritual Optics*, John Benjamins Publishing Company, 1982; Henry Pape, *Jean Paul als Quelle von Thomas Carlyles Anschauungen und Stil*, Ph. D. dissertation, Universität Rostock, 1904.

其文学作品为主。卡莱尔多次写文章介绍里希特的作品，并将里希特的若干短篇著作翻译成英文。1827年，卡莱尔发表了第一篇介绍里希特的文章，目的是将"无疑是他那个时代中最杰出的人之一"的里希特，介绍给英国公众。在卡莱尔眼里，里希特本质上是一位哲学家兼道德诗人。1830年，卡莱尔在第二篇介绍里希特的论文中将里希特的文学特征概括为幽默、富于想象力、深邃有力的思想以及对语言文字的娴熟使用。卡莱尔翻译过两篇里希特的短篇作品，并曾在自己的著作中提及里希特的16部作品。

里希特的《莱瓦娜》，早在1848年就被译成英语，在英国和美国曾多次重印。目前可见的英语学术界中对里希特教育学的专项研究，出现在1941年。美国伊利诺伊大学的凯特坎普（Gilbert Clarence Kettelkamp）凭借论文《让·保尔及其与同时代教育理论的关系》（1941年），获得博士学位。[①] 1972年，英国的本哈姆以里希特教育学为研究核心，完成了名为《让·保尔的〈莱瓦娜〉：基于他的生平和早期著作的考察》的硕士论文。[②] 此后，里希特教育学成为本哈姆的重点研究对象。他相继发表了六篇论文，把英语世界中的里希特教育学研究推向高峰。本哈姆以后，里希特教育学研究在英语世界中，沉寂多年，直到2004年，里希特又被重新提及。[③]

除了德语和英语世界中的里希特教育学研究之外，日语学术界对里希特教育学也早有研究。[④] 遗憾的是，囿于语言和资料获取的限

---

① Gilbert Clarence Kettelkamp, *Jean Paul and his Realtionship to the Pedagogical Theories of his Day*, Ph. D. dissertation, University of Illinois, 1941.

② G. F. Benham, *Jean Paul's Levana in the Light of his Life and Earlier Works*, Master Phi. dissertation, Queen Mary and Westfield College Lodndon, 1972.

③ 英国研究者John Pridmore发表论文《"舞蹈不可过早开始"：让·保尔·里希特思想中的精神教育》。参见：John Pridmore, "'Dacing cannot start too sonn: Spiritual education in the thought of Jean Paul Friedrich Richter", *International Journal of Children's Spirituality*, Vol. 9, No. 3, 2004.

④ 蒋径三、雷通群等人编著的教育（思想）史中，曾有对里希特及其教育思想的介绍。而他们的参考文献多为日文版的教育学史。由此可以推测，在当时的日本学术界中，应该就有对里希特及其著作的介绍。

制,未能获取更多日文文献并对其做详细分析。1973年,池田浩士在日本京都大学教育部德语研究室编的《德国文学研究》上,发表长文《让·保尔的〈莱瓦娜〉入门》。这是他在京都大学授课时的讲义。由此可推知,至少在1973年以前,日本的大学里曾开设过关于《莱瓦娜》的研究课程。① 此外,在日语学术界中,还有一些对里希特教育学的研究,关注《莱瓦娜》中的教育学内容。②

下文将对西方里希特教育学研究文献进行分类。从里希特教育学的生成过程、结构内容、价值效应三个方面,分析这些文献对问题域以及研究方法论的推进。

(2) 关于里希特教育学生成过程的研究

A. 对里希特的身份与个性的研究

西方里希特教育学研究文献中,很大一部分是介绍性、纪念性文章。它们多将里希特看作教育家笼统描述。有研究者将里希特定位为"教育学家"或"教育理论家"。其中较具代表性的为卡斯滕斯(Adolf Castens,1878年)、费舍尔(K. Fischer,1895年)、威尔斯(Gustav Wirth,1872年)以及托洛夫(N. Touroff,1906)等人。另一些研究者将里希特定位为教育家。费尔蒂希(Ludwig Fertig)在著作《落后地区学校校长让·保尔》(1990年)中,特别关注里希特的教育实践,将其定位为"教育实践家"。而穆勒(Iwan von Müller,1908年),则不无夸张地将里希特提升至整个民族的教育家的高位。

对里希特的个性的研究,多见于其传记。据不完全统计,至2016年,德语和英语版本的里希特传记,有十七种之多。多部传记作家强调了幼年成长经历对里希特个性的影响。贝恩德(Eduard Berend)收集整理了里希特所处的时代中各时期各地对里希特的重视与评价。这部以时期和地缘分类的著作,名为《让·保尔的个性:

---

① 参见池田浩士《ドイツ文學研究》,1973,20,pp. 64 – 131.
② 渡辺光雄:《教育方法学研究》,1986,pp. 9 – 17;Norimi Tsuneyoshi(恒吉法海):《独仏文学研究》,1991(8),pp. 143 – 157;長谷川健一:Seminarium 2013 (35),pp. 1 – 25.

来自同时代的报道》(1913年)。① 而在里希特教育学的研究文献中,鲜见有对其个性问题的关注。

B. 对里希特所处时代情境的研究

西方文献中,对里希特教育学的生发空间的专项研究,尚不多见。唯有尼姆兹(Siegfried Nimtz,1950年)关注了里希特的精神成长。② 里希特所处的"时代精神和情境属性",未得到足够的重视。

C. 对里希特教育学生成基础的研究

西方文献对里希特教育学生成基础的研究,主要集中在理论基础与实践基础两个方面。有研究者钻研理论基础的某一部分。例如,候珀考察了《莱瓦娜》形成的哲学基础。③ 奥依特尔(Friedrich Reuter)分析了其心理学基础。④ 布辉克纳尔(Gottfried Brückner)则从美学角度考察其形成基础。⑤ 吉乌特斯(Alexandra Giourtsi)专注于里希特的教育人类学。⑥ 基弗尔(Klaus H. Kiefer)采用与文学兴趣对比的分析方法,考察了里希特对教育学的兴趣。⑦

另有研究者则较为侧重实践基础。明希(Wilhelm Münch)考察了里希特的生平、曾参与的教育实践、写过的教化小说等对其教育学创作的影响。⑧ 费尔蒂希(1990)探讨了里希特自身的受教育经

---

① Eduard Berend, *Jean Pauls Persönlichkeit, zeitgenössische Berichte*, Müller, 1913. 贝恩德是《里希特全集》(历史考证版)前半部分的主要编撰者。

② Siegfried Nimtz, *Der geistig Bilder Jean Paul*, Ph. D. dissertation, Münster, 1950.

③ Walter Hope, *Das Verhältnis Jean Pauls zur Philosophie seiner Zeit*, Leipzig: B. G. Teubner, 1901.

④ Friedrich Reuter, *Die psychologische Grundlage von Jean Pauls Pädagogik*, Borna: Reiche, 1901.

⑤ Gottfried Brückner, *Die ästhetische Grundlage von Jean Pauls Pädagogik*, Borna Leipzig: Noske, 1910.

⑥ Alexandra Giourtsi, *Pädagogische Anthropologie bei Jean Paul*, Ratingen, 1966.

⑦ Klaus H. Kiefer, *Jean Paul als Erzieher. Konflikte zwischen Pädagogik und literarischer Lust*, in *Jahrbuch der Jean-Paul-Gesellschaft*, 1993, 28, S. 65 – 84.

⑧ Wilhelm Münch, *Jean Paul, der Verfasser der Levana*, Berlin: Reuther & Reichard, 1907.

历，成为家庭教师以及后来担任落后学校的校长时的教育实践，以及后来教育自己孩子的心得等一系列实践与其教育学之间的关系。

D. 其他教育学家对里希特的影响

一些研究者着眼于里希特教育学与在它之前的教育学之间的传承关系。较早对这一主题做概览式研究的是明希的《让·保尔:〈莱瓦娜〉的作者》。明希介绍了里希特与卢梭、裴斯泰洛齐等人的关系。

帕拉斯（Hermann Plath）试图论证证明里希特对卢梭的紧密追随。① 欧文（M. E. H. Owen）则反驳了帕拉斯的观点。② 欧文指出，二者之间异多于同，最主要差异在于，里希特认为教育过程是积极的，而卢梭认为是消极的。科默雷尔（Max Kommerell）则从文学角度考察青年里希特作品中对卢梭的借鉴。③ 纳雷兹（Boris Naretz）分析了里希特教育学与卢梭教育学之间的一致性程度。④

1896 年，霍夫曼（E. Otto Hofmann）在一篇文章中介绍了裴斯泰洛齐与里希特的关系。⑤ 1912 年，路易布勒（Anton Luible）完成了以两者的关系为题的学位论文。⑥ 1990 年，科勒（Hans-Cristoph

---

① Hermann Plath, *An welchen Punkten kann Jean Pauls Levana von Rousseau beeinflusst erscheinen?* Ph. D. dissertation, Erlangen 1903.

② Mary Elizabeth H, Owen, *Some considerations on the Emile of Jean Jacques Rousseau in contrast with the Levana of Jean Paul Richter*, Ph. D. dissertation, the University of Illinois, 1908.

③ Max Kommerell, *Jean Pauls Verhältnis zu Rousseau. Nach den Haupt-Romanen dargestellt*, Marburg 1924. 该作者另有一部里希特传记出版。见：M. Kommerell, *Jean Paul.* Frankfurt a. M. 1933.

④ Boris Naretz, *Wieweit stimmt Jean Pauls 'Levana' mit Rousseaus Erziehungstheorie überein?* Ph. D. dissertation, Oldenburg, 1952.

⑤ E. Otto Hofmann, "Pestalozzi und Jean Paul", *Die deutsche Volksschule*, Jg. 27, 1. Leipzig Jan., 1896, S. 5 – 7.

⑥ Anton Luible, *Pestalozzi und Jean Paul*, Ph. D. dissertation, Jena, Kempten: Jos. Kösel, Graphische Anstalt, 1912.

Koller）对比了两者教育学文本中的教育概念与书写方式。[1]

与欧文的研究（1908年）类似，本哈姆（G. F. Benham）更希望突出里希特独特的思想特征。本哈姆在论文《让·保尔的〈莱瓦娜〉：文本间视角》中，批评了里希特教育学的部分研究者们所采用的"追根溯源"式的研究模式——试图为里希特的每一处教育学思想寻找出处。[2] 本哈姆指出，里希特从赫尔德那里继承了"时代精神"，但两人对它的看法不同。里希特与歌德，虽然写过类似的教化小说，但两者的教育学观点有本质的不同。

（3）关于里希特教育学结构内容的研究

研究里希特教育学的结构与内容的文献较多。根据研究论域，可将这些文献分为两类：对《莱瓦娜》及其教育学的研究和对教化小说的研究。

A. 对《莱瓦娜》及其教育学的研究

有研究者从整体上研究里希特教育学。莱恩霍德（Karl Wilhelm Reinhold）可算是《莱瓦娜》的最早研究者。他于1809年出版《〈莱瓦娜〉词典》，尝试帮助读者更好地理解该著。[3] 1863年，值里希特一百周年诞辰，维尔特（G. Wirth）出版了《教育学家让·保尔》。[4] 该著包括对里希特的成长经历与教育实践的简要介绍，以及对《莱瓦娜》中核心内容的整理和摘录，可谓"里希特教育学精选"。

明希的《让·保尔：〈莱瓦娜〉的作者》（1907年）以《莱瓦娜》为主线，分别从创作背景、思想内容、地位和价值四个方面，

---

[1] Hans-Cristoph Koller, *Die Liebe zum Kind und das Begehren des Erziehers: Erziehungskonzeption und Schreibweise Pädagogischer Texte von Pestalozzi und Jean Paul*, Weinheim: Deutscher Studien Verlag, 1990.

[2] G. F. Benham, "*Jean Paul's Levana, in Contextual Perspective*", German Life and Leiters, *Vol. 27, No. 3*, 1974, pp. 194–204.

[3] Karl Wilhelm Reinhold, *Wörterbuch zu Jean Paul's Levana oder Erziehungslehre*, Leipzig: J. Ch. Eurich, 1809.

[4] G. Wirth, *Jean Paul Friederich Richter als Pädagoge, Nebst Einer Auswahl Pädagogischer Kernstellen aus Jean Pauls werken*, Brandenburg a. H. 1863.

诠释了里希特教育学。① 明希指出，里希特教育学的价值，在于它对儿童的特征的独特阐释，以及对父母教育的批评。里希特教育学理论的核心部分，是他对自我发展的重视。不过，明希从里希特的内在和外在生活入手，突出了个人因素的影响，而忽略了时代情境，以及作者与时代情境的互动。而且他对《莱瓦娜》内容的介绍，以摘录为主，缺少理论性分析与解释。

斯普恩格尔（Karoline Sprenger）的博士论文《让·保尔的教育学：对〈莱瓦娜〉的研究》（2003 年），对《莱瓦娜》的内容进行了再次发掘和评价。② 该著阐明了里希特教育学中的最基础的人性图景（Meschenbild）假设，梳理了《莱瓦娜》中蕴含的教育学思想，并给出了详细的阐释。此外，作者也做了大量诠释学的工作，将《莱瓦娜》中的"陌生语言"阐释的更为通俗易懂，并将其中"思想碎片"逐一串联。斯普恩格尔的研究，详尽地解读并诠释了里希特的教育学的思想内容。

另有研究者专注于里希特教育学中的某一特殊方面。胡克（Gregor Hucke）指出，在探讨关于人和儿童的发展的学科中，里希特不可绕过。他采用概念对比的分析方法，研究了《莱瓦娜》中的童年教育及其意义。③ 儿童与父母亲的关系、儿童与世界的关系、儿童与上帝的关系，是胡克探究的要点。类似文献还有：《让·保尔论青少年的形象》（Margarethe Kargl，1936 年）、《让·保尔笔下的儿童形象》（Ruth Scheier-Binkert，1983 年）等。

---

① Wilhelm Münch, *Jean Paul, der Verfasser der Levana*, Berlin: Reuther & Reichard, 1907. 该著属于由 Rudolf Lehmann 主编的《伟大的教育家：他们的个性及其体系》系列丛书中的一本。作者 Wilhelm Karl Georg Münch 博士（1843—1912），是柏林 A. D. 大学的教授，教育学家，作家，著有《未来教育学》（Zukunftspädagogik）和《教师的精神》（Geist des Lehramtses）等书。

② Sprenge Karoliner, *Jean Pauls Paedagogik*, *Studien zur Levana*, Ph. D. dissertation, Universität Bamberg, ars et unitas, 2003.

③ Gregor Hucke, *Das Verhältnis des Kindes zur Welt und zu Gott in Jean Paul Fr. Richters Levana oder Erziehlehre*, Münsterschwarzach: Vier-Türme-Verl., 1968.

巴拉克（Joel D. Black）从表达和象征功能的角度，通过与德·昆西的对比，研究了里希特对女神"莱瓦娜"的使用和意义。[①] 里希特凸显了"莱瓦娜"的正面积极意义，其提升功能。因为，里希特处于浪漫主义早期，提倡人的自我认知，上升意味着从堕落中提升，教育就是自我认知，使人脱离蒙昧状态的过程。而处于浪漫主义鼎盛时期的德·昆西的用法则更为负面消极，认为提升远离了地心，反而增加了堕落的可能。巴拉克指出，在两人对"莱瓦娜"的差异理解和使用的背后，隐藏着18世纪和19世纪的不同的人类历史观，即人到底是向上的还是堕落的。

马尔考（DagmarMarkau）的博士论文，将《莱瓦娜》列为教育学的"文学—美学"体系的代表。[②] 科勒（Hans-Cristoph Koller）探究了《莱瓦娜》的语言、陈述方式及其教育学意蕴。[③] 科勒研究的独到之处在于对《莱瓦娜》的语言和陈述方式的分析。在里希特那里，语言既具有一般性表达功能，又是教育的手段。科勒将《莱瓦娜》的陈述方式总结为几个特点：多用纲领性的表述和教育格言；注重读者与作者之间的互动；多次使用场景虚拟，多用隐喻和转喻。科勒借助语言学和文学理论对里希特的《莱瓦娜》进行分析，在之

[①] Joel D. Black, "Levana: Levitation in Jean Paul and Thomas De Quincey", *Comparative Literature*, Vol. 32, No. 1, 1980.

[②] Dagmar Markau, *Jean Pual Friedrich Richters "Vana" als Repräsentation des Typs Eines "Tterarisch-ästhetischen" Systems der Pädagogik. Eine Studie zum Problem von Typologien pädagogischer Systeme*, Ph. D. dissertation, Halle, 1983.

[③] Hans-Christoph Koller, "Pädagogische Druckfehler: Erziehungskonzeption und Schreibweise in Jean Pauls Levana", *German Issue*, Vol. 102. No. 3, 1987, S. 522 – 543. 根据作者自述，本文是一篇用于参加1986年5月的第四届汉堡美学与艺术理论学术研讨会的论文。它是作者博士论文的一部分，其博士论文的主题是，裴斯泰洛齐和里希特的教育学文本中对教育、意愿和文字的理解（Verhaetnis von Erziehung, Begehren und Schrift）。该博士论文后来作为专著出版，参见：Hans-Cristoph Koller, *Die Liebe zum Kind und das Begehren des Erziehers: Erziehungskonzeption und Schreibweise pädagogischer Texte von Pestalozzi und Jean Paul*, Weinheim: Deutscher Studien Verlag, 1990.（《对儿童的爱与对教育者的祈求：裴斯泰洛齐与让·保尔教育学文本中的教育概念与陈述方式》）。

前的里希特教育学研究中，是不曾出现过的。

2004 年，莱兹（Anne Catherine Reitz）的博士论文选取了新的论域和新的分析工具。① 莱兹关注的是，德国早期浪漫主义文学中对家庭特别是对母亲的思想和政治作用的描述。《莱瓦娜》是作者研究中的一部分。莱兹从社会学视角分析了里希特写作《莱瓦娜》的原因，并将《莱瓦娜》看作一部社会学的和政治学的著作。莱兹借用本尼迪克·安德森（Benedict Anderson）的"民族—国家"理论分析《莱瓦娜》。莱兹认为里希特旨在通过描绘自由的个人（女人、男人或者儿童），及其与统治家庭的政治结构和国家的政治模式之间的关系，来重写德国的政治。《莱瓦娜》带着社会动员的意味，"号召读者克服那个狂躁时代中的社会和政治的限制"。② 里希特将阅读、历史与民族自我意识的关系，整合在教育过程之中。《莱瓦娜》不仅是单个儿童的教育学，更是一个新民族的教育学。莱兹对《莱瓦娜》的研究，因其新颖的视角，产生了独特的论域，并为《莱瓦娜》的写作目的提供了一种全新的解读和诠释。

普瑞德摩（John Pridmore）特别关注了里希特的精神教育。③ 他将里希特的精神教育归结为三大原则：精神教育在基本上是反文化的；精神教育的提升途径是玩耍；精神教育扎根于爱，其核心在于

---

① Anne Catherine Reitz, *Reforming the State by Reforming the Family Imagining the Romantic Mother in Pedagogy and Letters*, 1790 – 1813, Ph. D. dissertation, University of Texas at Austin, 2004. 莱兹的研究发现，浪漫主义时期的作者们，用保守的、传统的母亲形象，来掩盖更为激进的平等主义或共和主义的政治诉求。莱兹对《莱瓦娜》的研究，曾作为单篇论文发表，参见：Anne Catherine Reitz, "A New Germany in the Next Generation: Nation and Pedagogy in Jean Paul's Levana oder Erziehlehre (1806/1813)", *the Goethe Yearbook*. （《未来一代中的新德国：让·保尔〈莱瓦娜〉中的民族与教育学》）

② Anne Catherine Reitz, *Reforming the State by Reforming the Family Imagining the Romantic Mother in Pedagogy and Letters*, 1790 – 1813, Ph. D. dissertation, University of Texas at Austin, 2004, p. 129.

③ John Pridmore, "'Dacing cannot start too sonn: Spiritual education in the thought of Jean Paul Friedrich Richter", *International Journal of Children's Spirituality*, Vol. 9, No. 3, 2004, pp. 279 – 291.

"我们爱教,我们教爱"。

此外,一些研究者专门考察了里希特教育学中的女性教育(J. Schönhof, 1863; Ernst J. Wasserzieher, 1892; Maximilian Bogenstätter, 1925; Hanna Ribeaucourt, 1925; Gertraud Kietz, 1950; Gertraud Kietz, 1961)。另有研究者特别考察了里希特教育学中的教育者形象。例如,关于教师形象(Karl Lange, 1880; Adolf Schultz, 1896);关于校长(Rudolf Wustmann, 1895; Marianne Thalmann, 1937)等。

C. 对其教化小说的研究

里希特几本著名的教化小说的创作时间均早于《莱瓦娜》。部分研究者在研究里希特的教化小说时,将其与《莱瓦娜》结合在一起研究。例如,库格勒(Hans Kügler)的博士论文,综合考察了《莱瓦娜》和里希特的两部教化小说《看不见的小屋》和《泰坦》中对童年和成年教育问题的论述。[1] 基弗(Klaus H. Kiefer)的文章,探讨了里希特著作中教育学与文学兴趣的冲突。[2]

本哈姆在20世纪70年代的一系列文章中,从不同主题,对里希特的教化小说做了探讨。1975年,他发表文章分析了《莱瓦娜》中对游戏的重视,并列举了里希特在其教化小说中对游戏的运用。[3] 1976年,他对比分析了里希特教化小说中的教育者形象,归纳出里希特笔下的教育者的功能:在以情感、伦理和审美为核心的教育中,教师占据指挥位置,发挥着积极和消极等多方面的作用;而教学(技能和知识的习得)在教师的职责中,仅占很小的一部分。[4] 在同年的另一篇文章中,他综合考量了《莱瓦娜》中论述贵族教育的部

---

[1] Hans Kügler, *Kindheit und Mündigkeit Ph. D. dissertation*, Ph. D. dissertation, Freiburg Universität, 1954, S. 58.

[2] Klaus H. Kiefer, *Jean Paul als Erzieher. Konflikte zwischen Pädagogik und literarischer Lust*, in Jahrbuch der Jean-Paul-Gesellschaft, 1993. 28, S. 65 – 84.

[3] Georg F. Benham, "A note on Jean Paul's Attitude to Play", *Neophilologus*, Vol. 59, No. 2, 1975, pp. 273 – 276.

[4] G. F. Banham, "Some Thoughts on the Educator in the Pedagogic Novels of Jean Paul", *German Life and Letters*, Vol. 31, No. 3, 1976, pp. 227 – 236.

分与几部教化小说中主人公所受的教育，指出里希特的受教育者的和谐发展主要是源自内在。① 先于莱兹，本哈姆在1976年就考察了里希特的"社会教育学"。里希特希望将政治和社会上满目疮痍的德国从道德上复活。一方面，里希特寄希望贵族教育，使开明的君主能节制自己的欲望；另一方面，他寄希望于宗教和个人内心，希望人人都能充分认识人的地位，发展人的内在潜能。在1978年的一篇文章中，本哈姆强调，将教化小说与《莱瓦娜》结合考察的研究模式，除了注意两者相互印证的地方之外，还要注意两者之间的差异。② 本哈姆指出，教化小说与《莱瓦娜》中面对的教育对象不同。前者的主人公均属于一类被称为"完人"（hohe Menschen）的复杂个体，其教育不能被当作普通儿童的样板；而后者写给现实中的父母和儿童，主要关涉的是普通儿童。本哈姆的研究呈现了差异，却未深究原因。是里希特的教育思想发生了转变？还是因为其教化小说和《莱瓦娜》的预设读者互有区别？

2015年，贾涵斐在博士学位论文《论德国1800年前后对人的构想——以知识秩序关联中的三部小说为例》中从文化学视角出发，关注知识秩序中的人类学知识、教育学知识及文学作品构成的知识复合体的生成过程及张力关系，通过对歌德的《威廉·迈斯特的学习时代》、里希特的《黑斯佩鲁斯或四十五个狗邮日》和博纳文图拉的《守夜》三部作品的对比分析，展现了文学对时代人类学和教育学知识的独特贡献。③

（4）关于里希特教育学的价值效应研究

关于里希特教育学的价值与效应，有研究者指出，"德文版的

---

① G. F. Benham, "Jean Paul on the Education of a Princ", *Neophilologus*, Vol. 60, No. 4, 1976, pp. 551–559.

② G. F. Benham, "On Some Salient Features of Jean Paul's Pedagogic Writings", *Colloquia germanica*, Vol. 11, 1978, pp. 233–262.

③ 贾涵斐：《论德国1800年前后对人的构想——以知识秩序关联中的三部小说为例》，博士学位论文，北京外国语大学，2015年。

《莱瓦娜》及其多个其他语言的译本，畅销了多年"①。更有研究者称《莱瓦娜》是，"19 世纪最受欢迎和最经久不衰的儿童养育手册之一"②。这些判断仍待考证。

1982 年，费尔蒂希（Ludwig Fertig）发表文章探讨教育学史著作中的里希特。费尔蒂希指出里希特的教育学在文学史和教育学史中的两难地位。一方面，专业的文学史研究，对里希特的教育学毫无兴趣。另一方面，很多教育学史的作者经常不把文学家里希特纳入考虑范围，或者他们为求作品的完备而勉强提及里希特的名字，或仅模糊地描述里希特的地位。然而，也有一些例外，费尔蒂希历数了若干对里希特教育学的研究。不过，这些研究对里希特教育学的定位，无法让费尔蒂希满意。他提出了里希特教育学研究的新目标：

> 重新描绘里希特的通往教育学之路，以及辨别他与前辈们比如他同时代者之间的异同。唯有在这些研究结束之后，人们才能用自己的世界观再检视并评价里希特的教育学。③

部分研究者关注里希特教育学与同时代的其他教育学之间的联系和区别。明希论述了里希特与他那个时代的教育思想家之间的相互依赖而又彼此独立的关系。④ 1941 年，美国学者凯特坎普（Gil-

---

① G. F. Benham, "Jean Paul Richter's International Contribution to Moral Education", *Pädagogica Historica*, Vol. 22, No. 1 – 2, 1982, p. 5.

② Hans-Cristoph Koller, *Die Liebe zum Kind und das Begehren des Erziehers: Erziehungskonzeption und Schreibweise pädagogischer Texte von Pestalozzi und Jean Paul*, Weinheim: Deutscher Studien Verlag, 1990, S. 218.

③ Ludwig Fertig, *Jean Paul und die Pädagogik: I. Jean Paul und die zeitgenössischen Erziehungsschriftsteller; II. Jean Paul in der pädagogischen Geschichtsschreibung*, in *Jahrbuch der Jean-Paul-Gesellschaft*, München: C. H. Beck'sche, 1982.

④ Wilhelm Münch, *Jean Paul, der Verfasser der Levana*, Berlin: Reuther & Reichard, 1907, pp. 135 – 192. 上文已有对这部著作的介绍。

bert Clarence Kettelkamp）的博士论文同样以里希特与同时代的教育理论的关系为主题。① 部分研究者关注里希特教育学对后来教育学的影响。例如，齐默尔曼（Curt Zimmermann）的学位论文以里希特与黑格尔的教育学中的学生自我发展的价值为主题。② 皮希特（B. Picht）的文章，则阐述了鲁道夫·斯泰纳的教育学对《莱瓦娜》中理想的实现。③

另有研究者按照国别和地区来研究里希特教育学的价值与效应。例如，1943 年，布莱威尔（Edward Vere Brewer）研究了新英格兰对里希特的兴趣。④ 同年出版的伯恩德（Eduard Berend）的著作《里希特与瑞士》则研究了里希特在瑞士传播。⑤ 而本哈姆的研究表明，斯拉夫世界对里希特的文学和教育学仅存有限的、短暂的兴趣。⑥

（5）小结

根据上文对里希特教育学研究文献的分析，可得出以下认识：

第一，对里希特教育学的生成过程的研究，以考察里希特的个性特征为主，而忽略了里希特所处的时代情境。多数研究均忽略了里希特对时代情境的感知和反映，未注意到人物与其时代的互动。实际上，这种感知和反应的过程，与里希特独特个性特征的结合，正是里希特教育学生成的过程。多数研究，未能将里希特教育学的生成当作一个"动态的过程"来研究。而且，对里希特教育学产生

---

① Gilbert Clarence Kettelkamp, *Jean Paul and his Realtionship to the Pedagogical Theories of his Day*, Ph. D. dissertation, University of Illinos, 1941.

② Curt Zimmermann, *Die Wertung der Selbstentfaltung des Zöglings in der Pädagogik Jean Pauls und Hegels*, Ph. D. dissertation, Freiburg, 1913.

③ B. Picht, "Die Verwirklichung der Ideen der Levana in der Pädagogik Rudolf Steiners", *Erziehungskunst*, 27. Jahrg., 1963, S. 74 – 90.

④ Edward Vere Brewer, *The New England interest in Jean Paul Friedrich Richter*, Berkeley, California: University of California Press, 1943.

⑤ Eduard Berend, *Jean Paul und die Schweiz*, Frauenfeld: Huber, 1943.

⑥ G. F. Benham, "Jean Paul Richter's International Contribution to Moral Education", *Pädagogica Historica*, Vol. 22, No. 1 – 2, 1982, pp. 5 – 28.

的基础的分析，涵盖了哲学、心理学、美学和文学等方面，却遗漏了对当时时代精神和情境属性的考察。

第二，对里希特《莱瓦娜》中的教育学的研究，多以文本为中心，将里希特教育学作为一种教育学文本或教育学知识，仅对其结构和内容做静态分析。这些分析，是"静止的、孤立的、自命的"观察与反思。它们不重视文本生产者和生产过程，不在意文本生产过程中的预置逻辑与呈现逻辑的关系，见不到文本与社会、文化的真实互动。① 实际上，文本和知识都有其形成、发展的过程。文本书，应给予其变动不居的特性以足够的关注。

第三，对里希特教育学的价值与效应的研究，多是在若干人物或者教育学之间的对比分析，而对这些教育学之间的传承与互动，关注较少。而且，研究所涉及的其他教育学家不够全面。多集中于卢梭、裴斯泰洛齐、赫尔巴特、赛勒等人之上。忽略了里希特与诸早期德意志教育学家之间的互动。如特拉普、康德、尼迈尔、施瓦茨等人。

第四，就里希特教育学研究而言，在原始文献的发掘与考证上，进一步深入研究的空间较小。② 在研究视角上，以往的研究的视角比较丰富，已有从教育学、社会学、政治学、哲学等视角上的考察。但从社会学和政治学角度切入的研究，有待进一步深化。

第五，在研究模式上，多数研究直接进入对里希特教育学的观念分析，即范畴分析。而忽略了作为研究基础的情境分析和语言分析，从而导致观念分析的空泛。

本书尝试对文献回顾中揭示的若干问题做出一些回应。

---

① 董标：《何谓教育学形态研究》（内部资料），华南师范大学，2012年。
② 已有《里希特全集》（历史考证版）出版。参见：Jean Paul F. Richter; Eduard Berend; Helmut Pfotenhauer; Preussische Akademie der Wissenschaften; Deutsche Akademie; Jean-Paul-Gesellschaft; Deutsche Schillergesellschaft, *Jean Pauls sämtliche Werke: historisch-kritische Ausgabe*, Weimar: Verlag Hermann Böhlaus Nachfolger, 1927–2010.

第三节 研究构想

一 对"陈桂生问题"的重新回答

本书是对陈桂生问题——"哪里是近代教育学的故乡？谁得教育学风气之先？"——的重新回答。

出现在18世纪前后的早期德意志教育学，作为迥异而独立的教育学存在，拥有各自的生成过程、结构特征和效应影响。它们的出现，整体上作为一种教育学现象，更有其特殊的原因与效应。已有研究在这些问题上有各自独特的贡献，也留下进一步拓展的空间。早期德意志教育学，呈现出多种多样的形态。它们之间的交叠、影响和互动，形成了纷繁复杂的关系，也组成了独特的教育学现象。这各异的教育学形态，该如何描绘；这纷繁复杂的关系，该如何处理；这独特的教育学现象，该如何解释；当时德国的教育学知识领域中的光彩和阴影，又该如何反映？

形态、关系、现象、光彩和阴影，均是事实存在；描绘、处理、解释、反映，依赖理论方法。因此，本书尝试，从单一教育学存在出发，研究教育学行动，展现文明对教育学的刻画；继而依多个教育学存在为对象，为教育学形态分类，辨明各教育学的历史位置。在诸多早期德意志教育学中，特选取里希特教育学为切入点。在分析时，以里希特教育学为主，兼与其他教育学对比。里希特教育学，是开启早期德意志教育学发展状况研究的钥匙之一。它的生成，与其他教育学既有类似的时代情境，又有迥异的作者个性；它的传播和效应，既反映出当时教育学所共有的命运，又体现了自身独特的境遇。

在研究进程上，本书拟采用教育学形态研究理论的三层级分析范式，从情境、语言和观念三个层面分别考察早期德意志教育学诸著作。对各教育学的分辨、解析、描述和解释，是研究的第一步；

与之同步的是若干教育学在多个层级上的对比分析；最终，依据多次对比分析的结果，将早期德意志教育学分门别类，确立它们在教育学系谱中的位置。

本书以里希特教育学为切入点，借助教育学形态研究理论，分析早期德意志教育学的生成、结构和效应，探讨教育学诸形态之间的区别与联系，尝试对早期德意志教育学的发展状况做出一些新的描述和解释。

二 教育学形态研究的方法论

研究问题的确立和研究方法论的选取，是任何研究在进行之初所必须面对的首要问题。而方法论的选取，主要取决于问题的性质。

就问题性质而言，本书既有对单一教育学文本的分析，又有对教育学形式的分析，还有对教育学发展史的分析。与三种分析相应的，分别是教育学研究、元教育学研究和教育学史研究。此外，本书还涉及对教育学行动的分析，以及对教育学类型的分辨。源自教育学研究、元教育学研究或教育学史研究的单一方法论，无法支撑起整个研究。教育学形态研究理论，为本书提供了一种新的方法论。[①]

1. 教育学形态研究理论

（1）教育学形态研究的核心假设

教育学形态研究之所以是可能的，是因为有教育学存在。教育

---

① 董标师曾在华南师范大学2012级教育学原理专业博士生的"教育学形态研究"课堂上，对教育学形态研究理论的若干问题做了详细的探讨。在论文《"卢梭悖论"——教育学形态的案例研究》中，对教育学形态研究的可能性做了分析和论证，提出了教育学形态研究的方法论，并以"卢梭教育学"为案例进行了研究尝试。参见董标《"卢梭悖论"——教育学形态的案例研究》，《中国教育科学》（第1辑），人民教育出版社2013年版。另有体现了教育学形态研究的理论成果的论文若干，如，董标：《教育、教育学、民族—国家同构论》，《山西大学学报》（哲学社会科学版）2014年第4期；董标：《教育哲学学科起源考辨——从低位关注论高位观照》，《教育学报》2018年第3期。

学形态研究是对教育学存在的研究。如何研究存在？要引入行动的概念。存在分为事实存在和观念存在，由此，教育学存在可分为两大类，实体教育学和观念教育学。沟通实体和观念的是行动。观念是行动的先导，实体是行动的后果。所以，行动教育学沟通了观念教育学和实体教育学。

观念教育学—行动教育学—实体教育学"的链接、改造、循环、再造，就是教育学存在，就是教育学形态。①

教育学形态研究的指导思想，借用了马克思的两句话。第一句是"德国哲学从人间升到天国"②。教育学形态研究，以可观察到的教育学存在为描述对象，所以它是人间的，是街头巷尾的。在这种描述之后，方能抽象出理论形式，从人间上升到天国。第二句是"人们一直用迷信来说明历史，而我们现在是用历史来说明迷信"③。教育学形态研究对教育学存在的描述，是从可观察的实际现象、实

---

① 董标：《何谓教育学形态研究》（内部资料），华南师范大学，2012年。另对比董标：《教育、教育学、民族—国家同构论》，《山西大学学报》（哲学社会科学版）2014年第4期。

② "德国哲学从天国降到人间；和它完全相反，这里我们是从人间升到天国。这就是说，我们不是从人们所说的、所设想的、所想象的东西出发，去理解有血有肉的人。也不是从口头说的、思考出来的、设想出来的、想象出来的人出发，我们的出发点是从事实际活动的人，而且从他们的现实生活过程中还可以描绘出这一生活过程在意识形态上的反射和反响的发展。"参见马克思和恩格斯《德意志意识形态》，中共中央马克思恩格斯列宁斯大林著作编译局，《马克思恩格斯选集》（第3版，第一卷），人民出版社2012年版，第152页。参见董标《教育、教育学、民族—国家同构论》，《山西大学学报》（哲学社会科学版）2014年第4期。

③ "我们不把世俗问题化为神学问题。我们要把神学问题化为世俗问题。相当长的时期以来，人们一直用迷信来说明历史，而我们现在是用历史来说明迷信"。实际上，这里的"迷信"，应该理解为"神学"。马克思：《论犹太人问题》，中共中央马克思恩格斯列宁斯大林著作编译局，《马克思恩格斯全集》（第3卷），人民出版社1995年版，第169页。参见董标《教育、教育学、民族—国家同构论》，《山西大学学报》（哲学社会科学版）2014年第4期。

际存在、实际活动入手的。因此,教育学形态研究,"将是一个从具体到抽象的过程,也是一个从现实到历史的过程。教育学形态研究的最终完成,是以上两个过程的统一并抽象化。"①

教育学形态研究的基本假定也是它的起点,是教育学行动或教育学存在。教育形态研究用"行动"来描述生成过程,用"存在"来讲状态。教育学文本是教育学行动的产物,前者是后者的呈现。教育学文本的生产、效应和消费过程,均属于教育学行动。

> 教育学形态研究是教育学行动研究,它描述行动的要素、过程、结果、意义,以揭示人类文明对教育学的刻画,以促进对教育的认识合理化。②

教育学形态研究,自有其前提、空间和价值。"教育学的陈述起点不同,这是教育学形态研究的前提。"教育学的生产者(创作者/作者)有其自身具体的经验和独特的信念,又有不同程度的分析和呈现技能,由他们生产出来的教育学,自然形态各异。"教育学的社会处境不同,这是教育学形态研究的空间。"教育学有其各异的生发空间——不同的时代情境。教育学的生发,是教育学作者对不同时代情境的知觉,以及知觉之后的反映。"教育学的个性品格不同,这是教育学形态研究的价值。"不同的时代情境,在不同个性的教育学者的知觉中,有不同的反映。"个性及其知觉与情境的关系,不可重复,个性和文化是教育学的基始变量。……独特视角与价值选择、受众期待、陈述风格、资源与传统的结合方式等一起,作为教育学的次级变量,刻画了教育学形态的丰富性。"③

---

① 董标:《何谓教育学形态研究》(内部资料),华南师范大学,2012年。
② 董标:《何谓教育学形态研究》(内部资料),华南师范大学,2012年。
③ 对教育学形态研究的前提、空间和价值的探讨,以及本段中的引用。参见董标《"卢梭悖论"——教育学形态的案例研究》,《中国教育科学》(第1辑),人民教育出版社2013年版,第76—77页。

教育学形态研究，是对单一教育学存在的研究，更是对多个教育学存在的研究。唯有在研究了多个教育学存在的基础上，方能进入对教育学形态的研究。因此，作为教育学行动研究的教育学形态研究，它"描述教育学行动的要素、过程、结果、意义"，它"探讨教育学诸形态的依存、交叠和互动的过程、模式、后果和价值"，其目的在于"揭示人类文明对教育学的刻画，促进对教育的认识合理化"①。

（2）教育学形态研究的研究范式

教育学形态研究，是一种教育学世界观，是一种新的教育学研究范式。董师对教育学形态研究的法则和视阈做了如下假设：

> 假定这等分辨的、解析的、描述的和解释的探究模式，可确立所谓"教育学形态研究"的法则；假定这等传统规范的、思想倾向的、现实感悟的和个人经验的多元变换，可规划所谓"教育学形态研究"的视阈，则，多角度、多层次、多方面地辨教育学之异，是可能的；"分而治之为先，合而统之殿后的教育学研究模式"，是可能的。②

教育学形态研究应该如何开展？按照"分而治之为先，合而统之殿后的教育学研究模式"，先是对单一教育学形态的研究。

> 教育学形态为情境左右，情境分析为教育学形态研究的初阶分析。由此登堂，可见明镜高悬的是言语和语言。既入言语和语言之门，即有语言分析之势。语言分析为中阶分析。语言是观念外化的一种形式，也许还是其一种职能，但观念不必经

---

① 董标：《何谓教育学形态研究》（内部资料），华南师范大学，2012年。
② 董标：《"卢梭悖论"——教育学形态的案例研究》，《中国教育科学》（第1辑），人民教育出版社2013年版，第64页。

由语言外化，外化的未必一定是观念。由此，进入观念分析。观念分析是高阶分析。

　　对情境的分析，以知识获得为阶段性目标，属于初阶教育学研究。语言分析的目标是意义把握和理解，是中阶教育学研究。范畴分析是为了掌控观念，自然是高阶教育学研究。①

由此，可以获得教育学形态研究的分析范式。首先是情境分析，它关涉教育学的生成过程。然后是语言分析，它关涉教育学的结构与形式。最后是范畴分析，它关涉教育学的内容与观念。根据以上分析，可将教育学形态研究分析层级按照表0-2展开。

表0-2　　　　　　　　　　**教育学形态分析层级对照**②

初阶分析	中阶分析	高阶分析
情境	语言	范畴
初阶教育学研究	中阶教育学研究	高阶教育学研究

三步分析之后，方能建立对单一教育学形态的清晰认识。对诸教育学形态分而论之以后，可进入对它们之间关系的研究，即"多角度、多层次、多方面地辨教育学之异"，也就是探究教育学诸形态的依存、交叠和互动的过程、模式、后果和价值。这是教育学形态研究的基本模式。

此外，教育学形态研究理论中，也提出了分析教育学文本的方法论。它将教育学文本分为"前文本""中文本"和"后文本"。

　　理论创造者和理论构建程序先于理论、先于文本，可称作"前文本"。研究中，应注重文本生产者和文本生产过程。

---

①　董标：《何谓教育学形态研究》（内部资料），华南师范大学，2012年。
②　董标：《何谓教育学形态研究》（内部资料），华南师范大学，2012年。

文本的预置逻辑和呈现逻辑的关系，可称作"中文本"。研究中，应注意文本生产过程中主客观因素的变化如何打破了预先设置给文本的逻辑。

文本与社会、文本与文化的真实互动，可称作"后文本"。研究中，应关注文本的社会和文化反应的过程，文本与社会、文本与文化的真实互动。①

按照这种文本分析的方法论，在研究文本时，应把研究起点向前推进，走到文本之前，而不止于文本；跟在文本之后，而又不被文本控制。本书即将从前、中、后三个层面，分析里希特教育学的生成、结构和效应。这也是文献回顾中对问题域分类的标准。

（3）教育学形态研究的分类模型

教育学形态研究理论，列举了教育学存在十种具体的形态："今日的教育学存在于大学课堂上、存在于国家知识中、存在于学术共同体当中、存在于专业设置中、存在于专业文献当中、存在于个人知识中、存在于群体知识中、存在于公共知识中、存在于跨国交流中、存在于跨文化交流中。"② 需注意的是，为更清楚地反映各教育学形态之间的差异，本书对这十种教育学形态下的若干亚型的命名，稍做了一些修改。

第一，存在于大学课堂上的教育学形态，是制度教育学。它以科目为形式，以制度为实质。它分为三个亚型：科目教育学（以科目体系为载体）、③ 教化教育学（存在于学校之前，学校之外）、学科教育学（以作为学科的教育学为载体）。

第二，存在于国家知识中的教育学形态，是统治教育学。它是

---

① 董标：《何谓教育学形态研究》（内部资料），华南师范大学，2012年。
② 董标：《何谓教育学形态研究》（内部资料），华南师范大学，2012年页。下文对十种教育学形态的分析，参见董标《何谓教育学形态研究》（内部资料），华南师范大学，2012年。此处不再一一注明。
③ 此亚型原名为"学校教育学"。

维护国家统治的工具。按照国家的目标，它可被分为三个亚型：安全教育学、秩序教育学和正义教育学。安全和秩序，是相对容易实现的目标，而正义往往难以实现。

第三，存在于专业共同体中的教育学形态，是共谋教育学。这种共谋指教育学专业共同体与权力当局的共谋。根据专业共同体在这种共谋过程中的自治程度，可将共谋教育学分为两个亚型：自律教育学和他律教育学。

第四，以专业设置形式存在的教育学形态，是应用教育学。它以传播和应用教育学知识为目的。根据历史发展，它可被分为三个亚型：分工教育学（研究教学职业）、学校教育学（研究各级各类学校的教育与教学）、[1] 家庭教育学（原本书家庭中的教育，如今却因学校侵占了家庭的教育职能而丧失了地盘）。

第五，存在于专业文献中的教育学形态，是学名教育学，其内涵以理论为主，其表现形式是文本。学名教育学的分类最为复杂。按照价值取向分类的是取向教育学、按照论域分类的是论域教育学、按照语种分类的是语种教育学、按照国家分类的是国家教育学、按照情境分类的是情境教育学。对学名教育学的五种分类，并非并列的。取向、论域、语种、国家和情境，均是拥有诸多分类可能的范畴，对学名教育学的研究，需在这五种分类的基础上深入。

第六，存在于个人知识中的教育学形态，是俗名教育学。它存在于个人之中，与官方和专业共同体无关。按照个人的身份，可将它分为两种：广场教育学（存在于市民中的）、村落教育学（存在于村民中的）。如今，人口流动和城市化进程的推进，村落教育学逐渐有被广场教育学消解的趋势。

第七，存在于知识群体中的教育学形态，是阶层教育学。因各类群体的结构和地位有别，因而存在将阶层教育学进一步分类的可能。按照群体的聚合程度，可将它分为三个亚型：团体教育学、集

---

[1] 此亚型原名为"课程教育学"。

团教育学和霸权教育学。

第八，存在于公共知识中的教育学形态，是大众教育学。专业知识经历有意或无意的学术下移的过程，成为公共知识。它有两个亚型：街头教育学和田野教育学。

第九，存在于跨国交流中的教育学形态，是国际教育学。因跨国交流主要以国家和整体的需要为中心，按照或推广或引入的交流需要，它可被分为外推教育学和内引教育学两种亚型。

第十，存在于跨文化交流中的教育学形态，是文化教育学。它以文化间性为基础。按照对教育属性的不同等级的强调，它可被分为三种亚型：人类教育学（强调教育属性的最高普遍性）、区位教育学（强调特定文化区的教育属性）、个人教育学（强调教育的个人属性）。

这十种教育学形态，根据其性质又可被分为两大类：实体教育学和观念教育学。前者作为客观事实，是被感知的存在；后者作为观念事实，是被感悟的存在。

以上对教育学诸形态的分析和分类可借助下表呈现：

表0-3　　　　　　　　　教育学诸形态三级分类[①]

初级分类	二级分类	三级分类
实体教育学	制度教育学	科目教育学、教化教育学、学科教育学
	国际教育学	外推教育学、内引教育学
	共谋教育学	自律教育学、他律教育学
	应用教育学	分工教育学、学校教育学、家庭教育学

---

① 董标：《何谓教育学形态研究》（内部资料），华南师范大学，2012年。本书在引用时稍有改动，删去了原表中按照知识和政体的分类。按照知识主体可被分为国家知识、群体知识、集团知识和个人知识。按照知识等级可被分为神秘性知识、拯救性知识、理论性知识、技艺性知识和实用性知识。按照政体可被分为集权主义政体和民主主义政体两类。

续表

初级分类	二级分类	三级分类
观念教育学	学名教育学	取向教育学、论域教育学、国别教育学、语种教育学、情境教育学
	俗名教育学	广场教育学、村落教育学
	阶层教育学	团体教育学、集团教育学、霸权教育学
	大众教育学	街头教育学、田野教育学
	统治教育学	安全教育学、秩序教育学、正义教育学
	文化教育学	人类教育学、区位教育学、个人教育学

在这个分类模型中,一部教育学可能拥有多种形态,多部教育学也可能同属一种形态。本书所要处理的早期德意志教育学,经历了由教育学观念到教育学行动再到教育学实体的过程。根据教育学形态研究理论将其分类,既是教育学形态分类模型的应用,也是对该理论的检验。

2. 约定系统

基于研究对象的性质,参照教育学形态研究理论,本书将遵循以下约定,并以此作为陈述的前提性依据:

(1) 本书中的教育学,是一个兼具人文学科属性和社会科学属性的知识领域和规范体系。凡由教育学行动产生的观点、思想和理论,都被称为是教育学。

(2) 教育学形态,是可以观察到的教育学存在,它包括观念教育学和实体教育学。沟通观念与实体的是行动。

(3) 教育学形态是多维存在,一部教育学可能有多种形态。

(4) 教育学形态是多元存在,多部教育学也可能同属一种形态。

(5) 不同教育学之间,既有共性又有个性。共性展现人类文明对教育学的刻画;个性体现教育学对时代情境的感知。

三 陈述结构

按照教育学形态研究的三级分析范式,本书主要从情境、语言和观念三个层级来分析早期德意志教育学。

本文的陈述结构为：绪论；第一章为情境与教育学行动；第二章为语言与教育学实体；第三章为观念与教育学存在；最后是结束语。文末是附录和文献。

第 一 章

情境与教育学行动

  教育学实体，是教育学行动的产物。教育学作者，通过教育学行动将教育学观念外化为教育学实体。由观念到行动的过程，就是教育学创作的过程。[①]

  在教育学形态研究的初阶分析中，时代情境与作者个性是影响教育学生成的两种变量。它们均具有不确定性，时代情境并非一成不变，作者个性更是千差万别，两者的关系微妙复杂。一方面时代情境在作者个性的形成中起到重要作用，不同的时代情境下形成的作者个性有别；另一方面作者对时代情境有所感知并有所反映，不同个性的作者对相同的时代情境的感知与反映各异。两种变量的变化组合，造就了各异的教育学形态，使教育学形态研究成为可能，也对教育学形态研究提出了挑战。时代情境对作者个性的影响，以及作者对时代情境的反映，均通过教育学实体表现。对教育学实体生成过程的分析，既是对时代情境和作者个性这两个变量如何影响、刻画教育学形态的展现，也是对教育学实体如何反映、维系或批判人间秩序的揭露。"教育学诸形态，或者表现了对人间秩序的合理性、正当性的追求和维护，或者参与安排、协助安排某种不合理的、

[①] 董标：《何谓教育学形态研究》（内部资料），华南师范大学，2012年。

非正义的人间秩序，并维系之。"①

第一节　时代情境

1763年3月21日，一个春寒料峭的凌晨，里希特出生于菲希特尔山脉（Fichtelgebirge）的文西德尔镇（Wunsiedel）。一个月前，普鲁士和奥地利之间的"第三次西里西亚战争"（1754—1763）刚刚结束，这场欧洲各大强国均有参与的战争又被称为"七年战争"。战争与寒冬一同离去，饱经战乱的德意志大地终于获得了短暂的喘息时间。

彼时，法国启蒙思想家狄德罗等人编撰的《百科全书》已经出版了17卷。伏尔泰离开普鲁士弗里德里希二世的无忧宫已有十年，此刻他正偏安于凡尔纳潜心写作《哲学词典》。而远在柯尼斯堡的康德（1724—1804）还是主教自然科学课程的编外大学教师。担任中学校长的巴泽多夫（Johann Bernhard Basedow，1724—1790），开始发表教育论文。积极倡导启蒙思想的莱辛（1729—1781）、门德尔松（Moses Mendelssohn，1729—1786）等人，正步入创作的黄金期。赫尔德（1744—1803）、歌德（1749—1832）、裴斯泰洛齐（1749—1827）、特拉普（1745—1818）、坎佩（Joachim Heinrich Campe，1746—1818）等人尚处于学生时代。九年以前，伍尔夫（Christian Wolff，1679—1754）去世；四年以前，席勒出生；一年以前，卢梭出版《爱弥儿》和《社会契约论》，费希特出生。接下来的几年内，施瓦茨（1766—1837）、洪堡（1767—1835）、施莱尔马赫（1768—1834）、阿恩特（1769—1815）、黑格尔（1770—1831）相继出生。十三年后，赫尔巴特（1776—1841）出生。三十年后，即1800年前后，德意志思想界迎来了一个群星璀璨的时代。这些出生于18世纪

---

① 董标：《何谓教育学形态研究》（内部资料），华南师范大学，2012年。

60 年代的人逐渐成熟，分别成为哲学家、文学家、思想家、教育家，在德意志思想史上画下一笔笔重彩。

到底是什么样的土壤滋养了这批学者？对 18 世纪后三十年德意志地区的社会状态、时代精神以及教育事业发展的描述，或许可以揭开谜底。

一　从衰败到灭亡："德意志民族的神圣罗马帝国"的变局

18 世纪中叶，"德意志民族的神圣罗马帝国"（Heiliges Römisches Reich deutscher Nation）这个诞生于公元 962 年的老帝国，先后经过奥地利王位继承战争（1740—1748）和第三次西里西亚战争（1756—1763）的冲击，已经到了风雨飘摇、苟延残喘的境地。老帝国内部潜藏着各种各样的危机，它所缺少的，只是压倒骆驼的最后一根稻草。

在政治上，战争结束后，普鲁士和奥地利两强鼎立的局面加剧。各自稳定国内局势之后，普、奥两国对领土要求不断增加。1772 年，普、奥、俄三国联手，第一次瓜分波兰。1778 年，"巴伐利亚王位继承战争"爆发，普、奥两国再次站在对立面，但这次战争以相持为主，后因法、俄的调停于 1779 年结束。然而和平并未持续太久，1789 年法国大革命爆发。1792 年到 1815 年，欧洲各国先后组织了七次反法同盟，掀起一波又一波对法战争。最终，欧洲地区长达 25 年的战乱以 1815 年拿破仑帝国的战败而结束。18 世纪在战争中开始，在战争中结束。德意志地区身处反法第一线，再次饱受战争之苦。德意志民族的神圣罗马帝国，也在这一段持久的战乱中，结束了自己的命运。1806 年，延续了 844 年的神圣罗马帝国，退出历史舞台。

比战火连绵更为糟糕的，是帝国持续的分裂状态。三十年战争之后签订的《威斯特伐利亚和约》，对其他欧洲地区而言，是民族国家的国际关系的开始，而对老帝国而言，带来的却是分裂。瑞士成为独立国，各地方诸侯、骑士领地均进入独立状态，帝国成为诸侯邦国间的松散联盟,进入"小邦割据状态"(Kleinstaaterei)。这种状态,一直维持到帝国的结束。有研究者描述道:

> 1800 年前的德意志地图常常被描绘成像一件'狂欢节所穿的短上衣',它包含三百一十四个邦和一千四百七十五个庄园,总共有一千七百八十九个独立的拥有主权的政权。[1]

在经济上,随着欧洲的海外扩张,欧洲经济中心向西部沿海转移,15 世纪、16 世纪时曾作为欧洲经济贸易中转中心的德意志地区的优势不再。一度得到发展的手工业和商业,不断萎缩,不得不继续维持以"容克"庄园农业为主的经济模式。17 世纪的三十年战争,造成了严重破坏,帝国总人口消失一半,商业贸易大量减少,经济发展几近停滞。18 世纪中叶,当英格兰即将开始工业革命时,德意志地区还处在农业社会,有五分之四的人口生活在乡村。贫困问题长期得不到解决。"战争、作物歉收、人口增长、货币贬值,导致贫困化长期成为社会政治的核心问题。"[2] 1750 年时,德意志地区的人口为一千六百万到一千八百万,到 1800 年左右,增长至两千两百万到两千四百万。人口增长的同时,农业耕地减少,饥荒时有发生。[3]

18 世纪下半叶的德意志社会中,贵族、市民(Bürger)和农民

---

[1] 科佩尔·S. 平森(Koppel S. Pinson):《德国近现代史:它的历史和文化》,范德一译,商务印书馆 1987 年版,第 13—14 页。

[2] Pia Schmid, "Pädagogik im Zeitalter der Aufklärung", in Klaus Harney; Heinz Hermann Krüger (Hrg.), Einführung in die Geschichte von Erziehungswissenschaft und der Erziehungswirklichkeit, Leske Budrich, Opladen, 1997.

[3] 关于 18 世纪最后三十年间德意志地区的贫困与饥荒危机,见:Wilhelm Abel, "Massenarmut und Hungerkrisen in Deutschland im letzten Drittel des 18. Jahrhunderts", in Ulrich Herrmann (Hrsg.), Das pädagogische Jahrhundert -Volksaufklärung und Erziehung zur Armut im 18. Jahrhundert in Deutschland, Weinheim, Basel, Beltz, 1981, S. 29 – 52.

并存。① 其中，市民阶层依据其收入和文化程度中又分为两种：一种是有一定经济地位的、有教养的高级市民；一种是收入较低、缺乏教养的低级市民，又被称为"小市民"（Kleinbürger）。② 与发动大革命的法国市民阶层不同，德国的高级市民阶层，寄希望于教育（Erziehung）/教化（Bildung），期望通过知识的获取，改变其政治地位和社会地位。③ 而低级市民，因连年战争以及商业的萎缩的影

---

① 德语中的市民（Bürger）概念，有着复杂的历史和意义。以此为词根，组成复合词市民阶级（Bürgertum）、市民阶层（Bürgerstand），市民阶级（Bürgerschaft）等词。从词源上讲，市民（Bürger）源自城堡（Burg），最初指生活在城堡周围的人。在中世纪早期，市民主要指有一定特权的低等贵族，如骑士等。到了中世纪后期，城市工商业得到一定发展，市民用来指称从事手工业和商业的城市居民。到了17世纪，市民则多指具有一定尊严与自由的生活在城市中的居民。18世纪中期，市民指占有一定财产、具备一定政治权利的阶层。这个阶层不断壮大，形成市民社会（Bürgergesellschaft）。发展至现代，"Bürger"一词则主要指享有普遍权利的公民。见余慧元《从特权到权利——公民概念发展的德国道路》，《马克思主义与现实》2011年第6期。

② Helmut Möller, "*Zum Sozialisierungsprozeß des Kleinbürgers*", in Ulrich Herrmann (Hrsg.), *Das pädagogische Jahrhundert -Volksaufklärung und Erziehung zur Armut im 18. Jahrhundert in Deutschland*, Weinheim, Basel, Beltz, 1981, S. 111–126.

③ 德语"Bildung"一词，是德语文化中的一个特殊概念，它与"Erziehung"均用来指称"教育"。按照德语书写习惯，"Bildung"是名词形式，其动词形式是"Bilden"。在德语文化中，"Bildung"概念有其形成的历史过程。这一概念在德语中的创造和使用，源于14世纪的德意志神秘主义者（Mystiker）埃克哈特（Meister Eckhart）等人。该词最初是神学用语，埃克哈特提出，人的内在的类神性（Gottebenbildlichkeit）的提升即教化。18世纪中期，经过启蒙运动对个人独立运用自我理性的推崇，教化进入教育学领域，并成为核心概念。当时的德意志的思想家和教育学家的使用和阐释下，其含义不断丰富，参见本书第三章第一节的考察。国内研究者彭正梅系统梳理了"教化"一词的历史发展，并指出"当表示一种过程时，'Bildung'是指一种被唤醒的有意识的自我塑造、自我教化、自我教学、自我规训、自我训育、自我强迫、自我生成和自我创化。这种该过程的结果，被称为'有教养者'。"参见彭正梅《生命、实践和教育学学科身份的寻求："教化"的历史考察》，《基础教育》2011年第10期。陈洪捷将之译为"修养"，并认为它是德国古典大学观的出发点和最终的归宿。陈洪捷认为："修养的观念，第一人应当从其自身，并为了自身而自由发展、全面发展。第二，为了自身而自由全面发展的观念，还意味着不追求任何外在的目标，或者说摆脱政府及社会对人的限制和束缚。第三，个人的最佳发展于社会、国家和人类都是最大的益处；第四，古希腊人被认为是修养或者说人的发展的典范和最高理想，因此学习古希（转下页）

响，收入减少但需缴纳的税务却不断增加，其经济和社会地位均遭遇危机。他们与农民阶层一样，寄希望于统治者（贵族）的改变。

1845 年，恩格斯曾这样描述自己的祖国在 18 世纪时的状况：

> 这是一堆正在腐朽和解体的讨厌的东西。没有一个人感到舒服。国内的手工业、商业、工业和农业极端凋敝。农民、手工业者和企业主遭到双重的苦难——政府的搜刮，商业的不景气。贵族和王公都感到，尽管他们榨尽了臣民的膏血，他们的

（接上页）腊人的语言和文化成为达致修养的重要途径。"参见陈洪捷《德国古典大学观及其对中国的影响》（第三版），北京大学出版社 2015 年版，第 63—69 页。

"Bildung"一词的中文翻译，较为困难，在英文文献中多将它与"Erziehung"一同译为"education"，或者直接用原词来代替。在中文中"Bildung"曾被翻译为"教化""教养""修养""培养""化育""培养""塑造""陶冶"等。洪汉鼎在翻译的伽达默尔的《真理与方法》时，将"Bildung"翻译为"教化"，并在哲学界被普遍认可。参见张颖慧"Bildung"和"教化"概念辨析》《中南大学学报》（教育科学版）2012 第 2 期。张颖慧在该文中也辨析了"Bildung"和"教化"概念的异同，提出二词的含义仍存巨大差异。邹进将之译为"陶冶"，见邹进《现代德国文化教育学》，山西教育出版社 1992 年版，第 93—94 页。2000 年出版的《德汉教育学词典》中将"Bildung"翻译为教育、教养、培养、塑造，参见编委会《德汉教育学词典》，安徽科学技术出版社 2000 年版第 37 页。而陈桂生则认为"Bildung"应翻译为"教养"，表达"使学生获得所处时代的知识与技能，从而成为有教养的人"。参见陈桂生《教育学究竟怎么一回事——教育学辨析》，上海教育出版社 2020 年版，第 10、83、408 页。有研究者将之译为"培养"。参见［德］沃尔夫冈·布雷钦卡《教育科学的基本概念——分析、批判和建议》，胡劲松译，华东师范大学出版社 2001 年版，第 266 页索引。另有研究者将之译为"化育"，见王飞《化育——德国教育写的核心概念》，《比较教育研究》2014 年第 10 期。也有研究者认为应该直接使用 Bildung 原词，参见许环环《什么是"Bildung"》，《湖南师范大学教育科学学报》2013 年第 11 期；蔡玉冰《以"Bildung"为核心的洪堡教育理念之辨析》，《黑龙江社会科学》2019 年第 3 期。

值得注意的是，当代以来，在作为公共事务的德国教育事业领域"Bildung"一词的使用越来越频繁，可以将之翻译为"教育"。例如，德国联邦教育及研究部的德文名为"Bundesministerium für Bildung und Forschung"；由德国国际教育研究所（Deutsches Institut für Internationale Pädagogsche Forschung，简称 DIPF）编撰的《德国教育》报告，名为"Bildung in Deutschland"，该报告每两年发布一次，用统计数据和分析展示德国教育发展全貌；另对比伊莎贝尔·范阿克伦（Isabell van Ackeren）、克劳斯·克莱姆（Klaus Klemm）、斯文娅·M. 库恩（Svenja M. Kühn）：《德国教育体系概览——产生、结构与调控》，孙进译，教育科学出版社 2020 年版，第 299—301 页。而本书所涉及的"Bildung"一词，在当时语境中有其独特的含义。就目前可见的将之翻译为"教化""教养""修养""培养""化育""培养""塑造""陶冶"等中文词的中文意义而言，均难以与"Bildung"在当时的含义完全契合，但也无法再找出更为贴切的词汇来与之对应，因而暂且从众将之翻译为"教化"。

收入还是弥补不了他们的日益庞大的支出。一切都很糟糕，不满情绪笼罩了全国。没有教育，没有影响群众意识的工具，没有出版自由，没有社会舆论，甚至连比较大宗的对外贸易也没有，除了卑鄙和自私就什么也没有；一种卑鄙的、奴颜婢膝的、可怜的商人习气渗透了全体人民。一切都烂透了，动摇了，眼看就要坍塌了，简直没有一线好转的希望，因为这个民族连清除已经死亡了的制度的腐烂尸骸的力量都没有。①

带着"进步"眼光的恩格斯，对德意志状况的描述甚为消极。实际上，当时的一些专制君主也主动求变，做出了改革的尝试。普鲁士的弗里德里希二世（Friedrich II von Preußen，1712—1786）和奥地利的玛丽亚·特蕾西亚（Maria Theresia，1717—1780）先后进行了开明专制（aufgeklärte Absolutismus）改革。其共同点在于集中权力于君主；改革农奴制经济；实行重商主义（Merkantilismus）政策；发展教育和科学文化事业。特别在教育领域，促进教育世俗化，使学校逐渐摆脱教会控制，推行义务教育制度，并设立了一批新的高等教育机构和科学研究机构等。专制君主及其官僚的努力，使得教育上升为国家事务，教育在世俗化的同时走向国家化。

此外，亦有不少有识之士试图为充满危机的老帝国找寻变革的出路。一批深受启蒙精神影响的知识分子，把目光投向了教育。他们试图"依靠民族的启蒙与教化（Die Aufklärung und Bildung der Nation），建立新的国家和社会秩序"。② 教育，成为变革社会和建立新秩序的关键手段。

18世纪下半叶的德意志地区，关于教育的思考与实践开始增

---

① 恩格斯：《德国状况，给"北极星报"编辑的第一封信》，载《马克思恩格斯全集》（第二卷），人民出版社1957年版，第633—634页。
② Heinz-Elmar Tenorth, *Geschichte der Erziehung*, 5. Auflage, Weinheim und München: juventa Verlag, 2010, S. 85.

多。巴泽多夫于 1768 年开始发表教育著作，投身教育改革事业。1774 年第一所泛爱学校在德绍（Dessau）开办。到 18 世纪末，全德意志地区创建了 60 所泛爱学校。同属泛爱派的坎佩等人创办连续出版物《关于学校和教育事业的普通评论——来自实践教育者群体》，在 1785—1792 年，共出版了 16 卷，成为宣传教育改革思想的阵地。① 德意志大学也不甘落后，远在东部的柯尼斯堡大学于 1765/66 学年冬季学期已开始设立私立性质的教育学讲座。1774 年，柯尼斯堡大学哲学院设立公立的教育学讲座，由诸教授轮流执教。博克、康德等人均主讲过教育学讲座，但是他们的身份并非教育学教授。1779 年，哈勒大学设立独立的教育学教席，特拉普成为首位教育学教授教席的拥有者。1780 年，柯尼斯堡大学的博克出版《教育艺术教科书》，哈勒大学的特拉普出版《教育学尝试》。教育文献的出版和发行，刺激了公众对教育的兴趣；不断增加的教育兴趣，反过来也促进了教育文献的发展。

出生于 18 世纪 60 年代的里希特等人，见证了老帝国的衰落、消亡。他们在这种社会背景下出生、成长，并为改变它做出了各自的努力。

二 理性与非理性的交锋：19 世纪前后德意志地区的时代精神

1807 年 1 月，黑格尔在《精神现象学》的序言中写道：

> 我们这个时代是一个新时期的降生和过渡的时代。人的精神已经跟他旧日的生活与观念世界决裂，正使旧日的一切葬入于过去而着手进行他的自我改造。……成长着的精神也是慢慢地静悄悄地向着它新生的形态发展，一块一块拆除了它旧有的

---

① J. H. Campe（Hg.）, *Allgemeine Revision des gesamten Schul-und Erziehungswesens: von einer Gesellschaft praktische Erzieher*, 16 Bde, 1785 – 1792 [Reprint], Vaduz/Liechtenstein, 1979.

世界结构，只有通过个别的征象才预示着旧世界行将倒塌。[1]

黑格尔敏锐地捕捉到时代精神的变化。18世纪下半叶到19世纪的德意志人，在社会行动领域的表现安静恬淡，远逊于其躁动不安的法国邻居；然而在思想文化领域却不甘落后，甚至将全部精力投放于此，掀起轩然大波。18世纪开始，德意志地区的思想界也迎来了变革时代。在哲学、文学和艺术领域，各种思潮纵横驰骋，其中最主要的一支是代表着启蒙精神的理性主义，它几乎贯穿整个18世纪。物极必反，当理性主义在德意志地区极盛之时，其对立面——非理性主义开始壮大，并最终取代了理性主义在思想界的支配地位。然而，从理性主义向非理性主义的过渡并非一蹴而就，而是经历了大约三十年的时间。在德意志思想界中，特别表现在文学领域，理性与非理性历经数次交锋，终以非理性的暂时胜利而告一段落：最初是启蒙运动（理性主义）；然后是"狂飙突进"运动（Sturm und Drang）（非理性主义）；再是古典文学时期（Klassik）（理性主义与非理性主义均衡）；最后是浪漫派时期（Romantik）（非理性主义）。[2] 出生于18世纪60年代的里希特等人，成长、成熟于这一时期，并在19世纪前后的思想史中占据了重要位置。

（一）理性主义与大众启蒙：18世纪下半叶德意志地区的启蒙运动

1783年12月，《柏林月刊》的编辑比斯特（Johann Erich Biester）在该刊发文以"启蒙或进步"的名义提出婚姻不应该在教堂中举行，而应是一种纯粹的民法契约。该文激起了教堂婚姻的捍卫者的反击，牧师策尔纳（Johann Friedrich Zöllner）在《柏林月刊》

---

[1] 黑格尔：《精神现象学》（上），贺麟、王玖兴译，商务印书馆1979年初版，1981年重印版，第7页。

[2] Albert Reble, *Geschichte der Pädagogik*, Stuttgart, Klett-Cotta, 1951, S. 175. 古典文学时期与早期浪漫派在时间上有重合。

发文，指责比斯特滥用启蒙来裁断那些破坏性的社会措施，并预测这些措施的应用会导致道德的普遍衰退。在这篇论文的脚注中，策尔纳提出了一个著名的问题：

> 什么是启蒙？这个与"什么是真理"同样重要的问题，理应在某人开始启蒙之前就得到回答！但是，我尚未发现它在任何地方被回答。①

策尔纳的问题，隐含着一部分有影响力的人对启蒙的兴趣。② 该问题一经提出，立即有学者做出回应。门德尔松（Moses Mendelssohn，1729—1786）和康德相继在《柏林月刊》上刊文。

---

① Johann Friedrich Zöllner, "*Ist es rathasm, das Ehebündniß nicht ferner durch die Religion zu sanciren?*" Berlinischen Monatsschrift, 1783. 2, S. 516. 转引自 H. B. Nisbet, "*Was ist Aufklärung: The Concept of Enlightenment in Eighteenth-Centurz Germany*" Journal of European Studies, Vol. 12, No. 2, 1982, pp. 77 – 95. 关于 18 世纪末德意志地区讨论启蒙运动的论文选编，参见 Norbert Hinske; Michael Albrecht (Hg.), *Was ist Aufklärung? Beiträge aus der berlinischen Monatsschrift*, Darmstadt: Wissenschaftliche Buchgesellschaft, 1973; Ehrard Bahr (Hg.), *Was ist Aufklärung? Thesen und Definitionen*, Stuttgart: Reclam, 1974. 以及［美］施密特（J. Schmidt）：《启蒙运动与现代性：18 世纪与 20 世纪的对话》，徐向东、卢华萍译，上海人民出版社 2005 年版。

② 参见［美］施密特《启蒙运动与现代性：18 世纪与 20 世纪的对话》，徐向东、卢华萍译，上海人民出版社 2005 年版，第 3 页。策尔纳长期关注大众教育，倡导教育和启蒙。他是柏林"星期三协会"的成员。"星期三协会"，是一个秘密的启蒙运动之友协会，出现在 1783 年至 1798 年的柏林。该协会在当时的关于启蒙的讨论中扮演了重要的角色，其成员多数是身居要位或较有影响的思想家。成员们定期（从米迦勒节开始到复活节期间，每个月的第一和第三个星期三，其余时候为每个月的第一个星期三）举行聚会。聚会的目的在于相互启蒙和社会启蒙，会员们相信被正确理解的启蒙，将产生有益的后果。每次聚会的时间为两个小时，首先是关于某一主题的一篇简短演讲，随后按照座位顺序的讨论。1783 年策尔纳已是该协会成员。1784 年 4 月，门德尔松成为该协会第 15 位会员。关于"什么是启蒙"的论题，从策尔纳论文发表之时开始，在该协会中持续被讨论了几个月。对该协会的具体研究，见［美］京特·毕尔奇《柏林星期三学会》，载［美］施密特《启蒙运动与现代性：18 世纪与 20 世纪的对话》，徐向东、卢华萍译，上海人民出版社 2005 年版，第 241—258 页。

门德尔松的论文题为《论这个问题：什么是启蒙？》。① 门德尔松探讨的核心命题是启蒙的限度。他将人的使命一分为二：作为"人"和作为"公民"（Bürger）。对于作为"人"的人，其启蒙（Menschenaufklärung），应该是普遍的、不分等级的；而对于作为"公民"的人，其启蒙（Bürgeraufklärung），则是有限度的，应随着相应的社会地位和职责而变化。两种启蒙之间，并非相互补充，有时甚至是矛盾的。因此，每个个体应根据其命运，得到不同程度的启蒙。

康德的论文，名为《回答这个问题：什么是启蒙？》。② 在这篇文章中，康德为启蒙下了著名的定义：

> 启蒙就是人类脱离自己所加之于自己的不成熟状态。不成熟状态就是不经别人的引导，就对运用自己的理智无能为力。当其原因不在于缺乏理智，而在于不经别人的引导就缺乏勇气与决心去加以运用时，那么这种不成熟状态就是自己所加于自己的了。Sapere aude! 要有勇气运用你自己的理智，这就是启蒙的口号。③

---

① Moses Mendelssohn, "Über die Frage: Was heißt aufklären?" *Berlinischen Monatsschrift*, 1784, 4 (9), S. 193–200. 该文源自门德尔松于1784年5月16日在"星期三协会"（Mittwochsgesellschaft）的一次演讲，经整理后发表于《柏林月刊》。中文译文见［美］施密特《启蒙运动与现代性：18世纪与20世纪的对话》，徐向东、卢华萍译，上海人民出版社2005年版，第56—60页。

② Immanuel Kant, "Beantwortung der Frage: Was ist Aufklärung?" *Berlinischen Monatsschrift*, 1784, 4 (12), S. 481–494. 中文译文参见［德］康德《答复这个问题：什么是启蒙运动？》，载［德］康德《历史理性批判文集》，何兆武译，商务印书馆1990年版，第22—31页；［德］康德：《回答这个问题：什么是启蒙？》，载［德］康德《康德著作全集（第8卷）》，李秋零译，中国人民大学出版社2010年版，第39—46页。康德论文写作的日期是1784年9月30日。康德在论文脚注中解释，他写作该文时，仅看到对门德尔松回答的介绍，并不知道回答的内容。

③ ［德］康德：《历史理性批判文集》，何兆武译，商务印书馆1990年版，第22页，引用时根据德文稍有改动。

这一定义堪称经典，且时常被研究者视为对启蒙的核心理解。不过，为启蒙下定义，并非康德的目的。启蒙与自由的关系，才是康德文章的核心议题。启蒙所需要的，是自由，"在一切事情上都公开运用自己理性的自由"。① 与门德尔松类似，康德将人对理性的运用分为两种情况：公开运用和私下运用。前者指学者在读者面前的使用，即启蒙大众之时，这种运用应该是自由的，不受限制的。私下运用，是指在自己的职责中的运用，为了自由，私下运用应该受到限制，应该服从统治者的命令。这种启蒙的自由，在专制主义下如何达到？康德通过一分为二的做法，在私人职责领域向统治者献上服从，以期换来启蒙大众的自由。康德试图说服时任普鲁士国王的弗里德里希二世，给予更多的言论自由，因为言论自由是大众启蒙的前提。康德寄希望于渐进式改革，期待一个已经被启蒙了的君主，而非一场推翻一切的革命。既然无法绕开专制主义的外壳，则只能在限制中求得尽可能多的自由。

门德尔松和康德的回答作为引子，开启了德意志思想界针对启蒙问题长达十几年的探讨。1783 年到 1798 年，在《柏林月刊》和其他杂志刊发了较多探讨启蒙问题的文章。

在思想史上，18 世纪多被称为"启蒙时代"。康德指出：我们并未生活在一个"启蒙了的时代"，而是一个"启蒙的时代"。② 启蒙的主要任务，在于使人有能力运用理智，反对传统的教会权威和专制主义的束缚。启蒙与现代化紧密相连。"启蒙运动，是欧洲文化和历史的真正步入现代阶段的开端和基础。"③ 有研究者指出，"与启蒙相伴而生的，是现代世界的开始。这种现代化，是通过世俗化

---

① [德]康德：《历史理性批判文集》，何兆武译，商务印书馆 1990 年版，第 24 页。
② [德]康德：《历史理性批判文集》，何兆武译，商务印书馆 1990 年版，第 28 页。
③ E. Troeltsch, *Die Aufklärung*, in E. Eroeltsch, *Gesammelte Schriften*, Bd. IV, 1925, S. 339.

和'祛魅'(马克斯·韦伯)的过程实现的"。① 启蒙时代的到来,使个人从教会和专制主义的束缚中解放出来,借助理性的力量,人们将有能力自我决断。"它(启蒙)寻求以一种理性的方式建立人的自治,以理性的名义赋予人自由和尊严。"② 通过启蒙,不仅个人,整个人类都应步入成熟状态。理性,是启蒙时代的核心观念。

启蒙思想,并非起源于德意志,而是由邻国传入。因此,德意志启蒙思想家所关注的焦点,并非启蒙的内涵,而是启蒙的方法与限度。对他们而言,其首要任务是掌握理性,并在大众中传播。大众的启蒙,成为他们最关注的事情。

方法问题由此产生。如何实现启蒙的理想,如何传播理性?18世纪下半叶,德意志的启蒙思想家采取了两条不同的路径。

一条路径是通过康德所谓理性的公开运用。即在公众面前,运用理性,批判阻碍人们运用自己的理性的教会权威和专制主义。正如康德所言:"我们所处的时代,原本就是一个批判的时代,一切事物都必须服从批判的时代。"③ 公开运用的前提在于,敢于公开运用理性的人,首先自己应该是启蒙了的人。而知识分子精英中的启蒙,以志同道合者的交往和讨论为主要形式。沙龙和咖啡馆成为启蒙知识分子钟爱的场所,还有大量的读书俱乐部。接受启蒙思想的人(部分贵族和受过良好教育的平民),依托沙龙或读书俱乐部进行定期聚会,发表关于启蒙的见解,阅读讨论启蒙书籍。此外,还有一些秘密组织的启蒙协会,由一些有影响力的知识分子组成,其成员定期聚会,探讨启蒙问题。上文提到的门德尔松等人参与的柏林"星期三协会"就是其中之一,另一较为著名的是1749年成立的

---

① Pia Schmid, *Pädagogik im Zeitalter der Aufklärung*, in Klaus Harney; Heinz Hermann Krüger (Hrg.) *Einführung in die Geschichte von Erziehungswissenschaft und der Erziehungswirklichkeit*, Leske Budrich, Opladen, 1997, S. 212.

② Albert Reble, *Geschichte der Pädagogik*, Stuttgart, Klett-Cotta, 1951, S. 135.

③ [德]康德:《纯粹理性批判》,邓晓芒译,人民出版社2004年版,第一版前言。

"星期一俱乐部"（Montagsclub）。① 这些已经启蒙的人，例如门德尔松、康德以及"星期三协会"的成员们，他们有责任向普通大众传播启蒙精神，即面向公众，公开运用其理性。启蒙的传播，依赖公开发表的报纸、期刊等媒介。15世纪古藤堡（Johannes Gutenberg）印刷术的发明，刺激了出版印刷行业的发展。到18世纪，欧洲地区相当活跃的出版业，为启蒙提供了平台。在普鲁士地区就有多种宣传启蒙运动的连续出版物。前文提到的《柏林月刊》是其一；还有柏林的出版商尼科莱（Christoph Friedrich Nicolai）主编的连续出版物《普通德意志图书馆》（*Allgemeine deutsche Bibliothek*）；以及维兰德（Christoph Martin Wieland，1733—1813）主编的《德意志墨丘利》（*Der Teutsche Merkur*）等。

不过，这条公众启蒙的道路并不容易。因为，启蒙运动首先是一种精英现象。根据李工真的研究，普鲁士启蒙运动的社会结构主要限于三个社会阶层的文化上层："受过教育的市民阶层"、部分神学家及神职人员以及"受过教育的贵族阶层"。通过对启蒙读物在普鲁士地区的销量和受众的分析，李工真得出结论："在普鲁士，启蒙思想家对下层民众的影响相当有限，换言之，广大中下层民众并没有成为普鲁士启蒙运动最直接的受益者。"② 由此可见第一条路径在影响力上的局限性。德意志地区的启蒙运动在知识界中通过文化读物传播，普通大众鲜有接触的机会。门德尔松写道："启蒙、培植（Kultur）和教化（Bildung）这些词是我们语言的新来者。它们目前只是属于书面话语，大众很少理解它们。"③ 可见，截至1784年，

---

① 关于启蒙运动中的社会机构的介绍，参见［美］彼得·赖尔、［美］艾伦·威尔逊《启蒙运动百科全书》，刘北成、王皖强编译，上海人民出版社2004年版，第14—16页。

② 李工真：《德意志道路：现代化进程研究》，武汉大学出版社2005年版，第435页。

③ ［美］施密特：《启蒙运动与现代性：18世纪与20世纪的对话》，徐向东、卢华萍译，上海人民出版社2005年版，第56页。

"启蒙""教化"等词汇还未深入到大众之中。因为"中下层民众的思想与行动主要是受传统而不是受文化上层引导的,人们能够在行会手工业、师傅与徒弟身上看到他们信奉的传统生产方式与生活方式的强烈烙印"①"在手工业者、乡村农民中,更为普及的是天主教和虔敬主义"。②

另一条路径是借助教育。在18世纪下半叶的德意志地区,教育的功能得到前所未有的重视与提升。正如康德所言:

"人只有通过教育才能成为人。除去教育在他身上所塑造的东西,他什么也不是。"……教育"发展人之一切自然禀赋,并由此把人类带向其本质规定"。③

启蒙时代对教育的重视,一方面与启蒙时代朝向人的转向有重要关系。启蒙时代关于人的构想(Menschenbild),继承了人文主义的内核,挣脱了教会权威的禁锢,追求人本身的尊严和自由。人是朝着完善前进的,是可以达到完善的。这种关于人的假设,成为启蒙时代教育理念的基础。人实现完善的过程依赖教育。"通过教育的引导,所有人得到改善和精神上的成熟,这是启蒙运动的核心理念。"④ 另一方面,正如上一节中探讨过的,老帝国面临危机之时,部分统治者也试图借助教育来建立新的社会秩序。对社会的改造和变革,以对人的改变为基础。而人的改变,则要依赖教育。这两种观念,共同导致了教育地位的大幅提升。

---

① 李工真:《德意志道路:现代化进程研究》,武汉大学出版社2005年版,第435页。

② Hans Scheuerl, *Geschichte der Erziehung. Ein Grundriss*, W. Kohlhammer Verlag, 1985, 78.

③ Immanuel Kant, *Ausgewählte Schriften zur Pädagogik und ihrer Begründung*, Besorgt von Hans-Hermann Groothoff unter Mitwirkung von Edgar Reimers, Paderborn: Ferdinand Schöningh, 1963, S. 11, 13.

④ Albert Reble, *Geschichte der Pädagogik*, Stuttgart, Klett-Cotta, 1951, S. 141.

启蒙时代的教育对人的改造，也因此具有两重性。其一，教育依据人的天性（Natur），将人培养成独特个体，让人成为真正的人，完善的人。这种提升人性，面向人类未来的教育，是进步的。其二，教育依据社会的需要，让人成为"公民"，将人培养成社会中的一分子。这种教育，是"社会规训（Sozialdisziplinierung）的需要的教育学表达，被称作是'黑色教育学'（Schwarze Pädagogik）。"① 个人若要进入社会，成为"公民"，需要社会认同，获得认同的同时，也被社会控制。启蒙时代的教育，因此肩负起双重任务：人的个性化与人的社会化。前者在卢梭的《爱弥儿》中体现，后者以各邦国的教育改革为代表。

但是，无论取哪种理解，启蒙时代的思想家都对教育持乐观态度。"教育""成熟""启蒙"等词汇被紧密联系起来。因为只有受过教育的人，才能步入成熟，才有能力和勇气运用自己的理性，成为一个"启蒙了的人"。通过教育，可以让人变得更加完善，可以让社会变得更美好。在此背景下，一些自觉"已启蒙了的人"，转而变身为启蒙者，成为其他"未启蒙的人"的教育者。大众启蒙，成为有知识和有影响力的人所共同关心的事务。作为"已启蒙者"，他们将启蒙大众看作义务。"倘若一位学者，不是一名真正的"启蒙者"，即大众教育者，他必招人嘲笑。"② 在当时，有知识有教养的人，均以关心探讨教育为己任，大部分思想家都对教育做出了自己的思考，这也是18世纪末19世纪初关于教育的论述和著作在德意志地区大量涌现的主要原因之一。

---

① Heinz-Elmar Tenorth, *Geschichte der Erziehung*, 5. Auflage, Weinheim und München: juventa Verlag, 2010, S. 80. 关于"黑色教育学"的探讨和文献，参见 Katharina Rutschky (Hrsg.), *Schwarze Pädagogik. Quellen zur Naturgeschichte der bürgerlichen Erziehung*, Ullstein, Berlin 1977; 8. Aufl. München, Ullstein. 2001. Armin Bernhard, *Die Permanenz der Schwarzen Pädagogik und das Prinzip des Antiautoritären in der Erziehung*, in Armin Bernhard; Wolfgang Keim (Hrsg.), *1968 und die neue Restauration*, Frankfurt, 2009, S. 71–90.

② Albert Reble, *Geschichte der Pädagogik*, Stuttgart, Klett-Cotta, 1951, S. 141.

(二) 非理性的反击：来自文学界的先锋

1. "阅读癖"：德意志地区的阅读文化

18世纪70年代以后，日益兴起的阅读文化，推动了德意志文学领域的迅猛发展。1773年，左贝尔斯（Rudolf Heinrich Zobels）在著作《论女性闺中教育的信》（Briefen über die Erziehung der Frauenzimmer）中，创造了一个新词"阅读癖"（Lesesucht），用于形容德意志地区掀起的读书热潮。1809年，坎佩在其所编纂的词典中收录了该词条，并将之定义为："阅读癖，是一种癖好，一种无节制的、不计代价的阅读欲望，以期通过阅读获得乐趣。"[①]

为什么当时的德意志地区会出现这种阅读文化？一方面是知识分子的推动，另一方面是读者的诉求。德意志人缺乏像法国人一样的实力与勇气，无法在社会政治领域进行激进的革命。德意志人也缺乏像法国人一样确定的革命对象，被分割成几百个小邦国的德意志地区，根本没有一个确定的"敌人"。因此，德意志知识分子只能在文化思想领域有所作为。印刷出版物，成为主要的媒介和战场。

根据一张18世纪德意志地区出版物类别的统计表，可以大致了解当时的状况：

表1-1　　　　　18世纪德意志地区出版物类别分布[②]

	1740年	占1740年比例	1770年	占1770年比例	1800年	占1800年比例
出版物总量	755种	100%	1144种	100%	2569种	100%
宗教读物	291种	38.5%	280种	24.5%	348种	13.5%
审美艺术与科学读物	44种	5.8%	188种	16.4%	551种	21.4%

---

① Dominik von König, *Lesesucht und Lesewut. In*: Herbert G. Göpfert (Hrsg.), *Buch und Leser*, Vorträge des ersten Jahrestreffens des Wolfenbütteler Arbeitskreises für Geschichte des Buchwesens, 13. und 14. Mai 1976. Hauswedell, Hamburg 1977, S. 89–124.

② Erich Schön, *Der Verlust der Sinnlichkeit oder Die Verwandlungen des Lesens*, Mentalitätswandel um 1800, 1987, S. 44.

由表 1-1 可见，1740 年到 1800 年，德意志地区的出版物总量增加了约 2.4 倍。这六十年间，宗教读物占当年总量的比例降低了近 2 倍；审美艺术与科学类读物的占比则增加了约 3 倍，1800 年在总数量上是宗教读物的 1.5 倍多。

德国的阅读热不仅体现在出版物增加的数量上，也表现在读者的阅读态度上。普通人买不起书，读书会（Lesegesellschaft）和租书馆（Leihbibliothek）应运而生。18 世纪末，德国有 200 多个读书会。读书会和租书馆提高了图书利用率，推动了阅读普及。有研究者总结道："18 世纪的这 100 年，不仅如席勒所言的那样是一个'被墨渍铺盖的世纪'，更是一个'读书成瘾'的世纪。读书的欲望是普遍的，哪怕是在最低的阶级那里，能读书也被视为家庭的幸事。"[①]

德意志地区的知识消费能力在六十年中，得到极大提升。这与该地区教育事业的发展以及由此带来的识字率的提高有很大关系。读者数量增多，出版物发行量增加，写作变为足以谋生的职业，也是获得声望的途径。继而，作者们取得了经济上的独立；社会地位上的提升，使他们能够逐渐摆脱对王室、贵族的依附。启蒙时期试图通过作品提醒、劝导贵族的做法，也逐渐减少。到 18 世纪末，一些作家的创作已经面向平民大众了。里希特就是典型的例子，其作品中的主人公多为社会底层的小人物。

2. "狂飙突进"

18 世纪 60 年代中期到 80 年代中期，大约二十年的时间，在部分德意志地区的 20 到 30 岁的青年作家群体中，掀起了一股新的风暴。他们重视鲜活的生命体验，偏爱自然，高扬感性与激情，强调艺术源自内心情感的喷涌，反对干瘪的理性和虚假的道德束缚。这些青年通过各自的文学作品来表达其奔放的热情，以青年时期的赫尔德、歌德、席勒为代表。这段时期，在思想史上被称为"狂飙突

[①] 李工真：《德意志道路：现代化进程研究》，武汉大学出版社 2005 年版，第 435 页。

进"时期。"狂飙突进"因剧作家克林格尔(Friedrich Maximilian Klinger,1752—1831)创作于 1776 年的剧本《狂飙突进》而得名。此外因该运动的参与者将天才看作完人的原型,该时期又被称为"天才时期"(Geniezeit)。①

面对支离破碎的老帝国,体验过贵族专制的黑暗,目睹了贫民生活的苦难,这些青年内心的激愤和躁动无处发泄。随着启蒙运动在德意志地区不断推进以及卢梭思想的传播,"追求自由""回归自然""天才"等理念充斥了青年的头脑。一方面,为激荡的思想寻求新的出路,已成为必须;另一方面,启蒙思想的传播,让这些青年们相信,文学也应该肩负起启蒙的责任。他们的作品,多从生活中的感性体验出发,以对社会现实的批判和反抗为主题,言辞激烈,感情真挚。

1766 年至 1767 年,赫尔德发表《论德国新文学的片段集》(Fragmente über die neuere deutsche Literatur),这被认为是"狂飙突进"运动的开始。1770 年,26 岁的赫尔德在斯特拉斯堡认识了 21 岁的歌德,赫尔德将正在学习法律的歌德引向文学领域。歌德的成名之作戏剧《葛兹·封·贝利欣根》(Götz von Berlichingen)(1773)、书信体小说《少年维特之烦恼》(Die Leiden des jungen Werthers)(1774)均创作于这一时期。1775 年,歌德这位文学上激进的"反叛者",转去魏玛宫廷任职,淡出了"狂飙突进"运动。该运动在 18 世纪 80 年代的旗手是比歌德年轻十岁的席勒。他的戏剧《强盗》(Die Räuber)(1781)、《阴谋与爱情》(Kabale und Liebe)(1784)充满激情和反叛意识。到 80 年代中期,这批青年作家逐渐步入成熟,年轻的激情消退,"狂飙突进"运动悄然结束。

---

① 关于"狂飙突进"运动的部分研究文献,参见范大灿主编《德国文学史》(第 2 卷),译林出版社 2006 年版,第 196—321 页;余匡复:《德国文学史》,上海外语教育出版社 1991 年版,第 127—171 页;Matthias Luserke,*Sturm und Drang. Autoren, Texte, Themen*,Stuttgart,1997;Ulrich Karthausm *Sturm und Drang. Epoche-Werke-Wirkung*,München,2000;Georg Bertram,*Philosophie des Sturm und Drang. Eine Konstitution der Moderne*,München,2000.

正如其名,"狂飙突进"运动,虽来势汹涌,但去也匆匆。但它在18世纪下半叶的德意志思想史上留下重要一笔。它将非理性抬高到理性之上,催生了德意志思想界对启蒙运动的反思。"狂飙突进"对生命中非理性部分的重视,使人们再次像文艺复兴时期一样重视人的个性。在反抗社会的同时,这些青年人把目光投向自然。他们强调人的自然体验,强调人与自然之间的直接联系,为19世纪初的浪漫主义奠定了基础。对人的个性的重视,以及对人与自然关系的新认识,赋予人的教育一种新的意义。这些观念褪去狂热与激情后,在古典时期被保存下来,并在18世纪90年代以后的教育学著作中大多得到了体现。

1781年,里希特进入莱比锡大学学习神学,并尝试进行文学创作。在"狂飙突进"运动结束后,里希特等人也进入了青年时期,"狂飙突进"的遗产被他们继承、改造、发扬。

3. 古典文学时期与新人文主义

狂热的激情冷却后,德意志思想界从"狂飙突进"过渡到古典文学时期。1786年,在魏玛宫廷渡过十年官僚生涯的歌德,前往意大利,并在那里漫游了两年时间。此次漫游,成为歌德文艺创作思想的转折点。漫游期间,他遍览意大利文化名城,寻访古希腊—罗马文化遗迹,潜心于古代艺术的研究,认同温克尔曼(Johan Joachim Winckelmann,1717—1768)对希腊文艺的解释——"高贵的单纯,静穆的伟大",形成了对古典艺术的理解:朴素、宁静与和谐。返回魏玛后,歌德辞去宫廷官职,专心于文学创作。1794年,歌德与席勒在魏玛结为好友,两人在文学创作上相互鼓励、帮助,各自写出了传世名作。他们的合作持续了十年,直到席勒去世。晚年歌德,继续笔耕不辍。[①] 19世纪中叶的德国文学史研究者盖尔维

---

① 关于古典文学时期的部分研究文献,参见范大灿主编《德国文学史》(第2卷),译林出版社2006年版,第322—594页;余匡复《德国文学史》,上海外语教育出版社1991年版,第172—242页。Hermann August Korff, *Geist der Goethezeit*, Teil 1 - 4, Leipzig, 1923 - 1955.

努斯认定歌德与席勒在这一时期的作品是"经典的",因而将他们的文学称为经典(Klassik)。中文将之译为"古典",既强调它对古希腊文艺理想的重视,又强调它的经典性。因而,这一时期被称作古典文学时期。①

出现在启蒙时代末期的古典文学,一方面保留了"狂飙突进"中对非理性、个性的尊崇;另一方面继续服从于启蒙理性的外在权威。非理性主义经过"狂飙突进"时期与理性主义碰撞之后,发现无法冲破理性的藩篱,只能退而求其次,试图与理性主义共存。曾经激动莽撞的情感,转向谨慎清晰的内省。这种在思想上朝向内省的转变,也促进了德意志观念论(Idealismus)哲学的进一步发展。德意志作家对人的自由和个性的追求,以及渴望改良社会的愿望,被专制主义现实所压制。他们转而在历史中探寻,发现了古希腊的辉煌以及它与德意志文化的关联。于是,古希腊文化成为一时的范例,追寻在历史发展中遗失的人与自然的和谐、理性与非理性的统一,成为古典时期作家的目标。

在古典文学时期,理性与非理性达成了暂时均衡。这种均衡,影响了关于人的教育的理念。通过教育塑造个性的渴望,不得不与现实的限制结合起来。与尝试冲破一切限制的"狂飙突进"不同,古典文学时期的歌德和席勒,被称为经典作家(Klassiker)。他们试图将限制与自由结合起来,在限制中寻找真正的自由。内心和谐之人,才是人类的未来,人的教育被放在重要地位。歌德通过其教化小说——《威廉·迈斯特的学习时代》(Wilhlem Meisters Lehrjahre,1795/1796)阐发了自己对理想之人及其培养方案的构想。② 启蒙时

---

① 范大灿主编:《德国文学史》(第2卷),译林出版社2006年版,第377页。因古典文学发生在1800年前后的魏玛,它又被称为"魏玛古典文学"。

② 中文译本见[德]歌德《威廉·迈斯特的学习时代》,杨武能译,译林出版社2002年版。歌德另著有威廉·迈斯特的第二部——《威廉·迈斯特的漫游时代》,从1807年动笔到1829年完成。中文译本见[德]歌德《威廉·迈斯特的漫游时代》,张荣昌译,华夏出版社2008年版。

代对教育的普遍重视，以及相信通过教育能达人的完善和社会进步的观念，在歌德著作中得到了充分的反映。歌德心中的理想之人，是"真正的人""完整之人"，是强健身体与美丽心灵和谐统一的人。"完整之人"的培养，要通过教育。在小说中，歌德为主人公威廉安排了多种培养方案，让他在社会中、在与他人的交往中不断学习、成长，最终成为"完整之人"。歌德的这部小说，在当时的文学界中引起轰动，被当作教化小说的典范。

到18世纪末期，对以古希腊为代表的古典文艺的崇尚由文学领域延伸到其他人文领域，在模仿和复兴古希腊文化的基础上强调创作德意志民族文化的要求成为主流，最终演变成德意志思想史上的另一股重要思潮——新人文主义（Neuhumanisums）。新人文主义注重对古希腊文化中有益内容的发扬，强调对人的个性和人的和谐发展的尊崇，认为教育的目的在于个性的自由发展和充分实现。在新人文主义的教育理想中"人已不是按照社会习惯准则所塑造的傀儡，也不是他所隶属的职业界的枯燥无味的专家看，更不是神学教条的奴隶，而是具有人的个性和特性的人，具有真正人的意义的自由人"，他们创造自己的生活。[①] 新人文主义经洪堡（Wilhelm von Humboldt，1767—1835）等人的发扬光大，引发了19世纪德意志地区教育事业的新改革。

古典文学和新人文主义时期，也是里希特创作的丰收期。里希特的教育观念受到两股思潮的影响较大。1795年出版的教化小说《黑斯佩鲁斯或四十五个狗邮日》（Hesperus oder die 45 Hundsposttage）是他在德意志文学界的成名之作。随后的十年间，他发表了数部关于成长与教化的长篇小说以及专论教育的《莱瓦娜》。他也曾于1796年到魏玛拜访歌德和席勒，但受到冷遇。不过，赫尔德却与他成为亲密朋友，并对他产生了较大影响。

---

① ［德］弗里德里希·鲍尔生：《德国教育史》，滕大春等译，人民教育出版社1986年版，第113页。

4. 浪漫主义

1798 年，一群志同道合的德意志年青作家在耶拿创办了一本文艺刊物——《雅典娜神殿》（Athenäum）。[①] 该刊在三年时间内（1798—1800）发行了六期，刊发的文章体裁多样，其目的却较为统一，即"呼吁、探索一种新的思想观念和文学形式"。[②] 在文学史上，此刊被作为德意志浪漫派文学开始的标志。一场浪漫主义运动的帷幕，由此拉开。这场从德意志文学和艺术领域掀起的浪潮，后来蔓延至哲学、教育等层面，并与英、法等国的浪漫主义运动一起，在欧洲思想界引起了巨大的影响。以赛亚·伯林如此评价：

> 浪漫主义的重要性在于它是近代史上规模最大的一场运动，改变了西方世界的生活和思想。对我而言，它是发生在西方意识领域里最伟大的一次转折。发生在十九、二十世纪历史进程中的其他转折都不及浪漫满主义重要，而且它们都受到浪漫主义深刻的影响。[③]

在德意志地区，浪漫主义并非横空出世或从他国传入，而是在启蒙运动中孕育，并在 18 世纪末"破壳而出"。18 世纪 90 年代，部分思想家们忙于对启蒙精神的反思和总结，而一批年青文学家则率先扯出非理性的旗帜。浪漫主义运动的主力，多出生于 18 世纪 70 年代以后，是比歌德和席勒更为年轻的一代人。当浪漫派在德意志文坛上崭露头角之时，歌德和席勒已告别了年轻时的"狂飙突进"，

---

① 施莱格尔兄弟（August Wilhelm von Schlegel，1767 – 1845；Friedrich von Schlegel，1772 – 1829）是《雅典娜神殿》的主要编辑和撰稿人，此外还有两人的妻子、诺瓦利斯、施莱尔马赫等参与者。Ernst Behler, *Die Zeitschriften der Brüder Schlegel. Ein Beitrag zur Geschichte der deutschen Romantik*, Darmstadt, 1983. 可比较范大灿主编：《德国文学史》（第 2 卷），译林出版社 2006 年版，第 68 页。

② 范大灿主编：《德国文学史》（第 2 卷），译林出版社 2006 年版，第 88 页。

③ ［英］以赛亚·伯林：《浪漫主义的根源》，吕梁、洪丽娟等译，译林出版社 2011 年版，第 10 页。

进入冷静深思期。年轻气盛的浪漫派,强调感情与想象力,再次走上非理性的道路。

浪漫主义所反对的,是启蒙运动中极端推崇理性主义的传统。① 18 世纪末,对"普适性真理""普适性艺术""智识之人可以运用他们的理性发现放之四海皆准的真理"的质疑,改变了"人的生活态度和行动理念"。② 一场浪漫主义的运动或"革命"(伯林语)由此发生。伯林否认了卢梭作为"浪漫主义之父"的观点,因为卢梭思想本质上还是理性的,但他承认卢梭的某些观点确实对浪漫主义有重要影响。在他看来,"真正的浪漫主义之父"只有两个人:赫尔德和康德。赫尔德的三个观点:艺术是以交流为目的的表达,群体归属感及其特殊性,对一致性、和谐、理想的互容性的抵制,均被浪漫主义者所继承。而康德虽不赞同浪漫主义,但其思想中对意志、自由、自律性和独立的人、意志自由之人对自然的对抗等观念的强调,经席勒和费希特的继承和发扬,让浪漫主义者摒弃了和谐与理性,而变得奔放起来。③

浪漫主义作家诺瓦利斯对"浪漫化"做出如下解释:

---

① 关于浪漫主义与启蒙运动的关系,"对立论"的观点在曾长期在学界占主流地位。自 20 世纪 60 年代以来,随着对早期浪漫派研究的深入,关于两者完全"对立"的观点屡遭质疑。如今,多数研究者更倾向于认为两者之间存在一种复杂性关系的观点,既有矛盾,也有部分思想联系。参见陈恕林《启蒙运动与德国浪漫派》,《外国文学评论》2001 年第 1 期;范大灿主编《德国文学史》(第 2 卷),译林出版社 2006 年版,第 51—56 页。需要指出的是,为启蒙运动和浪漫主义分别贴上"进步"和"倒退"的标签的做法,不可取。

② [英] 以赛亚·伯林:《浪漫主义的根源》,吕梁、洪丽娟等译,译林出版社 2011 年版,第 20 页。

③ 关于浪漫主义的父执的研究,参见伯林著《浪漫主义的根源》的第三、四章。[英] 以赛亚·伯林:《浪漫主义的根源》,吕梁、洪丽娟等译,译林出版社 2011 年版,第 51—95 页。弗·施莱格尔特别强调了三个影响浪漫主义的因素:费希特的知识学、法国大革命、歌德的《威廉·迈斯特》,伯林赞同他的观点,并加以佐证。参见伯林著作的第五章。

当我给卑贱物一种崇高的意义，给寻常物一副神秘的模样，给已知物以未知物的庄重，给有限物一种无限的表象，我就将它们浪漫化了。①

"崇高""神秘""庄重"和"无限"等，被诺瓦利斯看作浪漫化的特征。产生于启蒙哲学和古典文学夹缝中的浪漫主义，表现出与两者完全不同的特征，亦不是"狂飙突进"的重现。浪漫主义强调感觉、情感、个性和个人体验，重视狂热而虔敬的宗教情感和人的想象力，带有神秘主义倾向。浪漫派作家，是厌倦世俗世界，心怀向往之人；他们偏爱陌生的、异国的、神秘的、超自然的事物；他们强调自我，追求自由与无限。伯林曾用大段的语言描述浪漫主义的特征，却无法给出一个确定的定义，正如他所言："浪漫主义是统一性和多样性。"②

浪漫主义发源于文学领域，但最终成为一场席卷思想领域的风暴。它不仅影响了19世纪以来的文学、绘画、音乐，而且在哲学和教育等领域也引起了重要变化。

受新人文主义和浪漫主义思潮的双重影响，在部分教育学的作者那里，关于人的构想发生了改变，儿童被看作单纯的、尚未堕落的存在（里希特、福禄贝尔）。因此，儿童的早期培养，得到特别的重视。教育被看作是对儿童天性的有机发展，教育者被看作是园丁。福禄贝尔因此创造了幼儿园（Kindergarten）一词。这些受浪漫主义观念影响的教育学，被博尔诺夫（Otto Friedrch Bollnow）称为"浪漫主义教育学"（Die Pädagogik der Romantik）。其著作《德意志浪漫主义教育学：从阿恩特到福禄贝尔》论定，阿恩特和里希特为浪漫

---

① 转引自 Rüdiger Safranski, *Romantik. Eine deutsche Affäre*, München: Carl Hanser Verlag, 2007, Vorwort, S. 13. 中文译本［德］萨弗兰斯基《荣耀与丑闻——反思德国浪漫主义》，卫茂平译，上海人民出版社2014年版，第13页。

② ［英］以赛亚·伯林：《浪漫主义的根源》，吕梁、洪丽娟等译，译林出版社2011年版，第25页。伯林对浪漫主义特征的描述，见第23—25页。

主义教育学奠定基础；费希特等人的民族教育学是浪漫主义教育学的发展；而福禄贝尔的教育学，是浪漫主义教育学鼎盛期的代表。①此外，另有多部教育学史都有专论"浪漫主义"的教育学的章节。②

里希特活跃于古典文学和浪漫文学并存的时代，但他却同时与两个派别都保持着距离。在19世纪初的文学界中，他被定位为"唯一者"。海涅在写于1833年的《浪漫派》中，对这一定位表示认同，并补充道：

> 他（里希特）在当时完全是孤立的，……完全献身于他的时代，他的内心充满了献身时代的精神。他的心和他的作品是完全一致的。③

三 "教育世纪"：18 世纪下半叶德意志地区的教育实践

在德意志教育学界，18 世纪通常被称为"教育世纪"。1779 年，舒默尔（Johann Gottlieb Schummel，1748—1813）在批评泛爱派教育改革的讽刺小说《山羊胡子：我们的教育世纪的悲欢史》中，第一次使用了"教育世纪"（pädagogisches Jahrhundert）一词。④ 后来，

---

① Otto Friedrich Bollnow, *Die Pädagogik der deutschen Romantik. Von Arndt bis Froebel*, Stuttgart: W. Kohlhammer, 1967. Die erst Aufl. im 1952. 另参见本文"绪论"中文献回顾部分对该著的介绍和评价。

② 例如 Willy Moog, *Geschichte der Pädagogik*, Ratingen bei Düsseldorf; Henn; Hannover: Zickfeldt. Band 3. 1933; Fritz Blättner, *Geschichte der Pädagogik*, Quelle & Meyer. 1951; Fritz März, *Personengeschichte der Pädagogik. Ideen-Initiativen-Illusionen*, Bad Heilbrunn: Klinkhardt, 1998; Dietrich Benner, Friedhelm Brüggen, *Geschichte der Pädagogik: von Beginn der Neuzeit bis zur Gegenwart*, Stuttgart, Reclam, 2011.

③ ［德］亨利希·海涅：《浪漫派》，薛华译，上海人民出版社 2003 年版，第 229 页。

④ Johann Gottlieb Schummel, *Spitzbart, eine komi-tragische Geschichte für unser pädagogisches Jahrhundert*, 1779. Neuausgabe: C. H. Beck Verlag, München, 1983. 小说的主人公是一位对教育问题很感兴趣的牧师——"山羊胡子"，他写了一本名为《理想的完美学校》的著作。因为这部著作，"山羊胡子"被任命为一所中学的校长。他按照自己的理论去管理学校，却未能收到应有的成效，最终成为笑柄。该著是对 18 世纪 70 年代中期兴起的泛爱派学校改革的讽刺。它也是舒默尔的代表作。1989 年在东德被拍成电影，名为《山羊胡子校长》（Schulmeister Spitzbart）。

坎佩在其《关于学校和教育事业的普通评论——来自实践教育者群体》的前言中，也用到了该词。[1] 1799 年，尼特哈默尔（Friedrich Philipp Immanuel Niethammer，1766—1848）在一次节日演讲中，将他所在的时代称为"教育世纪"。因为，此前没有哪个世纪能像 18 世纪一样，"产生如此丰富的，关于教育与教学的实践经验和理论思考的教育学文献"。[2] 时隔多年，赫尔曼（Ulrich Hermann）在其主编的《教育世纪：18 世纪德意志地区的大众启蒙与穷人教育》一书中，重新发掘了"教育世纪"这一称谓。[3] "教育世纪"，是教育改革的世纪、教育国家化的世纪、教育世俗化的世纪、也是教育理论化的世纪。18 世纪的最后三十年，是德意志地区教育实践发展的关键时期。

（一）公共教育事务的发展

1773 年，里希特进入小村约迪兹（Joditz）的一所小学。根据里希特的自述，学校中的教学内容给他留下的印象不深，但他喜欢那里的教师，喜欢与同学们一起快乐玩耍，钟爱与同学们齐声读书的感觉。他甚至记录了他和弟弟忍着饥饿去学校的插曲。他解释，这样做并非因为求知若渴，而是儿童惯用的逃避父母的日常命令的小伎俩。不过，不幸的是，里希特因为一次不合时宜的抱怨而失去了继续在学校读书的机会。一个农民的儿子用小刀划伤了里希特的手肘，父亲因此决定不再让两个儿子去学校，而是在家亲自教导他们（里希特的父亲是当地的牧师）。从此，里希特不能再与小伙伴一起嬉戏，而只能每天学习七个小时的教义问答、拉丁文、句法和文法。

---

[1] J. H. Campe (Hg.), *Allgemeine Revision des gesamten Schul- und Erziehungswesens: von einer Gesellschaft praktische Erzieher*, 16 Bde, 1785–1792 [Reprint], Vaduz/Liechtenstein, 1979.

[2] A. H. Niemeyer, *Ansichten der deutschen Pädagogik und ihrer Geschichte im 18. Jahrhundert*, Halle, 1801, S. 6.

[3] Ulrich Herrmann (Hrsg.), *Das pädagogische Jahrhundert-Volksaufklärung und Erziehung zur Armut im 18. Jahrhundert in Deutschland*, Weinheim, Basel, Beltz, 1981.

这样的学习，一直持续到 1776 年里希特举家搬迁至施瓦岑巴赫（Schwarzenbach）为止。在那里，13 岁的里希特进入当地文法学校三年级就读。

从里希特幼时的教育经历可以看出：18 世纪 70 年代，德意志部分地区的乡村中已经建立了初等学校；在当时并非所有的适龄儿童都有义务去学校接受初等教育，至少在里希特所属的巴伐利亚地区是如此；当时的家庭教育是可以与学校教育衔接的，接受过一定家庭教育的里希特，可进入文法学校三年级。

里希特所回忆的，是 18 世纪 70 年代德意志地区学校教育的一小块样本。它反映出当时德意志地区的初等教育已经有了相当的发展。随着启蒙运动的不断深入，通过教育培养人和改造社会的观念不断得到上层统治者和知识分子的重视，同时受到世纪初虔敬派发展教育事业的影响，加上统治者试图让教育世俗化的倾向，德意志地区的大小邦国，相继从各个方面展开了教育改革。

1. 初等学校教育

为男女儿童设立普通学校的要求，要追溯至宗教改革时期的路德派的主张。而义务教育（Schulpflicht）的实施，则到 17 世纪才在若干地区实现。1619 年，魏玛（Weimar）地区已颁布强迫就学（Schulzwang）的学校规章。其他有明确章程规定义务教育的地区包括：萨克森-哥达（1642）、布伦瑞克-沃尔芬比特尔（1647）、符腾堡（1649）。[①] 1717 年，普鲁士的弗里德里希·威廉一世（Friedrich Wilhelm I.）颁布法令，要求在整个普鲁士地区施行义务教育。1763 年 8 月 12 日，其继承人弗里德里希大帝（Friedrich II，1712—1786）颁布《普通邦立学校规章》（General-Land-Schul-Reglement）。该法

---

① 参见 Hans Balthasar, *Geschichte des Schulzwangs in Deutschland*, 2008, S. 2 – 3. 义务教育，德语为 Schulpflicht。而 1912 年鲍尔生在他的《德国教育史》中所用的是，Schulzwang，中文译为"强迫就学"。参见［德］弗里德里希·鲍尔生《德国教育史》，滕大春等译，人民教育出版社 1986 年版，第 92—94 页；Friedrich Paulsen, *Das deutsche Bildungswesen in seiner geschichtlichen Entwicklung*, Leipzig, 1912, S. 85.

令规定：五至十三或十四岁的儿童，一律就学；未送子女就学者，课以罚金；冬季学期每天上学，上学时间上午每日8—11时，下午除周三、六以外1—4时，夏季学期每周上学三次，每日三小时，周日除在教堂温习教义以外，还要在学校温习读写；学生需交纳学费，从6到10芬尼不等，贫困儿童由教会或贫困局负担；教师工资由学费支付；教师聘用需由督学和教区公会同意。[1] 以法律形式固定下来的教育政策，对初等教育的发展起了极大的推动作用。

在信奉天主教的部分邦国，义务教育法令的施行较为困难。虽然巴伐利亚选帝候国早在1771年就颁布了义务教育的法令，但是直到1802年，六年制义务教育才真正得到实施。这也是幼年里希特能辍学在家接受家庭教育的原因。在一些农村地区，义务教育推行的阻力较大。家长认为儿童在家接受劳动技能的锻炼比在学校接受教育更重要，去学校是浪费时间。儿童还被作为劳动力使用，例如喂养家畜、照顾弟妹、收集柴火等。另外，薄弱的师资力量也是阻力之一。教师水平不高，普遍缺乏培训；在教学内容上，多以简单的读、写以及基督教教义问答为主。

与初等教育发展相伴的，是德意志学校教育的世俗化与国家化。一批接受启蒙思想的开明君主，开始重视教育的作用。同时教育的功能也发生了转变，不仅要培养虔诚的教徒，还要培养有用的臣民。于是，18世纪中后期各邦国相继启动教育改革，由国家出资设立学校，取代或收回原本由教会掌控的学校教育，实现教育的国家化。例如，18世纪70年代费尔宾格（Johann Ignaz von Felbiger，1724—1788）在奥地利的改革；策特利茨（Karl Abraham Freiherr von Zedilitz，1731—

---

[1] Friedrich Heman, *Geschichte der neue Pädagogik*, 1904, Neubearbeitet von Willy Moog, Verlag von A. W. Zickfeldt, 1921, S. 259 – 260. 该法令原文见 Albert Reble（Hrsg.）, *Geschichte der Pädaoggik. Dokumentationsband I*, Stuttgrat：Ernst Klett Verlag, 1971, S. 233 – 235.

1793)在普鲁士的改革;① 18 世纪 80 年代哈登堡在布伦瑞克的改革;金德曼(Ferdinand Kindermann,1740—1801)在波希米亚的改革;菲尔特哈特勒(Franz Michael Vierthaler,1758—1827)在萨尔茨堡的改革;1778 年,巴伐利亚选帝侯泰奥多尔(Karl Theodor)要求"建立面向市民教育的城市和乡村学校新秩序"②。到 18 世纪末,德意志地区的初等教育已经初具规模,大概平均每两个村庄就有一所学校。③ 鲍尔生写道:"到 18 世纪末,德国的初等学校已不再是教会的组织,而成立政府的机构。政府掌握管理学校的全权,尽管教士在政府的委托下仍以国家名义,在很大限度内,对学校行使管理权。……到 18 世纪末,一般认为教育属于公民义务的范畴。就社会来讲,有供应学校经费的义务;就家庭来讲,有督促子女入学的义务。"④

2. 中等学校教育

17 世纪下半叶的德意志地区,中等学校教育的发展与初等教育一样不均衡。这种不均衡表现在许多方面:城市与乡村的差异;天主教地区和新教地区的差异;贵族子女的教育与市民阶层、下层农民子女的教育的差异等。⑤ 例如,贵族子弟年幼时一般在家接受家庭教育,其家庭教师多为刚从大学毕业的学生。几乎所著名的德意志思想家,都有从事家庭教师的经历。接受一定的家庭教育之后,贵族子弟升入骑士学园(Ritterakademien)。骑士学园 16 世纪末兴起于

---

① 策特利茨于 1771—1789 年担任普鲁士教育大臣,他思想开明,推动了普鲁士教育的发展。

② Willy Moog, *Geschichte der Pädagogik*, 3. Band. 1928, Neu herausgegeben von Franz-Josef Holtkemper, A. Henn Verlag und A. W. Zickfeldt Verlag, 1967, S. 133–144.

③ Notker Hammerstin und Ulrich Herrmann (Hrsg.), *Handbuch der deutschen Bildungsgeschichte. Band II. 18. Jahrhundert. Von Späten 17. Jahrhundert bis zur Neuordnung Deutschlands um 1800*, München: Verlag C. H. Beck, 2005, S. 235.

④ [德]弗里德里希·鲍尔生:《德国教育史》,滕大春等译,人民教育出版社 1986 年版,第 92 页。

⑤ Heinz-Elmar Tenorth, *Geschichte der Erziehung*, 2010, S. 88.

德意志地区，是专为贵族子弟开设的教育机构，培养他们胜任军队或政府职务的能力。18 世纪初，逐渐向部分市民子弟开放。到 19 世纪，这些骑士学园逐渐改制或消亡。这与市民阶层的崛起，贵族特权的凋零有一定关系。[①] 而大部分农民子女只能受到简单的初级教育，接受中等学校教育者较少。在一些落后地区，部分家长会筹集金钱聘请教师来集中教导其子女。这种私立性质的学校，多是临时的，规模较小。里希特就曾经担任过这样的落后地区学校（Winkelschule）中的教师，学校中有七个不同年龄的孩子。[②] 市民阶层子女，因其家庭具备一定经济基础，且多居住于城市，则有机会进入文科学校、实科学校或城市学校。

文科中学（Gymnasien），是当时德意志中等学校教育的主要形式。它们多是从文法学校转变而来，以博雅教学（gelehrten Unterricht）为主要任务，部分学校与当时的大学相联系。1770 年，普鲁士的文科中学开始使用统一的教科书。后经过 19 世纪初的新人文主义（Neuhumanisums）的教育改革，更强调古典教育，并与大学教育直接衔接。

受到 18 世纪初虔敬主义（Pietismus）和唯实论（Realismus）思想的影响，18 世纪中叶的德意志地区兴起一种新的学校类型——实科学校（Realschule）。它们以社会所需要的实际知识和技能为培养目标，以满足经济发展的需要。其教学内容和计划各异，均以地方需要为准。[③] 1747 年，曾就学于哈勒学园的黑克尔（Johann Julius

---

① ［德］弗里德里希·鲍尔生：《德国教育史》，滕大春等译，人民教育出版社 1986 年版，第 76—79 页。

② 参见 Ludwig Fertig, *Jean Paul der Winkelschulhalter*, Darmstadt: Wissenschaftliche Buchgesellschaft, 1990.

③ 关于文科中学的详细研究，参见 Notker Hammerstin und Ulrich Herrmann（Hrsg.）, *Handbuch der deutschen Bildungsgeschichte. Band II. 18. Jahrhundert. Von Späten 17. Jahrhundert bis zur Neuordnung Deutschlands um 1800*, München: Verlag C. H. Beck, 2005, S. 178-354. 比较［德］弗里德里希·鲍尔生：《德国教育史》，滕大春等译，人民教育出版社 1986 年版，第 90 页。

Hecker）在柏林建立了第一所实科学校。到 70 年代，德意志各邦在大城市中普遍设立了实科学校。① 这类学校一直延续至今。

3. 教师培训学院

18 世纪之前的德意志地区，学生多在修道院学校或教会学校就学，其教师为神职人员兼任，牧师或神父同时肩负起教育年轻一代的重任。随着初等教育和中等学校教育的发展壮大，对师资数量和质量的要求随之提升。教学职业，因为可以获得固定工资，而具有一定吸引力。但是多数教师，尤其是乡村教师，缺乏严格的培训，"他们的知识范围从未超出他们以前在乡村学校或其他地方所学的贫乏知识"②。广泛的师资培训的要求由此产生。

对初等教育师资的培养开始较早。弗兰克（August Hermann Francke，1663—1727）于 1707 年在哈勒一所新成立的孤儿院里开办首个教师研讨班（Seminar），此后又在不同地点的贫困学校和孤儿学校中举办过数期。黑克尔的实科学校中也有过培养初级学校教师的尝试。1763 年的《普通邦立学校规章》里，明确规定师资培训是教会的责任之一。③ 而中等学校教育师资的培养开始稍晚。1738 年格斯纳（Johann Matthias Gesner，1691—1761）在哥廷根大学创建了第一个以培训教师为主题的教育学研讨班，共有 9 名神学系学生参加。④

---

① Notker Hammerstin und Ulrich Herrmann (Hrsg.), *Handbuch der deutschen Bildungsgeschichte. Band II. 18. Jahrhundert. Von Späten 17. Jahrhundert bis zur Neuordnung Deutschlands um* 1800, München: Verlag C. H. Beck, 2005, S. 246 – 247.

② ［德］弗里德里希·鲍尔生：《德国教育史》，滕大春等译，人民教育出版社 1986 年版，第 95 页。

③ 关于德意志地区教师培训的历史，参见：Uwe Sandfuchs, *Geschichte der Lehrerbildung in Deutschland*. In Sigrid Blömeke, P. Reinhold, G. Tuoldziecki, J. Wildt (Hrsg.), *Handbuch Lehrerbildung*, Westermann/Klinkhardt, Braunschweig/Bad Heilbrunn, 2004, S. 14 – 37.

④ 哥廷根大学创建于 1734 年。格斯纳于创建之初加入哥廷根大学，担任诗学和雄辩术教授。1738 年，他在神学系指导哲学研讨班，该研讨班以大学中的教师培训为主要内容。为学校教师提供相应的培训，也是他之后一直致力的工作。参见 Reinhold Friedrich, *Johann Matthias Gesner: sein Leben und sein Werk*, Roth 1991. 比较程亮：《教育学制度化的兴起与逻辑》，《华东师范大学学报》（教育科学版）2016 年第 3 期。

此后其他大学也把教育学的讲座增加到了哲学的课程中。普鲁士的柯尼斯堡大学于1765—1766学年冬季学期已开始设立私立性质的教育学讲座。1774年，柯尼斯堡大学哲学院设立公立教育学讲座，由诸教授轮流执教。博克、康德等人均主讲过教育学讲座，但是他们的身份并非教育学教授。1779年，哈勒大学设立独立的教育学教席，这是史上第一次设立教育学教授席位。经时任普鲁士教育大臣策特利茨推荐，特拉普成为史上首位教育学教席的教授。他入职讲座的题目是"将教育和教学作为一种真正的艺术来学习的必要性"。到18世纪末，其他大学也陆续开设了教育学讲座。

各种地方师资培训研讨班的设立、大学中教育学讲座的开设，直接推动了教育学著作的产生，同时也是教育学著作传播的重要途径。例如柯尼斯堡的博克写给"基督教父母和未来的青少年教师"的《教育艺术教科书》（1780），就是为了教育学讲座而著，康德曾以其为教科书。同样，康德在柯尼斯堡大学主讲教育学讲座时的讲义，经学生林克（Friedrich Theodor Rink，1770—1811）整理，以《论教育学》为名出版。特拉普、尼迈尔、赫尔巴特等人的著作，均与其在大学的教育学讲座有密不可分的联系。

4. 大学

1781年春季，里希特在拜罗伊特（Bayreuth）参加了大学入学考试。考试通过，他于1781年5月19日在莱比锡大学注册，学习神学。在莱比锡大学读书的日子是里希特最惬意的时光，虽然他债台高筑而又饥肠辘辘，但是饱尝精神食粮。但无奈，知识终究未能敌过穷困。他尝试利用写作挣钱，但著作并未畅销，家中也无法再支持他的学业。1784年11月，他不得不结束自己的大学生涯。里希特所就读的莱比锡大学，创建于1409年，是德意志地区无间断办学历史第二悠久的大学，仅次于海德堡大学，莱布尼茨、歌德等人均曾求学于此。

在欧洲地区，大学是中世纪时期的产物。德意志地区大学的出现晚于欧洲南部和西部地区。1348年德意志地区的第一所大学布拉格大学成立，那时意大利已有 15 所大学、法国有 8 所大学、西班牙有 6 所大学、英国有 2 所大学。① 德意志地区大学并非向法国和意大利地区那样自发产生，而是由各邦国政府和教会有意识地创建。然而，18 世纪以前，德国大学基本是对法国和意大利大学的模仿，没有突出建树。截至 1700 年，德意志地区共有 35 所大学，然而大学的声誉却不断衰落。② "17 世纪末，德国的大学在赢得公众尊重和对德国人民的思想生活产生影响方面，都已经滑落到了最低水平。"③

进入 18 世纪，随着启蒙思想的传播、现代哲学和科学技术的发展以及德意志地区部分邦国开明君主的改革，德意志大学经历了从传统大学到现代大学的变革。1694 年，在勃兰登堡—普鲁士邦国的哈勒成立了一所新大学——哈勒大学。它以思想自由和教学自由为基本原则，传授现代哲学和现代科学，被称为"德意志第一所具有现代意义的大学"。④ 在托马西乌斯（Ch. Thomasius，1655—1728）、弗兰克（A. H. Francke）、伍尔夫（Christian Wolff，1679—1754）等

---

① 陈洪捷：《德国古典大学观及其对中国的影响》（第三版），北京大学出版社 2015 年版，第 13 页。[德] 弗里德里希·鲍尔生：《德国大学与大学学习》，张弛、郏海霞、耿益群译，人民教育出版社 2009 年版，第 14 页。

② Karl von Raumer, *Geschichte der Pädagogik*, IV Teil. Stuttgart: Verlag von S. G. Liesching, 1954, S. 5-6. 另参见 [德] 弗里德里希·鲍尔生《德国教育史》，滕大春等译，人民教育出版社 1986 年版，第 79 页。

③ [德] 弗里德里希·鲍尔生：《德国大学与大学学习》，张弛、郏海霞、耿益群译，人民教育出版社 2009 年版，第 42 页。鲍尔生列举了 17 世纪末德国大学水平的衰落。大学的教学和科研脱离了实际需要。宫廷上流社会看不起大学，认为大学是陈旧迂腐的经院哲学的温床。大学的教学体系过时，产出成果只是毫无生趣的汇编。大学生活弥漫着粗俗的气息，学生沉沦喧嚣；大学教授收入偏低，生活贫困。大学多建立在小城镇而非大城市，难以成为政治和文化生活的中心地。对学者而言，在宫廷中的职位，比在大学任教更具吸引力。可对比 [德] 彼得·克劳斯·哈特曼《神圣罗马帝国文化史 1648—1806 年/帝国法、宗教和文化》，刘新利、陈晓春、赵杰译，东方出版社 2005 年版，第 411、412 页。

④ [德] 弗里德里希·鲍尔生：《德国大学与大学学习》，张弛、郏海霞、耿益群译，人民教育出版社 2009 年版，第 47 页。

人的带领下，它成为德意志启蒙运动的阵地。① 随后还有哥廷根大学（1734）和埃尔兰根大学（1743）的建立。这些大学不再以神学著作的诠释和注解为中心，而转向实用性科学的研究与传授。② 到18世纪下半叶，哈勒大学和哥廷根大学成为德意志大学中的楷模，带动了德意志地区其他大学的变革。鲍尔生评价："现代科学和现代哲学，自由主义的神学以及思想自由和教学自由，在当时人们的心目中，几乎已成理所当然之事。"③ 到18世纪末，所有德意志地区的大学，都按照哈勒和哥廷根大学的模式进行了改革。④ 值得注意的是，18世纪下半叶德意志大学仍分属不同的利益集团或宗教派别。例如，哥廷根大学、莱比锡大学均为贵族大学；而耶拿大学和哈勒大学接收平民学生；美因茨大学和英戈尔施塔特大学则属于天主教派，因启蒙改革才迎来新的发展；哈布斯堡领地的众多大学则较为保守。⑤

经过改革，大部分德意志大学内部发生了巨大变化。"现代哲学和现代科学的精神已浸入所有学员的教学领域；研究自由和教学自由已成为人所公认的原则；教学方法发生了本质变化；用德语做报告成为必然；对古典文学的学习与新人文主义思想结合起来。"⑥ 在课程设置上，哲学、文科和自然科学成为新兴力量。为缩短学习年限，平民出身的学生，多选择修业时间较短的文科专业。在教学方

---

① ［德］弗里德里希·鲍尔生：《德国教育史》，滕大春等译，人民教育出版社1986年版，第79页。

② Heinz-Elmar Tenorth, *Geschichte der Erziehung*, 2010, S. 87.

③ ［德］弗里德里希·鲍尔生：《德国教育史》，滕大春等译，人民教育出版社1986年版，第82页。对比 Charles E. McClelland, *State, Society, and University in Germany, 1700–1914*, Cambridge: Cambridge University Press, 1981, pp. 68–79.

④ ［德］弗里德里希·鲍尔生：《德国教育史》，滕大春等译，人民教育出版社1986年版，第83页。

⑤ Notker Hammerstin und Ulrich Herrmann (Hrsg.), *Handbuch der deutschen Bildungsgeschichte. Band II. 18. Jahrhundert. Von Späten 17. Jahrhundert bis zur Neuordnung Deutschlands um 1800*, München: Verlag C. H. Beck, 2005, S. 374–375.

⑥ ［德］弗里德里希·鲍尔生：《德国教育史》，滕大春等译，人民教育出版社1986年版，第84页。

式上，教授讲座（Vorlesung）和研讨班（Seminar）成为最主要的教学方式。一门课程的教授讲座一般一周一次，每次为3—4个小时。通常分为两大部分，教授主讲以及学生讨论。

与内部改革相应，德意志大学在外部也被重新认可。德意志大学显示出与周边邻居不同的蓬勃发展，而且被德意志人寄予厚望。此时，法国的大学发展停步，因为大革命被废止；英国的大学暮气沉沉且落后于时代，功能仅剩下供青年就学。此外德意志大学还肩负着学术研究的重任，成为科研与学术的真正代表。而在法国和英国，学术研究自17世纪开始就被新成立的皇家学术机构承担，大学的学术研究职能被弱化。德国虽然也模仿法国成立了柏林科学院等研究机构，但从未达到法英的学术机构那么大的影响。鲍尔生观察到："德国大学洋溢着时代的新精神。……到18世纪末，德意志民族把大学当作了它特别希望从中获得在国家生活各个方面前进的动力的机构。而仅仅在一个世纪以前，同样是大学，它们招致的却是上流社会的嘲笑。"[1]

18世纪末，受到法国大革命以及其后的一连串战争的影响，古老的德意志民族的神圣罗马帝国行将就木，各邦国风雨飘摇。德意志大学改革的洪流在19世纪前后遭遇挫折。一些传统大学缺乏改革意愿，招生数量萎缩甚至停办，德意志大学的数量急剧收缩，有一半大学停办。18世纪最后五年德意志大学学生人数不足6000人，降到两个世纪以来的最低水平。进入19世纪，学生人数仍在下降，1811—1815年，下降到4900人。[2]

---

[1] ［德］弗里德里希·鲍尔生：《德国大学与大学学习》，张弛、郄海霞、耿益群译，人民教育出版社2009年版，第49页。

[2] R. A. Müller, Geschichte der Universität: Von der mittelalterlichen Universtät zur deutschen Hochschule. Hamburg: Nikol/Liyenausgabe, 1990, S. 9. Franz Eulenburg, Die Frequenz der deutschen Universitäten von ihrer Gründung bis zur Gegenwart. Berlin: Akademie Verlag, 1994, S. 165. 转引自张雪《19世纪德国现代大学及其与社会、国家关系研究》，博士学位论文，华中师范大学，2012年。比较陈洪捷：《德国古典大学观及其对中国的影响》（第三版），北京大学出版社2015年版，第17页。

启蒙精神改变了各个邦国的政策，大多数人受教育成为必要，且教育目的更多朝向实用方向，人们对普遍幸福和公共福利的追求，要求注重实用性人才的培养。① 对大学而言，人才培养的目标和方法开始转变，朝向实用性与实践性。然而大学所能培养出的人才数量有限，无法满足社会改革的需求。于是，从 18 世纪下半叶开始，各邦国开始普遍设立高等专科学校（höcher Fachschulen）例如采矿、农业、医药、建筑等专业，主要用于培训各专门的管理和研究人员，以控制和改善相应的行业标准。②

大学的改革和发展，培养了一大批新时代的学者和思想家，为 18 世纪末 19 世纪初教育学著作的集中出现奠定了基础，它既培养了人才，也提供了舞台。大部分早期德意志教育学的作者，都有在大学学习和工作的经历。

（二）泛爱派教育改革

提及"教育世纪"，一批教育实践者 18 世纪后三十年间在德意志地区的努力无法被忽略。他们自称"泛爱派"（Philanthropen），意为"人类之友"。受到启蒙精神和卢梭教育思想的深刻影响，他们确信通过一种新的、以启蒙和实用性（Brauchbarkeit）为目的的教育，可以改造个人，进而改造社会。为得到统治者和广大民众的理解，他们一边著书立说，一边从事实践，力求变革德意志地区的学校教育和家庭教育。

泛爱派运动开始于一个人的奋斗。1768 年，辞去中学校长职位多年的巴泽多夫（又译巴泽多）发表《告志士仁人书：论学校、学习及其对于公众福利之影响》（Vorstellung an Menschenfreunde und vermögende Männer über Schulen, Studien und ihren Einfluss auf die

---

① Notker Hammerstin und Ulrich Herrmann（Hrsg.）, *Handbuch der deutschen Bildungsgeschichte. Band II. 18. Jahrhundert. Von Späten 17. Jahrhundert bis zur Neuordnung Deutschlands um 1800*, München: Verlag C. H. Beck, 2005, S. 371.

② Heinz-Elmar Tenorth, *Geschichte der Erziehung*, 2010, S. 87. 这些高等专科学校与当今德国高等教育体系中的 Fachhochschulen 有区别。

öffentliche Wohlfahrt），啼出了泛爱派的先声。其中提出了完整的教育改革方案，包括学校中的宗教宽容，由国家而非教会来管理教育事务，以泛爱主义为指导建立统一的学校，呼吁慈善家和富人慷慨解囊创建新学校等。其呼吁得到部分贵族和知识分子的支持，特别是关于应该由国家负责一切公共教育的思想被后来任普鲁士教育大臣的策特利茨所采纳，后者1787年在普鲁士创建了中央管理委员会，统一管理邦国内所有学校事务，剥夺了教会管理学校的权利，实现了教育国家化和世俗化。1771年，应安哈特地区的贵族利奥波德三世（Leopold III. von Anhalt）的邀请，巴泽多夫赴德绍工作。此外，他还致力于教师、家长的教育观念的改变。他编写了《写给大众和家庭父母的方法论》（Methodenbuch der Mütter undVäter der Völker und Staaten，1770）以及配有100幅插图的四卷本《基础教材》（Elementarwerk，1770—1774）等。在《写给大众和家庭父母的方法论》一书中，他提出了泛爱派的目标，让人们过"一种普遍有用的、爱国的、幸福的生活"。而他的《基础教材》，则在后来的诸多泛爱学校中被作为基本教材使用。经过数年的理论宣传后，巴泽多夫将教育改革推向实践领域。1774年，他在德绍主持创立了第一所泛爱学校。虽然因为个人原因，巴泽多夫后来退出该校，但是其继任者坎佩等人，则将该学校一直办到1793年。

在巴泽多夫的带动下，其他地区的一些泛爱派改革家也相继成立了泛爱学校。以坎佩、罗霍、萨尔茨曼、特拉普等为代表的第二代泛爱派，表现出与巴泽多夫不同的特征。他们彼此联系更加紧密，并共同策划出版了一本连续出版物，作为泛爱主义的宣传阵地，该刊名为《关于学校和教育事业的普通评论——来自实践教育者群体》。坎佩任主编，在1785到1792年出版了16卷。该刊物多刊登与泛爱派教育改革相关的文章。坎佩也因主编了这部刊物，而在18世纪教育思想界中拥有较大名气。此外，较为著名的泛爱学校还有萨尔茨曼于1784年在内普芬塔尔开设的教育所（Erziehungsinstitut）。到18世纪末，全德意志地区共创建了60所泛爱学校。泛爱派教育改革一直是私人化的行动，未能得到官方的公开承认与支持，到 19 世纪初，大部分泛爱学校都被撤销或者转为公立学校。

泛爱派的教育理念又被称作是启蒙教育学（Aufklärungspädagogik）。关于人的教育的目的，卢梭提出一个悖论：

> 由于不得不同自然或社会制度进行斗争，所以必须在教育成一个人还是教育成一个公民之间加以选择，因为我们不能同时教育成这两种人。①

将一个人教育成人，还是教育成公民，似乎成为无法破解的两难选择。卢梭也不得不将其教育学分作两部，分别论个人本位的教育学和社会本位的教育学。② 泛爱派较早做出解决"卢梭悖论"的尝试，其方法在于调和。在泛爱派看来，教育家的任务，是帮助人们突破人的限定，同时也将儿童引向更好的社会将来。他们将朝向个人的教育与朝向市民（公民）的教育融合在一起。新的教育，在形式上应该发展人的所有能力和力量，而在内容上则应与市民社会的需要以及未来职业的要求相符合。内容与形式相统一的理想，使两者实现了在教育理论上的融合，但从现实到理想的路途实在遥远。坎佩表达了泛爱派的理想：

> 每个人……都有不可否认的权利和天生的使命，其作为人的全部力量和能力，毫无例外的都应得到发展与改善。但是，这些发展与改善，并非凭借单一的循环、或借助单一的对象、

---

① ［法］卢梭：《爱弥儿：论教育》，李平沤译，商务印书馆 2010 年版，第 9 页。
② 对"卢梭悖论"的探讨，参见董标《卢梭悖论——"教育学形态"的案例研究》，《中国教育科学》2013 年第 1 期。该研究指出，卢梭教育学，分为两部分：《爱弥儿》中的教育学，在自然状态中论自然人，是绝对教育学或人性教育学（个人本位论）；《社会契约论》中的教育学额，在社会状态中论政治人，是相对教育学或国家教育学（社会本位论）。这两种倾向的教育学，统一于卢梭教育学之中。

或采用单一的方式即可实现。它们必须凭借不同的对象、采用不同的方式、面向不同的目的以得到锻炼、加强和发展。①

但实际上对泛爱派而言，在专制国家中培养自由的人，要比培养顺从的臣民难得多。每个人在其全部能力上的完全发展，只能作为空想，而将人作为社会的一员并面向具体的职业的教育，才是可行之道。因此，泛爱派的教育改革，最后落脚到实用性之上。表现在泛爱学校中，即教学科目注重实用性，教育过程与劳作和游戏紧密相连等。

泛爱派及其学校，在18世纪的德意志地区昙花一现，其衰落与其出现一样突然。其衰落的原因，一方面是其美好的教育理想与充满阻力的现实之间的差距过大；另一方面是缺乏官方力量的推动与资金支持。然而，泛爱学校的存在，促进了部分邦国的教育改革，其培养市民和实用性人才的教育目的，被统治者所接受和利用，加快了教育国家化的进程。启蒙教育学中关于重视个人教育的观点，经后来的教育家和教育学家发扬光大。另外，启蒙教育学对女子教育也较为重视，女孩应该和男孩一样接受教育。因而，泛爱学校中也能看见女孩的身影。例如坎佩就著有《父亲给女儿的建议》一书。②

启蒙教育学中含有太多的矛盾：个人与社会、自由与强制、实用性与个性的培养等。他们提出了在理论上调和这些矛盾的可能，但在实践中却以经济—社会实用性为目的。因此，对泛爱派教育改革的批评，自其诞生之日起一直未间断。例如前文所提到的舒默尔的讽刺小说《山羊胡子：我们的教育世纪的悲欢史》，就描写了怀揣美好教育理想的改革家，在推行教育实践改革的过程中屡遭失败的故事。对泛爱派的最激烈的批评，来自19世纪初的新人文主义者。

---

① J. H. Campe, *Väterlicher Rath für meine Tochter*, Braunschweig, 1796, S. 11.
② J. H. Campe, *Väterlicher Rath für meine Tochter*, Braunschweig, 1796.

他们批评泛爱派将教育作为社会工具,而非真正朝向人的发展。因而,泛爱派教育被指为"朝向野兽的教育",而非"朝向人的教育"。① 即便批评之声不断,但泛爱派及其启蒙教育学,无论在理论上还是实践上,均对德意志地区教育的发展有着不可磨灭的贡献。

第二节 作者个性

教育学的创作,与作者个性相关。个性,是特定个体有别于其他个体的显著特征。它的形成与个体的成长经历有关,并受时代情境的制约。教育学的作者们分处不同情境,成长过程各异,获得的经验有别,形成的信念相异,加之发展程度不一的分析和呈现技能,故而成就了形态各异的教育学。这也是教育学形态研究的前提。

陈桂生较早地注意到作者个性与教育学生成的关系。在分析近代教育学产生的契机时,他特别注意到教育学家的个人经历,并指出为近代教育理论和教育学奠定基础的那些教育思想先驱,大都具有担任家庭教师以及占据大学讲台的经历。② 深入挖掘作者个性中影响教育学生成的因素,继而对这些因素进行分析、比较是分辨、解释教育学形态差异的必经之路。

一 里希特肖像

里希特是怎样一个人?胡克(Gregor Hucke)在总结前人多项研究的基础上给出了丰富的答案。

> 里希特是一个古怪的庸人(Philister);他在一个地方停留

---

① Heinz-Elmar Tenorth, *Geschichte der Erziehung*, 2010, S. 340.
② 陈桂生:《历史的"教育学现象"透视:近代教育学史探索》,人民教育出版社1998年版,第57—58页。

的时间长短主要取决于当地啤酒的质量;他偏爱休闲装而非套装;他极为关爱动物;他经常挖苦上层社会的人;他是一位炽热的爱国者,而非偏激的民族主义者;同时也是一位欧洲意义上的世界主义者(Kosmopolit);他的目光,从拥有古代经典而当时却处于他人治下的希腊,经过产生过斯多葛派、皇帝、教皇和艺术家的意大利,直到出产过唐吉诃德、处于菲利普五世统治下的西班牙;他偏爱英格兰及其幽默作家,也没有忽视法兰西,卢梭给了他极大的激励,出于敬重他借用了其教名(Johannes Paulus)作为笔名;至于对南、北美洲、印度以及中国的了解,歌德在与席勒的信件中以及《东西诗集》(West-Östlichen Divan)的注释和附录中,以作为"罗马的中国人"和"东方",向他进行了一般性描述;他还是他那个时代中最受欢迎和最有影响力的作家之一;在古典主义和浪漫主义之间,他有着丰富的内涵和幽默的自我意志;他有一位真诚且值得信赖的朋友,其友谊从学生时代持续到那朋友去世;他还是少女和妇女们热烈追捧的仰慕对象——他戏称他对乡村生活中那"普遍的、整体的或者同时的、集中的爱"的描写为"情色协会"(erotische Akademie);几乎人人都质疑他作为丈夫对婚姻的忠诚;但他却是一位可靠的、对儿童充满爱心的父亲,这些角色都集中在里希特身上。他还有更多的特征……①

以上对里希特个性特征的观察,有的源自同时代的评研究者、有的源自其传记作家、有的源自文学批评家,还有的源自其教育学的研究者。对于这些观察结论,无法辨别其是否公允。似乎每一位观察者所看到的都是里希特,但不都一定是完整的里希特。从不同

---

① Gregor Hucke, *Das Verhältnis des Kindes zur Welt und zu Gott in Jean Paul Fr. Richters Levana oder Erziehlehre*, Münsterschwarzach: Vier-Türme-Verl, 1968, S. 10 – 11.

的观察角度，带着各取所需的目的去审视同一个人，会得到完全不同的结论。当然，前提是人物本身具有丰富多彩的形象。采用不同视角的好处是，观察将更加深入细致，结论会更深刻，但也容易落入片面的陷阱。那么，拥有多重特征和形象的里希特到底是怎样的一个人物？应该在怎样的视阈中考察他，而又尽量避免落入片面的陷阱？

在中文学术界，关于里希特生平的研究文献较少，主要集中在德国文学史研究领域。例如，余匡复的《德国文学史》（1991）以及范大灿主编的《德国文学史》（第3卷）（2007）中的描述。[①] 教育领域中对其生平的介绍，则要追溯到蒋径三和雷通群。[②]

（一）懵懂的幼童

里希特是家中长子，他出生时被父亲取名为约翰·保尔·弗里德里希·里希特（Johann Paul Friedrich Richter），小名弗里兹（Fritz）。里希特的父亲在小镇文西德尔的学校担任教师，并兼任当地新教教会的管风琴师，这两份职业带来的微薄收入仅够糊口。因为家中孩子多（五个都是男孩），里希特的幼年生活，时常与贫穷和饥饿相伴。直到1776年，父亲获得高级牧师职位，举家搬迁至施瓦芩巴赫，家庭条件才稍有改善。但好日子仅持续了三年，1779年，父亲去世，养活家庭的重担落在其母亲肩头。

里希特在《自传》中，将自己的出生与"七年战争"的结束以及哈布斯堡王朝迎来和平联系在一起，这似乎在暗示自己命中注定的不平凡。他对自己第一次看见字母时便心生喜爱的特殊情形的详细描绘，更加深了这一暗示，似乎自己注定要与文字有密切联系。他最初的教育源自父亲。虽然家庭生活艰苦，但是父亲从未放松对里希特的教育。信奉新教的父亲，对他的宗教观和精神世界的形成

[①] 见范大灿主编《德国文学史》（第2卷），译林出版社2006年版，第208—210页；对比余匡复：《德国文学史》，上海外语教育出版社1991年版，第235—236页。

[②] 见本文绪论中的"里希特教育学在中国"。

有极大的影响。很小的时候，他就在父亲工作的时候进出教堂。他八九岁时已在父亲的指导下开始学习拉丁文。十岁的时候，他和弟弟亚当一起有过短暂的入学经历。他很是享受学校生活，但因偶然的安全事件，其父决定让两人在家接受家庭教育，每天学习七个小时的拉丁文、教义问答等，直到搬到施瓦芩巴赫为止。从两岁到十三岁，里希特在小村约迪兹度过了快乐的童年时光。小村庄里安静恬淡的田园生活，给里希特留下了非常深刻的印象。他用了大段的篇幅在《自传》中描绘和记录当时的生活中的情境片段。后来他创作的小说中，经常以回归田园生活作为解决现实社会困境的方案。在这期间，他也尝试了多项兴趣活动，绘画、音乐等，可惜都未能长久。这些似乎更注定了他为写作而生的命运。

(二) 启蒙的学生

在施瓦芩巴赫，里希特进入当地学校。该校包括各个学习阶段的学生，从学习字母者到学习拉丁文者，还招收部分女孩子。里希特在其中学习拉丁文，教师是一个能力平平之人。正是在这个时期，里希特有了自己的家庭教师——年轻的牧师弗尔克尔（Johann Samuel Völkel）。弗尔克尔指导他每天学习两个小时的哲学和地理。因这位教师缺乏实践教育学知识，所教内容和方式都未能引起里希特的兴趣。但这位年轻教师与里希特的父亲一起，在年幼的里希特心中种下了对上帝的信仰。与家庭教师相处的经验，也成为日后他试图为儿童的父母及家庭教师写作教育学著作的素材和动力之一。

对学校和家中所获得的教育均不甚满意的里希特，在此时认识了少年时代对其影响至深的精神导师，雷奥（Rehau）地区的牧师弗格尔（Erhard Friedrich Vogel）。弗格尔是一位锐意改革的开明牧师，他鼓励里希特自学，并将自己藏满各种文献的私人图书馆对里希特开放。这满足了里希特对书籍与知识的渴求，他开始大量阅读各种书籍，神学、古代经典和世界文学等均有涉猎。因所读之书均为借来，自1778年开始，他一边阅读一边开始进行一项特殊的工作——摘抄。到1781年，他总共完成了十八本约3000页的摘抄笔记。最初摘抄内容以神学和哲学为主，后来扩展到各个领域。他终生都坚持摘抄的习惯，到去世时大约积累了12000页的笔记，这些笔记他时常拿出来翻看，成为写作时的重要帮助。[1]

里希特的父亲未能给他创造一个安全舒适的成长环境，给他的教育也刻板单一，他的行动处处受到约束，不能自由地玩耍。他的学习，似乎更多是靠自己。有研究者指出，里希特幼年时期的经历，造就了他后来作品的独特风格。[2] 对童年时期个性自由发展的向往，使他在其教育理论中，尤其重视童年的作用。

1779年春，里希特进入霍夫的文科中学。同年4月25日，父亲去世。整个家庭的生活变得更为窘困，但里希特的精神世界不断丰富。他继续大量阅读、摘抄，同时也开始尝试记录自己的思想。当时他的兴趣在于宗教和哲学。1780年10月，经过两年的学习，里希特拿到了毕业证书（Abitur）。在等待大学入学的时间里，他尝试进行了一些文学创作，包括几篇论文和一部小说。

1781年5月，里希特进入莱比锡大学学习神学。这所拥有当时最多学生人数的大学，曾培养出莱辛、歌德等人。彼时，莱比锡大学已经仿照哈勒、哥廷根等大学进行了改革，不再仅限于招收贵族子弟，也允许其他学生就学。实际上，学习神学并非里希特志向所在，但作为牧师的大儿子，他似乎有继承父业的责任。在莱比锡，他接触到更为广阔的启蒙世界。从他给朋友的信件中，可以看出他刚入大学时的新鲜感和兴奋。进入大学后，他研修了神学、逻辑学、形而上学和美学等课程，为阅读他所喜爱法国启蒙作家伏尔泰、卢梭、爱尔维修等人的作品，他开始学习法语。而对英国作家蒲柏和爱德华·杨（Edward Young，1683—1765）的

---

[1] Helmut Pfotenhauer, *Jean Paul. Das Leben als Schreiben*, München: Hanser, 2013, S. 29.

[2] Ludwig Fertig, *Jean Paul der Winkelschulhalter*, Darmstadt: Wissenschaftl. Buchges, 1990, S. 11.

喜爱，以及对德文译本的不满，促使他学习英语。他被西塞罗、赛内卡的口才所折服。德国作家中，他比较喜欢的是莱辛。对神学的学习未能给里希特带来太多专业上的发展，反而是他的自学充实了自己的思想。大学阶段对里希特产生重大影响的是莱比锡大学的哲学和医学教授普拉特纳（Ernst Platner，1744—1818）。普拉特纳的哲学与人类学思想，带有强烈的怀疑精神和实践—经验主义倾向。在他的影响下，里希特开始对思辨哲学产生怀疑，这种怀疑，最后发展成质疑，表现为讽刺，并成为里希特早期作品的主要特征。1783年5月，在写给弗格尔的信中，里希特表明了自己的生涯规划：

> 我将以写作为生，以己所学，教化大众。我将挣脱贫困的枷锁，自主选择学习内容，阅读优秀文人的作品。……我会奋发向上，不再做愚笨之人。……我渴望打破束缚！……我会不顾反对，坚持自己的理想。①

1781年，里希特尝试写出第一部小说《阿贝拉尔德与爱洛伊丝》（*Abelard und Heloise*）。这部书信体小说，是对卢梭的《新爱洛伊丝》（*La Nouvelle Heloise*）的模仿。虽然小说未能刊登，但是里希特对写作的兴趣丝毫未减。大学期间，他继续写了一些讽刺性的文章，希望能够将它们出版，以赚取稿费来改善自己的经济状况，但是这些作品均被出版商拒绝。直到1783年2月，他的第一本书《格林兰审判》（*Grönländischen Prozesse*）在柏林出版。他原本对此书抱有极大的期望，但是该书并未热销。不过，他很快又投身于新书的写作之中。1784年，家里实在无法供他继续学习，母亲希望他去教堂工作，他也不可能无限制地依赖朋友的接济。无奈之下，21岁的里希特于1784年11月结束了自己的大学生涯。

---

① Helmut Pfotenhauer, *Jean Paul. Das Leben als Schreiben*, 2013, S. 89.

经历了大学时代的里希特，通过自学完成了自我启蒙。对旧的教育和社会秩序的不满以及对新的启蒙精神和启蒙教育思想的接受，使他试图跻身大众启蒙者或教育者的行列。他创作了大量具有启蒙意义的讽刺性文章，这也是一种教育行动。他讽刺达官权贵，批评社会流弊，试图警醒世人，这一目的与18世纪最后三十年的时代精神相契合。面向大众的讽刺文章是他启蒙大众的尝试，虽然销量不高，影响范围不大，但他毕竟迈出了第一步。

（三）朴素的教育者

离开莱比锡回到家中，里希特并未如母亲所愿成为牧师，而是继续在家写作讽刺文章。他坚持着以写作摆脱贫困的梦想。如前文所分析，18世纪80年代，德意志地区文学市场大幅扩张，涌现了大量怀揣"作家梦"的年轻人，里希特正是其中之一，不过一开始他并未取得成功。经过两年专注写作之后，他依然藉藉无名。在此期间，他并未中断阅读，从他的摘抄笔记中可以看出他对启蒙教育学的熟悉程度，对他影响最深的是卢梭。此外通过对《普通德意志图书馆》的阅读，他了解了巴泽多夫、特拉普、格迪克（Friedrich Gedike，1754—1803）、米勒（J. P. Miller）等人的教育思想，[①] 他还直接摘抄了坎佩、莱辛等人的教育学著作中的部分内容。[②]

微薄的稿酬无法满足生计，1787年初，24岁的里希特接受了一份家庭教师的工作。他应邀去特彭（Töpen）教导一个朋友的弟弟。虽然不再为饥饿困扰，但这次家教经历并不愉快。他与学生之间的关系并不融洽，且学生的父亲也不太配合。两年以后，他离开了特彭回到霍夫。在做家庭教师期间，他坚持阅读和写作，其教育学知识得到进一步的积累。根据摘抄笔记显示，这一时期，他关注的重

[①] 《普通德意志图书馆》（*Allgemeine deutsche Bibliothek*）为柏林的出版商尼科莱（Christoph Friedrich Nicolai）主编的连续出版物。

[②] Ludwig Fertig, *Jean Paul der Winkelschulhalter*, 1990, S. 3.

点在于青少年教育，与他的教育实践相匹配。首次任家庭教师的糟糕经历，使他后来在自己的教育理论中极为重视教育者与学生之间的关系，以及家长对儿童教育的责任。①

1789年5月，里希特出版了第二本讽刺文集《魔鬼档案选》(*Auswahl aus des Teufels Papieren*)，但稿酬依然微薄。出于维持生计的需要，他于1790年3月开始了第二段教师经历。这次是在施瓦芩巴赫的私立学校担任教师。他曾经的家庭教师弗尔克尔与另外两位家长联合聘请里希特来教导其子弟。这次工作持续了四年时间，直到1794年5月其中最大的一个学生升入高中为止。关于该校的学生数量，不同研究文献有不同的观点：有6人、7人、8人、9人等说法；② 其年龄则7到15岁不等。而里希特在《莱瓦娜》中，则提到自己曾在一所学校中任教三年，教过10个学生。③ 学校只有一间教室，是从泥瓦匠和石匠那里租来的房子，里希特可能也居住在此。每日课业开始的较早，但里希特习以为常，他通常四点钟就已经坐在书桌旁开始写作。启蒙教育学对里希特影响颇深，他的学校与泛爱学校类似，以实用性为主。在他的学校中，所教的不仅是拉丁文，还有德语、法语和英语。所涉及的课程内容多样，圣经史、道德、逻辑、历史、地理、物理、自然史、天文、算术等。学校的章程、奖惩制度等，均借鉴自泛爱学校。他一边教学，一边对自己的教学过程做记录。这些教学记录中同时也记录了他的一些教育观点，成为他写作教育理论的第一手实践资料。他虽然极为重视学生的自我发展和独立性，但是在这样一个只有一名教师的学校中，很容易导致仅以教师为中心，事实也是如此。在《莱瓦娜》中，里希特曾批

---

① 《莱瓦娜》的第72节，专论儿童对教育者的信任的重要性。Jean Paul Richter, *Levana oder Erziehlehre*, 1963, S. 101 – 104.

② 学生数量的 6 人说法，见 Helmut Pfotenhauer, *Jean Paul. Das Leben als Schreiben*, 2013, S. 98. 其他观点的综合，见 Ludwig Fertig, *Jean Paul der Winkelschulhalter*, 1990, S. 42。

③ Jean Paul Richter, *Levana oder Erziehlehre*, 1963, S. 264.

评那些将儿童培养成为教师的复制品的教育,实际上,他的学校也有堕入此种模式的危险。不过,里希特此次的任教工作得到了学生家长(也是他的朋友们)的认可。

在施瓦芩巴赫任教期间,里希特除了教学和指导学生之外,一直坚持阅读和写作。他不再写讽刺性文章,而是转向写作小说。1791年3月,他开始写作小说《看不见的小屋》(*Die Unsichtbaren Loge*)。1792年5月9日,他第一次使用自己的笔名让·保尔(Jean Paul),其中"保尔"来自他原来的名字,而"让"源自对卢梭的尊敬。他表示,自己的《看不见的小屋》是对《爱弥儿》的模仿。这部小说采用第一人称叙述,叙述者的名字就是"让·保尔"。到1792年底,他已经开始着手写另一部小说《黑斯佩罗斯》(*Hesperus*),同时开始构思第三部小说《泰坦》(*Titan*)。1793年3月,《看不见的小屋》正式出版。

1794年五月,里希特结束了在施瓦芩巴赫的教师工作,回到霍夫。接下来的两年(到1796年6月),他没有中断教育实践,相继担任若干儿童的家庭教师。对这段时期的教学工作,研究文献中记载不多。从1787年初到1796年6月,里希特积累了近10年的教育实践经验,为教育理论著作的写作奠定了基础。

(四)成功的作家

在从事教育实践的同时,里希特的文学创作事业也取得了成功。1795年4月,他的第二部小说《黑斯佩罗斯》出版。这部著作获得了出人意料的成功,其公众效应一度可与歌德于同年出版的《威廉·迈斯特的学习时代》争辉。[1] 接下来的两年,他又出版了《昆图斯·菲克斯莱恩的生平》(*Leben des Quintus Fixlein*)(1796)和《齐本克斯》(*Siebenkäs*)(1796—1797)。

1798年10月,里希特迁居魏玛,在这座当时的文学圣地之城居住了两年时间。在魏玛,里希特与赫尔德关系密切。赫尔德是歌德

---

[1] Helmut Pfotenhauer, *Jean Paul. Das Leben als Schreiben*, 2013, S. 136.

年轻时的领路人，但后来却与歌德、席勒等人逐渐疏远。里希特的到来，使赫尔德和维兰德将希望重新寄托在这位年轻人身上，在密切的交往中，里希特受两人的影响较大。在魏玛，里希特还结识了弗·施莱格尔（Friedrich Schlegel）、费希特、雅可比（Friedrich heinrich Jacobi, 1743—1819）等人。里希特再次对哲学产生了兴趣，他反对当时盛行的康德批判哲学以及费希特哲学。数部文学作品的成功，为里希特带来了名望。他开始成为贵族的座上宾，许多读者前来拜访他，他的作品尤其受女性的欢迎。

1800 年 10 月，里希特搬去柏林。当时的柏林有常住人口 17 万，是德意志地区第二大城市，仅次于维也纳。柏林是当时的著名的文化之城、沙龙之城，也是早期浪漫派活跃的地点之一。里希特一去柏林，便成为众多沙龙争相邀请的对象。在那里，他出入多个沙龙，与弗·施莱格尔、施莱尔马赫等人都有交往。这种逢场作戏的生活，虽一时风光无限，但妨碍了他的写作，不久，里希特便心生厌倦。1801 年，他与出身于普通市民家庭的卡洛琳娜·迈耶（Karoline Mayer, 1777—1860）结婚，婚后两人离开柏林，度过了一段旅居时光。在这期间，里希特一直坚持读书和写作，《少不更事的岁月》（*Flegeljahre*）和《美学入门》（*Vorschule der Aesthetik*）均在此时期完成。此外，他创作了将近 10 年的长篇小说《泰坦》（四卷本，1000 多页）也陆续在 1801 到 1804 年间出版。在旅居科堡期间，伯乐兼好友赫尔德去世，为此里希特伤感了许久。

此时的里希特已不再贫穷，仅《泰坦》在 1803 年就给他带来了 3000 塔勒（Taler）的收入，这份收入是当时中学教师年收入的十倍。而后来出版的《少不更事的岁月》，更是获得了每页 7 个金路易的稿酬，这标准超过了歌德、赫尔德、席勒和维兰德等人。[1]

---

[1] Helmut Pfotenhauer, *Jean Paul. Das Leben als Schreiben*, 2013, S. 257. 塔勒和金路易都是当时通行的货币，一个金路易等于五个塔勒。

（五）教育学作者

1804年8月12日，里希特一家定居拜罗伊特。他在这里一直住到去世。当时的拜罗伊特处于普鲁士统治之下，是个人口约10万的大城市。定居之初，里希特同时忙于几部作品的写作，同时还准备写一部教育理论著作。到1805年，《少不更事的岁月》和《美学入门》相继出版。随后里希特启动了教育理论著作的写作。年轻时的家庭教师经历，为他积累了丰富的教育经验。

早在1790年，他曾写就一篇小说《奥恩塔尔的快乐教师玛利亚·武茨的生平：一种田园式的生活》（*Leben des vergnügten Schulmeisterlein Maria Wutz in Auenthal. Eine Art Idylle*）。该小说描写了一个快乐的乡村教师一生的经历。后来的几部小说，《黑斯佩罗斯》《齐本克斯》《泰坦》《少不更事的岁月》等，都可被视为教化小说。1797年，他曾尝试写一部关于女性教育的书，但未着手。三个孩子相继出生之后，里希特再次开始教育实践，这次是以自己的孩子为对象。不过他的教育方式并未得到妻子的认可，夫妻两人时有争执。例如，孩子生病，里希特主张让其凭借自身抵抗力自然痊愈，而妻子则主张求医问药；里希特主张发展儿童的天性不加约束，让孩子们在家赤脚走路，随地吐痰，这些都遭到妻子的反对。如此过了几年以后，写一部教育理论著作的念头越来越强烈。

1805年7月，里希特动笔写作，到年末，第一卷完成。这部著作被命名为《莱瓦娜，或教育学说》，"莱瓦娜"是罗马神话中一位女神的名字。她的职责是将新生儿从地上抱起，交给儿童的父亲，"赋予父亲以为父之心"，由此让父亲认清自己的责任，儿童的教育也由此开始。[①] 关于"莱瓦娜"的记载，可查证的是奥古斯丁（Aurelius Augustinus）在《上帝之城》中，对诸神的职责进行分类，其

---

① Jean Paul Richter, Levana oder Erziehlehre, 1963, S. 13. Vorrede zur etsten Auflage.

中负责把婴儿从地上拎起来的神,被称作"莱瓦娜"女神。[①] 里希特对《莱瓦娜》的命名,深受卢梭的影响。因为,卢梭给其论教育的著作取名为《爱弥儿,或论教育》,里希特借用了卢梭的命名格式,前半部分采用艺术性名称"莱瓦娜",后半部分点明主旨是"教育学说"。

1806年初,里希特已经开始考虑该著的出版问题。他询问的几家出版社均因战争原因拒绝了其出版申请,最后布伦瑞克的一家出版社菲韦格(Vieweg)决定出版此书。1806年9月底,里希特完成了第二卷,并陆续将书稿寄往布伦瑞克,当时正值拿破仑治下的法国与普鲁士交战,书稿几经周折,于10月份寄到布伦瑞克,经出版社排版后,寄送样书给里希特。收到样书的他,发现其中有许多印刷错误。他一一订正后将勘误表寄往出版社,但无奈战争中断了两地的邮政往来,订正后的样书未能及时送达。于是,第一版《莱瓦娜》带着诸多印刷错误于1807年出版。[②] 第一版发行2500册,里希特得到1000塔勒的稿酬。为了纠正书中的错误,里希特很快出版了一份充满里希特式诙谐的《补充说明》,但错误实在太多,于是

[①] 此外,奥古斯丁还写道,在罗马人的神灵中,帮助那些正在出生的东西,把它们从大地的怀抱中取出来的,是奥浦斯神(Ops);让婴儿啼哭时张开嘴的,是瓦提卡努斯神(Vaticanus);把婴儿从地上拎起来的,是勒瓦纳神(Levena);看管摇篮的,是库尼娜神(Cunina);能说出新生者命运的,是卡门特斯神(Carmentes);给小孩喂奶的,是卢米那神(Rumina);能教数字的,是努美里亚(Numeria);能教唱歌的,是卡美娜(Camena);在脱下童年的服装后,掌管青年时代的开始的,是朱文塔斯女神(Juventas)等。参见[古罗马]奥古斯丁《上帝之城》(上下卷),王晓朝译,人民出版社2006年版,第154—155页。在该著的索引中,译者备注,Levana,为罗马女神,负责新生儿认父亲的风俗。

[②] 1807年的一篇书评中写道,"由于战争的原因,《莱瓦娜》的作者,寄给出版社的勘误目录被耽误了"。参见 *Rezensionen in der (Hallischen) Allgemeinen Literatur-Zeitung* (Halle, Leipzig), Nr. 151, 17. Dezember 1807, S. 441 - 448. 转引自 Kurt Wölfer (Hrsg.), *Sammlung der Zeitgenössischen Rezensionen von Jean Pauls Werken Erster Band*, in *Jahrbuch der Jean-Paul-Gesellschaft*, 13. Jahrgang, 1978, S. 71. Helmut Pfotenhauer 所著的里希特传记中也持此说。见:Helmut Pfotenauer, *Jean Paul. Das Leben als Schreiben*, 2013, S. 319.

1811 年，里希特将其重新订正，并换了哥达（Cotta）的一家出版社。1814 年初，《莱瓦娜》第二版出版。第二版中，原有的安排被打乱，由两卷扩充为三卷。遗憾的是，第二版中仍旧有错误。其中最为明显的是，正文中小节序号的编排失误，第 8 小结之后直接是 10 小节，编号 9 被漏掉了。另一处错误则较为尴尬，里希特将第二版著作献给巴伐利亚的卡洛琳娜王后，却在扉页中写错了卡洛琳娜的名字，把"Karoline"写成了"Carolinie"。①

虽然有不少印刷错误，但是瑕不掩瑜。里希特本人对自己的著作相当有信心，称之为"长期的积淀和多年的经验所结出的果实或开出的花朵"。他确信，《莱瓦娜》是他生平著作的核心，他能通过它像他的小说一样对后世产生深刻而持续的影响。②《莱瓦娜》的受欢迎程度超过了他之前的所有著作。《莱瓦娜》的销量似乎也说明了其受欢迎程度，第一版于数年内即售罄。③ 读者争相阅读，评论家也不甘寂寞。据统计，在《莱瓦娜》出版的同年，就有近十篇书评在各种期刊上发表，其中大多是赞扬。④ 也有批评的声音，认为《莱瓦娜》算不上一部教育原理，因为"里希特的著作中，表达的是纯粹的自然感觉（Naturgefuehl）……与他以往的行文风格相似，充满了大量的想象，洋溢着大量生活中的经验。这些经验，都是没有经

---

① 关于《莱瓦娜》中印刷错误的记载和研究，参见：Hans-Christoph Koller, "Pädagogische Druckfehler: Erziehungskonzeption und Schreibweise in Jean Pauls Levana", *German Issue*, Vol. 102, No. 3, 1987, pp. 523 – 524. Helmut Pfotenhauer, *Jean Paul. Das Leben als Schreiben*, 2013, S. 319. 巴伐利亚的卡洛琳娜王后，全名为弗里德里克·卡洛琳·威廉明妮（Friederike Karoline Wilhelmine, 1776 – 1841），她的丈夫是巴伐利亚国王马克西米利安一世（King Maximilian I Joseph）。

② Jean Paul Richter, *Levana oder Erziehlehre*, 1963, S. 300.

③ Eliza Buckminster Lee, *The Life of Jean Paul Frederic Richter*, 3. Edtion, Boston: Ticknor and Fields, 1864, p. 384.

④ 关于同时代人对《莱瓦娜》的书评，参见：Kurt Wölfer (Hrsg.), *Sammlung der Zeitgenössischen Rezensionen von Jean Pauls Werken Erster Band*, in *Jahrbuch der Jean-Paul-Gesellschaft*, 13. 16. 18. Jahrgang, 1978, 1981, 1983.

过整理的"①。

(六) 余生

里希特在家中教育自己的子女，其子女的实际教育情况与《莱瓦娜》中的理想状态有较大差异。他的两个女儿所受教育都不多。里希特对唯一的儿子寄予厚望，送他去慕尼黑就读文科中学。原本有可能进入慕尼黑大学读书的儿子，却在18岁时因伤寒病殁。失去儿子的里希特遭受重大打击，几乎一蹶不振。

在创作了《莱瓦娜》之后，里希特又开始写作另一部小说《费贝尔的生平》(Leben Fibels)。同时有感于1806年后拿破仑对德意志地区的占领和分割，他也开始写作一些政治论文。他写了许多励志的文章，激励青年人为国斗争。1817年，里希特在海德堡获得了荣誉博士头衔。1818年夏天，他开始写作《自传》，并与1819年完成。他的最后一部小说是写于1820至1822年的《彗星》(Der Komet)。1823年4月，里希特罹患眼疾，到其去世前，双目完全失明。1825年，里希特收到资助用于出版《全集》，但出版工作刚刚开始，他就去世了。1825年11月14日20时左右，里希特肺部病情恶化，因胸腔积水去世，享年62岁。自此，里希特走完了其忙碌而短暂的一生，给后世留下了多达六十四卷的作品。

此处借用1826年一篇里希特的悼文中的文字，作为本部分的结尾：

> 这就是里希特！——你们若要问：他来自何方，生活在哪，又魂归何处？他来自天堂，生活在人间，安息于我们心中。若你们想聆听他的童年岁月、青年梦想和成年经历，请求教于少年古斯塔夫，求教于青年阿尔巴诺和成年人萧佩。② 若你们在找

---

① 原文出自 *Morgenblatt für gebildete Stände*, 15. Jan. Nr. 13, 1807, S. 49–50. 转引自 Urt Wölfer (Hrsg.), *Sammlung der Zeitgenössischen Rezensionen von Jean Pauls Werken Erster Band*, in *Jahrbuch der Jean-Paul-Gesellschaft*, 18. Jahrgang, 1983, S. 81.

② 古斯塔夫、年阿尔巴诺和萧佩，分别是里希特所著小说的主人公的名字。

寻他的希望？请往卡姆帕纳特哈勒（Kampanerthale）探寻。没有哪一位英雄，也没有哪一位作家能像里希特一样，从其生命中记录下如此宝贵的信息。魂魄飞升，言语仍存。他的魂魄飞向他的故乡，那里是他曾经漫步的天堂，是他曾经居住的星星。而在他所熟悉的人间，他不会被忘记。那些他所爱的人们，曾与他一起历经欢笑和苦痛的人们，与他一样有爱有担当的人们，会永远记住他！[①]

二 诸教育学作者群像

1807 年出版的《莱瓦娜》，以"教育学说"为名，在它之前存在着若干部以"教育艺术""教育常识"（Erziehungskunde）、"教育学""教育与教学原理"等命名的教育学著作。这些教育学的作者们来自不同的领域、拥有不同的身份。不同的成长过程、有别的个性特征，是形态各异的教育学形成的基础，既为教育学形态研究带来了可能，也为研究提供了依据。本书所研究的教育学作者共六人，分别是特拉普、康德、尼迈尔、施瓦茨、赫尔巴特和里希特。[②]

[①] 原文 Ludwig Börne, *Denkrede auf Jean Paul Friedrich Richter*, Erlangen, 1826, s. 16. 转引自 Jean Paul Richter, *Levana oder Erziehlehre*, 1963, S. 325 – 326.

[②] 关于各位作者生平的研究，参见 *Allgemeine Deutsche Biographie*, 56 Bde, Leipzig, 1875 – 1912. 本书在研究过程中主要参考了以下文献：关于康德：[美] 曼弗雷德·库恩：《康德传》，黄添盛译，上海人民出版社 2008 年版。Karl Vorländer, *Immanuel Kant. Der Mann und das Werk*, Meiner, Leipzig, 1924; 3. erw. Aufl. Meiner, Hamburg 1992; Reprint: Fourier, Wiesbaden, 2003. 关于特拉普：Theodor Fritzsch, *Ernst Christian Trapp: sein Leben und seine Lehre*, Dresden: Bleyl & Kaemmerer, 1900. Ulrich Hermann, *Ernst Christian Trapp-Person und Werk*, in E. C. Trapp. Versuch einer Pädagogik, Hg. v. Ulrich Herrmann, Paderborn: Ferdinand Schöningh, Unveränd. Nachdr. d. 1. Ausg. Berlin, 1780, 1977, S. 419 – 448. 关于尼迈尔：Hans-Hermann Groothoff, Ulrich Herrmann, *August Hermann Niemeyer: Leben und Werk*, in A. H. Niemeyer, *Grundsätze der Erziehung und des Unterrichts: für Eltern, Hauslehrer und Erzieher*, Herausgegeben von Hans-Hermann Groothoff, Ulrich Herrmann, Die erste Auflage, Halle, 1796, Unveränderter Nachdruck, Paderborn: Ferdinand Schöningh, 1970. 关于施瓦茨：Hans-Hermann Groothoff, *F. H. C. Schwarz-Leben und Werk*, in F. H. C. Schwarz, *Lehrbuch der Erziehung und Unterrichtslehre*, Besorgt von Hans-Hermann Groothoff unter Mitwirkung von Ulrich Herrmann, Paderborn: Ferdinand Schöningh, 1968. 关于赫尔巴特：Walter Asmus, *Johann Friedeich Herbart. Eine pädagogische Biographie*, 2 Bde. Heidelberg: Quelle & Meyer, 1968.

（一）家庭出身

表1-2　　早期德意志教育学作者的家庭出身情况

姓名	生卒年	出生地	家境
康德	1724—1804	柯尼斯堡（Königberg）	出生于手工业家庭。祖辈、父辈均是马具匠。全家都是虔敬派教徒
特拉普	1745—1818	达格（Drage）	父亲是勃兰登堡—库尔姆巴赫地区的一位管家
尼迈尔	1754—1828	哈勒（Halle）	弗兰克（August Hermann Francke）的曾外孙，父亲是城市的副主教，虔诚地信仰基督，并将此传递给尼迈尔。九岁时丧母，13岁丧父。由一位极有教养的女性亲戚抚养长大
里希特	1763—1825	文西德尔（Wunsiedel）	家庭生活艰苦。父亲是学校教师，后任牧师，对里希特要求严格
施瓦茨	1766—1837	吉森（Gießen）	父亲是大学的神学教授。在施瓦茨七岁的时候父亲转去艾尔斯菲尔德（Alsfeld）任牧师
赫尔巴特	1776—1841	奥尔登堡（Oldenburg）	父亲是政府的司法官，希望儿子学习法律，成为政府官员。但出生于医生家庭且较有教养的母亲，以强势的性格主导了赫尔巴特的教育

在六位教育学的作者之中，最年长者是康德，最年轻者是赫尔巴特，两者相差52岁。在康德和特拉普的教育学思想进入成熟期，开始在大学讲坛上讲授教育学时（康德1776年，特拉普1779年），除尼迈尔已大学毕业之外，其他三位尚处在幼年或少年时期。这六人的寿命均超过了60岁，最高寿者康德80岁。这在当时的德意志地区，已属长寿。据统计，1800年前后，德意志人的平均寿命在35岁左右，到1871年为38.4岁。而19世纪上半叶，仅有一半的德意志人寿命超过40岁。[①]

[①] 数据来源 Gerd Wiesner, *Beiträge zur Gesundheitsberichterstattung des Bundes: Der Lebensverlängerungsprozess in Deutschland. Stand-Entwicklung-Folgen*, Robert Koch-Institut, Berlin, 2001.

六人中，无一人出身于农民家庭。其中出身于贫困家庭，幼年时常面对饥饿的仅里希特一人。其他五人家庭经济条件均可。可能尼迈尔的家庭出身最为优越，他是弗兰克的曾外孙，父亲是副主教，可谓出身名门，遗憾父母早殁。而出身于马具匠家庭的康德和出生于乡村教师（后为牧师）家庭的里希特，两人家庭所处的社会层级相对较低。在父母受教育程度方面，施瓦茨的父亲受教育程度最高，为大学教授。康德的父亲为祖传马具匠，未接受过大学教育，母亲则受过教育，程度不详。其他几人，尼迈尔、里希特、赫尔巴特的父亲都曾读过大学，特拉普的父亲受教育，程度不详。

在家庭信仰方面，可以确证的是其中五人的家庭信仰新教，包括康德家、尼迈尔家、里希特家、施瓦茨家以及赫尔巴特家。特拉普的家庭信仰不详，但从他家庭所在的地理位置来推测，可能也属于信奉新教的地区。德意志地区自17世纪末开始，在路德新教内部除了强调信经并恪守教义的正统派之外；还出现了提倡改良的虔敬派，强调个人的虔诚和属灵成长。18世纪上半叶，虔敬派在德意志中下层人民中影响较大，其中心在哈勒大学。这五人中，里希特、施瓦茨和赫尔巴特的家庭属于新教正统派。后来，施瓦茨成为海德堡的新教神学教授。尼迈尔和康德家庭所信仰的则为虔敬派。

（二）成长与求学经历

在初等教育方面，除康德在一所医院附属学校学习基础知识之外，有四位在家接受家庭教育（来自家庭教师或家长），特拉普情况不详。18世纪六七十年代的德意志地区，虽然已经开始逐渐施行初级阶段的义务教育，但主要针对中下层民众的子女，而对贵族和有教养的阶层而言，家庭教育仍是初等教育的主要手段。儿童是否在家接受教育，一方面与家长的受教育程度有关，即家长是否有意识和知识水平让儿童在家接受教育；另一方面与家庭经济状况有关，即家庭是否有经济能力聘请家庭教师。里希特家庭经济状况不佳，父亲承担起教育任务。值得注意的是，在六位作者中，有四位的幼时教育都是在女性的主导下进行的。其中，施瓦茨、赫尔巴特的母亲，以及尼迈尔的女性监护人均较有教养并注重孩子的教育。尤其是赫尔巴特的母亲为了儿子的成长费尽毕生心血。康德的母亲，虽受教育程度不高，但依据虔敬派的信仰抚育孩子。康德成年之后曾指出，自己的父母，"从道德层面而言给了他最佳的教育背景"。[①] 这也可能是康德的教育理论重视道德培养的原因之一。唯有里希特是在父亲的严厉监管下成长。里希特在自传中，对父亲所施加的严厉管教颇有微词。他自己做父亲后，对自己子女关爱有加，尤其对儿子的教育特别尽心，但不像他父亲那么严苛。他在《莱瓦娜》中也指明，父亲应该肩负起教育儿童的责任。而"莱瓦娜"，正是赋予父亲为父之心的女神。特拉普所受的幼年教育不详。

表1-3　　　　早期德意志教育学作者的成长与求学经历

姓名	初等教育	中等学校教育	高等教育
康德	母亲依据严格的虔敬派信仰抚育自己的孩子；后来康德在一所只有一位教师和一个班级的慈善学校，学习基本的阅读、写作与算术	1732年，8岁入虔敬派所办的弗里德里希学校（königsberger Collegium Fridericianum），该校以神学教育为主，兼收贵族与平民学生；学校气氛沉滞，对学生的管辖严厉；但康德学习成绩优秀，尤善古典语言（拉丁文）。康德在该校学习了8年	1740年9月，16岁的康德进入柯尼斯堡大学，大学期间专注于哲学的学习，"得以一窥哲学、神学与自然科学中许多不同的进路"；[②] 1746年父亲去世，承担起家庭重担。同年，他用德语写就的毕业论文，其中的观点不被导师接受；1748年，24岁的康德中断学业，离开柯尼斯堡大学。1754年，回到柯尼斯堡大学，继续学习；1755年4月，获得硕士学位（Magister）
特拉普	不详	1760年，15岁的特拉普进入赛格贝格中学（Gymnasium zu Segeberg）；他受到该校教师埃勒斯（Martin Ehlers）的影响和支持	1765年，20岁的特拉普入哥廷根大学，在神学院注册；1766—1768年，主要学习哲学和教育学；曾是海涅教授的学生

---

① ［美］曼弗雷德·库恩：《康德传》，黄添盛译，上海人民出版社2008年版，第72页。康德晚年说过："我永远不会忘记我的母亲。她在我身上培植了最初的优良品质，她用得自大自然的观念启发了我的心灵，唤醒并扩大了我的智力，她的教诲对我一生都有极大影响。"参见阿·古留加《康德传》，商务印书馆1981年版，第13页。

② ［美］曼弗雷德·库恩：《康德传》，黄添盛译，上海人民出版社2008年版，第117页。

续表

姓名	初等教育	中等学校教育	高等教育
尼迈尔	由一位极有教养的女性亲戚抚养长大	尼迈尔就学于其曾外祖父弗兰克在哈勒所创办的教师培训学院（Pädagogiums），开始时间不详	1771年，17岁的尼迈尔，在教师培训学院开始大学学习，先后跟随两位神学教授学习神学和哲学；1776曾任弗兰克基金会下辖的拉丁文学校的教师；1777年4月获得哲学博士学位
里希特	里希特十岁时候，曾短暂入学；后在家接受父亲的家庭教育	13岁入施瓦芩巴赫的学校，同时家中聘有家庭教师；自1778年开始读书自学；1779年春，进入霍夫的文科中学；在中学里希特继续大量阅读、摘抄，当时他的兴趣在于宗教和哲学；1780年10月，中学毕业	1781年5月，18岁的里希特进入莱比锡大学学习神学。进入大学后，他研修了神学、逻辑学、形而上学和美学等课程；大学期间，物质生活拮据，但精神世界丰富。1784年11月，在莱比锡的生活无以为继，无奈结束了大学生涯
施瓦茨	母亲按照洛克和卢梭教育思想对施瓦茨进行教育	在"普通学校"（Trivialschulen）中就读后，16岁的施瓦茨进入赫尔斯费尔德中学（Gymnasium in Hersfeld）	一年后，1783年，17岁的施瓦茨进入吉森大学学习神学，后来也学习了哲学和数学；大学期间，他接受了康德的批判哲学和伦理学；[1] 大学毕业的具体时间不详，但应该在1786年以前
赫尔巴特	母亲很早就教他识字；1783年开始并跟随家庭教师学习；8岁学习音乐；11岁开始接受家庭教师于尔芩（H. W. F. Ültzen）的指导	1788年12岁的赫尔巴特进入当地的拉丁文学校（1792年改为文科中学），这所学校尤其重视语言学习；他对自然科学和哲学较为感兴趣；1794年毕业，毕业演讲获得优等	1794年10月，18岁的赫尔巴特进入耶拿大学，最初准备学习法律；然而，受费希特的影响，他转向哲学和文学的学习，不久成为费希特的得意门生；但在1796年以后，赫尔巴特与费希特和谢林哲学渐行渐远；并对希腊古典产生了兴趣；1797年复活节，他中断了学习到瑞士的伯尔尼担任家庭教师；1802年10月，赫尔巴特在哥廷根大学获得哲学博士学位以及大学任教资格

在中等学校教育方面，文科中学扮演了极为重要的角色。除尼迈尔所就读的教育机构性质不详以外，其他五人，均接受过至少一年的文科中学教育，最长八年（康德）。文科中学是当时德意志地区

---

[1] Hans-Hermann Groothoff, *F. H. C. Schwarz-Leben und Werk*, 1968, S. 380.

最为主要的中等学校教育机构，多数为大学培养人才。几人中，在文科中学就读时间最长的是康德，从八岁入学到十六岁毕业，共八年时间。这与他所受的初等教育状况相符合。家长文化程度不高，又无力聘请家庭教师，康德凭其聪慧被一位牧师选中才有幸进入文科中学。他16岁入柯尼斯堡大学，也是这六人中最早的。不过，康德所就读的中学是虔敬派所办，学校中气氛压抑，对学生的管理极为严格，学生几乎没有自由。康德对此甚为不满，却也隐忍接受，但在他成年后却不愿意过多回忆自己的中学生涯。这种受教育的经历，也导致他对虔敬派的拒绝。康德哲学中对自由意志的向往，可追溯到少年时期的经历，那时的康德便有对奴役他人意志的行为的抵抗心态。[①] 根据可以获得的具体资料，康德、里希特、赫尔巴特三人在中学中的成绩和表现均为优等，且在中学时期，已经表现出对某一学科（哲学或者古典语言）的特别兴趣。而特拉普、尼迈尔和施瓦茨的表现不详。

六位均有接受高等教育的经历，尼迈尔和赫尔巴特还拥有博士学位。如前文所述，18世纪下半叶，德意志地区的大学，几乎均按照哈勒大学和哥廷根大学进行了改革，思想自由和教学自由成为大学的基本原则。进入大学对当时的年轻人而言，是人生的一次重要转变。它意味着一个年轻人从此步入知识分子阶层，这也可能是成为名人雅士的开始。而且当时的大学是相当独立的，大学生进入大学不必接受城市或国家的直接命令。对康德、特拉普、里希特等出身于较低等级家庭的人而言，进入大学则意味着与之前的低等级身份作别，而进入以知识谋生的阶层。尤其是康德，他将不再继承家中的马具工艺，而有机会成为教师或牧师。除尼迈尔和施瓦茨外，另四人所就读的大学——柯尼斯堡大学、哥廷根大学、莱比锡大学和哈勒大学——均为当时规模较大的大学。初入大学时，康德所选

---

① ［美］曼弗雷德·库恩：《康德传》，黄添盛译，上海人民出版社2008年版，第86页。

的专业无法确知,但入学不久他便专注于哲学课程。特拉普、里希特、尼迈尔、施瓦茨四人均选择了神学专业。而赫尔巴特则在法律专业注册,后来受费希特的影响,转向哲学和文学。六人中,据资料显示,未能从大学正式毕业的有两人:里希特和赫尔巴特。里希特在莱比锡大学三年,因经济状况拮据,结束学业;赫尔巴特在哈勒大学两年后,因自己的哲学观点和方法与费希特和谢林等人相左,中断学业去伯尔尼担任家庭教师。康德在柯尼斯堡大学就读八年,因论文观点与教授不和,与1748年中断学业,1754年又继续,并与1755年4月获得硕士学位。而另外三人毕业情况不详,应该均有毕业,但无法确知其大学毕业的具体时间,但也未见能证明他们没有正式毕业的资料记载。六人中,受教育程度最高的是尼迈尔和赫尔巴特,两人后来获得了哲学博士学位。

在六人中,正式学习过教育学课程的是哥廷根大学的特拉普。这与当时该校开设了教育学课程有关。早在1738年,格斯纳就在哥廷根大学创建了教育学研讨班。在哈勒教师培训学院中就读的尼迈尔,亦极有可能学习过教育学课程。可以确定的是,康德没有在大学中学习教育学课程的可能。康德所就读的柯尼斯堡大学,在1765—1766学年冬季学期开始设立私立性质的教育学讲座。至于里希特、施瓦茨和赫尔巴特三人,没有文献能证明他们在大学阶段学习过教育学。因此,似乎可以得出一点结论:到大学毕业之时,除特拉普和尼迈尔外,另外四人,缺乏对教育学知识的系统学习。但是,这六人,后来均创作了教育学著作。然而,他们在大学中所学到的其他知识以及所受的学术训练,为教育学理论创作奠定了基础。六人的教育学知识具体从何而来? 还要追溯他们大学之后的职业经历。

(三)职业经历

在欧洲地区,为子女聘请家庭教师的传统由来已久,宗教改革时期的贵族们就有为儿童聘请私人教师的习惯。蒙田(Michel de Montaigne)、洛克等人均有担任家庭教师的经历。18世纪,随着启蒙运动的深入,教育得到广泛重视,聘请家庭教师的行为更为普遍,并逐渐从贵族家庭延伸到普通市民阶层的家庭。[1] 社会对家庭教师的需求量增长，同时大学毕业生的数量的增加，也使得这一需求得到满足并不断扩大。尤其在18世纪的德意志地区，大学生在大学毕业后担任若干年家庭教师，是较为常见的事情。当时的家庭教师多住在雇主家中，相当于儿童的"伴读"，地位不高，并非理想职业。但是，这一职业总归能有一个稳定的住处和一些收入，让毕业生能够经济自立，一边等待就业机会，一边继续自己的学习或研究。

表 1-4　　早期德意志教育学作者的职业经历

姓名	大学毕业后任家庭/学校教师的经历	中后期稳定职业的经历
康德	中断大学学业后，康德从事了七年的家庭教师工作；1748年秋到1751年秋，他先在加尔文教派的牧师家庭中任教四年，负责教导三个男孩子；1751至1754年，他在一名普鲁士爵士家中任教数年，学生也是三个男孩；后来，他还曾指导过一位伯爵的儿子，并因此与上流社会有了充分的接触。被称作"优雅的硕士"	1755年，康德获得了大学任教资格；32岁的他开始在柯尼斯堡大学担任编外教师（Privatdozent）；为赚取生活费，康德开设了很多课程，也很受欢迎；1766年到1772年，康德还兼任王室宫廷的图书馆员；1770年，获得逻辑学与形而上学教授席位。1776/77年冬季学期开始，曾先后四次主讲教育学讲座；[2] 1786—1788年曾任柯尼斯堡大学校长。1797年辞去大学教职

---

[1] 关于思想家担任家庭教师的研究，参见 Heinrich Gerbracht, *Das Problem der Hauslehrerpädagogik von der Reformation bis Herbart*, Ph. D. dissertation, Köln: Buchdruckerei Joh. Heider Bergisch Gladbach, 1928; Ludwig Fertig, *Die Hofmeister. Ein Beitrag zur Geschichte des Lehrerstandes und der bürglichen Intelligenz*, Stuttgart: J. B. Metzlersche Verlagsbuchhandlung, 1979; Birgit Ofenbach, *Geschichte des pädagogischen Berufsethos: Realbedingungen für Lehrerhandeln von der Antike bis zum 21. Jahrhundert*, Königshausen & Neumann, 2006.

[2] 1776—1787年，康德在柯尼斯堡大学哲学院先后四次主讲教育学讲座。分别是在1776—1777年冬季学期、1780年夏季学期、1783/84冬季学期和1786/87冬季学期。参见 Dietrich Benner, Friedhelm Brüggen, *Geschichte der Pädagogik: von Beginn der Neuzeit bis zur Gegenwart*, Stuttgart: Reclam, 2011. S. 123, 124; Berthold Koperski, *Die Vorlesungen Kants über Pädagogik*, Magisterarbeit. Fernuniversität Hagen, 1998; 以及肖朗:《康德与西方大学教育学讲座的开设》，《华东师范大学学报》（教育科学版）2003年第1期；肖朗：《启蒙时代的康德教育学讲座及其教育思想——基于近代德国大学教育学讲座改制的考察》，《浙江大学学报》（人文社会科学版）2020年第9期。

续表

姓名	大学毕业后任家庭/学校教师的经历	中后期稳定职业的经历
特拉普	1768 至 1772 年，特拉普在曾经就读过的赛格贝格中学任教；1772 至 1777 年，先后在一所拉丁文学校（Itzehoe）和一所文科中学（Gymnasium Christianeum in Altona）中担任校长；自 1775 年起，他担任《普通德意志图书馆》的自由评论家。1777 年，他去德绍，成为泛爱派学校的教师	1779 年，哈勒大学设立独立的教育学教席，34 岁的特拉普成为首位占据德国教育学教席的教授；1783 年初，由于与同事间争议不断，以及由此导致的失败，他放弃教席并离开哈勒大学；转而去坎佩在汉堡创立的教育机构任职；1786 年，在布伦瑞克的校长培训所任教授，并与几位泛爱派教育家一起致力于教育改革和教师培训
尼迈尔	1776 年，在弗兰克基金会下属的一所德文和拉丁文学校担任教师	1777 年，23 岁的尼迈尔在哈勒大学任编外教师；1779 年，担任神学副教授；1784 年成为神学正教授以及弗兰克基金会创办的教师培训学院的负责人；1785 年，他担任弗兰克基金会的共同管理人（Mitdirektor）1787 年尼迈尔在哈勒大学创立教育学研讨班，并担任指导教师，同时他还讲授教学和教育理论的讲座，听者众多；① 1806 年哈勒大学被拿破仑取缔，尼迈尔的教学活动被迫中断；1808 年哈勒大学复学，尼迈尔成为总务长和校长；1815 年哈勒大学再次被拿破仑取缔，后来哈勒大学再次复学，尼迈尔亦恢复职务
里希特	离开大学后，在家专心从事两年写作；1787 至 1790 年，在特彭担任家庭教师，教一个男学生；1790 至 1794 年，在施瓦芩巴赫的私立学校担任教师，共有不同年龄阶段的男女学生至少七名；后回到霍夫，在两年时间里，相继担任若干儿童的家庭教师	1796 年，33 岁的里希特开始专事写作，未再担任任何正式职业；他在当时是一位极为成功的作家，作品包括小说（教化小说）、讽刺性散文、政治论文、理论性著作（包括美学和教育学）
施瓦茨	1786 年，施瓦茨跟随父亲担任辅助牧师；1789 年，在德克斯巴赫（Dexbach）担任牧师，创立并指导一所私立教育机构；1795 年，去埃希策尔（Echzell）担任牧师；1798 年，去布茨巴赫（Butzbach）担任牧师；他所创立的教育机构一直办到 1822 年	1804 年，38 岁的施瓦茨被改革重组的海德堡大学聘为神学教授；他是海德堡大学首位路德派神学教授；1807 年在海德堡大学设立"教育学—哲学研讨班"；1811—1812 年、1820—1821 年和 1836 年，曾三次任海德堡大学副校长。他在海德堡大学一直工作至生命的尽头

① 1783 年，特拉普辞去哈勒大学的教育学教席，由 F. A. 沃尔夫（Friedrich August Wolf）继任，四年后（1787 年），该教席由尼迈尔继任。

续表

姓名	大学毕业后任家庭/学校教师的经历	中后期稳定职业的经历
赫尔巴特	1797 春季至 1800 年，赫尔巴特在瑞士伯尔尼担任贵族斯泰格尔（K. F. Steiger）的家庭教师，负责教育三个男孩（年龄分别为 8 岁、10 岁和 14 岁）；① 在此期间，赫尔巴特参观了裴斯泰洛齐的教育实验，受到裴斯泰洛齐教育思想的影响； 1800 至 1802 年，赫尔巴特在不来梅担任一所教会学校的数学教学工作，并给三位贵妇人上课，开始宣传和研究裴斯泰洛齐教育理论	1802 年 5 月，赫尔巴特到哥廷根大学准备申请博士学位和大学任教资格；同年 10 月，通过答辩。1802/03 年冬季学期开始，26 岁的他在哥廷根大学任编外教师，主讲教育学、逻辑学、形而上学和伦理学；1805 年，他拒绝了海德堡大学的邀请，而在哥廷根大学升任哲学副教授； 1809 年，赫尔巴特接受聘请担任柯尼斯堡大学哲学教授（康德曾据此位），直至 1833 年。1810 年，指导教育学研讨班；1833 年，赫尔巴特再次回到哥廷根工作，直至 1841 年去世

一般而言，大学毕业后，那些无法在大学中占据教习、或在中学中担任教师的大学毕业生，均会选择担任数年的家庭教师，以等待成为教师或牧师的机会。鲍尔生曾写道："尽管教师职业并非公众眼中最受尊重的职业，但其重要性和价值却不亚于其他博学职业。在 19 世纪初以前的很长一段时间里，教师职业仅仅被看作是牧师任职的预备期，教师的目标是尽快改变自己的职业，以获得更受组中和薪水更好的牧师职位。"② 聘请家庭教师的风气，直到 19 世纪初德意志地区普遍实行学校改革，强制推行义务教育之后才有所减退。

18 世纪德意志地区的众多名人思想家，都有青年时期从事家庭教师的经历，例如康德、赫尔德、哈曼、费希特、黑格尔、谢林、施莱尔马赫、赫尔巴特、维兰德、里希特、阿恩特、荷尔德林、巴泽多夫、坎佩、福禄贝尔等。③ 也许与年轻时期所积累的教育实践经

---

① 赫尔巴特在做出中断学业转而从事家庭教师的决定时，他的母亲起了重要的推动作用。Walter Asmus, *Johann Friedeich Herbart. Eine pädagogische Biographie*, 2 Bde. Heidelberg: Quelle & Meyer, 1968, S. 109.

② ［德］弗里德里希·鲍尔生：《德国大学与大学学习》，张弛、郄海霞、耿益群译，人民教育出版社 2009 年版，第 428 页。

③ 此处的统计参见 Birgit Ofenbach, *Geschichte des pädagogischen Berufsethos: Realbedingungen für Lehrerhandeln von der Antike bis zum 21. Jahrhundert*, Königshausen & Neumann, 2006, S. 92 – 93.

验有关，大部分担任过家庭教师的思想家后来都对教育问题所有思考，并在其著作或论文中有所体现。多位德意志教育家或教育学家，不仅年幼时曾跟随家庭教师学习，而且在青年时期亦担任过其他儿童的家庭教师。家庭教育的蓬勃发展，也催生了教育理论著作的创作。18世纪下半叶，阅读市场的形成和扩大，产生了大量的阅读需求，关于家庭教育和儿童培养的主题，成为大众阅读所关注的热点之一。于是大量关于儿童教育和家庭教育的著作被创作出来。例如，博克的"写给基督教父母和未来的青少年教师"的《教育艺术教科书》（1780）；① 尼迈尔为"家长、家庭教师、教育者"所著的《教育与教学原理》（1796）；② 赛勒的《为教育者论教育》等。③

本书所涉及的六位教育学作者，曾担任过家庭教师的有三人，分别是康德（7年）、里希特（9年）和赫尔巴特（3年）。三人均是在没有大学毕业的情况下，中断或终止学业从事家庭教师。康德与里希特选择做家庭教师是无奈之举，两人面临着同样的困境，一方面因为家庭出身较低，没有合适的推荐信，无法找到中学教师或者牧师的工作；另一方面由于经济窘迫，必须养活自己甚至家庭。康德在大学毕业时，遭遇论文不被接受的挫折。而里希特在担任家庭教师之前，曾尝试依靠写作谋生（1885—1887），但失败了。因此，对康德和里希特而言，成为家庭教师似乎是靠知识谋生的唯一选择。虽然康德自认是"有史以来最糟糕的家庭教师"，并承认教学职业对他而言一直是最吃力的。但实际情况比他自认为的要好得多。④ 康德的三位雇主对他都很友善，他与学生和家长的关系也都很

---

① Friedrich Samuel Bock, *Lehrbuch der Erziehungskunst, zum Gebrauch für christliche Eltern und künftige Jugendlehrer*, Königsberg, 1780. Vorrede. S. II.

② A. H. Niemeyer, *Grundsätze der Erziehung und des Unterrichts: für Eltern, Hauslehrer und Erzieher* Halle, 1796.

③ Johann Michael Sailer, *Über Erziehung für Erzieher*, München, 1807.

④ ［美］曼弗雷德·库恩：《康德传》，黄添盛译，上海人民出版社2008年版，第130页。对比［德］曼弗雷德·盖尔：《康德的世界》（第2版），黄文前，张红山译，中央编译出版社2018年版，第42页。

好。七年的家庭教师生涯，给康德带来经济收入的同时，还有附加的效果。他在雇主家中，接触到上流社会，获得了展现自己的才华的机会，并逐渐融入其中。与康德相比，里希特的家庭教师经历缺少了一些运气，他与自己的首任雇主相处并不融洽，也并未遇见贵族雇主，而是一直与上流社会保持了距离（虽然并非他所愿）。但是，里希特也并未荒废这些时光，在任家庭教师期间，他完成了文学积淀，创作了数部小说，为后来一举成名打下基础，而且长期的教育实践为之后的教育理论创作积累了大量的教育经验。而赫尔巴特的家庭教师之路，与康德和里希特的差异较大。与前两者的被动选择不同，赫尔巴特似乎是主动选择了担任家庭教师的工作。他并未面对较大的经济压力，而是为了远离自己的大学教师，进一步思考自己的哲学观点与方法，[1]而且他去贵族家中做家庭教师的做法，也得到母亲的支持。因而，赫尔巴特不仅将家庭教师工作看作是糊口的生计，而且还试图成为一位真正的教育者。在给雇主斯泰格尔的求职信中，赫尔巴特写道："希望他们（学生们）把我看成朋友而非监视者。"事实上，赫尔巴特践行了自己的承诺，与学生建立了良好的关系，其中一个学生后来一直与他保持书信往来。他工作严格而认真，定期向雇主提交关于孩子成长的报告，也深得雇主的赏识。在瑞士任家庭教师期间，赫尔巴特还有一个巨大的收获，他多次拜访布格多夫（Burgdorf），结识了裴斯泰洛齐，旁听其教学，并受其教育思想的影响。有研究者指出，担任家庭教师的这段经历，是"赫尔巴特的教育思想的源头之一"。[2]

特拉普、尼迈尔和施瓦茨三人则没有担任家庭教师的经历。与担任家庭教师相比，他们分别有更好的就业选择。特拉普虽出身一般，但是运气很好，大学毕业后，他回到之前就读过的赛格贝格中

---

[1] Walter Asmus, Johann Friedeich Herbart. Eine pädagogische Biographie, 2 Bde. Heidelberg: Quelle & Meyer, 1968, S. 107.

[2] J. F. Herbart, *Hauslehrerberichte und pädagogische Korrespondenz, 1797 – 1807*, Eingel. und mit Anm. vers. V. Wolfgang Klafki, Winheim: J. Beltz, 1966, S. 10.

学担任校长，从1768年到1777年，他先后在三所中学中担任校长。1777年，他去了德绍的泛爱学校担任教师直到1779年被哈勒大学聘请为止。在成为大学教授之前，特拉普积累了11年的中学教学和管理经验。施瓦茨大学毕业后，也获得了较好的机会，跟随父亲成为助理牧师。经过三年的锻炼，他在1789年升为牧师，之后在黑森地区（Hessen）的城镇担任牧师。在1804年进入海德堡大学任教之前，施瓦茨担任各地牧师长达18年。自1786年起，施瓦茨创办了一所私立教育机构，他在各地任牧师时，该机构一直开办到1822年。施瓦茨的教育机构直接办在牧师家中，由他和他的牧师同事任教师，学生多是当地家庭的男孩以及他自己的孩子（他与妻子共生育了十个孩子）。施瓦茨对教育问题的主要经验与认识，多来源于此。六人中，职业生涯开局最为顺利的是尼迈尔。1776年，他在弗兰克基金会下属的学校中担任教师，一年以后，23岁的他便进入哈勒大学担任编外教师，开设哲学、人类学课程。他能进入大学执教可能与家庭背景有关。

在经历了数年的家庭教师或者学校教师的历练之后，这些教育学的作者们除里希特外，其他五人都进入了大学讲堂。其中，尼迈尔23岁即进入哈勒大学工作，是五人中最为年轻的大学教师。赫尔巴特以26岁进入大学工作，居第二，主要原因是两人获得博士学位和大学任教资格的时间较早。康德和特拉普则分别在32和34岁进入大学工作。最晚的是施瓦茨，他进入海德堡大学工作时，已经38岁了。五人获得大学教授席位的年龄也有较大差异，较早的是尼迈尔和赫尔巴特，尼迈尔进入哈勒大学工作7年后，30岁即获得神学教授席位，三年后兼任教育学教授（特拉普是第一任教授）；赫尔巴特26岁入哥廷根大学任教，7年后，33岁在柯尼斯堡大学获聘教授，接过康德曾经的教席。特拉普一入哈勒大学便获聘教育学教授教席，但他仅工作了四年便离职。施瓦茨进入海德堡大学工作较晚，但一进入即任神学教授。最晚获得教授席位的是康德。1756年，康德进入柯尼斯堡大学任职，担任了15年的编外教师。为了维持生计，他讲授了大量的课程，平均每周授课超过 20 小时，所教科目包括伦理学、逻辑学、物理学、地理学等，甚至还兼任了王室宫廷的图书馆员。他 46 岁才获得逻辑学与形而上学的教授席位。五人之中，除特拉普仅担任了 4 年教授之外，其他四人在大学的工作年限均超过了 30 年，最久的是尼迈尔，他为哈勒大学工作了近 50 年。

在大学任教的五人，均有讲授教育学的经历。康德在 1776 至 1787 年间，先后四次主讲教育学讲座。康德主讲教育学讲座的同年（1776），赫尔巴特出生。首次主讲时，康德采用巴泽多夫的《写给大众和家庭父母的方法论》作为教科书。1780 年，又改用博克的《教育艺术教科书》。特拉普是哈勒的大学教育学教席的首任教授。1778 年，哈勒大学在神学院设立教育研究所，开展教师培训。最初由舒尔茨（Christian Gottfried Schütz）负责，后来他转去耶拿大学任教授。1779 年 2 月，特拉普接任舒尔茨成为教育研究所所长，并担任新设立的教育学教席的教授，成为德意志历史上第一位教育学教授。在特拉普的指导下，学生不仅要学习教育理论，还要学习教学方法，同时也要参加教育实践。特拉普专门为学生设立了实践课程。[①] 虽然特拉普任期仅有 4 年，但他在任职期间为教育学的发展所做出的努力，被称作是，"在德意志地区中，将教育学作为大学学科来建设的首次尝试"[②]。特拉普受聘哈勒大学的同年，尼迈尔升任神学副教授，二人同在哈勒大学任职，目前尚未见到有论述两人直接交往的文献，不过可以推测的是，尼迈尔对特拉普及其教育学应该是有一定了解的。1787 年，尼迈尔继任特拉普开创的教育学教席，他以特拉普教育学的批评者的身份出现。尼迈尔指责特拉普所传授的是浅薄的知识，居然将"烧烤和做梦"之类的事情抬高为理论来传授，"如此的传授方式，是对真正的学问、严谨的学习和基础性知

---

① Jan-Hendrik Olbertz, *Traditonen und Perspecktiver der Pädagogik in Halle*, in *Erziehungswissenschaft: Traditionen—Themen—Perspektiven*, Opladen: Leske + Budrich, 1997, S. 61.

② Hermann Ulrich, *Ernst Christian Trapp (1745–1818)*, 1977, S. 426.

识的伤害，没有人会这样做"[1]。在批判的基础上，尼迈尔于1787/88年冬季学期创办了教育学研讨班。此后，尼迈尔在哈勒大学耕耘多年，将它变成了大众教育的重要阵地有研究者称他为"大学教育学（Universitätspädagogik）的开创者"。[2] 1807年，海德堡大学神学教授施瓦茨在同事克罗伊策（Fr. Creuzer）的协助下，创办了教育学—哲学研讨班，目的在于培养高中教师。1817年，里希特在海德堡旅居期间，曾住在施瓦茨家中，两人相处愉快。赫尔巴特自1802年获得在大学任教资格，1802—1803年冬季学期开始，允许他开设私立讲座。因为讲座是私立性质，选修的学生必须额外缴费，这些学费是编外教师的收入来源。所以，对赫尔巴特而言，吸引更多的学生选修是维持生计的重要途径。因此，他必须精心选择合适的科目，且合理地安排上课时间（尽量不能与其他教授的课相冲突，否则选他的课的学生就减少了）。[3] 经过一番考量，他选择开设教育学讲座。因为选择教育学，既能使他最低程度上遭到同事的排挤，也减免了他为课程做宣传的工作。[4] 后来赫尔巴特还曾在哥廷根开设实践哲学讲座和心理学讲座。1809年，赫尔巴特赴柯尼斯堡大学承袭康德的教席。1810年，他开始在柯尼斯堡指导教育学研讨班。

对这五位教育学的作者们而言，在大学讲台主讲教育学的经验，

---

[1] Jan-Hendrik Olbertz, *Traditonen und Perspecktiver der Pädagogik in Halle*, in *Erziehungswissenschaft：Traditionen—Themen—Perspektiven*, Opladen：Leske + Budrich, 1997, S. 64.

[2] Ulrich Herrmann, *Der Begründer der modernen Universitätspädagogik：August Hermann Niemeyer（1754 – 1828）*, in Ausstellungskatalog（Kataloge der Franckeschen Stiftungen zu Halle, 13）, Brigitte Klosterberg（Hrsg.）, Halle/S. 2004, S. 17 – 25.

[3] 为了不与温克尔曼博士（Dr. Winkelmann）的课程相冲突，在第一次讲课的最后，赫尔巴特特意更改了之后上课的时间。参见［德］赫尔巴特《赫尔巴特文集4》（教育学卷二），李其龙主编，浙江教育出版社2002年版，第203页。

[4] Walter Asmus, *Johann Friedeich Herbart. Eine pädagogische Biographie*, 2 Bde. Heidelberg：Quelle & Meyer, 1968, S. 219.

与其教育学文本的创作关系密切。康德的教育学文本,是学生林克根据当年康德教育学课程的笔记整理出版的;特拉普、尼迈尔、赫尔巴特的教育学文本,均在其主讲教育学课程不久后出版;施瓦茨也在主讲教育学课程期间出版了《教育学说》。

(四) 小结

六位作者,六段不同的人生,六种不同的个性。

部分差异在一出生时就已经奠定了。例如,家境贫困的里希特无法读完大学,养家糊口一直是压在心头的重担;出身于马具匠家庭的康德,大学肄业找不到理想工作,转而担任家庭教师;有丰厚的家庭背景的尼迈尔则无须为工作担忧,大学毕业就获得了任编外教师的机会;出身大学教授和牧师家庭的施瓦茨,大学毕业跟随父亲担任助理牧师。他们的受教育经历,也影响到他们后来的教育学观念。例如,自幼被父亲严格管教的里希特,在自己的教育理论中,特别强调父亲对儿童的教育和养育,认为不应严厉而应充满爱;在虔敬派中学里饱受控制和压抑的康德,在其教育理论中强调自由与强制的关系,如何通过强制来培养自由,是其教育理论探讨的核心问题之一;成长过程几乎由母亲全程陪伴的赫尔巴特,在教育理论中特别强调父母对儿童教育的真正参与,对此他体会至深。

在六人之间,也有若干共同的特征,进入大学学习是他们依靠知识谋生的开始,大学中提供的学术训练为之后理论著作的写作奠定了基础,早年担任家庭教师或者学校教师的经历,使他们大都具备了一定的教育实践经验,多数教育学著作,是为家庭教师而作,在大学中讲授教育学讲座或指导教育学研讨班的经历,令他们产生丰富教育学知识的自觉与可能,促使他们走上将教育学知识理论化、体系化的道路。

第三节 情境知觉与教育学生成

教育学的生成，先于教育学存在。教育学实体，是教育学的创作者对其所处的特殊时代情境的知觉和反映。这种知觉和反映，又因创作者自身独特的个性而变得各不相同。作者个性有别，故教育学风格迥异。时代情境与个性特征，共同造就了形态丰富的"个性教育学"。①

表 1-5　　　　　　德意志早期教育学名称与出版年份

姓名	教育学文本	出版时间（年）	作者年龄（岁）
特拉普	《教育学尝试》	1780	35
尼迈尔	《教育与教学原理》	1796	42
康德	《康德论教育学》	1803	79
施瓦茨	《教育学与教学论教科书》	1805	39
赫尔巴特	《普通教育学》	1806	30
里希特	《莱瓦娜，或教育学说》	1807	44

一　写给父母的"莱瓦娜"

里希特的《莱瓦娜，或教育学说》（简称《莱瓦娜》）出版于1807年。虽然里希特在青年时期通过家庭教育积累了丰富的教育经验，但他是六位作者中唯一一位没有在大学工作过的，其他五位都有在大学中教授教育学讲座或指导教育学研讨班的经历。如此看来，里希特似乎缺乏将其教育经验理论化的动机。然而，里希特也从未远离教育。青年时代，他担任过数任家庭教师以及落后地区学校的

---

① 参见董标《卢梭悖论——"教育学形态"的案例研究》，《中国教育科学》2013年第1期；以及董标《何谓教育学形态研究》（内部资料），华南师范大学，2012年。

负责人。在走向文学创作的道路上，对教育的关注也时常在其作品中显现。他所创作的数部著名小说，均可被视为教化小说，例如《黑斯佩罗斯》《齐本克斯》《泰坦》《少不更事的岁月》等。青年人的教育问题，一直是里希特关注的核心问题之一。他通过教化小说充分表达了其关于青年人成长的观点和建议。他发现青年人成长过程中出现的多数问题，其原因多可追溯至儿童时期。因此，里希特对儿童教育的关注并非突发奇想，而是对长期关注的教育问题的一种追根溯源式的探究。

从《莱瓦娜》第一版前言中，也可以略推知里希特撰写教育理论著作的若干动机。其一，里希特对当时的儿童教育不满。青年成长中问题频发，即源于错误的儿童教育。里希特将儿童看作是纯洁的天使，是一个充满各种发展可能性的胚芽，而家长和教育者的错误教育，如同伊甸园里的蛇，引导儿童走向堕落与罪恶。为了让母亲和父亲重新认识其教育责任，改变错误的教育观念和方式，里希特写下此书。他希望，"倘若二十年或更多年以后，会有人因为其父母曾读过这本书而感激我，我便心满意足"。[1] 其二，有必要总结并保存有价值的教育知识。里希特有感于当时"阅读癖"盛行，各种著作、理论层出不穷，新著取代旧著的速度过快，许多旧书中的真理，尚未来得及供人传阅已经被打入冷宫的现象，他呼吁"停止舍弃过去的知识，而是收集和保存它"。[2] 此外，教化小说因为体裁的原因，无法将大量理论性的教育观点清晰地成体系地呈现。因此，在里希特看来，创作一部理论性的教育著作实为必要之举。

教育理论著作的创作，对里希特而言亦非难事。里希特具有丰富的教育实践经验：

---

[1] Jean Paul Richter, *Levana oder Erziehlehre*, 1963, S. 18. Vorrede zur ersten Auflage.

[2] Jean Paul Richter, *Levana oder Erziehlehre*, 1963, S. 16.

作者曾三次担任家庭教师，教过所有年龄段的不同儿童；自己有三个孩子，在养育孩子的过程中形成了行之有效的教育规则；本书所涉及的他人的经验，均为作者的亲身体验。①

里希特的教育理论产生于教育实践，并在实践中得到检验。他创作教育理论著作的另一个前提是对之前的以及同时代的教育学文献的研读。少年时期的里希特，便养成了读书摘抄的习惯，大量的阅读使他有了一定的理论积累。他曾谦虚地写道："关于教育的书，他虽未全读，但也读过一些。"② 在《莱瓦娜》中，可多次见到对卢梭、裴斯泰洛齐等人教育论著的引用。关于里希特教育学的多项研究表明，其教育学受到卢梭、裴斯泰洛齐、康德、赫尔德等人的影响。

实践和理论上的双重积累，以及里希特作为知名作家的名气，成为里希特创作出一部在当时颇受欢迎的教育学论著的保证。《莱瓦娜》第一版发行2500册，于数年内售罄。读者争相阅读讨论，关于它的书评也在各地期刊上不断发表。1807年的一篇书评将《莱瓦娜》与尼迈尔、施瓦茨、赫尔巴特等人的教育学并列，并突出了它的独特之处：

> 毋庸置疑，这部教育学说可被算作德意志的教育学努力中最高贵的成果。它并不像尼迈尔的《教育与教学原理》那样，在任何情况下都能为年轻的教育者都提供帮助；不像施瓦茨的《教育学与教学论教科书》那样完整；也不像赫尔巴特的《普通教育学》那样，是一个有逻辑的整体。它有自己的优点，作者通过它来激发读者用自己的心灵力量以多种方式寻求真理。我们特别希望，所有受教育的父母的手边都有这样一本

---

① Jean Paul Richter, *Levana oder Erziehlehre*, 1963, S. 15.
② Jean Paul Richter, *Levana oder Erziehlehre*, 1963, S. 4.

书。可以确定的是,他们的孩子肯定会因此受益。①

二 体系化教育学的初次尝试

1779年夏季学期,德意志地区首位教育学教席的拥有者特拉普,遭遇了成为教授后的第一次尴尬。他被迫在学期中间暂停了教育学讲座。特拉普在《哈勒动态》(Halleschen Anzeigen)上解释了暂停的原因:

> 我从七月初开始暂停我的教育学讲座。暂停但并非取缔,因为我不知道该讲些什么。我暂停它,因为上课的时间不合适,因为总有人缺席,也因为我要挤出时间来完成我的《教育学尝试》,它将在今年的展会上问世。②

教育学讲座的暂停,与特拉普在哈勒大学缺乏同事的支持有关。然而,这次尴尬仅仅是开始,特拉普在哈勒大学的任职,从一开始就充满阻力,他担任教育学教授是由柏林的普鲁士教育大臣策特利茨所推荐,因而肩负着配合当时普鲁士教育改革的重任。策特利茨在推荐特拉普任职的信件中对他寄予厚望,希望通过其教学活动让当时的教师培训变得更完善更实用。③ 策特利茨这种来自高层的推荐,引起了哈勒大学神学院部分教授的不满。④ 其中,以神学研讨班的负责人塞姆勒(Johann Salomo Semler)与特拉普的冲突最为激烈,两人一直争夺对教育研究所的领导权。此外,教

---

① 原文出自 Rezensionen in der (Hallischen) Allgemeinen Literatur-Zeitung (Halle, Leipzig), Nr. 211, 3. September, 1807, S. 441 – 448. 转引自 Kurt Wölfer (Hrsg.), Sammlung der Zeitgenössischen Rezensionen von Jean Pauls Werken Erster Band, in Jahrbuch der Jean-Paul-Gesellschaft, 13. Jahrgang, 1978, S. 63 – 64.

② 转引自 Hermann Ulrich, Ernst Christian Trapp (1745 – 1818), 1977, S. 427.

③ Hermann Ulrich, Ernst Christian Trapp (1745 – 1818), 1977, S. 426.

④ 当时哈勒大学的教育学教席隶属神学院。

育研究所的资金来源也成问题，策特利茨要求设立研究所，却没有配给资金支持，而哈勒大学也没有成立相应的基金。资金匮乏，让特拉普的教学改革处处捉襟见肘。这些阻碍最后愈演愈烈。1782年年底，特拉普向策特利茨汇报了学生数量减少以及自己与同事间的矛盾，并提出辞职。策特利茨以为特拉普在哈勒的教学工作收效甚微，准许了他的辞职。1783年初，特拉普离开哈勒大学。

特拉普自己解释暂停教育学讲座原因之一，是为挤出时间专注于《教育学尝试》的写作。这部著作是特拉普十几年来教育实践经验的理论性总结，最终于1780年出版。早在哥廷根大学求学时期，特拉普就修习过教育学。大学毕业后，他相继在三所中学任教超过10年时间。1775年，他开始为尼科莱的《普通德意志图书馆》撰写一些针对教育问题的评论性文章。在泛爱运动蓬勃发展之际（1777年秋季），他来到德绍，进入巴泽多夫创建的学校工作。然而，特拉普在德绍的教学工作并不顺心。他与当时的同事坎佩、萨尔茨曼等人一样，很快与泛爱学校的创始人巴泽多夫产生了冲突，因为巴泽多夫个性多变且管理毫无目的。① 但特拉普没有立即离开德绍，而是继续工作了一年多。在从事了十几年的教育实践工作之后，特拉普希望转向教育理论工作。1778年十月，特拉普写信给尼科莱：

至少，我不愿再与学校改革有任何瓜葛了，我需要找一份其他可以糊口的工作。② 在十一月的一封信中，他表明了试图转行的原因：您（尼科莱）希望，我能继续从事教育事业，因为

---

① 刚到德绍工作不久，特拉普就在写给尼科莱的信中表露了对巴泽多夫的不满："在这里，每天所发生的事情都在表明，德绍的事业（泛爱学校）将无法长久。巴泽多夫是这个世界上最特别的人。我跟他一起工作时间越长，我越确信，他并非那种能干大事业的人。他总是矛盾的，从没有一个确定的目的，头脑中也没有一种整体规划，工作起来很粗鲁。他希望全世界都为其提供金钱和支持，然而他对自己的事业却没有一个完善的计划、没有确定的目的、没有整体规划。我实在无法再听命于他。"见 *Trapp an Nicolai*, Dessau, 21. Dezember 1777; Nachlass Nicolai。

② *Trapp an Nicolai*, Dessau, 17. Oktober 1778; Nachlass Nicolai.

我有此类天赋。在十年来的实践中，我确实获得了些能力，概括出一些规则。但是，我认为我在教育实践上，实在缺乏特殊的天赋。……倘若我能担任教育学的教授，那固然好。但是这类工作很难找到。①

表明心迹之后的特拉普，幸运地如愿以偿。尼科莱所熟识的普鲁士教育大臣策特利茨推荐特拉普到哈勒大学任职。特拉普获得了将自己的教育实践经验转化为理论的机会。

初任教育学教授的特拉普，正如本节开头所描述的那样，遭遇了重重困难。他的讲座没有合适的教科书，前来选课的学生数量不多，而且部分同事也不配合。于是，特拉普决定撰写一部教育学著作作为其教育学讲座的教科书，并希望由此提升教育学讲座对学生的吸引力，加强教育学在哈勒大学的地位。与此同时，当时系统的教育学著作也确实匮乏，有感于此，在批判经验总结式教育学的基础上，特拉普提出要构建"正确可靠的教育学体系"：

我们的原则通常由细微的、片面的、残缺的、随机的经验推导而出，有时甚至源自错误的经验。据我所知，我们尚未在教育中正确地使用观察。倘若拥有大量且正确的来自工作人员的教育观察和可靠的经验，则我们就可以书写出正确且可靠的教育学体系，而这种体系目前尚不存在。②

在特拉普看来，教育学体系的建立依赖于正确而可靠的教育观察和经验，而后者的获得，有赖于特殊的方法。他建议将泛爱派实践中的研究方法应用于教育研究领域。特拉普以理论工作者的自觉，

---

① *Trapp an Nicolai*, Dessau, 25./29. November 1778; Nachlass Nicolai.
② E. C. Trapp, *Versuch einer Pädagogik*. Hg. v. Ulrich Herrmann, Paderborn：Ferdinand Schöningh, Unveränd. Nachdr. d. 1. Ausg. Berlin, 1780, 1977, S. 61.

勇敢地承担起建立"正确且可靠的"教育学体系的责任。1779年，在泛爱派的理论期刊《面向教育者和公众的泛爱派杂志》上，特拉普刊登了一份关于自己正在撰写的《教育学尝试》的预告。预告介绍了其著作的陈述框架，与后来出版的著作基本一致。

1780年，《教育学尝试》在柏林由尼科莱组织出版。该书出版不久，策特利茨在写给罗霍的信中说："您读过特拉普的教育学了吗？真是一部极为优秀的作品！"[①] 1790年，在收录了393位教育家的《德意志地区的教育作家的个性》一书中，特拉普的著作得到了较高的评价："他的教育学著作属于我们所能拥有的最好的作品之一；我们发现，他将他所学到的、所观察到的和所经历过的一切，都进行了有效的总结。"[②] 后来的研究者将该书定位为"对泛爱派教育改革理论的首次系统总结，是泛爱派基本著作之一"；[③] 也是"首部体系化教育学（systematische Pädagogik）"。[④]

三 由大学讲义而来的教育学

1803年春，康德的身体已经极为虚弱，无法行走，也无法思考和工作，他形容自己"对这个世界已经没有任何用处，也不知道应该如何处理自己"。[⑤] 这位思想巨人，正走向生命的尽头。就在这年春天，康德生前出版的最后一部著作——《康德论教育学》问世。根据康德本人的身体状况，他已无力关心这部著作的出版。该著由

[①] Friedrich Eberhard von Rochow, *Sämtliche Pädagogischen Schriften*, Hrsg. v. Fritt Jonas und Friedrich Wienecke. 4. Bd., Berlin, 1910, S. 255.

[②] Samuel Baur, *Charakteristik der Erziehungsschriftsteller Deutschlands. Ein Handbuch für Erzieher*, Unveränderter Neudruck der Ausgabe, Leipzig, 1790, Vaduz, 1981, S. 513.

[③] Johanna Hopfner (Hrsg.), *Gelegentliche Gedanken über Erziehung*, Band 1. Frankfurt am Main, Peter Lang. 2008, S. 34.

[④] Hermann Ulrich, *Ernst Christian Trapp (1745–1818)*, 1977, S. 434.

[⑤] E. A. Chr. Wasianki, *Immanuel Kant in seinen letzten Lebensjahren*, Königsberg, 1804, S. 261. 转引自［美］曼弗雷德·库恩《康德传》，黄添盛译，上海人民出版社2008年版，第469页。

康德的学生林克依据康德在柯尼斯堡大学讲授教育学时的讲义整理编辑出版。林克（Friedrich Theodor Rink）于1786至1789年在柯尼斯堡大学学习，其间选听过康德的若干课程。1792年担任柯尼斯堡大学编外教师，1795年升任副教授。1795年到1801年，林克与康德关系密切，成为康德家的常客，一周拜访康德两次。康德将其关于自然地理学的讲义（出版于1802年）以及关于教育学的讲义（出版于1803年）均交给林克整理编辑出版。此外，林克还曾于1800年整理出版了康德的未经发表的若干论文。[1]

柯尼斯堡大学设立教育学讲座的历史要追溯到1765年。1765—1766学年冬季学期，由林德纳（Johann Gotthelf Lindner），1769年夏季学期由博克，1770—1771以及1772—1773学年的冬季学期，由比萨斯基（G. C. Pisanski）开设了教育学讲座。[2] 但是，在1774年以前，这些教育学讲座均为不定期开设，且属于私立性质。学生选修这些私立讲座必须另外缴费，教师的报酬也只依靠学生的学费。1774年，为顺应策特利茨的教育改革以及"改善本地的教育事业"，柯尼斯堡大学决定在哲学院正式开设名为"理论与实践的讲座"（Collegium Scholastico-Practicum）的公开讲座，由哲学院的八位教授轮流担任主讲教授。根据学院安排，康德曾先后四次主讲教育学讲座。1776—1777学年冬季学期，康德第一次主讲教育学讲座。当时约有三十个学生，他以巴泽多夫出版于1770年的《写给大众和家庭父母的方法论》作为教科书。到1780年夏季学期他再次主讲时，学生增加到六十人（这在当时是相当可观的数字），他选用了同事博克出版于1780年的《教育艺术教科书》。另外两次分别是1783—1784学年冬季学期和1786—1787学年冬季学期。虽然按照学校规定，主讲人必须为讲座指定一本教科书，但是康德的教育学课程，"无论在

---

[1] Immanuel Kant, Friedrich Theodor Rink (Hrsg.), *Sammlung einiger bisher unbekannt gebliebner kleiner Schriften*, Königberg, 1800.

[2] 参见 Traugott Weisskopf, *Immanuel Kant und die Pädagogik*, Basel. 1970, S. 97.

研究的进程上还是在原理上，均并不精确地遵循教科书"。①

康德对教育问题的兴趣，似乎始于他担任家庭教师期间。在思想上，卢梭对康德影响至深。18世纪60年代，康德曾系统考察过卢梭的著作。卡西尔指出，"在他（康德）思想发展的一个决定性转折点上，是卢梭为他展示了那个终生不渝的方向"。② 康德也确信，卢梭对他而言就是第二个牛顿。卢梭的《爱弥儿》《新爱洛奇丝》等著作，促使康德从人类学和哲学的角度进一步思考教育问题。对卢梭教育思想深感兴趣的康德，在18世纪70年代的德意志地区看到了将卢梭思想付诸实践的希望。1774年巴泽多夫在德绍建立泛爱学校，掀起泛爱派教育改革的浪潮。泛爱学校的建立，引起来德意志地区有识之士的广泛关注，康德是其中之一。巴泽多夫对教育的实用性目的的强调以及对宗教教育的抑制，与虔敬派所控制的教育有着巨大的差别，而后者正是康德内心一直抵制的。远在柯尼斯堡的康德对德绍的泛爱学校报以极大的希望。康德以实际行动支持泛爱学校，他为其推荐学生，发表赞扬文章，并积极帮助其解决财政困难。因此，在他首次讲授教育学讲座时，以巴泽多夫的《方法论》为教科书也就不难理解了。在德意志地区的启蒙运动中，大众启蒙是诸多思想家的关注焦点。1784年，康德发表论文《回答这个问题：什么是启蒙?》，文中对理性的公开运用的追求，表达了致力于大众启蒙的知识分子的心声。

康德的教育学文本虽出版于1803年，但却形成于他主讲教育学讲座的期间（1776—1787）。遗憾的是，林克在编辑《论教育学》时所依据的康德原稿已经遗失。因此，在《康德论教育学》中所记

---

① Immanuel Kant, *Ausgewählte Schriften zur Pädagogik und ihrer Begründung*, Besorgt von Hans-Hermann Groothoff unter Mitwirkung von Edgar Reimers. Paderborn: Ferdinand Schöningh, 1963, S. 7. 比较："康德讲课从不受教科书的拘束"。肖朗：《康德与西方大学教育学讲座的开设》，《华东师范大学学报》（教育科学版）2003年第1期。

② ［德］卡西尔：《卢梭·康德·歌德》，刘东译，生活·读书·新知三联书店2002年版，第1页。

载的是否是康德本人关于教育学的论述,是全部还是部分论述,以及林克是否在内容以及遣词上有增删等问题,均成疑问。德语学术界中,有部分研究者探讨了这一问题:赫尔施泰因(Hermann Holstein)认为,《康德论教育学》确实出自康德。因为其中的教育思想与康德的哲学观点有紧密联系。不过,也许林克在出版时对康德的课堂讲义(Vorlesuungsblätter)有一定补充,但如今我们已经无法确定哪些是康德的原本观点,哪些是林克的补充,明智的做法是原封不动地采取林克的版本。① 而格罗特霍夫(Hans-Hermann Groothoff)则认为,康德确实曾经给林克留下一本笔记,但由于笔记早已遗失,人们无法确定林克在编辑时是否还采用了其他依据。② 而魏斯科普夫(Traugott Weisskopf)对林克所编的康德教育学文本持怀疑态度,他认为《康德论教育学》应该是由几个不同部分整合而成的版本,这几个部分出于不同的目的且创作于不同时间。这个整合版本的每个部分,几乎均有来自林克的修辞性加工和意义上的补充。因此,"《康德论教育学》不能作为康德的权威著作。应该将它从《康德全集学术版》中移除"。③

虽然学界对《康德论教育学》的权威性尚无定论,但还是可以认定它基本表达了康德的教育思想。林克在出版于 1802 年的康德《自然地理学》的前言中提到,"他(康德)并没有更早地做这件事,我却不得不成为他过去在这方面笔记的编者"。④ 由此类推,林克在编辑出版康德的《康德论教育学》时,应该也是根据康德之前的笔记或者讲义,因为,林克在《康德论教育学》的前言中也提到,

---

① Immanuel Kant. *Über Pädagogik*, Hrsg. von Hermann Holstein, Bochum: Kamps pädagogische Taschenbücher, 1961, S. 6.

② Immanuel Kant, *Ausgewählte Schriften zur Pädagogik und ihrer Begründung*, 1963, S. 158.

③ Traugott Weisskopf, *Immanuel Kant und die Pädagogik*, Basel. 1970, S. 349.

④ [德]康德:《自然地理学》,载《康德著作全集》(第 9 卷),李秋零译,中国人民大学出版社 2010 年版,第 154 页。

"编辑这样一些手稿不可能再是我的一件惬意的工作"。① 而且，应人们阅读康德原汁原味著作的要求，林克强调，在《自然地理学》的后半部分，"除了若干必要的文献注释，就无须我的附释而出版"。② 可见，林克在编辑《康德论教育学》之前，已经认识到自己的补充性内容遭到读者和出版商的反对。所以，林克对编辑准则做了修改，即对内容没有补充，而仅添加注释。在《康德论教育学》的前言中，林克说："关于我附加的注释，我没有什么要说的；它们不言自明。"③ 这也证明他践行了不随意补充内容的准则。

因此，本书以林克所编辑的《康德论教育学》为康德教育学的主要载体。

四 作为家庭教育指南的教育学

1797 年 3 月 17 日，尼迈尔给维兰德写信，请他评价自己一年前出版的《教育与教学原理》一书，因为"维兰德对一本书的有用性的评价，要比其他不知名的评论家所作的评论的影响要大得多"④。后来尼迈尔著作是否得到了维兰德的好评，不得而知。但尼迈尔敢于将自己的著作向当时与歌德、赫尔德等人齐名的维兰德推荐并求评价，可见他对其著作的自信，事实也证明，他确有自信的资本。同时代的教育学家施瓦茨和赫尔巴特都曾称颂尼迈尔的《教育与教学原理》是 1800 年前后最重要的教育学指南。赫尔

---

① [德] 康德:《教育学》，载《康德著作全集》（第 9 卷），李秋零译，中国人民大学出版社 2010 年版，第 440 页。比较 Immanuel Kant, *Ausgewählte Schriften zur Pädagogik und ihrer Begründung*, 1963, S. 8.

② [德] 康德:《自然地理学》，载《康德著作全集》（第 9 卷），李秋零译，中国人民大学出版社 2010 年版，第 155 页。

③ [德] 康德:《教育学》，载《康德著作全集》（第 9 卷），李秋零译，中国人民大学出版社 2010 年版，第 440 页。比较 Immanuel Kant, *Ausgewählte Schriften zur Pädagogik und ihrer Begründung*, 1963, S. 7.

④ A. H. Niemeyer, *Grundsätze der Erziehung und des Unterrichts: für Eltern, Hauslehrer und Erzieher*, 1970, S. 6.

巴特更是在 1831 年《对柯尼斯堡教育学活动的回顾中》写道："在向研究班学员推荐教育学著作时，"尼迈尔的作品我以各种方式加以推荐。"①

尼迈尔的职业生涯比较顺利，大学毕业进入哈勒大学做编外教师，1784 年 30 岁便成为神学正教授，并兼任弗兰克基金会创办的教师培训学院的负责人。同年，他发表了一篇关于教育问题的报告——《关于皇家教师培训学院的设置和总结的报告》。② 此后他开始逐渐发表一些与教育有关的论著，最初的作品多与教育机构的管理和宗教教育有关。在承袭哈勒大学教育学教授席位之后，他开始出版一些教育学著作。1790 年，尼迈尔计划写一本拟命名为"学校教师和私人教师的教育学指南或者教育和教学的论文精选集"的著作。六年以后，这本著作完成，1796 年以《教育与教学原理：为家长、家庭教师和教育者而作》为名在哈勒出版。著作出版后，很受欢迎，在尼迈尔生前共七次再版，并在出版的同一年就出了第二版。到 1799 年出第三版时，增加了关于学校的论述，扩充为两卷本；而第四版（1801）又恢复为一卷本；到第五版（1806）时，变为三卷本；1824—1825 年出版的第八版，是作者亲自对该著做最后一次编订；1835 年经尼迈尔的儿子整理后出第九版；后来又经赫尔巴特学派的莱因（Wilhelm Rein）整理出新版，并给予它极高的评价。③ 本书采用的是由格罗特霍夫（Hans-Hermann Groothoff）和海尔曼（Ul-

---

① ［德］赫尔巴特：《对柯尼斯堡教育学活动的回顾》，载李其龙主编《赫尔巴特文集4》（教育学卷二），浙江教育出版社 2002 年版，第 359 页。赫尔巴特还写道，虽然尼迈尔教育学著作的个别部分特别出色，但是自己也把它作为批评对象。

② A. H. Niemeyer, *Nachrichten von der gegenwärtigen Einrichtung und Verfassung des Königlichen Pädagogiums zu Glaucha vor Halle*, Halle, 1784.

③ 关于《教育与教学原理》版本流变的信息，见 A. H. Niemeyer, *Grundsätze der Erziehung und des Unterrichts：für Eltern, Hauslehrer und Erzieher*, 1970, S. 389. 1. und 2. Aufl. in 1 Bd. 1796; 3. Aufl. in 2 Bden. 1799; 4. Aufl. 1801;（ab）5. Aufl. 1806 in 3 Bden; 6. Aufl. 1810; 7. Aufl. 1818; 8. Aufl. 1824/25 Halle; 9. Aufl. in 1 Bd. Vom Sohne Hermann Agathon Niemeyer hg. Reutlingen 1835.

rich Herrmann）根据1796年第一版重印的版本。①

尼迈尔教育学源于实践。在《教育与教学原理》出版之前，他担任教师培训学院负责人12年，同时还任哈勒大学教育学教授8年。其教育学离不开他通过教育实践积累的经验。正如若干年以后狄尔泰的观察：

> 在以人的完满（Vollkommenheit）为目的观点占主导地位的时代，特拉普、尼迈尔和施瓦茨收集经验。他们是第一批体系化教育学（systemtatische Pädagogik）的代表。在他们的教育学中，充满了教育实验和生动的教育经验。②

尼迈尔教育学，同时也以实践为目的。尼迈尔希望自己能为家长、家庭教师和教育者编写一本"教育指南"。在《教育与教学原理》第一版导论中，尼迈尔清楚地表明了其目的：

> 在接下来的论述中，作者尝试，对迄今为止所出现的家庭教师和教育者的业务、责任及其关系加以完整介绍，对其他人的观点加以考察，并为读者呈现最正确的、最有用的以及作者通过自身经验检验过的经验。③

为了改善家庭教育和家庭教师的工作，尼迈尔检验了之前的若干教育理论著作，并发展出一系列教育原则。他将自己教育学著作

---

① A. H. Niemeyer, *Grundsätze der Erziehung und des Unterrichts: für Eltern, Hauslehrer und Erzieher*, Herausgegeben von. Die erste Auflage, Halle, 1796, Unveränderter Nachdruck, Paderborn: Ferdinand Schöningh, 1970.

② W. Dilthey, *Schriften zur Pädagogik*, Besorgt von H.-H. Groothoff und U. Hermann. Paderborn, 1971, S. 29.

③ A. H. Niemeyer, *Grundsätze der Erziehung und des Unterrichts: für Eltern, Hauslehrer und Erzieher*, 1970, S. 22.

的读者预设为中上层等级的家庭，至少是有能力对子女进行家庭教育的家庭。他在写给维兰德的信中表明了这一点。① 他也对其教育学所涉及的范围做了限定："它并非将所有与教育和教学相关的基础性科学都囊括其中，否则这样的教育学，必将是一部关于所有科学的百科全书。"②

与其他教育学的作者处于相同的时代情境中的尼迈尔，做出了特殊的反应。虽然有研究者将尼迈尔归为康德派，认为尼迈尔的教育学受到康德哲学和人类学的极大影响。③ 但与康德教育学中对虔敬派的强制教育的强烈抵制不同的是，尼迈尔教育学却以虔敬主义和新人文主义为指导。格罗特霍夫和海尔曼指出："尼迈尔的动机首先是虔敬主义的和人文主义的。他的教育学可被看作是虔敬主义、人文主义和康德哲学特别是新语义神学（neologischer Theologie）的结果。"④ 在六位教育学作者中，尼迈尔教育学是唯一以虔敬主义为指导的，这与他的家庭出身有极大渊源。他的曾祖父弗兰克推动了虔敬主义改革，而且他所供职的哈勒大学，在18世纪上半叶曾是德意志地区虔敬主义运动的中心，尼迈尔很好地承袭了这一传统。

五 神学教授的教育学

1804年，被改革后的海德堡大学聘为神学教授的施瓦茨向朋友表明心迹，同时也展示了教育理念和今后教育工作的目标：

---

① 尼迈尔写道："我的著作，特别为那些私人教育者（Privaterzieher）而作，"……"这部具体的教育学，是为了满足中层和上层等级家庭中的教育需要。" A. H. Niemeyer, *Grundsätze der Erziehung und des Unterrichts: für Eltern, Hauslehrer und Erzieher*, 1970, S. 5.

② A. H. Niemeyer, *Grundsätze der Erziehung und des Unterrichts: für Eltern, Hauslehrer und Erzieher*, 1970, S. 10.

③ 参见 Christiane Ruberg, *Wie ist Erziehung möglic? Moralerziehung bei den frühen pädagogischen Kantianern*, Klinkhardt, 2002, S. 147–159.

④ 参见 A. H. Niemeyer, *Grundsätze der Erziehung und des Unterrichts: für Eltern, Hauslehrer und Erzieher*, 1970, S. 392. 关于新语义神学（neologischer Theologie）的具体所指，尚待查证。

> 我非常高兴，能将迄今所获得的教育经验在大学中应用。这些经验源自我对熟练的教学天赋的运用，以及我与所教导的青少年的交往。因为在我看来，对一位大学教授而言，对学生的品行的指引，比学术上的教导更重要。……也许我也能通过教学实践为未来宗教教师和家庭教师的培养略尽绵薄。①

1807 年，施瓦茨与同事克罗伊策（Fr. Creuzer）一起在海德堡大学创办了以培养高中教师为主要目的的"教育学—哲学"研讨班。在海德堡大学的讲台上，这位新教神学家不断地发展、应用和检验其教育学理论，直到生命尽头。成为大学教授并非施瓦茨从事教育工作的开始，在此之前，他担任地方牧师时已经创办并指导过一所教育机构。1829 年，施瓦茨曾这样介绍自己的教育实践经验：

> 这部《教育学说》的作者，在 14 岁时出于自由的兴趣已经尝试教学，后来这种天性中对教学活动的兴趣与日俱增，并在学校和大学中得到继续发展，……1786 年，他开始指导一所小型的教育机构。这种指导在他任乡间牧师的十六年中，从未间断。1804 年，他承召进入海德堡大学，成为大学教师。同时继续指导教育机构，并将之与他自己的孩子的教育结合起来，一直到 1822 年才停办。②

施瓦茨的自述，清楚地介绍了他从事教育实践的经历。这所创办于 1786 年的私立教育机构设立在施瓦茨家中，由他及其牧师同事任教师，学生是当地一些家庭的男孩以及他自己的孩子。在他辗转各地任牧师以及后来在海德堡大学任职期间，这个机构一直跟随他

---

① Brief vom 20. 7. 1804, hs. BGLA Abt. 205, Fasz. 498. 转引自 Hans-Hermann Groothoff, *F. H. C. Schwarz-Leben und Werk*, 1968, S. 384.

② F. H. C. Schwarz, *Erziehungslehre*, 2. Aufl. Leipzig, 1829, Vorwort.

迁移。施瓦茨关于儿童教育问题的经验与认识，多来源于此。

随着教育实践的不断开展，施瓦茨也陆续出版了一些教育理论著作。他的第一部论著出版于 1792 年。这部名为《中层等级家庭中女童教育的理论基础》的著作专论女童教育。① 施瓦茨是德意志地区较早关注女童教育的学者之一，坎佩著名的《父亲给女儿的建议》（1796）尚在施瓦茨之后。1796 年的《与一位关心教育和传教工作的大学生的通信》是施瓦茨将教育理论与宗教理论结合在一起的第一次尝试。② 随后的几年，施瓦茨对宗教教育的关注越来越多，并于 1798 至 1800 年间出版了一本专为教堂和学校中的基督教教师所写的《基督教宗教教师的存在与影响》。③ 19 世纪初，裴斯泰洛齐的教育思想在德意志地区广泛传播，施瓦茨在其教育机构中也积极引用裴斯泰洛齐的方法和教科书，并根据其应用效果，出版了若干专著。例如《裴斯泰洛齐的方法及其在大众学校中的应用》（1802），以及《裴斯泰洛齐的教科书在家庭教育教学和大众学校中的使用》（1804），前者还被翻译成荷兰语在阿姆斯特丹出版。④

在推广裴斯泰洛齐教育方法的同时，施瓦茨也在尝试创作自己的教育理论。1802 年到 1813 年，他以"教育学说"为题，陆续出版了四卷教育著作，分别名为第一卷《人的本质——与一位有教养的女性的通信》、第二卷《论儿童，或者论 0—4 岁的儿童的发展与培养》、第三卷《4 岁至成熟期的青少年的发展》和《作为教学工作

---

① F. H. C. Schwarz, *Grundriß einer Theorie der Mädchenerziehung in Hinsicht auf die mittleren Stände*, Jena, 1792.

② F. H. C. Schwarz, *Briefe, das Erziehungs-und Predigergeschäft betreffend an einen studierenden Freund*, Gießen, 1796.

③ F. H. C. Schwarz, *Der christliche Religionslehrer in seinem moralischen Dasein und Wirken. Ein Lehrbuch der moralischen Bestimmung des christlichen Lehrers in Kirchen und Schulen für sein Leben und seine Amtsführung*, 2. Bde. Gießen, 1798/1800.

④ F. H. C. Schwarz, *Pestalozzis Methode und ihre Anwendung in Volksschulen*, Gießen, 1802. F. H. C. Schwarz, *Gebrauch der Pestalozzischen Lehrbücher beim häuslichen Unterricht und in Volksschulen*, Gießen, 1804.

的教育》、第四卷《从古至今的教育的历史及其与民众的关系》；1829 年再版时，整合为三卷本，并分别命名为《教育的历史》《教育的系统》《教育的教学》。① 这部四卷本的教育巨著，前后创作的时间超过 10 年。其间，施瓦茨经历了工作角色的变化和工作地点的变迁，从黑森地区的一个城市牧师转而成为海德堡大学的神学教授；也经历了社会政治动荡，例如"德意志民族的神圣罗马帝国"的解体、拿破仑的占领以及"莱茵邦联"的成立等重大变化，这些都没能阻碍施瓦茨创作教育理论的脚步。

施瓦茨创作教育理论的热情不限于此。1805 年，他为学习教育学的青年学生出版了一部教科书——《教育学与教学论教科书》。② 这部著作几乎囊括了《教育学说》中除了教育史以外的精华。1817 年出版第二版，更名为《教育与教学学说教科书》（Lehrbuch der Erziehung- und Unterrichtslehre）。在这一版中，他将出版于 1807 年的著作《关于学校事业的学说的基础》，并入"教育学说"部分。③ 1807 年的这部著作，原本就是作为《教育学与教学论教科书》的增补，因为在第一版中，并没有论及学校教育。1835 年出第三版，施瓦茨在第二版的基础上，做了进一步的整理和修订，删除了部分陈旧的文献，调整了陈述框架，使之更为清晰且成体系。施瓦茨的教育学思想，主要集中在《教育与教学学说教科书》中。

---

① F. H. C. Schwarz, *Erziehungslehre*, 1. Auflage. 1. Bd.：Die Bestimmung des Menschen. In Briefen an erziehende Frauen, Leipzig, 1802. 2. Bd.：Das Kind, oder Entwicklung und Bildung des Kindes von seiner Entstehung bis zum 4. Jahre. Leipzig, 1804. 3. Bd.：1. Abt.：Entwicklung der Jugend von dem 4. Jahre an bis zur Reife. Leipzig, 1808. 2. Abt.：Die Erziehung als Unterrichtsgeschäft. Leipzig, 1808. Bd. 4：1. u. 2. Abt.：Geschichte der Erziehung nach ihrem Zusammenhange unter den Völkern von den alten Zeiten her bis auf die neueste. 2. Abt.：Geschichte der Erziehung als Unterrichtsgeschäft. Leipzig, 1813. 1829 – 1830 年再版，为三卷本。1. Bd. 1. U. 2. Abt. Geschichte der Erziehung. 2. Bd. System der Erziehung. 3. Bd. Unterricht der Erziehung. Leipzig. 1829/30.

② F. H. C. Schwarz, *Lehrbuch der Pädagogik und Didaktik*, 1. Aufl. Heidelberg. 1805.

③ F. H. C. Schwarz, *Grundriß der Lehre vom Schulwesen*, als Nachtrag zu dem Lehrbuch der Pädagogik, Heidelberg, 1807.

施瓦茨认为作为科学的教育学，离不开哲学的思考。他在《教育学与教学论教科书》的前言中指出："教育学说，受康德、费希特和谢林的哲学以及最新的自然哲学的影响。"① 但他同时也担忧，教育学有过度依赖哲学而丧失严密的科学性的危险。他认为，教育学还需要以经验事实为基础：

> 教育科学，它的地位比"教育"学说要高。倘若它想拥有实践价值，则必须以经验为前提，……但它也必须是一门学说。因此，它不仅要介绍普通原理，而且也需要引领性的观念，所以，教育学也应允许假说的存在，如同人类学和医学……②

施瓦茨的教育学，既有实践又有理论。一方面，他继承了尼迈尔的传统，将自己的教育学建立在对以往文献的研究之上；另一方面，他又回到特拉普，在教育学中融入教育实践经验。也正因如此，他将自己的教育学命名为"学说"（Lehre）。其《教育学说》主要面向女性读者。他写道：虽然"教育一直被认为是有教养的人所关注的事务，与妇女无关"，然而，教育中最重要的部分却掌握在妇女手中。③ 因此，他采用了简明且易于理解的陈述方式，以便妇女能阅读。而《教育与教学学说教科书》则为那些想要成为教师的大学生而作，这也符合当时大学生毕业多半去做家庭教师的时代潮流。

施瓦茨的教育学，在出版后得到同时代人的诸多赞扬。赫尔巴特也曾提到："毫无疑问，尼迈尔和施瓦茨的著作，是被最多使用的教育学著作。"④

---

① F. H. C. Schwarz, *Lehrbuch der Pädagogik und Didaktik*, 1805, S. 6.
② F. H. C. Schwarz, *Lehrbuch der Pädagogik und Didaktik*, 1805, S. V.
③ F. H. C. Schwarz, *Lehrbuch der Pädagogik und Didaktik*, 1805, S. 5.
④ K. Kehrbach（Hrsg.）, *J. F. Herbarts sämtliche Werke in chronologischer Reihenfolge*, 13. Bd. Langensalza, 1907, S. 238.

六 遭冷遇的教育学

1802—1803学年的冬季学期,哥廷根大学的编外教师赫尔巴特开设了他在大学中的首个讲座,内容是教育学。时值26岁的赫尔巴特可能没有料到,几十年后,自己的名字会与教育学牢牢联系在一起,并在教育学史中占据极为重要的位置。

首个讲座便以教育学为主题,似乎预示着赫尔巴特将来会在教育学领域有所建树。而实际上,赫尔巴特本人更希望自己能通过哲学研究留名青史。1831年,他仍宣称教育学并非其工作的主要内容,且"对我而言教育学从来就无非是对哲学的应用"。[①] 不过,以教育学为讲座主题,确实是初登大学讲台的赫尔巴特所精心挑选过的,开设私立讲座收取学费是大学编外教师获得收入的途径。首先,教育学讲座可能会受到学生的欢迎,因为毕业后准备从事一段时间家庭教师工作的大学生不在少数,这样便有了潜在的授课对象;其次,教育学讲座在内容上与其他同事的讲座不重复,在尽可能多地吸引学生选修的同时,也能尽量避免同事的排挤;最后,1797至1802年的教育实践工作,也为他从事教育学教学积累了一定的经验。1803年,他才以"赫尔巴特博士"的头衔作为私聘教师的一员,第一次出现在哲学系的师资手册上。在夏季学期,赫尔巴特开设了"实践哲学或道德与自然法则"的讲座。此后的几个学期,他数次主讲教育学和哲学。这些教学实践以及其中的理论思考,为数年后的理论性著作的出版奠定了基础。1806年,《普通教育学》出版,1808年《普通实践哲学》出版。[②] 本纳评论道:

> 赫尔巴特,从来没有一个教育学理论家像他一样,在其学

[①] [德]赫尔巴特:《对柯尼斯堡教育学活动的回顾》,载李其龙主编《赫尔巴特文集4》(教育学卷二),浙江教育出版社2002年版,第359页。

[②] J. F. Herbart, *Allgemeine Praktische Philosophie*, Göttingen, 1808.

习时代以及研究和教学活动的开始，就已经发展出自己的教育学体系，在此后的多年，虽然一直在扩充，但从未做原理性修正。①

本纳在指出赫尔巴特教育学的系统性和一贯性的同时，也表明了早期学习和教育实践对赫尔巴特教育学生成的重要影响。赫尔巴特在瑞士担任家庭教师期间，结识了裴斯泰洛齐。在回到不莱梅之后，他开始宣传裴斯泰洛齐的教育著作和方法，这也是他发表教育理论著作的开始。1802年，他发表了两篇论著：《论裴斯泰洛齐的新作——〈葛笃德怎样教育她的子女〉》和《裴斯泰洛齐的直观教学ABC思想》。后一本在1804年再版的时候，加入了一篇附录《论对世界之审美描述是教育的首要工作》，这篇论文奠定了赫尔巴特教育学的基础。在文章开篇他就指明："我们可以将教育唯一的任务和全部的任务概括为这样一个概念：道德。"② 在后来的《普通教育学》中，他进一步诠释并论证了这一观点。他认定，教育的目标即道德性格的力量。而他关于"世界之审美描述是教育的首要工作"的观点则在1802年的教育学讲座中已经形成。

1913年，在威尔曼（O. Willmann）和弗里兹西（Th. Fritzsch）编撰的《赫尔巴特教育论著》第一卷中，首次将赫尔巴特的两篇关于教育学讲座的课堂记录（Diktate）呈现在世人面前。③ 这两篇课堂记录最初发现于柯尼斯堡，在赫尔巴特的手稿中有一个本子，上面由赫尔巴特的笔迹写着"教育学课堂记录"（Diktate zur Pädagogik）。经过威尔曼和弗里兹西的考证，这确实是赫尔巴特在哥廷根大学第一

---

① J. F. Herbart, *Systematische Pädagogik*, Eingeleitet, ausgewählt und interpretiert von Dietrich Benner, Stuttgart: Klett-Cotta, 1986.

② [德]赫尔巴特：《论对世界之审美描述是教育的首要工作》，载李其龙主编《赫尔巴特文集4》（教育学卷二），浙江教育出版社2002年版，第177页。

③ J. F. Herbart, *Johann Friedrich Herbarts Pädagogische Schriften I*, hrsg. Von O. Willmann und Th. Fritzsch, Osterwieck und Leipzig, 1913.

次讲授教育学时的课堂记录，在之后的若干次讲座中，赫尔巴特曾多次使用。遗憾的是，记录仅存两篇。可能是赫尔巴特未再对其教育学讲座继续做记录。"即便这个课堂记录在形式上并未完成，但是在内容上仍极具价值。因为，……它包含着赫尔巴特后来作品的萌芽，并给出了许多对解释赫尔巴特教育学极为重要的类似段落。"①例如，在第一次教育学讲座的导入部分，赫尔巴特这样阐述其教育学理念：

> 如果我在这里大谈教学，说它就是教育；大谈教学方法一般可分为综合教学和分析教学；大谈对世界之审美描述就是教育之理想；你们会理解我吗？……我几乎不敢在你们面前把我对整个教育任务的观点透露出来，认为幻想和性格的教化是一种极端，教育的任务就包含于其中。②

这些在这里一带而过、并未详加论述的观点，在赫尔巴特后来的教育学著作中都得到了充分的展开。这也表明赫尔巴特教育学中的基本观点在1802年左右甚至之前已经形成。另外，赫尔巴特在教育学讲座中还区分了作为科学的教育学与教育艺术的区别，提出了试图将教育学建设成为一门科学的志向：

> 你们要把作为科学的教育学（Pädagogik als Wissenschaft）与教育艺术（Kunst der Erziehung）区分开来。那么一门科学的内容又是什么呢？科学是包含了全部思想内容的一系列原理的综合，这些原理有可能相辅相成，体现为基本原理的结果，原则中的原理。那么，什么是艺术呢？艺术是一系列能相互统一起来以实现

---

① J. F. Herbart, *Johann Friedrich Herbarts Pädagogische Schriften I*, 1913, S. 115.
② ［德］赫尔巴特：《关于教育学的两个讲座》，载《赫尔巴特文集4》（教育学卷二），李其龙主编，浙江教育出版社2002年版，第196—197页。根据德文对译文有所改动。

某一目的的技能的综合。就是说，科学要求的是从其缘由中导出原理，是哲学性的思考；艺术要求的是不断地活动，知识通过艺术活动得到结果，艺术在其实践中不会陷于思辨……①

教育学是关于人的本性（Natur）和可教化性（Bildsamkeit）的某些观念和信念的结果。我要建立这些观念，对它们进行论证，对它们进行连接、建构，使它们融为一体，这样可以从中产生那种感觉，促成上面所描述的教育机敏（pädagogische Takt）。但是，这些观念的建立、论证和建构，是一项最高尚的也是最困难的哲学任务。这里之所以说它是最困难的，是因为我应该主要以心理学和伦理学为基础来建构，而非以纯哲学的基础为前提。②

赫尔巴特提出要以心理学和伦理学为基础来建构作为科学的教育学。在出版于 1806 年的《普通教育学》中，赫尔巴特做到了这一点。孔佩雷评价赫尔巴特："在《普通教育学》中，他已经陈述了其教育学体系的基本原则，后来的论著不过是对他在 30 岁之前已经规划好的理论的发展与解释。"③

1805 年，赫尔巴特开始撰写《普通教育学》，1805 年底送去出版社，1806 年初正式发行。④ 赫尔巴特刚好 30 岁，与其他几位教育

---

① ［德］赫尔巴特：《关于教育学的两个讲座》，载李其龙主编《赫尔巴特文集 4》（教育学卷二），浙江教育出版社 2002 年版，第 197 页。

② ［德］赫尔巴特：《关于教育学的两个讲座》，载李其龙主编《赫尔巴特文集 4》（教育学卷二），浙江教育出版社 2002 年版，第 202 页。此处译文根据德文有所改动。对"教育机敏"概念的探讨，见［德］底特里希·本纳《论赫尔巴特的教育机敏理论及其当代研究》，《比较教育学报》2021 年第 1 期。

③ Gabriel Compayré, *Herbart and Education by Instruction*, Translated by Maria E-. Findlay, London：George G. Harrap & Company, 1908, p. 3.

④ 1814 年，赫尔巴特写道："9 年前我写了这本《普通教育学》，1806 年新年此书已经到了书店。"见［德］赫尔巴特《赫尔巴特对雅赫曼书评的回答》，载李其龙主编《赫尔巴特文集 3》（教育学卷一），浙江教育出版社 2002 年版，第 417 页。

学作家相比,他是在其教育学主要论著出版时最为年轻的作者。然而,年轻的赫尔巴特所创作的教育学,在问世之后遭到了冷遇。在当时的德意志教育理论界,教育学著作频出。且不论18世纪末的康德派教育学家们的理论著作,[1] 仅在19世纪的前七年,就有多本著作问世。1803年康德的《康德论教育学》出版;尼迈尔的《教育与教学原理》1806年出第五版;施瓦茨的《教育学说》(1802)和《教育学与教学论教科书》(1805)也已问世;里希特的《莱瓦娜》(1807)也在一年后出版,并迅速吸引了读者的眼球。以上这些作者在当时的名气,均比年轻的赫尔巴特要大得多。在这样一批教育学理论著作的喷涌下,尚为编外教师的赫尔巴特所撰写的《普通教育学》遭到冷遇似乎也是情理之中。且在哲学界,康德、谢林、费希特、黑格尔,这些如雷贯耳的大名,更将年轻的赫尔巴特映衬得暗淡无光。根据孔佩雷的记载,当时的赫尔巴特不仅遭遇经济困境,在工作上也受到打压。主张改革的赫尔巴特在哥廷根大学哲学院遭到同事们的冷遇甚至敌视。但赫尔巴特并未退缩,而是勇于斗争,"直面风吹雨打"。[2] 然而面对《普通教育学》的悲惨境遇,赫尔巴特亦不由发出悲叹:"我那可怜的教育学,跫音不响,友声未闻。"[3] 这或是谦虚,或是对自己的著作有清醒的认识,1812年,赫尔巴特称自己的《普通教育学》为"必然不完美的教育作品",因为它缺

---

[1] 18世纪九十年代开始,一批受康德哲学影响的学者陆续开始发表教育论著,他们被称为教育学中的康德派。例如:舒德霍夫(J. Schuderoff, 1766—1843)的《道德教育书简》(Briefen über moralische Erziehung, 1792);格赖林(J. C. Greiling, 1765—1840)的《论教育的最终目的以及教育科学的第一原理》(Über den Endzweck der Erziehung und über den ersten Grundsatz einer Wissenschaft derselben, 1793);霍伊辛格(J. H. G. Heusinger, 1766—1837)的《教育艺术教科书的尝试》(Versuch eines Lehrbuchs der Erziehungskunst, 1795)等。

[2] Gabriel Compayré, *Herbart and Education by Instruction*, 1908, 14.

[3] Gabriel Compayré, *Herbart and Education by Instruction*, 1908, 14. 中文译文转引自董标《卢梭悖论——"教育学形态"的案例研究》,《中国教育科学》2013年第1期。

少心理学方面的内容。① 类似的论述，还有1831年在《对柯尼斯堡教育学活动的回顾》中，他如此评价自己的教育学著作："我的《普通教育学》是一部简略、部分不能让人充分理解的简编教材。……不过，对我而言教育学从来就无非是对哲学的应用。"② 赫尔巴特教育学沉寂许久，直到19世纪中后期才经赫尔巴特学派发扬光大，鼎盛一时，且漂洋过海，西入美国，东传日俄，并在20世纪初被一批学者从日本引入中国，在中国播撒下现代教育学的种子。③

本章结语

时代情境与作者个性是影响教育学生成的两种变量。

18世纪末到19世纪初，德意志地区的政治、经济、文化等领域风云变幻。在这段时期内，存在了942年的"德意志民族的神圣罗马帝国"一步步走向末路。德意志地区的连年征战，1770年以来的若干次普奥战争、1790年以后的数次反法战争等均以德意志地区为主战场，导致该地区在政治上四分五裂，统一的帝国变为各邦割据。在经济上，随着欧洲经济中心向西部沿海地区转移，德意志地区的经济停滞不前，贫困问题严峻。若干实行开明专制的君主，锐意改革，谋求自救，却收效甚微。1789年，邻居法国作出行动领域的变革，德意志人唯有惊奇、赞叹、羡慕，却无意效仿，以至于19世纪初被拿破仑铁骑征服，德意志民族的神圣罗马帝国被迫就此作古。

---

① [德]赫尔巴特：《论教育学的阴暗面》，载李其龙主编《赫尔巴特文集4》（教育学卷二），浙江教育出版社2002年版，第259页。

② [德]赫尔巴特：《对柯尼斯堡教育学活动的回顾》，载李其龙主编《赫尔巴特文集4》（教育学卷二），浙江教育出版社2002年版，第359页。

③ 比较周谷平：《近代西方教育学在中国的传播及其影响》，《华东师范大学学报》（教育科学版）1991年第3期；侯怀银等：《德国教育学在中国的传播和影响》，商务印书馆2018年版，第54—61页。

在行动领域中沉默的德意志人，却在思想领域激荡风雷。18世纪最后30年的德意志地区，理性主义与非理性主义两种思潮缠斗交织，启蒙运动持续推进，"狂飙突进"运动昙花一现，古典文学与浪漫派并存，新人文主义思想走上台前，短短几十年内，时代精神发生了数次变化。在这期间，人们对教育的作用与地位的认识以及关于人的构想均发生了改变。教育实践领域也出现了改革与发展，来自各邦国官方推动的教育改革与泛爱派的私人努力齐头并进，大学教育蓬勃发展，教师培训方兴未艾，这些共同为教育学的产生提供了土壤。

面对如此的时代情境，生长于其中且个性相异的诸位教育学作者，家庭出身、受教育经历、职业经历均有差异，他们缘于各异的目的，加上对时代情境的不同感知，导致他们产生不同的教育学观念，继而通过教育学行动，创作出形态各异的教育学实体。倘若时代情境是德意志教育学产生的土壤，诸教育学作者们的个性特征则是德意志教育学产生的种子。其中，进入大学接受学术训练、担任家庭教师或学校教师从事教育实践，是诸位作者的共性。

特拉普教育学是启蒙教育学的代表，它系统总结了泛爱派教育改革理论，并勇敢地承担起建立"体系化"教育学的责任。康德教育学虽由康德学生根据其早期教育学讲义编撰而成，但基本反映了康德的教育学观念。尼迈尔教育学是为家长、家庭教师和教育者编写的"家庭教育指南"，也是18世纪90年代教育学的典范。施瓦茨教育学从对裴斯泰洛齐的模仿开始，将自身长期的教育实践外化为教育学理论，"神学性"是其区别于其他教育学的显著特征。赫尔巴特教育学创造了完整体系，是早期德意志教育学中最为当今中国教育学学习者所熟悉的，但在当时的德意志地区却生不逢时，遭到冷遇。里希特教育学源于教育理论和实践的双重积累，辅以独特的呈现技巧，出版后甚为畅销。

第 二 章
语言与教育学实体

教育学形态研究的中阶分析是语言分析。教育学形态研究理论中所谓的语言分析,"不是像语言学家那样去分析'语言现象',不是像语言哲学家那样去建立形而上学的语言理论,而是以语言之于教育学场域的应用过程及其特性为中心"。① 语言在教育学场域的应用过程,既是教育学文本的创生过程,又是观念教育学转化为实体教育学的过程。语言应用过程是抽象行动,语言应用特性是具体表现。行动属于前描述领域,描述的起点是表现。因而,本章以对六部教育学的内容结构、陈述框架和陈述语言的分析为主。像布雷钦卡那样对教育学语言的功能和精确性的探寻,属于下一章的"观念分析"。

教育学形态研究的语言分析,与"元教育学"研究有一致之处,二者在路径上有重合,但在起点和目的上均有分野。20 世纪 90 年代曾在国内兴盛一时的"元教育学",以教育学陈述为研究对象,按照分析的认识论的标准与规则,对教育学陈述体系进行逻辑分析和语

---

① 董标:《何谓教育学形态研究》(内部资料),华南师范大学,2012 年。

言分析。① 而教育学形态研究的语言分析，同样涉及对教育学陈述体系的分析，但又不止步于此。它从初阶的情景分析发展而来，又为高阶的观念分析服务，同时也是从整体上对诸教育学进行分类研究的基础和依据。

第一节　教育学的内容结构

语言在教育学中的应用，主要以文本形式表现。凡文本，必有其内容；凡内容，必有其结构。遵循"分而治之为先"的研究模式，先行的是对各教育学文本内容结构的分析。

一　《莱瓦娜，或教育学说》

1807年，里希特的《莱瓦娜，或教育学说》（简称《莱瓦娜》）第一版在布伦瑞克出版。该著较为畅销，美中不足的是印刷错误太多。因此，里希特将其重新订正，并于1814年在哥达出第二版。里希特在第二版的前言中指出了它与第一版的差异：

> 这一版除了对第一版有一些小的改正之外，还插入了数篇刊载于两本期刊上的论文和一篇尚未刊出的论文，此外还有一

---

① 20世纪90年代，以陈桂生为代表的部分教育学者发起了"元教育学"研究，以期对教育学进行科学理性的审视。"'元教育学'不同于以'教育现象'为研究对象的教育学，而正是以教育学陈述为研究对象的学科领域，是运用'元语言'分析教育学陈述的尝试。"参见陈桂生《教育研究空间的探求》，福建教育出版社2006年版，第340页。元教育学"按照分析的认识论的标准与规则，分析已有的教育学陈述体系；这种分析的基础，是教育学陈述体系的形式性质的区分。它以不同性质的教育学陈述体系之间的逻辑鸿沟为基本假设。""它实际上是对教育学陈述体系的逻辑分析与语言分析。"参见陈桂生《元教育学问对》，《华东师范大学学报》（教育科学版）1995年第2期。

些朋友们所给的友好建议，特别是来自耶拿和哈勒的朋友。①

实际上，第二版中里希特除了在内容上有一些改正和增加之外，在文本结构上也进行了调整。在保持原有章节不变的情况下，由两卷本调整为三卷本，使得每卷的篇幅和行文结构更加均衡。

1826 年至今，共有五个不同版本的《里希特著作全集》出版：1826—1838 年的 65 卷本、1840—1843 年的 33 卷本、1868—1879 年的 60 卷本、1928 年至今仍未完成的《全集历史考证版》、1959—1985 年的 10 卷本。在收录《莱瓦娜，或教育学说》的文本时，这五版全集均选用的是《莱瓦娜》的第二版。而 1963 年费舍尔（K. G. Fischer）编撰的《教育学史上的教育著作合集》中收录的也是《莱瓦娜》的第二版。唯一例外的是英译本，1848 年在伦敦出版的《莱瓦娜》英译本以第一版为基础。根据之前的文献回顾，绝大多数关于里希特教育学的研究，均选用了《莱瓦娜》的第二版作为基础文本。为准确把握里希特的教育学思想，也遵循里希特教育学研究的惯例，本书选取《莱瓦娜》的第二版作为研究的基础文本，主要引用来自费舍尔 1963 年整理编撰版本。

大部分德语书写的教育学史著作中，均有里希特的位置，且多有对《莱瓦娜》的介绍和评价。但这并不能证明，这些教育学史的作者们深入研究了里希特的著作。尤其是关于《莱瓦娜》的陈述是否成系统的问题上，多数文献持否定态度。例如，荷曼（Friedrich Heman）在其《新教育学史》（1904）中认定：

> 它（莱瓦娜）无论如何也不能被称作是一部系统性构建的或者科学地书写的著作，而是包含着冷静的、精巧的、有见地

---

① Jean Paul Richter, *Levana oder Erziehlehre*, 1963, S. 9, Vorrede zur zweiten Auflage.

的、对儿童天性有着完整和深入的体认的片段性探讨。①

雷布勒在其经典著作《教育学史》（1951）中也认为："在《莱瓦娜》中，里希特对其教育思想的阐释……跳跃且不系统。"② 另有部分教育学史著作，直接介绍里希特教育学的内容，而不涉及其陈述的系统性问题。在中文学术界对里希特教育学的有限介绍中，亦多将《莱瓦娜》当作非系统的教育学，此"传统"，由来已久。③

与这些否定或回避里希特教育学系统性的研究相对应的，是部分文献中对《莱瓦娜》系统性的专门探究。这些研究多认为《莱瓦娜》是具有系统性的、成体系的教育学著作。例如，马尔考（Dagmar Markau）在其博士论文中，将《莱瓦娜》视为教育学的"文学—美学"体系的代表。④ 费舍尔（Kurt Gerhard Fischer）指出，倘若仅凭借第一眼的判断，很容易得出《莱瓦娜》缺乏概念性和系统性的结论，但是，仔细研读之后，读者会发现：

> 里希特试图在《莱瓦娜》中创造一种划分严密的"教育原理"，它具有经缜密思考的概念性，以及循序渐进的系统性。⑤

正如费舍尔的分析，里希特对系统性的理解，并未局限在思想

---

① Friedrich Heman, *Geschichte der neue Pädagogik*, 1904, Neubearbeitet von Willy Moog, Verlag von A. W. Zickfeldt, 1921, S. 286.

② Albert Reble, *Geschichte der Pädagogik*, Stuttgart, Klett-Cotta, 1951, S. 184.

③ 最早介绍《莱瓦娜》的中文文献《世界教育名著提要》就认为《莱瓦娜》是"断片的教育论文集"。随后的《教育大辞书》和蒋径三的《西洋教育思想史》均认为，"其书虽有纲目，非为有系统之论文，亦不风行"。陈桂生的《历史的"教育学现象"透视：近代教育学史探索》也认为它"不是系统的教育理论著作"。

④ Dagmar Markau, *Jean Pual Friedrich Richters „Levana" als Repräsentation des Typs eines „literarisch-ästhetischen" Systems der Pädagogik. Eine Studie zum Problem von Typologien pädagogischer Systeme*, Ph. D. dissertation, Halle, 1983.

⑤ Kurt Gerhard Fischer, "Jean Paul-ein systematischer Pädagoge?", *Vierteljahrsschrift für wissenschaftliche Pädagogik*, 39. Jahrg., 1963, S. 53–61.

的呈现形式之上，他所关注的系统性，更多地存在于文本内容与内在逻辑之上。里希特在第一版前言中写道：

> 一些与陈列室中的高尚思想完全不同的东西，或者我那虚弱的莱瓦娜怀抱中的篇章，是正统而完整的教育体系，它的部分内容在其他地方已经被其他人所陈述，部分将在此处被首次陈述。①

长期以写作文学作品为主的里希特，在内容的编排和结构上自有其独特的见解。其著作中呈现的是一种独特的，与其他教育学相异的教育体系。不过，里希特的自评，却被后来的众多研究者忽略。

里希特的《莱瓦娜》共292页，分为小节157节（以阿拉伯数字连续编号），每小节无标题。其著作分为三卷（Band），每卷下面分片段（Bruchstück），每片段之中分章（Kapitel）。其陈述结构布局为"卷—片段—章—小节"。从结构上来看，三卷本的划分，有其原因。里希特在前言中指出，第一卷论儿童的花蕾期（Knospenzeit），第二卷和第三卷论儿童的盛开期（Blütenzeit）。因此，"教育的开始"被放在第一卷，而女孩、男孩、贵族的教育则被放在第二、三卷。此外，各卷内容的字数相当，亦是分卷的标准之一。根据里希特在1811年修订时的安排，第一卷约96页，包括论教育的重要性、论教育目的和论教育的开始（儿童的教育）。为了让各卷篇幅相当，里希特将第一卷的两个附录（论身体教育、论家庭教师的培养）归入第二卷。第二卷约99页，除两个附录外，还包括论女子教育和论贵族教育。之所以将女子教育和贵族教育放在同一卷，是因为"唯有王子和女性的教育，有已经决定好的目的，而其他人的教育，其目的都是不确定的"。② 里希特曾这样介绍《莱瓦娜》的行文结构：

---

① Jean Paul Richter, *Levana oder Erziehlehre*, 1963, S. 16.
② Jean Paul Richter, *Levana oder Erziehlehre*, 1963, S. 182.

"我在处理普通之前,先处理特殊"。他遵循从特殊到一般的程序,先论有特殊目的的两种教育,再论无确定目的的教育,即第三卷。第三卷约 90 页,包括论男孩的品德教化(sittliche Bildung des Knaben)、论精神教化驱力的发展(Entwickelung des geistigen Bildungstriebes)、论审美感的培养(Ausbildung des Schönheit-Sinnes)和结语。全书具体论述结构如下。

第一片段(Bruchstück)论教育的重要性。(1)教育的必要性(1—3 节):儿童的重要性;教育者对儿童发展至关重要;教育能引导、保护儿童的发展。(2)如今教育的影响变得微弱(4—15 节):借一位教师培训机构的新主管的就职演讲词批判当时错误的教育。(3)教育的重要性(16—21 节)(一位怀抱教育新理想但就职若干天后即被解聘的教师培训机构主管的告别演讲词):在行动和著作中重视教育;儿童早期阶段的教育最重要;儿童内心的种子需要教育来帮助它发展。里希特在全书开始就点明教育的必要性,接着揭露现实中教育影响的减弱,从而反衬出教育的重要性,最后指明儿童的发展需要借助教育,但这种教育并非当前所盛行的旧的做法,而是作者接下来要阐明的新的教育学说。

第二片段论教育目的。(1)什么是真正的教育以及真正教育的目的(22—26 节):批判目的错误的教育,指出真正的教育应该是身体和精神并重的;批判卢梭的消极教育,指出真正的发展是给灵魂以自由;教育的真正目的是每个人心中的"理想之人"(Idealmensch)的充分发展。(2)教育目的(27—32 节)(理想之人的个性):儿童的特殊性与个性;个性的定义与意义;理想之人的定义;更高层次的教育目的是对时代精神的提升。(3)论时代精神(33—37 节):何谓时代精神;如何把握时代精神;当前处于亟待改变的坏时代;时代精神的改变在于儿童;教育要发展儿童的三种力量即意志、爱与宗教。(4)宗教教化(38—40 节):宗教调和人的力量与爱,使人成为人;宗教是对上帝的信仰;宗教的种子潜藏在儿童内心,需要教育者去唤醒它;对儿童进行宗教教化的措施。在此篇中，里希特阐明首先在批判错误教育的基础上，引出教育的真正目的——理想之人；接下来论教育对时代精神的作用，通过培养理想之人来改善时代精神；此外，作为调节人的发展的宗教，也在此篇被论述。

第三片段进入教育的具体阶段，论教育的开始（儿童期的教育）。里希特认为这是教育阶段中最重要的部分。（1）论人的开始（41—44节）：精神教育从儿童一出生就开始；父母创造儿童的身体和精神；所有的第一次经历对儿童的影响都是长远的；儿童的前三年，不应过多的干预，应让他自己成长［此处概论，接下来是具体到每一方面的详细论述］。（2）儿童的快乐（45—47节）：快乐对儿童的重要性；什么是快乐；儿童的快乐与享乐的区别；儿童的快乐的重要意义（接下来论维持快乐的方法——玩耍）。（3）儿童的玩耍（48—54节）：儿童玩耍的分类；玩耍的意义；教育者对玩耍的参与；玩耍与想象力的培养；玩耍类型之一玩玩具；玩耍类型之二儿童间的玩耍；关于儿童玩耍的建议。（4）儿童的舞蹈（55—57节）：舞蹈与身体和灵魂发展的关系；舞蹈的意义；关于舞蹈的建议。（5）音乐（58—60节）：音乐的意义；歌唱的作用；关于音乐的建议。（6）论命令、禁止（61—63节）：对巴泽多夫方法的赞同和对卢梭方法的批评；自由意志的重要性；关于命令、禁止的建议；儿童的服从。（7）惩罚（64、65节）：慎用惩罚；对谎言的甄别；严厉惩罚过后的宽恕与爱。（8）儿童的哭喊（66—70节）：错误的处理方式；哭泣的分类（按原因）以及不同的应对，源于外在伤害、源于疾病、为获得某物而哭泣、源于恐惧和烦恼。（9）论儿童的信任（71、72节）：信任是人的神圣精神；儿童对教育者的信任。从第二片段开始，里希特按阶段论述其教育理论。其中的最初阶段也是最重要的阶段，是儿童期的教育。在此阶段中，儿童的自我发展占据中心地位；接下来，里希特分别论述了与儿童发展有关的积极因素和消极因素，以及与这些因素有关的教育建议。

第三片段的附录是论身体教育，也是论儿童期教育的补充。这部分内容，以书信形式呈现，是作者给一位将为人父的男子的回信。在回信中，里希特详细介绍了从孕期妇女的照料到婴幼儿身体养护方面的各种问题和建议。他认为儿童的身体应该及早得到多方面的锻炼。同时也对如何成为一名称职的母亲提出了若干建议。

接下来里希特进入对特定目的的教育的论述，包括家庭教师的培养、女子教育和贵族教育。

里希特将论述家庭教师培养的内容仍以书信的形式呈现。他虚构了一封写给别人的信，讲述自己试图为自己的儿子聘请一位家庭教师的过程。首先是对当前多数教育者的不满和批评。这些教育者以毁坏儿童为生，让儿童失去了纯真。接下来描述了他所认为的理想的教育者的形象。最后，通过里希特与前来应聘的候选人之间的对话，阐明了他给年轻的教育者的若干建议。

第四片段论女子教育。（1）杰奎琳娜关于教育的忏悔（75—77节）：女子教育的三种类型；无奈依赖母亲的教育；五个孩子的母亲杰奎琳娜的忏悔；错误教育带来的不良后果。（2）论女性的限定——为夫妻而作（78—80节）：母亲对儿童身体的养护；第一阶段儿童教育由母亲承担，女子所受的教育会影响到孩子；因此女子教育极为重要；关于如何做一个好母亲的建议。（3）女孩的天性：纯洁心灵占主要地位的证明（81—88节）：女孩的教育多由母亲实施；男女天性的差异；对女性特征的分析；女性在社会中应占据重要地位；男性对女性的偏见；女性的爱，对子女的爱；抗议女性所遭受的不公正待遇。（4）女孩的教育（89—100节）：女孩将被教育成为母亲和教育者；女孩首先是一个人；关于女孩的教育的建议；重视女孩的品德和纯洁；女孩应在家中受母亲的教育；［里希特践行了这一点，他的女儿均在家接受母亲的教育，并未去过学校。］女孩性格的培养方法；女孩应学习处理家庭事务；女孩应有清楚的眼光；女孩应学习的科目与应学习的程度；女性的虚荣与穿着打扮；女孩对情绪的控制；女孩的天赋。（5）一位亲王对他女儿的女家庭教师的私人教诲（101节）：公主身体的养护；对英语、德语书籍的阅读；品德的培养；有节制的情绪；艺术培养；以培养王侯夫人为目的。在这一片段中，里希特论述了一种朝向特定目的的教育——女子教育。在他看来，女子教育的特定目的是培养优秀的母亲。其论述借助一位母亲的忏悔，展示了受到错误教育的母亲给儿童带来的不良后果。因为母亲掌管着儿童第一阶段的教育，所以，女性要成为好母亲。接着他分析了女孩的天性，并针对其天性来实施教育。最后，里希特借助虚构的梦境，赋予自己亲王的身份，并借助亲王对家庭教师的教诲，阐发了其关于亲王女儿教育的观点。

第五片段，论贵族教育（102节）。里希特再次采用书信体，他不再虚构角色，而是真的写了一封信，并将之投递给了王子的导师和内廷参事阿德尔哈德先生。在信中，里希特首先指出为王子选择教师的重要性，接下来是如何培养王子的一系列具体的建议，特别谈到要培养王子认识战争，王子的成年后的漫游也是必要的。

从第六片段开始，里希特转入对普通教育的论述。首先是论男孩的品德教化。（1）品德教化（103—109节）：何谓品德；男女品德差异；男孩应变得更男性化；男孩的身体锻炼；让男孩变得勇敢；男子气概的养成；控制激情；理想的重要性。（2）诚实（110—114节）：诚实是品德之一；论谎言；五岁前儿童的语言非谎言；谎言的类型；诚实的教化。（3）爱的教化（115—120节）：论爱；儿童天生的爱；控制自私与维持爱；爱的维持，爱生命；为爱而爱；教爱。（4）品德教化附录（121—129节）：男性充满荣耀，女性充满爱；品德教化的持续性；儿童的身心发展的相互促进；劝诫儿童的方法；儿童长期旅行的坏处；论规则；儿童的服从与自由；性教育。此片段论男孩品德教化，里希特首先谈到品德的内容，再具体论及各项品德的教化。其中，重点探讨了勇敢、诚实与爱这几种男孩所必需的品德，以及如何教化它们的建议。

第七片段，论精神教化驱力的发展。（1）教化驱力的进一步规定（130节）：批判知识灌输；对精神教化驱力的阐释。（2）语言与写作（131—132节）：语言学习的建议；写作学习的建议。（3）注意力以及预备性力量（133—135）：论儿童注意力及其维持；数学与哲学的区分；对裴斯泰洛齐方法的赞扬；预备性力量。（4）智慧的教化（136—138节）：智慧的意义；儿童智慧教化的建议。（5）思考、抽象以及自我认识能力的发展（139—140节）。（6）论回忆力的训练（141—144节）：回忆力与记忆力的区别；回忆力训练的建议；论记忆。此片段，里希特在与认知能力的对比中区别了精神教化驱力，在对精神教化驱力的进一步解释后，将之分解成为六个部分，并分别给出了如何发展这六个部分的建议。

第八片段，论审美感觉的培养（Ausbildung）。（1）审美感觉的发展（145—148节）：何谓审美感觉；进入的外在途径——艺术；内在途径——诗歌；本民族诗歌；内在与外在途径的差异。（2）经典教育（149—150节）：批判让儿童阅读古代经典的做法；古代语言学习的困难；古代经典的学习应有所挑选并循序渐进。此篇论审美感觉。里希特在此着墨不多，因为他在1805年已经出版了一部专论审美的著作，名为《美学入门》。

第九片段，结语或者主旨（151—157节）。对其教育学说的说明；错误的教育如同错误的治疗；纯粹而完整的教育应该在儿童群体中生效；教育应发生在熟悉的场合；不同教育情境中对语言的使用；关于教学的补充；校长的角色；结尾提醒父亲要肩负儿童教育的责任；最后是关于末日审判的警告。在结语中，里希特对之前的教育理论做了一些补充，并做点题总结：希望父亲能肩负起儿童教育的责任，与著作的名字"莱瓦娜"相呼应，莱瓦娜将新生儿从地上提起，交给父亲。里希特写作《莱瓦娜》的本意，就是要将教育儿童的责任交到父亲手中。否则，末日审判之时，除了新生儿之外，将没有纯洁的儿童。

对《莱瓦娜》的结构模式的详细分析显示，虽然里希特自称为九个"片段"，但实际上它们并非如有些研究者所言，是"片段性的探讨"，或者"跳跃式的探讨"，而是统一在一个框架之中，具有一定逻辑性和合理性。在每个"片段"之中，章节之间互有起承转合，逻辑结构严密。虽有时在论证时会稍有发散，但不久即回归主题。里希特没有创造"体系"的愿望，但在《莱瓦娜》的布局行文中，仍反映出一定的系统性。这种对系统性的隐含追求，或许是早已潜藏在里希特的成长过程之中。里希特年轻时曾大量阅读并做摘抄笔记，自那时他便养成了将知识分类的习惯，这种分类习惯，逐渐转化为对系统性的追求。里希特在《莱瓦娜》中，将教育理论分成两大类，特定目的的教育与普通教育，在这两大类别中，又有小的分类；他将普通教育分为品德教化、精神教化驱力发展和审美感觉培养；一些无法归类的部分，被他安排在附录中。这样的结构安排，反映出他追求教育学系统性的良好意愿，也反映出文学家出身的他，与其他几位哲学家或神学家出身的教育学作者们，对教育学系统的不同理解。也正因如此，《莱瓦娜》更显其独特价值。

根据分析，可将《莱瓦娜》的内容结构归纳为图2-1。

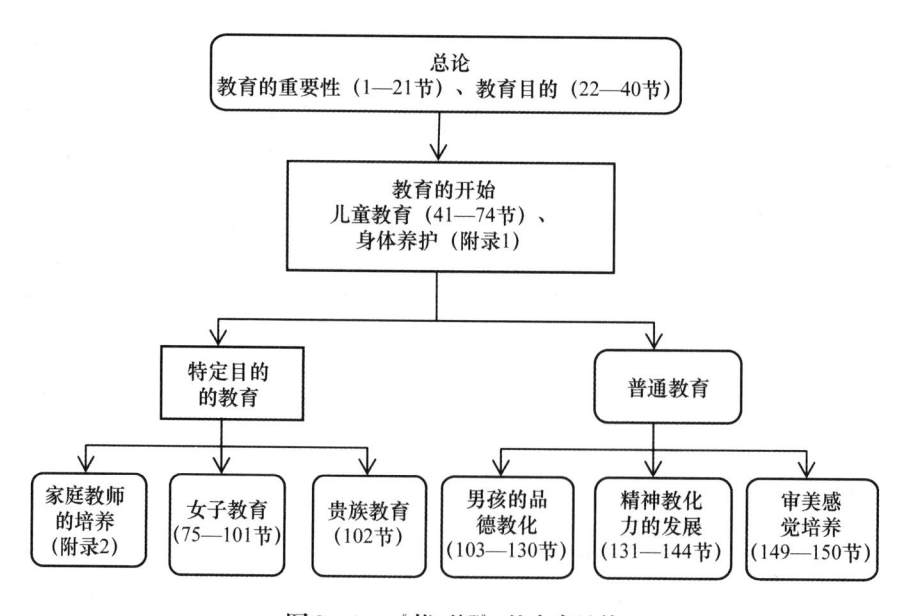

图2-1 《莱瓦娜》的内容结构

二 《教育学尝试》

特拉普是教育学史中注定无法被绕过的人物，他是首位德国教育学教授席位的拥有者。在短暂的四年大学执教生涯中，他出版了一部教育学著作——《教育学尝试》。遗憾的是，这部著作在当时并不算知名，在特拉普生前，它没有再版过，在特拉普后来的生涯中，也较少提及它。《教育学尝试》的两次再版均在20世纪。1913年由弗里茨希（Theodor Fritzsch）按照1780年版重印，并添加了部分注释。[①] 1977年，由赫尔曼再次整理重印，并添加了对特拉普生平和著作的介绍。[②] 本书对《教育学尝试》的引用源自赫尔曼无更改重印的版本。

特拉普的《教育学尝试》共402页，分为107小节。除绪论外，分为两大部分（Abteilung），每部分下面再分为若干篇（Abschnitt），每篇由采用阿拉伯数字连续编号的小节组成，共107小节，每小节无标题。其陈述结构为"部分—篇—小节"。具体结构如下：

绪论（1—10节）。（1）论教育的必要性（1—4节）。（2）论教育艺术的必要性（5—6节）。（3）论公众关心教育的必要性（7—10节）。特拉普以教育的必要性为切入点，展开对教育理论的探讨。

第一部分，论教育的一般（11—93节）。

第一篇，论一切教育的目的——普遍与特殊的幸福（Glückseligkeit）（12—17节）。幸福的定义。以幸福为教育目的的理由。对质疑的辩护。

第二篇，论教育原则的认识来源，兼论人类天性和人类社会的认识来源，由此推导出教育的普通原则（18—70节）。（1）经验人类学的必要性（18节）；对青少年的人类学观察（19—20节）。（2）基于儿童的身体—精神发展，特别是想象力发展而总结出的教育原则

[①] E. C. Trapp, *Versuch einer Pädagogik*, Mit Einleitung und Anmerkungen, Hrsg. von Theodor Fritzsch, Leipzig, 1913.

[②] E. C. Trapp, *Versuch einer Pädagogik*, Hrsg. v. Ulrich Herrmann, Unveränd. Nachdr. d. 1. Ausg. Berlin, 1780, Paderborn：Ferdinand Schöningh, 1977.

(21—24节);经验人类学中的教育观察与教育学"体系"的问题(25—30节);总结(31节);论如何借助巴泽多夫的《启蒙读本》中的前十张图画来培养想象力。(3)论爱好与欲望在教育中的角色以及与之相应的教育原则(32—35节)。(4)儿童天性与身体、智力和道德的教育原则与措施的基础(36—41节)。(5)论精神力量的差异,教育的个人与社会目的的关系以及与之相应的教育原则(42节)。(6)论教育中的刺激与强制、愉悦与疼痛以及与之相应的教育原则(43—45节)。(7)论义务与道德性,以及榜样的教育性功能(46—47节)。(8)论奖赏与惩罚、功劳与责任,以及相应的教育原则(48—54节)。(9)游戏与工作(55—56节)。(10)论自由及其正确的使用(57—58节)。(11)疾病(59节)。(12)无聊(60节)。(13)对不可见的信仰、宗教、宗教教育(61节)。(14)论宽容、评价、真理、谬误、偏见;存在与显现、事物的真正价值(62—66节)。(15)控制意志的教育(67节)。(16)总结(68—70节)。教育的四个主要部分:自由空间和适宜场所的活动、照料、养成习惯、教学。

第三篇,论教学(71—87节)。(1)教学的目的(71节)。(2)普遍有用的知识(72—75节)。言说、阅读、写作、算术、绘画;普遍有用的知识与一般有用知识的区别;知识与能力;培养与教学;优先情况;普遍使用的不同等级。(3)教学的一般目的(76—87节)。记忆力练习、阅读、记忆学习、写作、绘画、历史、理解与领会、算术、感觉、思考练习。(4)教学的最终目的——知识的运用:朗诵、文笔和写作练习(87节)。

第四篇,论语言(88—91节)。[①]

第五篇,论品德教育(92节)。论品德与礼貌的教育、服从的教育、正义的教育、乐于助人的教育、友善的教育。

第六篇,论健康(93节)。洁净;偏爱甜食;生病的儿童。

在教育学的第一部分,特拉普探讨了有关教育的一般理论。他

---

① 此处出现两个88小节,因为特拉普的原文即如此。

从教育目的出发，将教育目的定位在幸福之上。这种幸福分为特殊的和普遍的，也即个人的幸福与社会的福利。确定了教育目的之后，特拉普认为最重要的是实现教育目的的教育原则。因为教育是作用在个人身上的，而且个人生活在社会之中，人的发展受到社会的限制，所以人的天性和人类社会是教育原则的基础。为了进一步探究人的天性和本质规定，特拉普为自己的教育学引入了两种理论基础，即实验心理学和人类学。[1] 在这两种学科的基础上，借助教育实践中的观察所得出的经验，特拉普发展出一系列的教育原则。人类天性被分为三个方面：感觉的、精神的和道德的。相应的教育原则也分为三大类：身体的、智力的和道德的。在确立教育原则之后，特拉普又继续阐述了教育的四部分内容：教学、语言、品德教育和健康。

第二部分，论教育的特殊类型（94—107节）。（1）教育的不同类型：男孩、女孩、学者、村民等（94节）。（2）论未来教育者的教育（95—104节）。（3）论寄宿制机构的教育（105—107节）。（4）总结。在这一部分中，特拉普主要探讨了两种特殊的教育类型：教育者的教育和寄宿制教育机构。这与他在之前在中学和泛爱学校中的工作经历有较大关联。

特拉普的《教育学尝试》，是泛爱派教育思想的总结，它也是德意志地区中第一部直接以教育学命名的教育学著作，在教育学史上有其独特地位，多位教育学史研究者将其看作教育学科学化的开端，称它是"首部现代的体系化教育学"。[2] 有研究者总结了特拉普教育

---

[1] 对18世纪后三十年间，教育学、心理学和人类学的关系的分析，参见 Clemens Menze, *Die Hinwendung der deutschen Pädagogik zu den Erfahrungswissenschaften vom Menschen*, in *Zur Bedeutung der Empirie für die Pädagogik als Wissenschaft*, Bochum, 1966, S. 26 – 52. 以及 Ulrich Herrmann, *Die Rolle der Psychologie in der Entwicklung der modernen Erziehungswissenschaft*, in *Die Psychologie des 20. Jahrhunderts*, Bd. 1. *Die europäische Tradition. Zürich*, München, 1976.

[2] Ulrich Herrmann, *Die Pädagogik der Philanthropen*, in H. Scheuerl (Hrsg.), *Klassiker der Pädagogik* I, München, 1991, S. 126. 另参见 Clemens Menze, *Die Wissenschaft von der Erziehung in Deutschland*, in J. Speck (Hrsg.), *Problemgeschichte der neueren Pädagogik*, Band 1, Stuttgart, 1976, S. 14.

学的特征：

> 特拉普的著作，产生于现代教育科学的初创期，是启蒙教育思想的范例。最为显著的是，它以经验科学为导向，将教育理论知识与经验人类学结合起来，将教育目的和教育实践与人的个体需要联系起来。①

根据分析，可将《教育学尝试》的内容结构归纳为图 2-2。

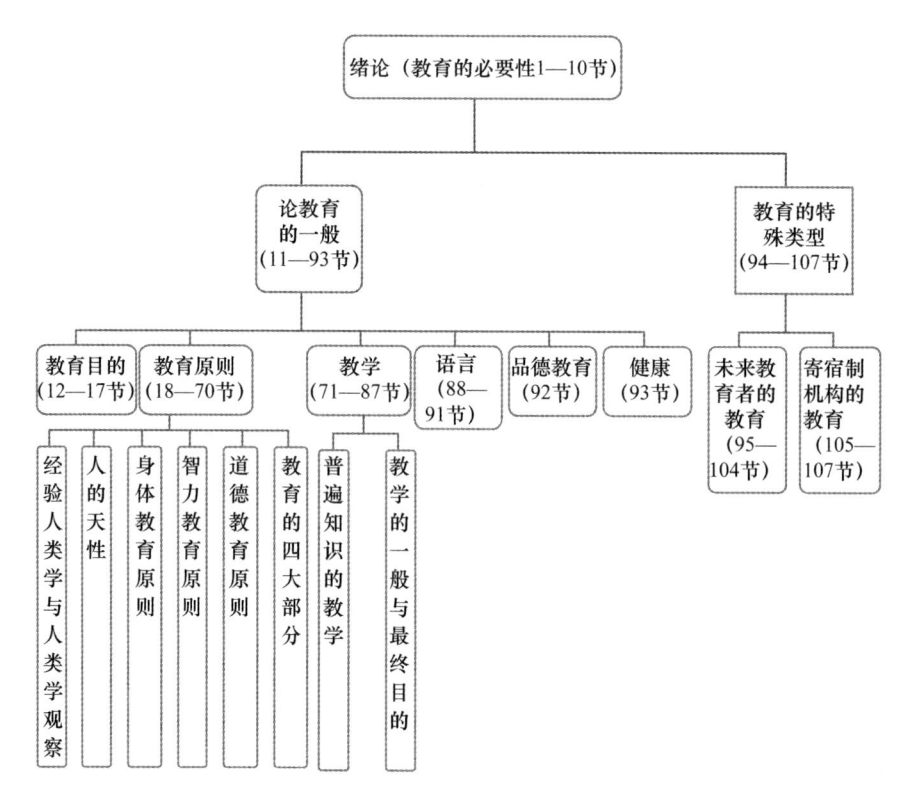

图 2-2　《教育学尝试》的内容结构（按小节）

---

① Hanno Schmitt, *Vernunft und Menschlichkeit. Studien zur philanthropischen Erziehungsbewegung*, Bad Heilbrunn: Julius Klinkhardt Verlagsbuchhandlung, 2007, S. 103.

三 《康德论教育学》

《康德论教育学》于1803年由林克编辑出版,但因其形成时间约在18世纪七八十年代,即在康德主讲教育学讲座的十年间(1776—1787),因此将它放在特拉普教育学之后。自林克版本问世以来的两百年间,有众多研究者致力于康德教育学文本的重新整理和编辑,出版了多个新版本,这些新版本在对康德教育学文本的结构划分与内容分析上有诸多不同的见解。

林克版本包括两大部分,第一部分并未具体命名,但具有导论的性质。第二部分被命名为"正文",包括"论自然的教育"和"论实践的教育"。1873年,威尔曼(O. Willmann)在林克版本的基础上,增加了导论和注释,并以《论教育学》为名出版。[1] 五年之后,福格特(Theodor Vogt)重新编辑整理的《论教育学》更进一步。[2] 他在林克版本的基础上将文本分为113小节,导论部分向后扩展了三节,并将正文中部分内容移动位置,重新排序,此外还加上了康德的另外两篇论文和康德的传记。1899年,丘顿(Annette Churton)的英译本采用了福格特的版本。丘顿(Annette Churton)将福格特划分的113节重新分为六章:导论(1—33节);自然教育(34—57节);培植(58—62节);思想的培植(63—76节);道德教化(77—90节);实践教育(91—113节)。[3] 丘顿译本也是在英语学术界较为常用的译本,陈桂生曾对其有介绍。1998年,陈桂生在研究了林克版本(其实是福格特版本)、巴克纳版本和丘顿版本的基础上,将《论教育学》划分为导论、本论和余论三大部分,其中

---

[1] Immanuel Kant, *Über Pädagogik*, *Mit Einleitung und Anmerkungen*, versehen von Prof. Dr. O. Willmann, Leipzi, o. J. 1873.

[2] Immanuel Kant, *Über Pädagogik*, *Mit Kants Biographie*, herausgegeben von Theodor Vogt, Langensalza, 1878.

[3] Immanuel Kant, *Kant on Education* (*Über Pädagogik*), trans. Annette Churton, London, 1899.

本论又分为五章。除将 104—113 节划分为余论之外，其他分节同丘顿版本。①

此后，1960 年、1961 年、1963 年，相继由不同的编者编辑出版了三个不同版本的德语《康德论教育学》。分别是，迪特里希（Theodor Dietrich）版本（1960）、荷尔施泰因（Hermann Holstein）版本（1961）和格罗特霍夫（Hans-Hermann Groothoff）版本（1963）。② 迪特里希版本，在林克版本的基础上编撰而成，增加了部分解释性注释。荷尔施泰因版本，对林克版本中的某些旧的表达方式做了修改，它采用了福格特的分节，以及福格特的导论，但是在文本内容中保留了林克版本的安排，并未采纳福格特的重新编排。而格罗特霍夫（Hans-Hermann Groothoff）所编撰的版本，名为《康德教育学论著及其基础》，包括"论教育学"、"论人类学"和"方法论"三个部分。第一部分以在林克版本基础上编撰的《关于教育学的讲座》为主，在文本结构上未做改动，而是增加了许多解释性注释；另收录一篇康德关于泛爱派的论文，一篇康德在 1765/66 学年冬季学期开设讲座的计划安排。第二部分和第三部分，是康德关于人类学以及道德教育和审美培养的方法论的论文。格罗特霍夫的版本，被誉为"最详尽、最严谨的版本，它引用康德的权威作品中的论述为康德教育学作注释"③。此后，未再见有新版本的《康德论教育学》出现。

除了以上介绍的以专著形式出现的康德教育学文本以外，多个

---

① 陈桂生：《历史的"教育学现象"透视：近代教育学史探索》，人民教育出版社 1998 年版，第 71 页。

② Immanuel Kant, *Immanuel Kant über Pädagogik*, Herausgegeben von Theodor Dietrich, Heilbronn, 1960; Immanuel Kant, *Über Pädagogik*, Herausgegeben on Hermann Holstein, Bochum. o J, 1961; Immanuel Kant, *Ausgewählte Schriften zur Pädagogik und ihrer Begründung*, Besorgt von Hans-Hermann Groothoff unter Mitwirkung von Edgar Reimers, Paderborn: Ferdinand Schöningh, 1963.

③ Traugott Weisskopf, *Immanuel Kant und die Pädagogik*, Zürich: EVZ-Verlag, 1970, S. 197.

德语版的《康德全集》中,亦收录了《论教育学》。这些收录,多以林克版本为基础,鲜见对文本章节的重新划分。因此,本书以林克版本为康德教育学的基础文本,具体引用源自格罗特霍夫版本,中文译文参考李秋零2010年的译本,部分译文有改动。

有研究者指出:

> 康德的教育学并非一部完整的、系统阐释的教育学说,它更类似于一种大纲和谈话,其中包含着许多闪光之处,但也有诸多遗漏。例如,欠缺女孩教育和审美教育等。尽管如此,林克—康德文本,还是具有较高的教育学价值,不仅因为它对重要理论的特别清楚的呈现,而且也因为它的重要论点和整体结构。[1]

陈桂生探讨了《康德论教育学》的分析框架,对康德教育理论演绎过程及其所构想的教育过程均有详细介绍。[2] 为进一步呈现康德教育学文本的结构模式,本书在前人基础上,做如下分析:

按照林克版本对段落的原初划分,康德教育学文本共计175自然段。主要分为两部分:导论和正文。正文部分,又分为总论、自然教育和实践教育三块内容。文中虽有若干分隔符号,但无结构完整的分割标识。

导论分为七小节。(1) 对教育的理解(1—8段)。教育包括保育(养育、抚养)、规训(训育)和教化(包括培养);[3] 分别对应人的三种状态——婴儿、幼童和学生。(2) 人需要保育和培养

---

[1] G. Fröhlich und F. Koerner, *Die Klassiker der Pädagogik*, Bd. XI. Immanuel Kant, Langensalza, 1899, S. 112 – 113.

[2] 陈桂生:《历史的"教育学现象"透视:近代教育学史探索》,人民教育出版社1998年版,第70—74页。

[3] 与这几个名词相对应的德语原词分别是:保育 Wartung、养育 Verpflegung、抚养 Unterhlatung、规训 Disziplin、训育 Zucht、教化 Bildung、培养 Unterweisung、养护 Verpflegung、培植 Kultur。

（9—11 段）。教化包括训育与培养；动物不需要教育，人只有通过教育才能成为人。（3）教育的任务（12—29 段）。教育是让人性中的自然禀赋均衡地发展；教育是一门艺术；教育计划应指向未来的更好状态；教育的两个障碍；教育的四大任务：规训，驯服野性；教化，造就技能；文明化，聪明并适应社会；道德化，选择好的目的。实际状况是前三者已达到，道德化是努力方向。（4）实验学校（30—31 段），肯定德绍泛爱派学校。（5）教育的内容包括照料和教化（否定性的和肯定性的部分）两方面（32 段）。（6）私人教育与公共教育的分野（34—39 段）。（7）教育问题之一：教育中的强制与自由（33，40—42 段）。如何将服从于法则的强制与运用自己自由的能力结合起来？在强制中培养自由的措施。在导论中，康德从人类学的前提——人的天性出发，论证了教育的必要性。继而指出教育的任务也是教育对人的发展的作用，最终将教育任务定位在道德化之上。在论证的同时，他也多次阐明了对教育的理解。此外，也对私人与公共教育以及教育中的强制与自由等问题做了探讨。可能是因为是由讲义整理而成的缘故，导论中的部分内容排列紊乱，上下衔接不够紧密。

正文分为三个部分：总论、自然教育、实践教育。

总论（43—46 段）。教育学或教育学说的类型：或是自然的，或是实践的；实践教育的三个部分是在技能上传授式的教化、在明智上是实用性的教化、在伦理方面是道德性的教化。

自然教育（47—127 段）。（1）自然教育实际上是养护（47—65 段）。如何哺乳；如何喂养；儿童的穿着；使用襁褓和摇篮的错误；教育的最初阶段必须只是消极的，前提是不妨碍自然；论幼儿的哭喊；幼儿阶段使用器具辅助的错误；防止嗜好的产生；防止安逸。（2）心灵教化（66—69 段）。嘲弄、奴役性的训诫的害处；荒嬉和无休止的爱抚的害处。（3）自然教育的积极部分是培植（Kultur）（70—78 段）。教化在于心灵力量的锻炼；在身体锻炼上，教儿童自助；论儿童的游戏。（4）灵魂的培植，在某种意义上也可以把它称为自然的（79—86 段）。精神的自然教化；自然培植与实践培植的区别，后者是实用的或道德的；精神的自然培植分为自由的培植（游戏）和教条的培植（工作）；在游戏中学习应适度；儿童应学习工作。（5）心灵力量的自由培植（87—110 段）。记忆力的培植和知性的培植；教育的整体目的和实现方式的系统概念（对心灵能力的普遍培植——自然的或道德的，心灵力量的特殊培植）；知性的低等力量（认识能力、感官、想象力、记忆力、注意力和机智）；知性的高等力量（知性、判断力和理性）；情感的教化必须是否定性的；驾驭意志。（6）道德培植（moralische Kultur）与性格教化（Charakter Bildung）（111—124 段）。道德培植建立在准则而非训诫上；准则由自身产生；性格的培养（A. 服从。儿童必须服从必然性的普遍的法则；道德的惩罚与自然的惩罚；孩子的服从与成长中的少年的服从的区别。B. 诚实。C. 合群。D. 心胸坦荡）。（7）自然教育的总结（125—127 段）：儿童必须只在与其年龄相当的事情上受教化；儿童必须像儿童。

在自然教育部分，康德四次提出自己对自然教育的理解。第一次理解，康德将自然教育与养护对应起来。第二次理解，康德在第一次理解的基础上，为自然教育添加了两方面的内容，否定性部分的心灵教化和肯定性部分的培植。第三次理解，康德在第二次理解的基础上，加入了灵魂的培植。第四次理解，康德又加入了心灵力量培植和道德培植。四次理解结束后，自然教育包括三个方面养护、心灵培养和培植。其中培植又包括三种：灵魂的培植、心灵力量的培植和道德培植。

实践教育（128—175 段）。（1）实践教育的内容（128—130 段）包括技能（Geschicklichkeit）、世故（Weltklugheit）、品德（Sittlichkeit）。（2）品德与性格教化（131—152 段）。品德包括忍耐与承受、同感、快而不急；性格的确立，在于决心与实施；在儿童身上确立道德性格（moralischer Charakter）的做法是让儿童履行义务，对自身的义务是人的尊严；对他人的义务是敬畏和尊重人的权利；

学校中应有法权问答手册；行善的责任；要谦卑不要妒忌；确立率直的性情；欲望与恶习；德性的三种分类；人的天性在道德上无善恶之分；教育成功的条件。(3) 儿童宗教教育（153—163段）。以合乎自然的途径尽早把正确的宗教概念交给儿童；教化的建议；宗教是心中的高于我们的立法者所颁布的法则；宗教应与道德相联系；宗教教育应该从儿童自身具有的法则开始，而非神学出发；内心法则叫良知；教给儿童一些否定性的宗教概念；儿童应感受对上帝的敬畏；应教给儿童关于最高存在者的概念。(4) 对青春期的说明（164—175段）。（A. 性的差异问题：性教育问题不可回避；澄清追求身体性快乐的危害；认识尊重异性。B. 对等级差异和人的不平等的认识：让年轻人认识人的不平等；让年轻人绝对依赖自身来评价；让年轻人有愉悦的心绪；有义务之心；仁爱之心和世界公民的情怀；每日做自我总结）。

　　在实践教育中，康德将实践分为技能、世故和品德。其中重点论述的是品德。品德与性格教化联系紧密，因而康德在如何确立儿童的性格上着墨颇多。性格的教化，是康德教育理论的重要内容。在自然教育中，康德从道德培植出发，从四个方面探讨了儿童性格的教化。而在实践教育部分中，康德又从品德教化的角度来探讨儿童性格的教化。道德指向个体自身，是个体化的；而品德关涉他人，是社会性的。康德的教育理论，以性格教化为桥梁，连通了个体与社会两极。此外，儿童的宗教教育和青春期的教育问题也在这一部分得到探讨。

　　考虑到《康德论教育学》并非由康德本人写作，而是由林克根据讲义整理而成的特点，似乎不应该在文本的系统性上，对其做过多要求；而且其中部分内容突兀、前后连贯性较差等问题，似乎也情有可原。但刨去康德教育学文本中纷繁复杂的举例论证，还是可以将其内容结构归纳为图2-3。

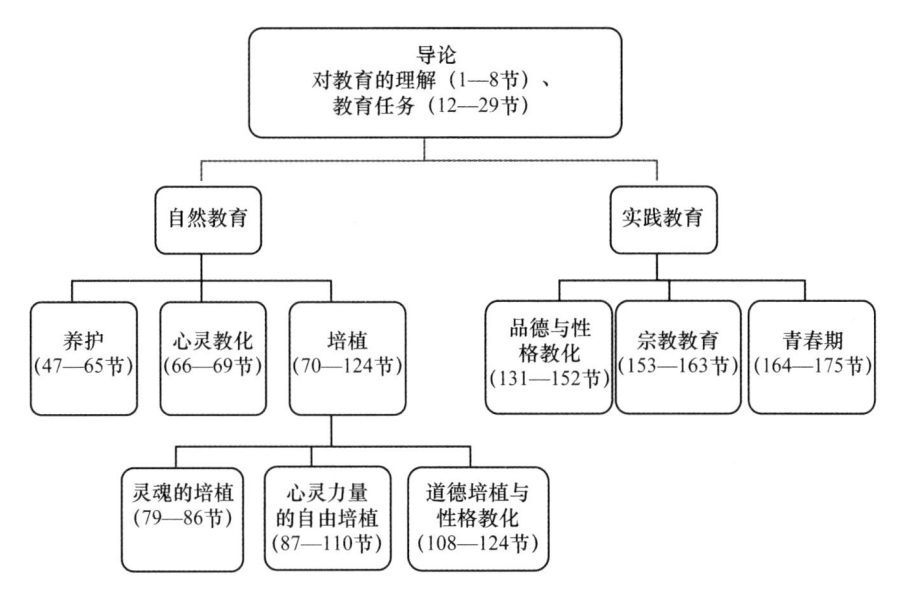

图 2-3 《康德论教育学》的内容结构（按段落）

四 《教育与教学原理》

尼迈尔的《教育与教学原理》出版于 1796 年，是 19 世纪前后的重要教育学著作之一，在尼迈尔生前曾七次再版。尼迈尔去世之后，亦有多位教育学家致力于该著的整理和再版。本书以《教育与教学原理》的第一版为基础文本，引用源自格罗特霍夫和海尔曼（Ulrich Herrmann）根据第一版无更改重印的版本。①

尼迈尔的《教育与教学原理》共 341 页，分为小节 342 节，每小节都有简短标题。除导论外，分为五篇（Abschnitt），每篇下面再分部分（Abteilung）。其中，第四篇中的每部分下面又细分成章（Kapitel）。整体而言，该著的陈述结构为"篇—部分—章/部分/节—小节"。

---

① A. H. Niemeyer, *Grundsätze der Erziehung und des Unterrichts：für Eltern, Hauslehrer und Erzieher*, Herausgegeben von. Die erste Auflage, Halle, 1796. Unveränderter Nachdruck, Paderborn：Ferdinand Schöningh, 1970. 编者重新订正了印刷错误，并对文本内容作了注解。

导论分为五节。(1) 教育方式的差异（1—5 节）：家庭教育的价值（从父母、家庭生活的影响和品德安全的角度）；公开教育的价值。(2) 每种教育都有他人帮助需要（6 节）。(3) 德国教育事业发展状况一览（7—10 节）。(4) 下文计划（11 节）。(5) 准备工作（12 节）。

第一篇，论家庭教师和教育者的目的性准备与教化（Bildung）(1—41 节)。(1) 目的性准备的罕见性（1—3 节）。(2) 目的性准备的理想（4—7 节）。(3) 成为一名家庭教师的几点努力（8—41 节）：A. 学科知识的教化。a. 语言知识：古典语言、母语、法语、英语和意大利语；b. 学科知识：宗教、哲学、实验心理学的理论学习与实践学习、道德哲学的学习、鉴赏力教化、地理和历史知识；c. 艺术能力：绘画；音乐。d. 教学与教育的准备。B. 品格的教化。教育者品格的重要特征：温柔、谦逊、坚定、责任心、秩序与守时、节俭、耐受吵闹、善与儿童交流、活泼开朗。C. 品德教化。重要性；良好举止；弥补不足的方法；教育的—教学的—文学的帮助。这一篇，尼迈尔主要论述如何成为一名家庭教师，他为试图成为家庭教师的人提供了一部行动指南，同时也为父母提供了一份选聘家庭教师的依据。作为家庭教师，首先要有明确的目的，然后还要在学科知识、品格和品德上达到一定的要求。

第二篇，站在父母的角度论一位家庭教师有效工作的条件(42—70 节)。(1) 家庭教师的用处（42—43 节）。(2) 家庭教师的抱怨（44—46 节）。(3) 父母的责任概览（47—70）。A. 家庭教师声望的建立与维持：避免傲慢的对待、减少碰撞、不要谴责、注意家庭教师的地位并尊敬他、为教师的舒适着想、儿童的尊敬。B. 家庭教师工作的合理报酬：合理的工资并及时支付、额外的精致礼品。C. 参与教育的方式：普遍参与和特殊参与、支持。D. 参与教学的方式：帮忙置办必要教学辅具。E. 对家庭教师的合理要求。在这一篇中，尼迈尔以要聘请家庭教师的父母为对象，为他们阐明家庭教师的功能，并要求他们为家庭教育和家庭教师提供必要的支持。

第三篇，论教育（71—197 节）。

第一部分，教育和教育科学的概念、目的和价值（71—86 节）。人的自然与艺术发展；广义与狭义的教育概念；品德的良善是教育的最高目的；教育的客观和主观内容；普通教育原则的可能与现实；教育科学与教育艺术的概念与对立关系；教育科学的价值；对教育学价值的不同质疑；对普适性教育学理论的质疑；最好的教育经常遭遇失败；对新教育学的谴责和对谴责的批驳。

第二部分，教育科学的原理（87—197 节）。

身体教育（Physische Erziehung）（87—107 节）。（1）导论：对象、文献。（2）正文：幼年与后来的喂养；自然排泄物；新鲜空气；衣着；身体的锻炼（体操、手工制作、时机与时长）；冲动的克制；对性冲动的必要注意。

心灵教化（Bildung der Seele）（108—197）分三章。（1）认知能力的教化或智力教育（108—132 节）。认知能力教化的普通原则。理智教化不仅通过教学。A. 认知能力之感觉：感官完善的要求；感官练习的阶段；内在感觉的培植；注意力的锻炼。B. 想象力的培植。C. 记忆力的培植。D. 真正的理智教化（清楚的概念、语言的培植、判断力的教化、理智的独立性、敏锐与机智的锻炼、理性的教化）。青少年头脑的差异与必要检验。（2）感知能力的教化或审美教育（133—149 节）。A. 感官感知的培植。B. 感知的唤醒。C. 道德感知能力。D. 宗教感知。E. 美的感知：审美。F. 崇高感知。（3）欲望能力的教化或道德教育（150—197 节）。儿童的道德性质；儿童道德状况；道德教育的主要事务是欲望的节制。正文：A. 品德教育的普通原理（第一阶段的道德教育是否定性的。a. 教育对道德的第一种有中介的影响：快乐、繁忙、自由、信任、避免坏的欲望。b. 习惯的重要性。c. 意志的直接影响，儿童服从的习惯；由无条件服从到理性建立；通过内在价值的确信树立品德；通过外在锻炼原因树立品德；理智通对意志的影响；通过获得关注和爱影响道德；宗教关注对道德的影响；通过肯定性奖励与惩罚影响意志。d. 锻炼品质力量与坚定的方式。e. 道德治疗）。B. 道德教育的特殊原理（自然活力是品德良善的源泉；儿童的自然惰性；年幼儿童的敏感性；儿童的自然愉悦感；诚实与虚伪；外在品德的教化）。C. 主观道德教育（对性别的考虑；对等级的考虑；对特殊性的考虑）。

第三篇中，尼迈尔主要论述了有关教育的理论。

在第一部分中，尼迈尔从人的天性出发，阐明教育的概念，并将良好品德的教化作为教育的最高目的，这些均与康德教育学有极大的相似之处。尼迈尔提出教育科学与教育学的差异在于前者是指向理论的，后者是指向实践的。在此基础上，他提出一种新教育学，即理论性教育学，也即教育科学。第二部分，是对教育理论的具体阐释人的教育被分成两个方面：身体教育和心灵教化。其中，心灵教化又被一分为三：智力教育、审美教育和道德教育。

第四篇，论教学（198—289 节）。

与第三篇结构类似，第四篇也分两部分。第一部分是总论，第二部分具体论特殊原则。第一部分，初等教学的一般原理（198—223 节）。导论：教学的概念；教学科学与教授艺术；教学科学的价值和类别。正文：（1）初等教学的概念。（2）初等教学的对象。（3）教学材料的选择原则：依据年龄和能力、从易到难、切勿过度。（4）有目的的教学方式的原则：灵魂力量的和谐教化、为生活而非学校而学习、通过教学培养兴趣、欲速则不达、轻松学习、多样化目的、教学需要自我参与。（5）教学的形式：谈话式或讲授式。（6）不同年龄的教学安排（年龄、学时、科目）。

第二部分，初等教学的单一对象的特殊规则（224—289 节），共九章。（1）通过教学初次唤醒注意力与思维（224—232 节）。唤醒的方法；概念与概念的分类；句子的判断；判断力的养成。（2）论阅读、书写与绘画（233—238 节）。字母知识；阅读教学的方法；绘画。（3）论德语语言教学与文笔的锻炼（239—247 节）。德语语言教学；正确书写；德语文体练习；文笔的锻炼。（4）论算术、数学与自然科学（248—255 节）。算术的重要性；心算；算术课的阶段与方法；几何学教学。（5）论地理与历史的教学（256—262 节）。

(6) 论自然史、人类学与初级哲学 (263—267 节)。(7) 论外语教学 (268—276 节)。(8) 论通过美的知识与艺术培养审美 (277—281 节)。(9) 论道德与宗教的教学 (282—289 节)。

第四篇，尼迈尔详细论述了教学理论，尤其是初等教学。教学的普遍原则以及各学科教学的特殊方法得到充分的阐释。

第五篇，给家庭教师与教育者的建议和锦囊 (290—330 节)。(1) 工作产生效果的条件 (291—294 节)。理性思考的必要性；无效的条件；效用有限的条件；极其重要的条件。(2) 临时条款 (295—296 节)。(3) 初次工作的明智规则 (297—300 节)。首次拜访；工作计划的制定。(4) 了解处境的方法 (301—309 节)。研究家长的品格；善于观察；品格观察的最终目的。(5) 家庭教师对不同关系的处理 (310—325 节)。A. 与家长的关系。家庭教师不同需要；家长的差异；不同情境中的普遍原则。B. 与学生的关系。尊敬与信任；尊重与尊敬的双重方式；尊敬的障碍；通过内在品格的完善来培养尊重。尊敬的维持与增加；信任与爱的获取；错误的方式；理性地获得信任；参与游戏的程度；合适的音调。C. 与家中其他人的关系。与其他家庭成员；女家庭教师；与仆人；D. 与整个家庭的关系。(6) 年轻教师对当下与未来的忧虑 (326—330 节)。减轻忧虑的方法；有确定的未来目标；在知识上的自我提升；在品德品格上的继续修炼；品格培训对满意度的影响。在这一部分，尼迈尔给年轻的家庭教师提供了许多关于如何开展家庭教育工作的建议。包括家庭教育工作开始时需面对的问题，如初次登门、制定教育计划、了解学生家庭和环境等；如何在工作环境中立足，处理好与家庭中各方面的关系；如何缓解家庭教师的忧虑，让家长满意。

尼迈尔的《教育与教学原理》专论家庭教育，是为父母和家庭教师提供的一部完备的教育指南。它有严密而完整的逻辑结构：首先论家庭教育的重要性，之后论如何成为家庭教师，再论家长应该如何为家庭教师提供辅助与支持，而后是对家庭教师工作内容的详细论述，涉及教育和教学两个方面，最后是关于家庭教师工作的一些有用的建议。一位有志于成为家庭教师的青年，可以根据这部指南成为一个有经验的家庭教师；一对负责任的父母，可以根据这部指南为自己的孩子挑选优秀的家庭教师并尽力配合家庭教育工作。

该著另外一个显著特征是采用了大量的注释。为解释或佐证自己的论点，尼迈尔系引用了前人的教育学研究成果。除了正文以外，尼迈尔附加的注释，约占全部篇幅的三分之一。根据格罗特霍夫和海尔曼的统计，尼迈尔在该著中所引用过的论著或论文，共计734篇。[①]

根据分析，可将《教育与教学原理》的内容结构归纳为图2-4。

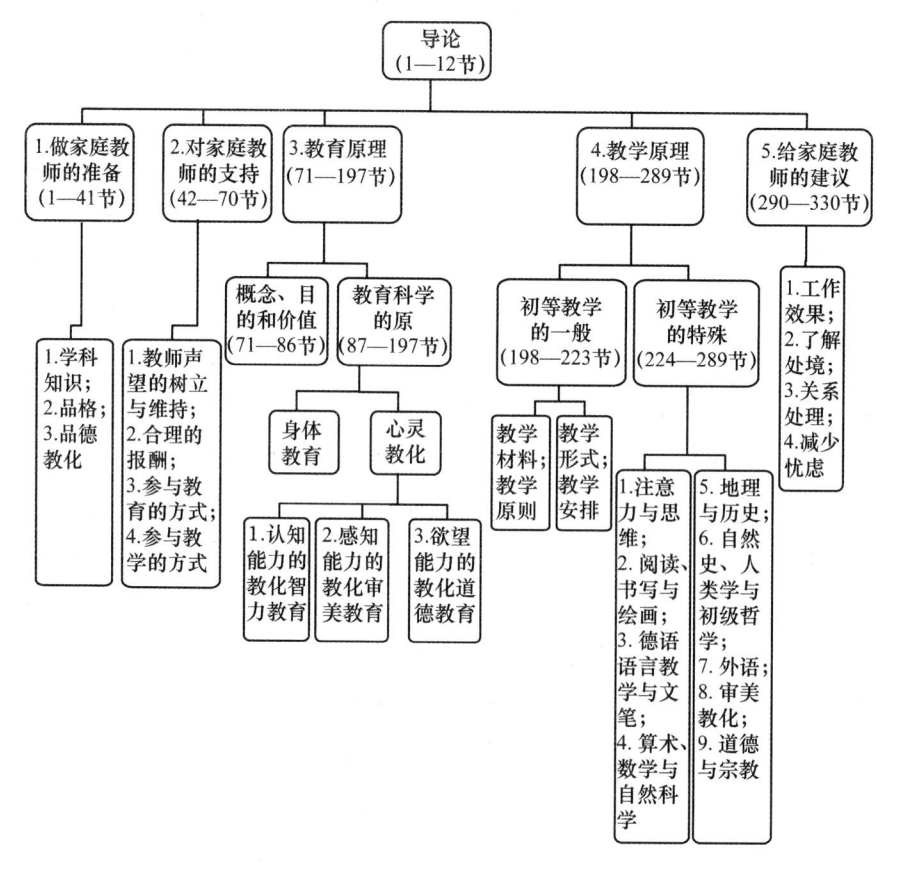

图2-4 《教育与教学原理》的内容结构（按小节）

---

① A. H. Niemeyer, *Grundsätze der Erziehung und des Unterrichts: für Eltern, Hauslehrer und Erzieher*, 1970, S. 442-481.

五 《教育与教学学说教科书》

施瓦茨的教育学文本，主要有两部。一部是出版于1802—1813年间的四卷本《教育学说》，另一部是1805年出版的《教育学与教学论教科书》。在施瓦茨生前，前者在1829—1830年再版，成为三卷本。后者分别于1817和1835年出第二、第三版，增补了关于学校教育的内容，并更名为《教育与教学学说教科书》。两者相比较而言，《教育学说》中的内容庞杂，且在施瓦茨去世之后，从未再版过。后来研究者多关注其中论教育历史的部分。而《教育与教学学说教科书》经过施瓦茨的增补，较为系统地反映了其教育学理论。该著自1835年以来多次再版，被德意志学术界当作研究施瓦茨教育学的基础文本。施瓦茨在该著的第三版前言中写道：

> 作为一部教科书，它不能仅局限于概要，而应包含更多的内容。因为它不仅为课堂上的学生而作，而且还面向更广泛的读者；也因为它要在教育学的广义范围内，将尽可能多的内容科学地整合在一起。[1]

故本书论及的施瓦茨教育学，以《教育与教学学说教科书》（第三版）为基本文本，引用源自格罗特霍夫根据1835年第三版无更改重印的版本。施瓦茨的《教育与教学学说教科书》共320页，分为小节364节，每小节无标题。除导论外，其著作分为三大卷，每卷分为若干部分（Abteilung），每部分下面再分篇（Abschnitt），每一篇中又有若干节。该著的陈述结构布局为"卷—部分—篇—节—小节"。

---

[1] F. H. C. Schwarz, *Lehrbuch der Erziehungs-und Unterrichtslehre*, Besorgt von Hans-Hermann Groothoff unter Mitwirkung von Ulrich Herrmann, Paderborn: Ferdinand Schöningh, 1968, S. 9.

总导论。

1. 概论（1—14 节）。教育的概念及其发展；教育科学的问题；教育科学的前提；教育理论；无计划和有计划的教育方法。2. 片面的教育方法（15—25 节）。人的天性；人的限定；论多种教育方法的优劣；正确的教育方法。3. 全面的教育方法（26—32 节）。全面的教育是分析和综合相结合的；是至高的；是基督的教育；教育的系统是基督的。在导论中，施瓦茨从教育和教育科学的基本概念出发，落脚在教育方法。施瓦茨以人的天性和人的限定为前提，比较分析了若干教育方法的优劣，进而提出，全面的、最正确的教育方法，是基督的。他在著作的一开始就定下基调，这是一部基督教教育学。

第一卷，教育学。

导论，人类学的基础（1—27 节）。作为自然造物的人；人的天性、力量、教化驱力；它们的表现形式：体质、本能、思想和自我意识、精神能力、感觉与感知能力；发展阶段。

第一部分，青少年的发展（28—78 节）。第一篇，一般理论（28—35 节）。人生命的形成与出生之前；出生与第一阶段的发展；发展阶段的一般分期。第二篇，个别时期的发展（36—67 节）。1. 童年期（1—3 岁）。身体发展；感知发展；精神发展。2. 男孩和女孩期（3—14 岁）。感官；知性；想象力；记忆力；思维能力；培养驱力；理性与语言；欲望与兴趣的发展；善良、勤奋、愉悦的发展；道德；嗜好与恶习；青春期与年少气盛时期。3. 青少年期。身体的发展；精神的发展；性格的发展；善的发展；少男与少女；青少年期结束。第三篇，教育学展示学说的基础（68—78 节）。1. 自然性，儿童的自然本性。自我与差异；精神条件。2. 性情。3. 发展过程。

第二部分，教育与教化（79—118 节）。第一篇，教化（教育）的一般（79—90 节）。1. 一般原理。2. 高级教育的原理。目的；起始点。第二篇，教育中的特殊（91—101 节）。1. 手段。父母、家庭；习惯；条件，家庭关系。2. 整体。自然教育；智力和道德教育；教育活动。第三篇，教育学的治疗学（102—118 节）。坏习气；

道德败坏；治疗手段。

在教育学这一卷，施瓦茨将自己的教育学理论建立在人类学基础之上，通过对人的人类学特征的分析，将教育与人的发展结合起来。他根据人类学理论将人的发展分为若干阶段，指出每一阶段的发展任务，并将教育内容与发展阶段一一对应。这种按照人的发展阶段来论教育的呈现方式，是施瓦茨的独创。虽然里希特在《莱瓦娜》中，从整体上将儿童的发展划分为花蕾期和盛开期，但是并未详细阐释每一阶段的具体划分和发展任务。此外，施瓦茨还阐释了教育学中的原理性内容，包括目的、手段以及作为教育学的特殊部分的"治疗学"（对问题儿童的矫正）等。

第二卷，方法论，或教育性教学（erziehende Unterricht）的教学艺术。

导论（1—4节）。源自人类学基础的教学艺术；教学的概念；教学论的概念。

第一部分，一般方法论（5—48节）。第一篇，考虑学生发展的教学艺术（7—22节）。1. 概论：教育目的；力量培养；教师与学生的关系；实质与形式教学；教学形式；方法。2. 教育性教学是富有生命的、富有灵魂的、富有精神的。3. 教学从直观走向概念、从简单走向复杂、从容易走向困难。第二篇，对象与教学的关系（23—27节）。定义；形式与实质教学；组织性教学的原理。第三篇，教授本身（28—48节）。教授活动；教师与学生。

第二部分，特殊方法论（教学论）（49—109节）。第一篇，原理（49—54节）。教学方式与教授过程的区别。第二篇，基础性教学（55—80节）。身体的练习；感官练习；知性练习；记忆力练习；想象力练习。第三篇，专业性教学（81—99节）。1. 技术教学。(1) 身体练习：整体、手部。(2) 声音：歌唱与言说、朗读与报告。2. 数理教学。(1) 感官世界的知识：数学、地上与天空的常识、自然常识。(2) 内心世界的知识：人生的说明——语言，母语德语，生活语言；古典语言；历史；宗教。第四篇，教学整体

(100—109 节)。时间分配；时间顺序；它们的组织；教学的差异；教授形式的差异；整个生命中的教学。

施瓦茨的教学论，同样以人类学理论为基础。这一卷继续遵循从一般到特殊的呈现方式。他对教学论的呈现，从一般原理开始，分析了教学的概念、特征及其与对象的关系。在特殊原理部分，教学被分为基础性教学和专业性教学，最后是对教学安排和形式的探讨。

第三卷，论青少年的教化机构。

导论（1—4 节）。教育的两个方向：私人教育；教育机构。

第一部分，私人教育（5—14 节）。由父母进行的教育；家庭教育；家庭教师；女教育者；贵族教育；由多个教育辅助者进行的教育；私人时间；扩大的家庭。

第二部分，教育机构（15—22 节节）。家庭式教育机构；收费学校；幼儿机构；孤儿教育；贫儿学校；问题少年的矫正机构。

第三部分，公立机构或者学校（23—88）。第一篇，学校（24—68 节）。1. 基础学校。小学；中学；高中；城市与乡村学校；女子学校；贝尔—兰卡斯特学校。2. 职业学校。3. 学校的设置。（1）外在：教室；教具。（2）内在：教学秩序；学校训诫；学生的评测。4. 论教师的教化与雇佣。教化机构；教师评估。第二篇，学校事业（69—79 节）。1. 为了学校的学校。学校间的衔接。2. 各个学校的管理。学校主管部门；学校的管理。第三篇，学校与公共事业的关系（80—88 节）。1. 学校与家庭。2. 学校与教堂。3. 学校与国家。

第四部分，在整个教育中的教化机构（89—105 节）。第一篇，由青少年教化实现的大众教育（90—97 节）。教化机构的整体影响；民族教化。第二篇，教育的整体（98—105 节）个人的完整教化；为了人类的青少年教化。附表格：学校事业的历史与统计。

在这一卷，施瓦茨探讨了青少年的教育机构。这一领域，不为其他几位教育学的作者们所重视，即便有提及亦未做深入展开。他将教育机构一分为二：私人的教育和机构的教育。公立的教育机构是论述的重点，涉及学校的类型、设置、学生与教师的评估、管理，以及学校与其他公共事业的关系等。最后，在论个人培养和青少年培养的意义中结束全篇。

在文本结构上，《教育与教学学说教科书》与尼迈尔的《教育与教学原理》较为相似。施瓦茨延续了尼迈尔等人将教育与教学分开陈述的传统。不过，施瓦茨关注更多的是教育机构或学校中的教育和教学，而非家庭教育。施瓦茨在写作其教育理论著作时，参考了大量文献，并将之引为其论点的佐证或说明。这是施瓦茨的《教育与教学学说教科书》与尼迈尔的《教育与教学原理》的另一个相似之处，或许是施瓦茨对尼迈尔的借鉴。值得注意的是，施瓦茨对相关历史文献的整理和研究的深入程度超过了尼迈尔。[①]

根据上文分析，可将《教育与教学学说教科书》的内容结构归纳为图2-5。

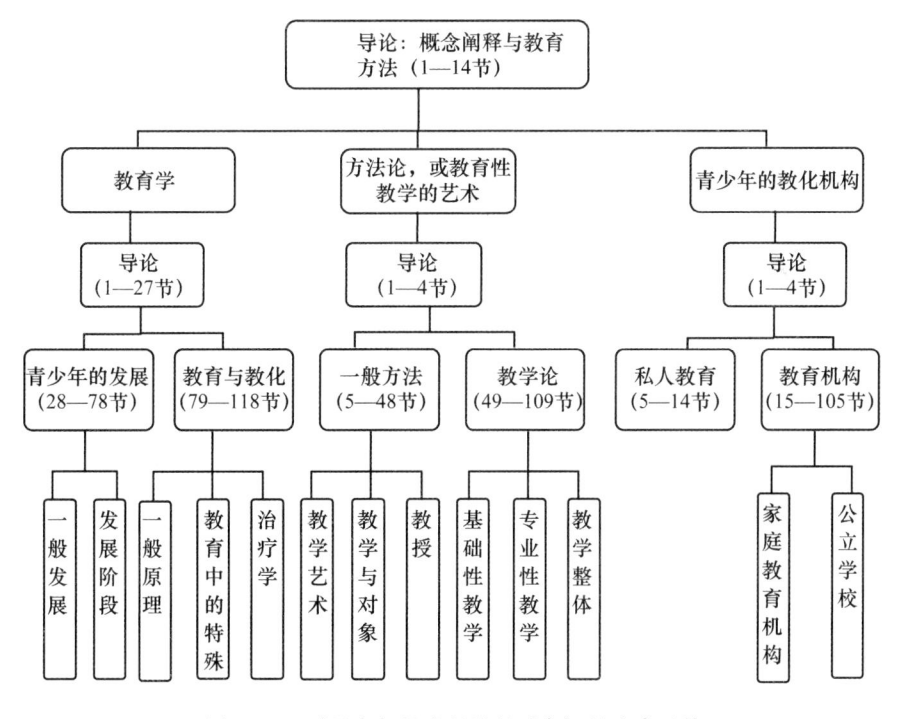

图2-5 《教育与教学学说教科书》的内容结构

[①] 根据格罗特霍夫的整理，施瓦茨在著作中引用的文献目录长度达45页。参见 F. H. C. Schwarz, *Lehrbuch der Erziehungs-und Unterrichtslehre*, 1968, S. 420-465.

六 《普通教育学》

1806年《普通教育学》出版后不久,赫尔巴特在《哥廷根学术报告》第76期上刊登了一篇推介该著的广告。这篇被赫尔巴特当作《普通教育学》的"代前言"的广告,是他向读者进一步阐明该著学术性的尝试。在该文中赫尔巴特为那些试图像他一样在教育问题上著书立说的人,介绍了三种不同的写作教育学的方法:第一种,首先将教育摆在读者面前,再逐一说明如何实施,就像卢梭的《爱弥儿》;第二种,首先将教育工作分解成各个组成部分,并一一指出什么是要同时且持续关注的;第三种,从哲学原理中推导出作为一种任务的整个教育,并让这种推导按照其内部法则来发展,而不拘泥于时间顺序或教育问题的标签。赫尔巴特列出这三种方法的目的,自然是要对其加以评判和取舍。他指出,第一种方法适用于雄辩家,但不适用于说明事实;第二种方法也难获成功,因为教育中的各部分均相互关联,几乎没有能与其他工作完全分离出来的内容;因此,他选择的,或者说被迫选择的,是第三种方法。但这种方法也面临困难:究竟从哪一种哲学体系中推导出教育学?而且新的教育学总会招致批评。他希望自己的教育学能够赢得读者健康而正直的眼光。①

那么,究竟从哪一种哲学体系中推导出教育学?赫尔巴特选择了实践哲学。在论文《论教育学的阴暗面》中,他写道:

> 教育是人类教化中特别的部分。如果教育理论完美地与实践哲学相结合,它将会在此发现教育学目的的所有明确内容。②

---

① [德]赫尔巴特:《赫尔巴特对〈普通教育学〉的自我说明》,载《赫尔巴特文集3》(教育学卷一),李其龙主编,浙江教育出版社2002年版,第385—387页。德文见 *Herbart's Selbstanzeige der "Allgemeinen Pädagogik" in den Göttingischen gelehrten Anzeigen*, 1806, Stück 76, S. 753–758, in J. F. Herbart, *Sämtliche Werke* Bd. 2. Langensalza: Hermann Beyer, 1887, S. 143–145. 译文根据德文有改动。

② [德]赫尔巴特:《论教育学的阴暗面》,载李其龙主编《赫尔巴特文集4》(教育学卷二),浙江教育出版社2002年版,第258页。

事实上赫尔巴特也正是这样做的，他将自己的教育学与实践哲学结合，从实践哲学中推导出教育目的，继而从教育目的中推导出整个教育学。赫尔巴特论述其实践哲学内容的《普通实践哲学》（又译《一般实践哲学》）出版于 1808 年，在时间上比《普通教育学》晚两年，但他指出：

> 我的《普通教育学》尽管比《普通实践哲学》出版得早，但我对后者却是相当熟悉的，因为两者，包括《普通形而上学》的提纲都已并列安排就绪，至于该先完成哪一部是可以自由选择的。①

赫尔巴特的实践哲学"本职"在于教人们进行实践判断。② 具体而言，是教人判断意志的善恶。而判断的标准依赖于意志的最初原则，即五种道德观念：内心自由（inner Freiheit）的观念、完善（Vollkommenheit）的观念、友善（Wohlwollen）的观念、正义（Recht）的观念和公平（Billigkeit）的观念。在《普通教育学》中，他略去了完善的观念，并将正义和公平的观念合并为公正的观念。于是公正、善良和内心自由，被赫尔巴特当作是道德性格的组成部分，也是教育必须达到的最高目的。

由实践哲学所推出的教育目的，是教育的最高目的也是必要目的。除此之外，教育还有其可能目的。赫尔巴特强调，我们也不应忘记可能目的——兴趣的多方面性。因为"假如仅仅向上看到我们的最高目的，那么个性与人世间的多方面兴趣通常就会被遗忘掉，

---

① ［德］赫尔巴特：《论教育学的阴暗面》，载李其龙主编《赫尔巴特文集 4》（教育学卷二），浙江教育出版社 2002 年版，第 259 页。

② 赫尔巴特写道："哲学根本不作判断，但是，哲学教人学会判断。因为任何判断都取决于它的对象，所以哲学是通过它正确地表达对象，即通过完全理解对象来教人正确判断的。"见［德］赫尔巴特《一般实践哲学》，载《赫尔巴特文集 1》（哲学卷一），郭官义主编，浙江教育出版社 2002 年版，第 86 页。

直到不久之后连最高目的也被遗忘掉为止"①。因为，教育是培养学生适应未来生活，这种适应需要教育面向多方面的目的，也要求教育促进学生的多方面兴趣的平衡发展，即"一切能力的和谐发展"。

赫尔巴特指出，为实现教育的可能性目的和必要性目的，要借助三种手段：管理、教育性教学和训育。而且"对教育学家而言，这三种区分也是最引人注目的"②。如此一来，构成了一部完整的《普通教育学》。

在《普通教育学》的陈述结构和方式上，赫尔巴特也有自己的说明。他指出，该著的陈述结构极具系统性：

> 书中一切都是有条不紊地，就像法国花园一样。人们可以发现本书的一、二、三、四先成对排列在一起，尔后有交叉的分节。③

这样的陈述结构，是赫尔巴特专为年轻的教育者设计的，因为这些年轻的教育者需要概览其必须做出的各种考虑。因此《普通教育学》以"普通"为重要特征：

> 只是提出一般概念及其一般联系。书中既不谈论男子教育、也不谈论女子教育；既不谈论农民教育、也不谈论王子教育。本书也几乎没有谈到学校。必须用完全不同的概念来思考的、自成一体的所谓体育（自然教育、身体教育），在这里也完全被撇开了。但完整的概观提到了属于流行思想文化的东西，较多

---

① ［德］赫尔巴特：《一般实践哲学》，载《赫尔巴特文集1》（哲学卷一），郭官义主编，浙江教育出版社2002年版，第42页。
② ［德］赫尔巴特：《赫尔巴特对〈普通教育学〉的自我说明》，载《赫尔巴特文集3》（教育学卷一），李其龙主编，浙江教育出版社2002年版，第387页。
③ ［德］赫尔巴特：《赫尔巴特对〈普通教育学〉的自我说明》，载《赫尔巴特文集3》（教育学卷一），李其龙主编，浙江教育出版社2002年版，第387页。

地提到了男子的教育，而不是女子的教育。①

赫尔巴特理想中的教育学，应该包括两部分：

> 第一部分是教育者应带着何种意图开展工作：这种实践性的考量，至多可暂时细化至一些措施，而对这些措施的选择则取决于我们迄今为止所具有的认识。
> 第二部分是在理论上说明教育的可能性，并按各种情况的变化去说明它的界限。然而，这第二部分与它必须以为基础的心理学一样，迄今仍是一种虔诚的愿望。②

而当时的情况是，"这第一部分，通常被看作一个整体，而我自己姑且也得赞成这种说法"。赫尔巴特将教育学分为"实践性的考量"和"理论上的说明"两个部分。前者取决于人们的认识，后者依赖于心理学。因当时心理学并未完全建立，他只能因袭将第一部分看作一个整体的做法。在《普通教育学》中，赫尔巴特主要处理的是理想中的教育学的第一部分，即对"教育者应带着何种意图开展工作"这一问题的回答，换言之，即教育者应该带着什么样的教育目的开展教育工作？

为回答这一核心问题，赫尔巴特写出了《普通教育学》。其著作共139页，除导论外，分为三编（Buch），每一编下面又分章（Kapitel），每一章之中，又分为节，每节有简短标题。其陈述结构布局为"编—章—节"。

导论。论教育的作用。教育学的命运。教育者所需要的科学：心理学、教育学。"通过教学来进行教育"（Erziehung durch Unter-

---

① [德]赫尔巴特：《赫尔巴特对〈普通教育学〉的自我说明》，载《赫尔巴特文集3》（教育学卷一），李其龙主编，浙江教育出版社2002年版，第387页。
② [德]赫尔巴特：《赫尔巴特对〈普通教育学〉的自我说明》，载《赫尔巴特文集3》（教育学卷一），李其龙主编，浙江教育出版社2002年版，第12页。

richt)。对儿童进行道德教化。思想范围（Gedankenkreis）的教化。①

第一编，教育目的总论。第一章，儿童的管理。"教育"与"管理"的区别与联系。（1）儿童管理是必要的；其目的是多方面的。（2）对儿童管理的措施的探讨。威胁、监督、权威与爱、管理权。（3）以教育代替的管理。（4）与管理的对比下的真正的教育。它是严格的；教育者将学生看作人，看作可爱的孩子；学生对教育者的真正的服从。第二章，真正的教育。（1）教育的目的应是多方面的。分为可能的目的与必要的目的。（2）可能的目的——兴趣的多方面性；必要的目的——道德性格的力量。（3）以学生的个性作为教育的出发点。教育目的避免侵犯个性。（4）个性与多方面性的调和。调和的方法，剖析各个概念。（5）个性与性格。性格是意志的坚定性，是同个性各方面斗争的结果。（6）个性与多方面性之间，是部分与整体的关系。个性应与多方面性的广泛融合。（7）真正教育的措施。教育应创造富含多方面兴趣的事物与活动，并将之呈现给儿童。达到通过扩展兴趣来改变个性，从而适应道德规律的目的。

在第一编中，赫尔巴特总论教育目的。他从儿童的管理出发，在与管理的对照中引出儿童的教育。而真正的教育目的是多方面的，被一分为二：可能的目的与必要的目的。对这两种目的的详细阐述，构成了其教育学的第二编和第三编。

第二编，兴趣的多方面性。第一章，兴趣的多方面性。（1）专心（Vertiefung）的概念：具有多方面兴趣的人，须专心。审思（Besinnung）：多种专心活动的汇合与统一。（2）清楚、联想、系统、方法。从专心与审思的静态和动态分类中延伸出四个阶段。静止的专心导致事物的清楚；专心的进展导致观念的联合；静止的审思看到由许多事物关系组成的系统；审思的进一步发展是方法。第二章，兴趣的概念。（1）兴趣与欲望的区别与联系。（2）注意、期

---

① 此处，Gedankenkreis，李其龙将之译为"思想范围"；台湾学者翻译为"思想圈"；英语翻译为 the circle of thought。

望、要求、行动。兴趣的发生机制：对外界的注意，产生兴趣；兴趣发展成为期望；期望中的兴趣可能转变为欲望，欲望通过对对象的要求显示；如果条件满足，要求就会付诸行动。第三章，多方面兴趣的对象。（1）认识与同情的概念。（2）认识与同情的成分。两者的内容对比以及联系。第四章，教学。（1）教学的性质：教学作为经验与交际的补充。教学与经验、交际的区别与联系。教育离不开经验与交际，也需要教学作为补充。只有教学才能满足平衡地培养广泛的多方面性的要求。（2）教学的步骤。认识与同情同时加以发展。教学的环节：由专心到审思；由小环节到大环节；每个环节中都注重四个教学阶段。教学四阶段与兴趣四阶段联系起来。（3）教学的材料。事物，形式，符号。（4）教学的方式。方式多而教师应随机应变。最好的方式，是学生获得最大限度自由的同时，教师的工作顺利进行。第五章，教学的过程。（1）三种教学过程。单纯提示（描述）的教学、分析教学、综合教学。最看重综合教学。（2）教学的分析过程。经验：思辨、鉴赏。对人类的同情：对社会的同情；宗教。（3）教学的综合过程。经验：思辨、鉴赏。对人类的同情：对社会的同情；宗教。（4）教学计划。安排教育计划的准备工作。对分析教学和综合教学的安排。第六章，教学的结果。心灵的充实，是教学的一般结果。（1）生活与学校。学习不是为了学校，而是为了生活。教学教人懂得生活中的两个主宰：思辨与鉴赏。（2）青年教育期的结束。多方面性教学，发展了多方面的兴趣，也为性格指明了正确的方向。

在第二编中，赫尔巴特论可能的教育目的，即兴趣的多方面性。前三章，是对概念的说明。通过对概念的分解和对比说明，推论出专心和审思的四阶段和兴趣的四阶段。兴趣的对象是认识和同情，为发展这两者，他引入了教学概念。这种教学是为了发展多方面兴趣。接下来的三章，论教学的构成、过程和结果。最后赫尔巴特指出，教学在达到心灵的充实的同时，也通向教育的必要目的——道德性格的教化，从而导出第三编。

第三编,道德性格的力量。第一章,性格。意志的坚定性为性格。(1)性格的主客观之分。主观部分才是可教育的。客观部分也不容忽视。(2)意志的记忆、选择、原则、冲突。为此后的训育工作提供依据。第二章,论道德的概念。如何使性格受到道德的约束,是教育应该解决的问题。(1)道德的积极部分与消极部分及其关系。(2)道德的判断、热情、决定与自制。第三章,道德性格的表现形式。(1)性格一方面依据道德控制欲望,另一方面被观念所决定。(2)道德性格的物质本质:我们所要忍受的、所要有的、所要做的;道德性格的形式本质:公正、友善、内心自由。此处的观念从其实践哲学而来,略去了完善的观念,合并正义与公平为公正。第四章,性格形成的自然过程。(1)行动是性格的原则。性格的形成,取决于意志如何作决定。意志依赖于行动。(2)影响性格的因素之思想范围。思想范围包含由兴趣逐步上升为欲望,然后又依靠行动上升为意志的积累过程。进一步说,它还包含着一切智慧工作(包括知识与思考)的积累。思想范围的形成,是教育最本质的部分。(3)影响性格的因素之禀赋(又译,质素,Anlagen)。禀赋的差别,主要反映在各人的心灵状况是否容易改变。(4)影响性格的因素之生活方式。自由发挥年轻人的精力;性格培养的主要基础是思想范围的教育。(5)其他影响因素。第五章,训育。训育的概念。训育的必要性。(1)训育对性格培养的作用。(2)训育的措施。(3)训育的应用。协作形成思想范围;有助于性格养成。第六章,训育的特殊性。(1)训育要具有连续性。(2)按特殊意图进行的训育。训育是为了保证智育。训育辅助道德性格的养成。

在第三编中,赫尔巴特同样从概念开始,前三章讲概念,性格、道德、道德性格的物质和形式本质。后三章讲性格的形成和影响性格形成的因素,特别强调了有助于道德性格养成的训育。

赫尔巴特的《普通教育学》恰如其名——"从教育目的推导而出的普通教育学",它围绕着教育目的推导而出。其著的理论推导过程清楚明白，但内容呈现稍有欠缺。他强调其陈述要像"法国花园"一样有条不紊，但对理论体系的过分追求，反而使其忽略了对内容的准确呈现，导致部分陈述晦涩难懂。1831 年，赫尔巴特自己也承认："我的《普通教育学》是一部简略、部分不能让人充分理解的简编教材。"虽然简略，但赫尔巴特也没有将之润色的打算，因为

> 若现在教育学是我公务的主要内容，则我早就对此详细宣讲我的思想了。不过，对我而言教育学从来就无非是对哲学的应用。在更大的思辨著作完成并出版前，我无法继续润色。①

直到 1835 年，赫尔巴特出版《教育学讲授纲要》，在其教育理论中增补了新的材料和心理学的内容。

根据上文分析，可将《普通教育学》的内容结构归纳为图 2-6。

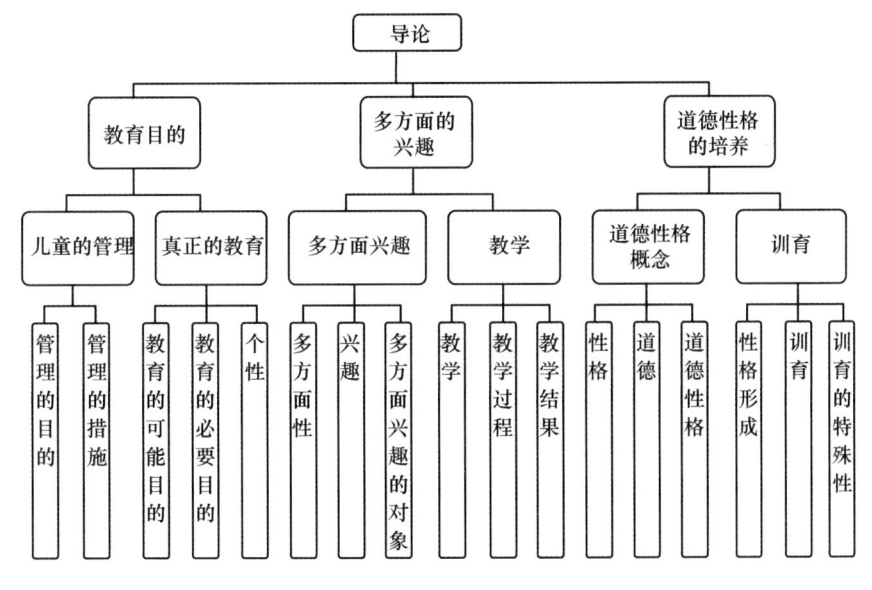

图 2-6 《普通教育学》的内容结构

---

① ［德］赫尔巴特：《对柯尼斯堡教育学活动的回顾》，载李其龙主编《赫尔巴特文集4》（教育学卷二），浙江教育出版社 2002 年版，第 359 页。

第二节　教育学的陈述模式

一　内容选择

早期德意志教育学的诸位作者，对教育学著作所应包含的内容有各自的理解，这些不同理解，在他们对各自教育学著作的命名上有明显的反映。特拉普以"教育学尝试"为其著作命名；林克以"论教育学"来命名康德教育学文本；尼迈尔将其著作命名为"教育与教学原理"；施瓦茨分别将其著作命名为"教育学说"和"教育和教学学说教科书"；赫尔巴特将其著作命名为"普通教育学"；里希特以罗马女神"莱瓦娜"为其教育学说命名。

直接以"教育学"为名的著作有三本：特拉普、康德和赫尔巴特的著作。

根据本纳等人编撰的《教育学历史词典》，大约在 1770 年，外来词"教育学"（Pädagogik）才在德意志地区被用来指称一门关于教育的知识。将"教育学"一词解释为希腊词"pais"（意指"男孩"）和"agein"（意指"引导"）的观点，具有误导性。因为，"Pädagogik"（教育学）并非由"paidagogos"（意指"引导男童至学校的仆人"，中文译"教仆"）一词派生而出，而是从"paideia"（教育）一词加"-ik"后缀派生而出，如"Ethik"（伦理学）、"Rhetorik"（修辞学）和"Logik"（逻辑学）等。因此，教育学与奴隶毫无关系，而是从一开始就指向有关人的教化教育的学说和理论。[①] 1883 年出版的施密德（K. A. Schmid）的《教育和教学事业百科全书》将"教育学"定义为：

---

① Winfried Böhm, *Pädagogik*, *Historische Wörterbuch der Pädagogik*, Hrsg. Von Dietrich Benner und Jürgen Oelkers, Weinheim und Basel: Beltz Verlag, 2004, S. 751.

教育学词条下，不仅是有关教育的知识，也包括教育艺术，因为教育活动，并非只是本能和习惯还能作如下理解：有特定的前提，人们由此出发；有特定的目的，人们以此为努力方向；有特定的媒介，人们借此可达到目的；借助这个词人们可意识到特定的基础。[1]

特拉普将自己的教育著作命名为"教育学"，这是德意志地区的教育学著作第一次直接以"教育学"一词命名。此前虽有米勒（J. P. Miller）的《智慧与基督的教育艺术原理》（1771），博克（F. S. Bock）的《教育艺术教科书》（1780），但未有直接以"教育学"为名的著作出版。在开创先河的同时，特拉普又谦虚地将之限定为一种"尝试"（Versuch）。他将教育学的内容分为两大部分，主要探讨了"有关教育的理论"和"有关教育的特殊类型"。特拉普较为侧重的是前者，其内容以对"教育目的""教育原则"和"教学"的论述为主。"教学"被直接归入"教育理论"之中。

康德教育学生成的时间可能早于特拉普教育学或与之同时，1803 年林克在整理出版时将之被命名为"康德论教育学"。而康德所理解的"教育学"中是否有教学理论的位置，我们不得而知。就目前所能获得的文本而言，《康德论教育学》中主要论述教育问题，几乎没有涉及教学问题。

尼迈尔将其教育学著作命名为"教育与教学原理"，这是一部家庭教育指南。在内容选择上，该著收录了大量与家庭教育有关的内容。包括如何成为家庭教师，家长如何支持家庭教师，给家庭教师的建议等。该著的核心部分在于对教育原理和教学原理的阐述。在尼迈尔看来，教育原理和教学原理是并列的，是家庭教师工作的两

---

[1] G. Baur, *Geschichte der Pädagogik*, *Encyklopaedie des gesammten Erziehungs-und Unterrichtwesens*, hrsg. von K. A. Schmid, Band 5. Leipzig, 1883, S. 592–683.

个不同部分，而非前者包括后者。两者处理的问题对象不同，所采用的方法也不相同。教育指向人的身体和精神能力的发展，而教学则仅与认知能力有关，并对心灵力量产生影响。尼迈尔虽然在框架结构中将教育与教学区分开来，然而在具体论述中，却模糊了两者的界限，甚至有调和两者的倾向。他强调教学必须以教育的目的为目的，强调教学对心灵力量发展的影响。甚至提出了"教育性教学"的概念，不过未做展开。① 此外，尼迈尔特意区分了教育科学（Erziehungswissenschaft）与教育艺术（Erziehungskunst）：

> 教育规则的总结，或者有关教育原则的理论，是教育科学（理论教育学）。对它的学习培养理论教育者（教育学家）。有关实践技能的理论，或者一名教育者必须掌握的知识和技能的综合，是教育艺术（实践教育学）。它是教育者（教育家）的事务。教育艺术以教育科学为基础。……对理论认识的越全面越正确的人，在艺术上就能具备越多的技能。②

在尼迈尔看来，科学指向理论，艺术指向技能。对理论的掌握，是习得技能的前提。

施瓦茨的教育学著作先以"教育学与教学论"命名。1817年再版时更名为"教育与教学学说"，并加入了关于教育机构的内容，但在正文中，还是以"教育学"和"方法论"为标题。在内容结构的编排上，施瓦茨将教育学、教学论和关于教育机构的理论三者并列。

赫尔巴特致力于创造一种"普通"教育学。其教育学以教育目的为中心展开。他将教育目的分为两个部分，即可能的目的与必要

---

① "教育性教学"的概念，非赫尔巴特首创。尼迈尔、施瓦茨均有论述。详见本书第四章第一节对"教学"概念的分析。

② A. H. Niemeyer, *Grundsätze der Erziehung und des Unterrichts: für Eltern, Hauslehrer und Erzieher*, 1970, S. 77–78.

的目的，然后分别论述。由此，教育学被工整地分为三章，每章又分为两个部分。管理、教学和训育，作为实现教育目的的手段，均匀分布在三章中。赫尔巴特注意到尼迈尔和施瓦茨等人的教育理论中教育理论和教学理论的分野，他尝试通过"教育性教学"的概念，弥补两者之间的鸿沟。

六人中最为特殊的是里希特。其教育学著作有一个引人入胜的名字"莱瓦娜"，并附加解释"教育学说"。"莱瓦娜"是罗马神话中一位女神的名字，她赋予父亲为父之心。这一命名极具艺术性，对当时的读者的吸引力极强。里希特所理解的教育学说，主要是对教育问题的论述，较少涉及教学问题。在《莱瓦娜》中，也没有出现"教育学""教育科学"等词。

诸位教育学的作者对教育学著作所应包含内容的不同理解，也反映出作为一门知识领域的"教育学"从 18 世纪末到 19 世纪初的发展轨迹——从诞生之初的"尝试"和对"教学理论"的忽略（特拉普、康德），到将"教育理论"与"教学理论"并举（尼迈尔、施瓦茨），再到尝试沟通和融合两者（赫尔巴特）。此外还有对教育学说的艺术性理解（里希特）。这与作者们所处的时代情境和时代精神以及个人的感知程度有关；也与当时教育学知识发展的程度有关；同时也与各位作者们的知识和学术背景相连；此外还取决于各位作者所具备的各异的陈述技巧。

二　篇章结构

早期德意志教育学的六位作者们具备的陈述技巧不同，面对的预设读者有别，故采用的篇章布局各异。有四位作者在陈述时将其教育学文本分成不同的小节，这四位分别是特拉普、尼迈尔、施瓦茨和里希特，其他两位则未将文本细分。

特拉普的《教育学尝试》共 402 页。① 除绪论外，分为两大部分（Abteilung），每部分下面再分为若干篇（Abschnitt），每篇由采用阿拉伯数字连续编号的小节组成，共 107 小节，每小节无标题。其陈述结构为"部分—篇—小节"。

尼迈尔的《教育与教学原理》共 341 页，分为小节 342 节（阿拉伯数字连续编号），每小节都有简短标题。尼迈尔对部分、篇、章等术语的使用较为混乱，"篇"被提升到高于"部分"的位置，书中不同部分的章节划分标准亦未统一。其著作除导论外，分为五篇（Abschnitt），每篇下面再分部分（Abteilung）。在第一和第三部分中，细分为若干小部分（Teil）；在第二部分中无划分，直接采用小节；在第四部分中又细分为章（Kapitel），每章由小节组成；第五部分中，首先分为节（罗马数字编号），再细分为小节。整体而言，该著的陈述结构为"篇—部分—章/小部分/节—小节"。

施瓦茨的《教育与教学学说教科书》共 320 页，分为小节 364 节（各卷按照阿拉伯数字连续编号），每小节无标题。除导论外，著作分为三大卷（Teil），每卷分为若干部分（Abteilung），每部分下面再分篇（Abschnitt），每一篇中又有若干节（罗马数字编号）。该著的陈述结构布局为"卷—部分—篇—节—小节"。

里希特的《莱瓦娜》共 292 页，分为小节 157 节（阿拉伯数字连续编号），每小节无标题。其著作分为三卷（Band），每卷下面分片段（Bruchstück），每片段之中分章（Kapitel）。其陈述结构布局为"卷—片段—章—小节"。

未将著作分作不同小节的是康德和赫尔巴特。康德的《康德论教育学》，共 74 页，结构较为简单。林克在编撰时没有使用卷、篇、章、节之类的结构方式，而仅将文本内容分为两大部分，即具有导

---

① 此处页码的计算，均以其简体德文版文本为准。唯一的例外，是特拉普的《教育学尝试》，因该著在 1977 年重印时，延续了第一版的花体排版，所以每页文字较少，页数较多。实际上，所包含内容要少于尼迈尔和施瓦茨的著作。

论性质的第一部分和正文。正文部分又分为自然教育和实践教育两块。文中虽有若干分隔符号，但无结构完整的分割标识。

赫尔巴特的《普通教育学》共 139 页。除导论外，分为三编（Buch），每一编下面又分章（Capitel），每一章之中，又分为节（罗马数字编号），每节有简短标题。其陈述结构布局为"编—章—节"。

恩格斯曾生动地批判德国人对创造"体系"的热衷，他写道："'创造体系'的杜林先生在当代德国并不是个别的现象。……最不起眼的哲学博士，甚至大学生，不动则已，一动至少就要创造一个完整的'体系'……"① 长于或热衷于创造"体系"的德国人，在教育学领域亦将这一特点发挥得淋漓尽致。除康德的教育学较为特殊之外，其余五部教育学著作的陈述结构布局均有较为明显的篇章结构标识，章节之间的排列布局清晰，体现出较强的系统性。虽每部著作所采用的具体划分标识有别，对划分结构的术语的使用也并未统一，但均反映了作者们对严谨的教育学理论体系的追求。

三　陈述原则

教育学陈述，遵循一定的原则，体现独运的匠心。六部教育学在所遵循的陈述原则上各有特色。

里希特的《莱瓦娜》是六部教育学中最为独特的一部，它由九篇教育论文和两篇附录组成。这九个"片段"之间的内在联系，多被那些未能精读文本的研究者所忽略，以至得出它们不成体系的结论。实际上，《莱瓦娜》遵循着独特的陈述原则。里希特指出，"莱瓦娜"既是掌管教育的女神，又是统一全著作的核心。其教育学围绕着儿童的教育展开，从出生一直到青少年时期结束。具体陈述按照两条线路，一条明线是儿童的发展阶段，从花蕾期到盛开期；一

---

① ［德］恩格斯：《反杜林论》（第三版），中央编译局译，人民出版社 1972 年版，序言。

条暗线是从特殊到一般的陈述方法。里希特从论儿童和教育的重要性开始，在批判现行的教育的基础上引出真正的教育，并指出真正教育的目的是培养理想之人。接下来的陈述，根据儿童发展阶段进行，先是幼年期，再到儿童期和青少年期；在处理儿童期所面对的不同目的的教育时，里希特先处理特殊，再处理一般。家庭教师的教育、女性教育和贵族教育，是特殊部分，被放在第二卷；男孩的品德教化、精神教化驱力的发展和审美感觉培养，是一般部分，被放在第三卷。里希特教育学的还有一篇结语，他在结语中点题，希望父亲肩负起教育儿童的重任。纵观全著，采用了"总—分—总"的陈述结构，这是其他五位教育学家未曾使用过的。

　　里希特教育学的发现模式是归纳式的，来自他之前的教育实践经验的总结。里希特的教育学，既没有从哲学出发，也没有从人类学出发，但在陈述中体现了一定的人类学和神学思想。例如以培养理想之人为教育目的，对儿童发展的重视，对上帝、灵魂、无尽、不朽等概念的频繁使用等。

　　特拉普的《教育学尝试》，遵循了由一般到特殊的陈述原则。特拉普从论述教育的必要性开始，引出创作一部总结教育原则的教育理论著作的必要性。他所理解的教育理论，建立在实践与经验之上。其教育学内容包括"论教育的一般"与"特殊的教育形式"两部分。第一部分是论教育的一般，也是教育的一般部分。其教育学是从教育目的引出的，确立了教育目的之后，他列举了实现教育目的的一系列原则，而这些原则是以人类学为基础，并借助实验心理学在实践中的观察总结而出。在教育目的和教育原则之后，特拉普阐述了教育所应该包括的内容：教学、语言、品德教育和健康。赫尔巴特在教育学陈述的起点上与特拉普相同，均从教育目的开始，但在教育目的的具体内容和实现手段上有较大差异。特拉普教育学的第二部分，是教育学中的特殊部分，即教育者的教育和寄宿制机构中的教育。特拉普教育学的发现模式是归纳式的，以人类学和实验心理学为基础，主要从实践观察中归纳而出。

康德的《康德论教育学》，是林克根据康德的讲义所编撰，而且未能得到康德本人的审定（彼时康德身体极为虚弱，无力从事学术思考和工作），因而其陈述框架在系统性上有所欠缺，而更接近于讲义的形式，且在内容上颇为混乱和跳跃。不过它毕竟承载着康德对教育学的思考，而且它形成的时间在18世纪70年代，与康德"三大批判"的出版基本同步，自有其特殊意义。在该著中，康德从人类学出发，论述教育的必要性；从伦理学出发，确定教育的最终任务在于道德化；再依托若干先验的教育观念阐述教育学观点。康德将教育学分为两种类型——自然的和实践的，并在正文中分别加以阐述。在自然教育部分，康德四次提出关于自然教育的理解，不断扩大自然教育的内涵。而在道德教育部分，重点论述的是品德与性格的教化，兼论宗教教育和青春期的教育。康德教育学的发现模式是演绎的，是从人类学和伦理学的若干前提中推论而出的教育学。康德的陈述方法，是将教育工作分解成若干组成部分，并逐一加以分析。里希特将亦采用了这种做法。而赫尔巴特却批判这种方法难以成功，因为教育中的各部分均与其他部分相联系，很难完全分离成各个组成部分。①

尼迈尔的《教育与教学原理》，是一部写给家庭教师和儿童父母的教育指南。它的全部陈述，均围绕着家庭教育展开。虽然康德、赫尔巴特和里希特等人的教育学亦以论述家庭教育为主，但是在教育学陈述中清晰地以家庭教育为中心，从家庭教育出发，为了家庭教育并落脚到家庭教育的，仅有尼迈尔一人。该著导论从强调家庭教育的价值开始。正文部分论述了家庭教育的五个方面，陈述的顺序与一名家庭教师成长、发展和工作的进程同步：先是如何成为一名家庭教师或教育者；接下来论家长应如何配合家庭教师；之后的两篇是著作的重点所在，即家庭教师工作的具体内容——教育和教

---

① ［德］赫尔巴特：《赫尔巴特〈对普通教育学〉的自我说明》，载《赫尔巴特文集3》（教育学卷一），李其龙主编，浙江教育出版社2002年版，第386页。

学；最后是给家庭教师的一些建议。尼迈尔将指导家庭教师工作的两种原理，分别命名为教育科学和教学科学。对前者的陈述，以从人类学和伦理哲学中推导出普适性的教育原则为主；对后者的陈述，以从实践中归纳出的教学原则和教学方法为主。对这两个部分的具体陈述，均遵循了从一般到特殊的原则。尼迈尔教育学的发现模式归纳与演绎并存，在教育理论部分，是演绎的；在教学理论和其他部分，是归纳的。

施瓦茨的《教育与教学学说教科书》，遵循了一般到特殊的陈述原则。它以探讨教育科学开篇，对教育的探讨以人的天性为出发点，最终的落脚于基督之上。施瓦茨认为，最全面、最正确的教育方法，是基督的。该著的具体陈述框架，分为三卷——教育学、方法论或教育性教学的艺术、青少年的教育机构。三部分内容分别涉及教育理论、教学理论和学校理论。在施瓦茨看来，三者是并列的。在每一卷中的陈述中，施瓦茨均依据从一般到特殊的方法。在教育学卷中，对青少年的发展的陈述，从一般发展到特殊发展阶段；论教育与教化时，也是从一般原理到特殊；在教学论中，先论一般方法再论特殊方法。施瓦茨与尼迈尔类似，将教育理论和教学理论均建立在人类学基础上。施瓦茨教育学的发现模式是演绎的，是从人类学和神学原理中推导而出的。

赫尔巴特在《普通教育学》中提出教育学陈述应以基本概念为先。他指出：

> 按年龄阶段的次序来阐述什么是可以在教育中一个接着一个地做到的这种报告形式，对于编写教育学的要求来说是不够的。这种形式只有在开始时对概要地阐述教育有作用，普通教育学必须把论述基本概念放在一切论述之前。[①]

---

① ［德］赫尔巴特：《普通教育学》，载《赫尔巴特文集3》（教育学卷一），李其龙主编，浙江教育出版社2002年版，第189页。

遵照以概念为先的陈述方式，赫尔巴特为其《普通教育学》编织了一个像"法国花园"一样有条不紊的陈述框架。全著除导论外，分为三编；每一编中的内容均大致分为两部分。第一编的前半部分论管理，后半部分论真正的教育；第二编前半部分论多方面兴趣的概念，后半部分论实现手段——教学；第三编前半部分论道德性格的概念，后半部分论实现手段——训育。而在每编之间，也是互相联系的。例如，在第一编"真正的教育"部分，提出教育的可能目的和必要目的，这两种目的，分别指向第二编"兴趣的多方面性"和第三编"道德性格的力量"。赫尔巴特教育学的发现模式，是演绎的，遵循"目的—方法"的模式。根据他自己的介绍，其教育学是从哲学体系中推导而出的。他依据的哲学体系主要是其实践哲学，也即伦理学。他从实践哲学中推导出教育的必要目的——培养道德性格的力量，继而推导出实现教育目的的三种手段——管理、教学和训育，从而构建起完整的教育学体系。

特拉普、康德、赫尔巴特，三者的教育学均由教育目的出发。不同的是，特拉普以幸福为教育目的，而康德、赫尔巴特以道德化为教育目的。特拉普教育学，从实践观察中归纳得来；康德教育学，从人类学和哲学中演绎而出；赫尔巴特教育学，则从实践哲学中推导而出。

在陈述框架的安排上，遵循从一般到特殊的原则的有三人：特拉普、尼迈尔和施瓦茨；将教育学分为若干组成部分并逐一论述的有两人，康德和里希特，而且里希特的教育学陈述，遵循了从特殊到一般的原则；赫尔巴特则坚持围绕其教育目的展开教育学陈述。

根据以上对内容选择、篇章结构和陈述原则的分析，可将这六部教育学的陈述模式对照（见表2-1）。

表 2-1　　　　　　　　早期德意志教育学陈述模式对照

陈述特征		特拉普《教育学尝试》	康德《康德论教育学》	尼迈尔《教育与教学原理》	施瓦茨《教育与教学学说教科书》	赫尔巴特《普通教育学》	里希特《莱瓦娜，或教育学说》
教育学的内容	教育理论	○	○	○	○	○	○
	教学理论	○	×	○	○	○	×
	学校理论	○	×	○	○	×	×
结构安排	章节标识、标题	○	×	○	○	○	○
	分小节	○	×	○	○	×	○
教育学的发现方式	归纳性	○	×	○（教学）	×	×	○
	演绎性	×	○	○（教育）	○	○	×
教育学的来源	实践经验	○	○	○	○	○	○
	人类学	○	○	○	○	○	×
	哲学	×	○	×	×	×	×
陈述框架的安排原则	一般到特殊	○	×	○	○	○	×
	特殊到一般	×	×	×	×	×	○
	分成多个组成部分	×	○	○	○	×	○
	围绕教育目的	×	×	×	×	○	×

注："○"为有此项，"×"为无此项。

第三节　教育学的陈述语言

一　"音重于义"教育学

《莱瓦娜》的出身，注定了它的特殊性。它并非出自大学讲堂上的教授之手，而是源自一位以写小说见长的文学家的笔端。在写作《莱瓦娜》之时，里希特已经是誉满德国的文学家。他的教育学虽以

"教育学说"为名，但在陈述语言上却与其他五部教育学著作有较大的差异。该著出版之后，曾因其语言和表达方式屡为同时代的部分书评者所诟病。例如，有书评写道：

> 我们有数次被他（里希特）的幽默的机智所干扰，更多时候，则是被他那如女性般华丽的语言所干扰。①
>
> 我们认为里希特的思想是杰出的，然而他的表达方式和写作速度，阻碍了对他的理解。②

最严厉的批评甚至要剥夺此书作为"教育学说"的资格：

> 里希特所著的，是一部教育原理吗？……这部著作与他以往的行文风格相似，充满了大量的想象，洋溢着大量生活中的经验。这些经验，都是没有经过整理的。……这部著作近乎狂妄地使用了"教育学说"这一标题。③

然而，这些批评均无法阻止《莱瓦娜》的畅销。因为里希特凭借其之前的几部小说，已经成为当时德意志地区的上流社会中最受欢迎的作家之一。

除了其文学家的身份以外，预设读者也影响到里希特对表达方式的筛选和陈述语言的使用。里希特尝试为母亲们写一部教育著作。他在著作开篇的献词中写道："以王后您之尊名，本书作者将《莱瓦娜》献给我们国中的母亲们。"④ 在《莱瓦娜》第一版的前言中，里

---

① *Jeanische Allgemeine Literatur-Zeitung*, 1807, 4 Bd., Sp. 81 – 100; Nr. 239 – 242, 13 – 16. Oktober.

② *Göttingische Anzeigen von gelehrten Sachen*, 1798 – 1806. 1806, 27 Dezember. 207. Stück, S. 2057 – 2068.

③ *Morgenblatt für gebildete Stände*, 1807, 15. Jan. Nr. 13, S. 49 – 50.

④ Jean Paul Richter, *Levana oder Erziehlehre*, 1963, S. 8.

希特写道：

> 每位母亲——以及每位新娘——都应读读这本多卷本的、从多方面论述教育的书。这本书就像是珍稀宝石，能够切割和打磨这些母亲们，让她们的性格变得更适合做一位好妈妈，能发现、保护、保存和珍视她的孩子身上所散发出来的微弱的光芒。①

可见，里希特的预设读者，是那些即将或者已经为人父母者，特别是母亲们。为"俘获"这些女性读者，他在陈述语言上颇费心机。

第一，巧用人称代词，与读者建立紧密联系。作为成功的作家，里希特深知作者与读者建立紧密联系的重要性。在第一和第二版前言中，里希特采用了第三人称——"作者"，来向读者们介绍其著作的写作缘由和主要结构。这一做法，为其著作增加了一点理论性的色彩。不过，在正文部分的写作中，里希特主要采用的是第一和第二人称——"我""我们""你"和"你们"。例如，"唯有通过教育，我们才能在一块纯净松软的土地上，种下毒草或者甜花"② "你们母亲，特别是在上层和自由阶层的母亲们，要为你们的孩子建立一座绿色的教育花园"③ "父母们，教爱，你便不需要十诫"④。通过对第一和第二人称的灵活使用，里希特在作者与读者之间建立了紧密的联系。他曾写道："一位作者，应该总是以'我'而非其他词汇书写。"⑤ 除了灵活地使用人称之外，里希特还经常采取呼吁式的词汇，来表达对读者的劝告。例如，"亲爱的母亲们""父亲们"

---

① Jean Paul Richter, *Levana oder Erziehlehre*, 1963, S. 16.
② Jean Paul Richter, *Levana oder Erziehlehre*, 1963, S. 18.
③ Jean Paul Richter, *Levana oder Erziehlehre*, 1963, S. 135.
④ Jean Paul Richter, *Levana oder Erziehlehre*, 1963, S. 236.
⑤ Jean Paul Richter, *Levana oder Erziehlehre*, 1963, S. 16.

"父母们"等。如此一来，读者在阅读文本时，仿佛能与作者进行面对面的对话，能听到作者在耳边娓娓道来，能感受到作者的热切情感。

同样是使用第一人称陈述，里希特所采用的陈述语言与特拉普、康德、赫尔巴特等人的陈述语言有较大差异。前者面对的是有教养的妇女，因而语言是对话谈话式的，以唤起情感共鸣为主；后三者面对的是大学中的学生，因而语言是讲授式的，以传递知识技能为主。

第二，独特的行文风格和文字技巧。在长期进行文学创作的过程中，里希特形成了独特的行文风格。其一，其作品时常旁生枝节。他在写作中经常会从某一个细微的观点或分支论点出发，衍生出大段偏离主题的陈述或者评论。有时候，离开主题太远，甚至让人忘记了言说的对象。以至于在《莱瓦娜》中，他不得不多次用"允许我们回到主题""现在回到……"之类的句子来回归正题。例如，在论述教育的重要性的第16节，他用较长的篇幅大谈印刷术对欧洲的影响。[①] 正如一位研究者所言："想要真正理解《莱瓦娜》，如同解开一个谜题。"[②] 其二，他擅长对琐碎之处的详细描写。里希特曾声称，要将其全部的思想都写下来。他给后人留下的多达65卷的《里希特全集》，证明他践行了这一点。在《莱瓦娜》中，就细微之处进行大段描写的例子也有很多。海涅曾这样评论里希特的写作："没有一个德国作家有他那么丰富的思想和感情，但是他从来不让它们成熟起来，他以他丰富的思想和感情更多的是使我们感到惊愕，而不是使我们感到舒畅。"[③] 其三，他善用优美华丽的辞藻。他的小说语言优美，在《莱瓦娜》中，这一特征得到发扬。这也成为他吸

---

① Jean Paul Richter, *Levana oder Erziehlehre*, 1963, S. 31.
② Sprenge Karoliner, *Jean Pauls Paedagogik. Studien zur Levana*, Ph. D. dissertation Universität Bamberg, 2003, S. 4.
③ ［德］亨利希·海涅（H. Heine）：《浪漫派》，薛华译，上海人民出版社2003年版，第232页。

引读者的重要手段之一。其四，他善用讽刺和幽默。他的文学之路刚开始时曾创作了大量具有启蒙意义的讽刺性文章，在其小说中，幽默也被时常用来化解人物间的矛盾。在《莱瓦娜》的写作中，这类讽刺和幽默亦有所体现。

通过《莱瓦娜》出版之前的若干文学作品，里希特已经积累了相当数量的读者和追随者，他们对其行文风格极为熟悉。因而《莱瓦娜》中延续了里希特式的行文风格，选用文学性语言陈述教育学，迎合了既定读者群体的需要。这或许也是为何《莱瓦娜》在里希特的时代风靡一时，而在他去世之后的长时期却默默无闻的原因之一。

第三，善用修辞手法，以比喻论证和举例论证代替逻辑论证。里希特在《莱瓦娜》中，充分展现了他对多种文学修辞手法的谙熟。在文本中随处可见各种明喻、暗喻、借喻、反喻的例子。例如，在论及教育的重要性时，他写道"最重要的是给你的学生丰收所用的种子，或者炸开矿山所用的导火索。对孩子而言，最重要的是，你是否给他一块魔法宝石，能保护他免于伤害"。[1] 在批判现行教育时，他指出："一些教师想成为机器制造者，另一些则以外在和国家实用性为目的。他们生产出的只是机器，而非人。"[2] 在论述教育的任务时，他写道："理想之人最终沦为石头雕像（石化之人）。为打破这种悲剧结局，以解放石头雕像，需要或者应该借助教育。"[3] 在论述男孩的身体锻炼时，他写道："身体是灵魂的铠甲和胸甲。所以，用冷热交替来锻造这种铁。"[4] 这类比喻论证，在其文本中还有很多。此外，举例论证，也是里希特常用的论证方式。他在文本中多次列举来自他自己的实践经验的、来自其他教育家著的或者来自古代经典或神话传说的例子，用以证明其教育学命题。例如在第一版前言中，里希特写道："作者曾三次担任家庭教师，教过所有年龄

---

[1] Jean Paul Richter, *Levana oder Erziehlehre*, 1963, S. 19.
[2] Jean Paul Richter, *Levana oder Erziehlehre*, 1963, S. 38.
[3] Jean Paul Richter, *Levana oder Erziehlehre*, 1963, S. 41.
[4] Jean Paul Richter, *Levana oder Erziehlehre*, 1963, S. 207.

段的不同儿童；而且自己有三个孩子，在养育孩子的过程中形成了行之有效的教育原则；本书所涉及的他人的经验，均为作者的亲身体验。"① 而且，卢梭、坎佩、施瓦茨、尼迈尔等人的部分教育观点均曾被他所用。另外，学生时代积累的摘抄笔记，也让他在写作时对那些古代经典中的例子信手拈来。大量的比喻论证和举例论证，增加了文本的趣味性和可读性，却削弱了文本的理论性和逻辑性，不过，后者似乎并非里希特的目标。

第四，选用了丰富而灵活的陈述文体。在写作教育学时，里希特并非一成不变地采用议论文体，而是灵活地选用了演讲词、书信、梦境记录、诗歌等陈述文体。例如，在论述教育的重要性时，他虚构了两篇演讲词。第一篇，是一位教师培训机构的新主管的入职演说，批判当前教育对儿童的影响甚微。不过，这位新主管在入职数日后被解雇。第二篇演讲词，是这位被解雇的新主管的离职演说，强调一种好的教育将如何深入地影响时代。在论身体教育的部分，他采用了书信体写作，虚构了一封为一位新婚的男子解答疑问的回信。在论述家庭教师选择的部分，他记录了自己的梦境，在梦中他给已故的盖勒特教授写了一封信。里希特借这封信谈到了何谓理想的教育者以及合适的家庭教师的选择。在论女性教育的开始部分，他虚构了一位不称职的母亲对其施加给女儿的错误教育的忏悔。在论述贵族家庭女孩的教育时，他则记录了自己的梦境，在梦中里希特变成一位亲王，他以亲王的身份告诫其女儿的女家庭教师，该如何教育一位公主。这场梦境如同一幕戏剧，里希特为每位角色安排了名字和剧情，最终指出，贵族公主的教育是为了培养一位王侯夫人。而在论述王侯的培养时，他再次采用了书信体，写了一封给王子的导师和宫廷参事阿德尔哈德先生的信。而且据他所言，这次他真的将这封信投寄了出去。全著的结尾，则以一首诗歌为结束语。

在教育学著作中使用书信体，并非里希特的首创，卢梭曾在

---

① Jean Paul Richter, *Levana oder Erziehlehre*, 1963, S. 15.

《爱弥儿》中插入了一段"一个萨瓦牧师的信仰自白",席勒也著有书信体的《审美教育书简》。但在一部教育学中灵活地使用多种文体,并将它们巧妙地衔接起来而无违和之感,则仅有里希特做到了。他让原本枯燥乏味的理论变得有趣鲜活,也为其教育著作赢得了广泛的读者。

总之,里希特教育学,较少采用逻辑论证的语言陈述,而多是对实践经验的文学性呈现。无论是在行文风格、文字技巧上,还是在陈述文体上,里希特教育学均表现出异于其他五部教育学的特征。理应简明严谨的教育学说,在里希特的笔下,被精心设计成富有趣味的、诗情画意的教育学。其教育学是偏重音响效果的听觉文本。

> 听觉文本,以文字之力代行言语之功,以词汇规则表现言语行动,唯服人之心意向,无服人之口毅力,专以"感动"谋划听者的心悦诚服,不顾"论证"何以使读者赏心悦目。听觉文本,出于文人的海天愁情之茫茫,远非哲人的名理思察之悠悠,故其音响效果重于逻辑效果。[①]

里希特教育学,是"音重于义"的教育学。

二 "规范理论"教育学

特拉普写作《教育学尝试》的目的,是为参加其教育学讲座的学生们提供一部可用的教科书。他的预设读者,是那些对教育学感兴趣或者毕业后可能从事教育工作的大学生。为了让读者更容易理解,也为了更加贴近学生,特拉普所采用的陈述语言有几个显著的特点。

第一,采用第一人称进行陈述。整部教育学"我"字多次出现,

[①] 董标:《卢梭悖论——"教育学形态"的案例研究》,《中国教育科学》2013年第1期。

特拉普如同在讲堂之上授课一样将自己的教育理论向读者娓娓道来。例如，"虽然我的意思不是指……我也并不愿……我的意思只是……我们应该从这种观察中抽象出原则"[1]。这种陈述方式，拉近了作者与读者之间的距离，让读者在阅读时如同在倾听作者的讲授。因为特拉普在写作教育学著作的同时也在主讲教育学讲座，讲义和书稿有一定可能重叠。而且，第一人称陈述，增进了著作在主观情感上的信服力，使读者更容易相信这是作者个人的真实体会和经验总结。然而然而也会导致陈述的内容的主观性过强，失去了作为理论著作应有的客观性。

第二，重要内容多用短小精悍的段落。特拉普在陈述时，多采用独立成段等方式突出重点。例如在论述教儿童思考的八个步骤时，每一步骤都是一句话，且自成一段。[2] 在处理重要的并列内容时，例如列出原因或总结原则时，他均将内容成条列出并加上数字或字母编号。这种类似教科书式的编排，使得重点突出、层次分明，也让读者易于理解和接受。

第三，多用规范性的语言。特拉普的著作中，带有指导意义的规范性语言较多。多使用"必须""应当""一定要/不要"等词汇，将教育理论与教育实践联系起来，为未来的教育者提供了易于遵循的行动指南。例如，"最重要的是，必须要带着关心，由此我们便不会犯错"[3] "教育应当帮助人们达成可能的和必要的幸福"[4] "人的教化必须采用这种方式并朝向这种程度来进行，……人们不仅必须要注意，那些源自人自身天性所能提供的可能性；而且也必须要注意，那些来自人所生存其中的社会的限制"[5]。然而，特拉普以规范性的语言，替代了逻辑论证性语言，导致其教育学缺乏严谨的论证。

---

[1] E. C. Trapp, *Versuch einer Pädagogik*, 1977, S. 52.
[2] E. C. Trapp, *Versuch einer Pädagogik*, 1977, S. 326.
[3] E. C. Trapp, *Versuch einer Pädagogik*, 1977, S. 21.
[4] E. C. Trapp, *Versuch einer Pädagogik*, 1977, S. 42.
[5] E. C. Trapp, *Versuch einer Pädagogik*, 1977, S. 45.

这种规范性语言陈述模式与发现模式有关，因为特拉普教育学的发现模式是归纳的，多从实践经验中，借助所谓的"实验心理学"的重要方法——"观察"总结而出。

特拉普教育学，是"规范理论"的教育学。

三 "浅显易懂"教育学

康德的教育学文本产生在大学讲堂之上，是其学生林克根据讲义和听课记录整理而成。康德所面临的听众，与特拉普的预设读者类似，多是那些试图在大学毕业后担任家庭教师的学生。林克在整理康德教育学文本时，保留了它作为课堂讲义和听课笔记的特征，使读者在阅读该文本时如同在听康德讲学。其陈述语言特征如下。

第一，多用口语化陈述语言。读者可以在一些起承转合之处发现口语化陈述。该著多用"我们"一词，便于讲述的同时也自动拉近了与听众的距离。例如，"但是，我们从哪儿开始发展人的禀赋呢？我们是应当从生蛮状态开始，还是应当……"① "我们现在谈灵魂的教化……"② "我们现在必须也对教育的整体目的及其实现方式给出一个系统的概念"③。或许是讲课的缘故，在其教育学的陈述中，康德并未使用过多生僻晦涩词汇，或是极为复杂的复合句。相反，他多用口语化的表达方式，易于理解的词汇和相对简洁的句子。这些，均有益于听众和读者对其教育学的接受和理解。

第二，对人类学、伦理学以及哲学语言的借用。因其教育学是从其人类学和伦理学的若干前提中演绎而产生，因而在语言上亦对这两者多有借用。例如，"自然禀赋""善""意志""培植""品

---

① Immanuel Kant, *Ausgewählte Schriften zur Pädagogik und ihrer Begründung*, 1963, S. 14.

② Immanuel Kant, *Ausgewählte Schriften zur Pädagogik und ihrer Begründung*, 1963, S. 33.

③ Immanuel Kant, *Ausgewählte Schriften zur Pädagogik und ihrer Begründung*, 1963, S. 38.

"德""道德""幸福""理性的运用""知性""判断力""自由""强制"等。这些词汇，随着康德以及后来的教育学家的使用，逐渐在教育学与中确定下来，成为教育学的概念。有研究者评价："康德对于教育活动的分解、教育层次的划分虽不周密，他所提供的教育概念系统至少可作为人们进一步思索的出发点。"①

第三，使用了大量规范性语言。例如，"人是唯一必须受教育的造物"②"人应当首先发展其向善的禀赋"③"就教育而言，人必须受到训诫。……人必须受到培植。……人们还必须关注……文明化的培植。……人们必须关注道德化"④。与特拉普类似，在康德的教育学文本中，也出现了大量的"应当""必须""要"等劝告或规范性词汇，从而形成大量的规范性命题。与归纳自实践的特拉普的教育学命题不同，康德的规范性命题，多从先验的教育观念演绎而出。康德利用规范性命题，揭示了教育的应然状态。在教育学文本中使用大量规范性命题，虽然便于读者理解，易于在实践中遵行，然而却降低了陈述的理论性和科学性。为了证明这些先验的教育学命题，康德在其教育学中列举了一些教育案例。结合案例分析，以举例证明命题的方法，其理论变得浅显易懂，适合授课的需要，但在论证逻辑上缺乏说服力。

康德教育学，是"浅显易懂"的教育学。

四 "操作指南"教育学

尼迈尔的《教育与教学原理》，不仅是一部关于教育与教学原理

---

① 陈桂生：《历史的"教育学现象"透视：近代教育学史探索》，人民教育出版社1998年版，第78页。

② Immanuel Kant, *Ausgewählte Schriften zur Pädagogik und ihrer Begründung*, 1963, S. 9.

③ Immanuel Kant, *Ausgewählte Schriften zur Pädagogik und ihrer Begründung*, 1963, S. 13.

④ Immanuel Kant, *Ausgewählte Schriften zur Pädagogik und ihrer Begründung*, 1963, S. 16–17.

的理论性著作,更是一部指导家庭教育的行动指南。它为满足中上层等级家庭中的教育需要而作。其预设读者,一部分是那些试图成为家庭教师的人;另一部分是中上层等级家庭的父母们,他们多具备较高的知识水平和阅读能力。面对扩大了的读者群体,尼迈尔的教育学著作在陈述语言上,表现出不同的特征。

第一,采用较为客观的陈述方式。其教育学陈述多使用第三人称或以物做主语,避免了特拉普等人所用的第一人称表达方式。尼迈尔使用频率较高的是第三人称代词"人""它""人们"等,全著未出现"我""我们""你"等第一、第二人称词汇。他多使用"接下来的内容将尝试……",以及带序数词的小标题来标注内容的起承转合。例如,"目的性教学方式"下,包含七个原则,每个原则自成一节,并用小标题标出。客观性陈述方式的使用,增强了文本的客观性和理论性,使得著作内容与其标题"原理"更相符。同时也因其客观,增加了对读者的说服力。尼迈尔在创作教育学时,尽力向客观性和理论性靠拢,这与其创作目的契合,他试图创作的,是一种与教育艺术(实践教育学)不同的新教育学,即教育科学(理论教育学)。[1]

第二,文本结构简洁明晰。他像特拉普一样将著作分为若干小节。不同的是,他给每一小节均加上了标题;每一小节内部,包括正文内容和注释性内容。正文内容仅有一段,而注释性内容多有若干段,且篇幅通常超出了正文内容。为每一小节加注标题,使得每一节所想表达的主题更加突出,也能让读者更容易掌握该著的陈述结构,从而迅速定位到自己所需要的内容之上。每小节仅设置一段正文内容;注释性内容在格式和字体上,均与正文有别;几乎每小节中的重要的概念和关键语句均用斜体突出显示。这些陈述技巧,使得著作结构简洁,详略得当,重点突出,给读者带来良好的阅读

---

[1] A. H. Niemeyer, *Grundsätze der Erziehung und des Unterrichts: für Eltern, Hauslehrer und Erzieher*, 1970, S. 77–78.

体验。

第三，作为一部"实践指南"，尼迈尔教育学也采用了部分规范性语言陈述来教人应当如何实践。"应该""必须"等词汇，在其教育学中时有出现，但就出现频次而言，要远少于特拉普教育学和康德教育学。这从另一个侧面说明了尼迈尔教育学在陈述上更为客观，理论性更强。

此外，尼迈尔与康德类似，在其教育学中首先给出先验教育命题，继而从这些先验教育命题中演绎出种种教育原则。康德的伦理学和人类学观点，在尼迈尔教育学中被当作先验命题的来源。正是在这种意义上，尼迈尔被视为教育学中的康德派。[1] 与康德不同的是，尼迈尔对这些先验命题的论证，并未采用举例的方式，而是通过大量的注释来完成。

尼迈尔教育学，是"操作指南"式的教育学。

五 "力求客观"教育学

施瓦茨的《教育与教学学说教科书》，以"教科书"为名，最初为大学讲堂中学习教育学的学生而作。在第三版前言中，施瓦茨提出，其著作不仅为学生听众，且要为更广泛的读者而作。因此，其陈述方式也得到改善，变得更适合阅读。在陈述方式上，施瓦茨的著作与尼迈尔的《教育与教学原理》有诸多相似。从两部文本生成的时间差而言，施瓦茨向尼迈尔借鉴学习的可能性较大。在施瓦茨著作出版的 1805 年，尼迈尔的著作已经出到第四版，且极受读者欢迎。

施瓦茨教育学文本与尼迈尔教育学文本的相似之处颇多，主要表现在：其一，施瓦茨与尼迈尔一样，在陈述时尽量使用了第三人

---

[1] A. H. Niemeyer, *Grundsätze der Erziehung und des Unterrichts: für Eltern, Hauslehrer und Erzieher*, 1970, S. 390. 对比 Christiane Ruberg, *Wie ist Erziehung möglic? Moralerziehung bei den frühen pädagogischen Kantianern*, Klinkhardt, 2002, S. 147 – 160.

称，以求客观性。但也在有些地方使用了"我们"，例如，在导论的末尾，施瓦茨在介绍全著的结构时写道："虽然我们尝试建立一个教育系统，但是我们满足于在5—8节中对一门科学的严密概念的所做的限定，我们尝试接近这中限定，由此我们能为一切论述建立起一种逻辑基础。"① 又如，"让我们来设想，有这么一个儿童，……"。② 可见，施瓦茨在其教育学中还是保留了一些讲堂授课式的陈述习惯。"我们"一词的使用，拉近了作者和读者之间的距离，较易引起读者的共鸣。其二，施瓦茨与尼迈尔一样，将文本分为不同小节并加以编号，并在每一小节中仅设置一段正文，其余部分为注释。两人间的差别在于，施瓦茨并未给每一小节加注简短标题，因此读者无法通过概览标题来把握每节的内容；施瓦茨在文本中用不同字体突出显示的仅是重要词汇，而并未包括重点句子；尼迈尔所添加的注释，多是对正文中的观点和内容的解释性论证，而在施瓦茨的注释中，更多的是对他人观点或著作的引用，并以此来证明自己的观点。其三，施瓦茨教育学的首要功能是作为大学讲堂上的教科书，为增强可操作性，不可避免地采用了规范性陈述。该著中表达强制规定意义的"必须"一词，出现的次数要远大于表示劝告意义的"应该"一词。这在某种程度上，显示了施瓦茨对其教育命题的自信。

施瓦茨教育学的陈述语言亦有其独特之处。第一，极为注重对概念的探讨，有意识地尝试借助经过严密探讨的概念来建构教育学。因此，其著作中所使用的词汇，力求朴实、准确，较少使用形容词和带有价值判断的词语，例如"真正的""好的"等。第二，为清楚完整地表达概念的含义，多用长句和复合句。不过也为读者的阅读和理解设置了障碍。第三，在陈述中涉及之前的章节内容时，施瓦茨会用括号将该内容标注出来，便于读者回看和理解。例如，"品德，在注意力中首次出现便被探讨，并在教育内驱力中继续得到介

---

① F. H. C. Schwarz, *Lehrbuch der Erziehungs-und Unterrichtslehre*, 1968, S. 38.
② F. H. C. Schwarz, *Lehrbuch der Erziehungs-und Unterrichtslehre*, 1968, S. 229.

绍，（见"教育学"部分的第9、10、13、53、86、97节），对教学而言，也是有益的（见第20节）"①。这种做法，是其他教育学的作者所不曾使用的。这些标注，既体现了其教育学内容的连贯性和多角度性，也让读者更容易结合语境理解作者对相关内容探讨。

施瓦茨教育学，是"力求客观"的教育学。

六 "晦涩简略"教育学

赫尔巴特在《普通教育学》的自我说明指出，书中的安排虽然有些"迂腐"，但是主要是为了方便年轻教育者的理解和参考。若干年后，他在为《普通教育学》辩护时，再次申明其教育学的首要预设读者，是听他教育学课的年轻大学生："教育学首先应当针对我的听众，但当然也应当针对关心我哲学原理的那些人，可是其他每一位读者也可以找到一些有用的东西。"② 事实上，该著完成以后也一直被当作大学中的教科书来使用。1835年，赫尔巴特写道："笔者以《普通教育学》为书名的最早著作迄今一直用来作为讲课的教科书。"③

按照赫尔巴特的本意，其教育学著作理应简洁易懂，适合初学者的水平。然而，赫尔巴特却只完成了任务的前一半，该著确实达到了"简洁"的要求。他为年轻的教育者创作了一个"像法国花园一样"有条不紊的理论"体系"，然而在陈述语言上却远离了年轻教育者的理解能力，转入晦涩难懂。赫尔巴特自己也承认并接受这一点。针对雅赫曼批评其教育学陈述语言"故意寻觅晦涩难懂的表

---

① F. H. C. Schwarz, *Lehrbuch der Erziehungs-und Unterrichtslehre*, 1968, S. 167.
② ［德］赫尔巴特：《赫尔巴特对雅赫曼书评的回答》，载赫尔巴特《赫尔巴特文集3》（教育学卷一），李其龙主编，浙江教育出版社2002年版，第418页。另对照："我在这里就要为那些没有经验而希望知道他们应当寻找并具备什么样的经验的人提供这样的一张地图。"［德］赫尔巴特：《普通教育学》，载《赫尔巴特文集3》（教育学卷一），李其龙主编，浙江教育出版社2002年版，第12页。
③ ［德］赫尔巴特：《教育学讲授纲要》，载赫尔巴特《赫尔巴特文集3》（教育学卷一），李其龙主编，浙江教育出版社2002年版，第185页，第一版前言。

达和搭配",赫尔巴特写道:"我一点也没有对涉及我某些地方文风和描述的谴责表示恼火。"① 具体而言,赫尔巴特教育学的陈述语言有如下特征。

第一,采用第一人称陈述方式。在其著作中,赫尔巴特频繁使用第一人称代词"我"和"我们"。例如,"现在我回到我自己的见解上来,并尝试进一步详细地阐明它"② "我得立刻承认,不存在'脱离教学的教育'这个概念,正如反过来,我不承认有任何'不进行教育的教学'一样……"③ "当我进而讨论到……,我的意见也许又与其他教育家相接近了"④ "我从实践哲学中吸取了这些观念。在我使用的一系列观念中,……我在这里把他们合并为一个观念——公正。在此我既不能……"⑤。赫尔巴特巧用第一人称,拉近了读者与作者的距离。而且,在举例、总结或转换话题的时候,使用"我们",让读者有很强的代入感,能够引领读者紧跟作者的思路前进。不过,正如前文所分析的,第一人称的使用,让文本陈述过于主观,失去了理论著作应有的客观性;同时,显得陈述较口语化,失去了理论著作应有的严谨性。

第二,"把论述基本概念放在一切论述之前"。赫尔巴特在陈述其教育学时,最为注重的是对基本概念的论述。其著作的多数章节,均以概念为标题,并在正文中对所涉及的概念一一阐明。然而他对一些概念的使用和阐释,却有失精准。他选用了一些较生僻的词汇

---

① [德]赫尔巴特:《赫尔巴特对雅赫曼书评的回答》,载《赫尔巴特文集3》(教育学卷一),李其龙主编,浙江教育出版社2002年版,第428页。
② [德]赫尔巴特:《普通教育学》,载赫尔巴特《赫尔巴特文集3》(教育学卷一),李其龙主编,浙江教育出版社2002年版,第11页。
③ [德]赫尔巴特:《普通教育学》,载赫尔巴特《赫尔巴特文集3》(教育学卷一),李其龙主编,浙江教育出版社2002年版,第12页。
④ [德]赫尔巴特:《普通教育学》,载赫尔巴特《赫尔巴特文集3》(教育学卷一),李其龙主编,浙江教育出版社2002年版,第26页。
⑤ [德]赫尔巴特:《普通教育学》,载赫尔巴特《赫尔巴特文集3》(教育学卷一),李其龙主编,浙江教育出版社2002年版,第129页。

和概念，在解释时亦含混不清，因此产生了一些令人难以理解的表述。例如，"思想范围（Gendankenkreis）""多方面性（Vielftigikeit）""意向（Willkür）""专心（Vertiefung）和审思（Besinnung）""教育机敏（pädagogischen Takts）"等。这些概念多从实践哲学而来，赫尔巴特将之直接运用于教育学之中，或仅加以简单解释，给读者造成了理解困难。赫尔巴特也曾为自己的过于简单的概念阐释辩解："为了避免自负起见，我有意将主要概念讲述得简短而精炼，所以每个人都可能会明显感觉到其中的不足。"①

第三，多采用复杂搭配和复合句。这似乎是赫尔巴特一贯的语言风格，虽然在一定程度上表现出著作的深奥和作者丰富的学识，但同时给读者带来理解阻碍。例如，赫尔巴特对德育目的的总结："使绝对明确、绝对纯洁的正义与善的观念成为意志的真正对象，以使性格内在的、真正的成分——个性的核心——按照这些观念来决定性格本身，放弃其他所有的意向，这就是德育的目的，而不是其他。"② 又如："此外，在家庭中，在交际中，乃至综合教学与分析教学范围内出现的一切，都存在着这种原因的取之不尽的储备，只有从这种原因的丰富的储备出发——假如允许我再一次使用一个冒昧的表达方式的话，那么这种原因的丰富储备足以对道德判断作出有条有理的动人的说明，甚至诗一般的表述——简而言之，只有从道德观的美学威力出发，才可能出现那种对美的纯粹的、摆脱了欲望的、同勇气与智慧相协调的热情，借以把真正的道德化为性格。"③ 这些表述不仅使用了多重复合句，而且句中还出现多个复杂搭配，在中心词前出现多个修饰短语，让读者难以一目了然地把握

---

① ［德］赫尔巴特：《论教育学的阴暗面》，载赫尔巴特《赫尔巴特文集4》（教育学卷二），李其龙主编，浙江教育出版社2002年版，第259页。

② ［德］赫尔巴特：《普通教育学》，载赫尔巴特《赫尔巴特文集3》（教育学卷一），李其龙主编，浙江教育出版社2002年版，第39页。

③ ［德］赫尔巴特：《普通教育学》，载赫尔巴特《赫尔巴特文集3》（教育学卷一），李其龙主编，浙江教育出版社2002年版，第127页。

句子的核心。

赫尔巴特自己也承认，其《普通教育学》存在"本身的缺陷——不一般的写作风格，对某些要点解说得太简单"。① 生僻的概念加上含混的解释，复杂的搭配加上大量复合句，这些陈述特征均让赫尔巴特教育学变得晦涩难懂。或许这也是他的教育学在其生前一直未受到德意志教育学界重视的原因之一。

第四，虽然赫尔巴特教育的发现方式是演绎的，是从实践哲学体系中推导而出的，但是在具体陈述上，他采用了"一种尽可能生动的，并且与实践相结合的方式来进行叙述"。② 他的陈述方式，在命题论证过程中，表现为对实践中获得的经验的直接使用，或以案例和实践经验来验证命题，而较少使用逻辑论证。因为赫尔巴特认为："没有人要求教育学预见那种只有实践哲学才能做出的解释与论证"。③ 这种陈述方式，在命题的陈述语言上，表现为大量规范性表达语言的使用。例如，"我们切不可认为……""教育者必须关心的……""教学必须把认识和同情……""教学一般应当……；在有关同情的事项中，教学应当是……"等。这种陈述语言，虽然有损著作的理论性和严谨性，却也有利于年轻的教育者对教育学理论理解和应用。

赫尔巴特教育学，是"晦涩简略"的教育学。

总结而言，里希特使用文学语言书写教育学；特拉普使用实践性语言书写教育学；康德和赫尔巴特使用哲学语言书写教育学；尼迈尔和施瓦茨使用人类学语言书写教育学。

根据上文分析，可将六部教育学的陈述语言对照如下表：

---

① ［德］赫尔巴特：《论教育学的阴暗面》，载赫尔巴特《赫尔巴特文集4》（教育学卷二），李其龙主编，浙江教育出版社2002年版，第258页，注释1。

② ［德］赫尔巴特：《论教育学的阴暗面》，载赫尔巴特《赫尔巴特文集4》（教育学卷二），李其龙主编，浙江教育出版社2002年版，第259页。

③ ［德］赫尔巴特：《普通教育学》，载赫尔巴特《赫尔巴特文集3》（教育学卷一），李其龙主编，浙江教育出版社2002年版，第125页。

表 2-2　　　　　　早期德意志教育学的陈述语言对照

陈述语言		特拉普《教育学尝试》	康德《康德论教育学》	尼迈尔《教育与教学原理》	施瓦茨《教育与教学学说教科书》	赫尔巴特《普通教育学》	里希特《莱瓦娜，或教育学说》
教育学写作的人称	第一人称	○	○	×	×	○	○
	第二人称	×	×	×	×	×	○
	第三人称	×	×	○	○	×	×
突出重点的方法	加粗显示	×	○	○	○	×	×
	单独成段	○	×	○	×	×	×
概念和命题的表达	规范性陈述	○	○	○	○	○	○
	逻辑性陈述	×	○	○	○	○	○
	复杂词汇	×	×	×	×	○	○
	长句、复合句	○	×	×	×	○	○
命题论证的方式	逻辑论证	×	○	○	○	○	×
	举例论证	○	○	○	○	○	○
	比喻论证	×	○	×	×	×	○

本章结语

教育学观念通过教育学行动转化为教育学实体，这一具体转化过程，依赖语言在教育学场域的应用。

六部教育学在文本结构上各有特色，体现出教育学的作者们独运的匠心。在对教育学著作的命名上，体现了作者们对教育学著作所应包含内容的不同理解。这种理解的差异，本身也反映出作为一门知识领域的"教育学"在当时的发展。在篇章结构布局上，多数教育学表现出明显的"体系化"意识，除有系统的章节标识之外，还有四部教育学将文本内容细分为小节（特拉普、尼迈尔、施瓦茨和里希特)。在德语的"科学"概念中,严谨的体系是评判标准之一。正是在此意义上,可将教育学的"科学化"起源追溯至早期德意志教育学时期。此外,诸教育学著作均遵循一定的陈述原则,特拉普、尼迈尔和施瓦茨的教育学,遵循一般到特殊的原则;康德和里希特的教育学,则按照教育学不同组成部分展开论述;较为特殊的是从教育目的展开陈述的赫尔巴特。

就陈述语言的特色而言,六部教育学各有千秋。出自畅销小说作家里希特之手的《莱瓦娜》是"音重于义"教育学,出自泛爱派实践教育家特拉普之手的《教育学尝试》是"规范理论"教育学,出自大学讲师康德的课堂讲义的《康德论教育学》是"浅显易懂"教育学,尼迈尔写给家长、教育者的《教育与教学原理》是"操作指南"教育学,以概念阐释见长的施瓦茨的《教育与教学学说教科书》是"力求客观"的教育学,概念繁多且难以理解的赫尔巴特《普通教育学》是"晦涩简略"的教育学。

第 三 章

观念与教育学存在

教育学形态的高阶分析是观念分析。观念分析，虽"没有高悬的明镜作为入口的标识物、分析的指示牌、前行的指导者"，但存在多种可能的分析起点。[①] 范畴分析是其中的一种。范畴的逻辑表现形式是概念，然而并非所有的概念都能进入范畴。范畴与概念，既有区别，又有相通之处。"范畴是那些外延最广、内涵最丰富的基本概念"。[②] 因为，"只有这种作为范畴的基本概念才能统摄一系列层次不同的概念，或由范畴出发才能推演出层次不同的具体概念。"[③] 因此，以范畴分析为起点，必然要从对基本概念的分析开始。

概念是逻辑思维最基本的单元和形式。在一种理论体系中，概念是基本单位，借助概念可进行判断，对判断的表达构成命题，不同命题系统地结合在一起组成理论系统。据此可知，从对概念的考察出发，经对判断、命题的分析，最终确定教育学的性质，是研究诸教育学形态的路径之一。这也是本章遵循的研究模式：首先从诸教育学著作中抽取若干基本概念，考察诸教育学著作的作者对这些

[①] 董标：《何谓教育学形态研究》（内部资料），华南师范大学，2012年。
[②] 朱碧君：《试论范畴体系及其认识作用》，《贵州师范大学学报》（社科版）1988年第1期。
[③] 郭元祥：《教育学范畴问题探析》，《华东师范大学学报》（教育科学版）1995年第1期。

概念的种种理解以及理解方式；继而考察这些概念彼此之间的结合方式，即考察由这些概念组成的基本判断与核心命题；最终根据基本概念、基本判断与核心命题的异同，确定诸教育学的性质。①

第一节　教育学的基本概念

一　基本概念的比较

布雷钦卡（Wolfgang Brezinka）在《教育科学的基本概念》中，举例分析了"教育"一词的多种不同含义，并揭示了差异产生缘由：

> 表面上看来是针对同一事物（亦即针对"教育"的含义、影响和权力）而出现了两种不同的判断，并由此在两种判断之间产生了显著的矛盾。但事实却是，人们并不是针对一个或相同的现象，而是针对完全不同的现象在进行判断。因而必须首先从"教育"这一词汇所处的句子联系中来解释它究竟是指什么。②

概念依赖人的理解和陈述而存在并延续。而人的理解和陈述往往受到各种客观和主观因素的制约。教育学中的基本概念，其含义通常是变动不居的。在不同的历史情境中、在不同的研究者那里、甚至同一研究者在不同时期，均会对同一个基本概念产生不同的理解。因而，有必要将这些基本概念置之于一定历史情境中和具体文本中分析。

---

① 这种对系列概念和基本命题做系统分析的研究模式，被看作是认识教育学研究史的可能途径之一。参见董标《何谓教育学形态研究》（内部资料），华南师范大学，2012年。

② ［德］沃尔夫冈·布雷钦卡：《教育科学的基本概念——分析、批判和建议》，胡劲松译，华东师范大学出版社2001年版，第23页。

教育学的基本概念有哪些？这一问题的答案，同样是因时因地因人而异的。

当代德国教育学界对该问题基本产生了共识，即三个基本概念——"教育（Erziehung）""教化（Bildung）"和"社会化（Sozialisation）"。德国当前盛行的多部关于教育学或教育科学概念的著作均持此观点。例如，杜品豪斯（Andreas Dörpinghaus）与乌珀夫（Ina Katharina Uphoff）合著的《教育学的基本概念》（2016）一书，就以这三个基本概念为核心，考察了每个概念所包含的具体问题，以及每个概念的历史发展。[①] 科勒（Hans-Christoph Koller）在其著作《教育科学的基本概念、理论与方法》（2014）中亦将教育科学的基本概念确定为这三个，并逐一分析了它们的"前世今生"。[②] 霍尔纳（Wolfgang Hörner）等人所著的《教育、教化、社会化：教育科学的基本概念》（2010）也持同样观点。[③] 前推四十年，布雷钦卡在《教育科学的基本概念——分析、批判和建议》一书中，将教育科学的三大基本概念认定为"教育（Erziehung）""教育目的（Erziehungsziel）"和"教育需求（Erziehungsbedürftigkeit）"。[④] 再前推至1900年前后，得益于涂尔干（Émile Durkheim）的探讨，"社会化"才逐渐成为教育学的基本概念。从涂尔干再向前推一百年，到本书所关注的1800年前后，在以赫尔德、洪堡等人为代表的德意志新人文主义者的发扬推广下，"教化"才成为教育学概念，后经过"德意志运动"（狄尔泰语）在教育学中站稳脚跟，并逐渐发展至今，成为教

[①] Andreas Dörpinghaus, Ina Katharina Uphoff, *Grundbegriffe der Pädagogik*, Wissenschaftliche Buchgesellschaft. 4. Aufl. 2016.

[②] Hans-Christoph Koller, *Grundbegriffe, Theorien und Methoden der Erziehungswissenschaft. Eine Einführung*, Verlag W. Kohlhammer. 7. Aulf. 2014.

[③] Wolfgang Hörner, Barbara Drinck, Solvejg Jobst, *Bildung, Erziehung, Sozialisation: Grundbegriffe der Erziehungswissenschaft*, Verlag Barbara Budrich, 2. Aufl. 2010.

[④] Wolfgang Brezinka, *Grundbegriffe der Erziehungswissenschaft. Analyse, Kritik, Vorschläge*, München, Basel: Ernst Reinhardt Verlag, 1. Aufl. 1974, 5. Aufl. 1990.

育学的基本概念。①

经过对德意志教育学基本概念的短暂考察之后，研究焦点再次回到1800年前后的早期德意志教育学之上。在那个教育学著作不断涌现的时期，对教育学的基本概念的选择，以及对同一基本概念的理解，均处在变动之中。正是一切都不确定，一切才都在走向确定的过程中。诸教育学著作的作者们对教育学的基本概念的选择有较大差异，详细见下面两表：

表3-1　早期德意志教育学中涉及的基本概念对照（以人物为中心）

作者与教育学著作	著作中所涉及的基本概念
里希特《莱瓦娜》	教育（Erziehung）、教育目的（Zweck der Erziehung）、发展、教化（Bildung）、理想之人（Idealmenschen）、时代精神、宗教教化（Bildung zur Religion）、精神教育（geistige Erziehung）、身体教育（physische Erziehung）、女子教育（weibliche Erziehung）、品德教化（sittliche Bildung）、精神教化驱力（geistiger Bildungstrib）、审美感觉的培养（Ausbildung des Schönheit-Sinnes）
特拉普《教育学尝试》	教育、教化、教育学（Pädagogik）、教育艺术（Erziehungskunst）、教育目的、教育原则（Erziehungsregeln）、教学（Unterricht）、身体教育（physische Erziehung）、智力教育（intellektuelle Erziehung）、品德教育（sittliche Erziehung）、社会（Gesellschaft）、幸福（Glückseligkeit）、学校
康德《康德论教育学》	教育、教化、培植（Kultur）、教育艺术、教育学、自然教育（physische Erziehung）②、实践教育（Praktische Erziehung）、道德（Moralität）、道德化（Moralisierung）、道德培植（moralische Kultur）、品德教化（sittliche Bildung）、性格（Charakter）、社会
尼迈尔《教育与教学原理》	教育、教化、培植、教育学、教育科学（Erziehungswissenschaft）、教育目的、教育艺术、身体教育、心灵的教化、智力教育（intellektuelle Erziehung）、审美教育（ästhetische Erziehung）、道德教育（moralische Erziehung）、性格、教学、教学科学（Unterrichtswissenschaft）、教授艺术（Lehrkunst）、学校（Schule）

---

① 彭正梅：《生命、实践和教育学学科身份的寻求："教化"的历史考察》，《基础教育》2011年第5期。参见本纳等人主编的《教育学历史辞典》中的"教化"词条。Dietrich Benner, Jürgen Oelkers (Hrsg.), *Historisches Wörterbuch der Pädagogik*, Weinheim und Basel: Beltz Verlag, 2004: 193–197.

② 里希特、康德与特拉普均使用"physische Erziehung"概念，但内涵有差别，故将两者分别译为"身体教育"和"自然教育"。

续表

作者与教育学著作	著作中所涉及的基本概念
施瓦茨《教育和教学学说教科书》	教育、教化、培植、教育学、教育科学、教育目的、教育方法、教化驱力（Bildungstrieb）、展示学说（Zeichenlehre）、身体教育；智力教育、道德教育；教育治疗学（pädagogische Heilkunde）、教学艺术（Lehrkust）、教育性教学（erziehender Unterricht）、教学论（Didaktik）、教化机构（Bildungsanstalten）、教育机构（Erziehungsanstalten）、学校（Schulen）、性格、个性（Individualität）
赫尔巴特《普通教育学》	教育、普通教育学（allgemeine Pädagogik）、思想范围（Gedankenkreis）、教育目的、教育性教学、管理（Reigerung）、教学、训育（Zucht）、多方面性（Vielseitigkeit）、兴趣（Interesse）、道德（Sittlichkeit）、个性（Individualität）、性格（Charakter）、道德性格的力量（Charakterstärke der Sittlichekeit）

有一些概念虽几位作者都有涉及，但并非所有的作者都将之作为基本概念。比如："道德/品德"在康德、赫尔巴特那里被特别的重视；"性格"被康德、尼迈尔、施瓦茨和赫尔巴特将之作为基本概念；把"学校"作为基本概念的有特拉普、尼迈尔和施瓦茨。还有一些概念，被某几位作者当作基本概念使用，而在其他作者的著作中未出现。比如："培植"（康德、尼迈尔、施瓦茨）、"教化驱力"（施瓦茨、里希特）、"教育性教学"（施瓦茨、赫尔巴特）等。

综合比较以上的基本概念，六位教育学的作者均使用过的概念包括："教育""教化""教育目的"和"教学"。然而在对这些基本概念的理解和阐释上各有异同。因此，本书将重点考察"教育""教化""教学"和"教育目的"这四个概念，分析诸教育学的作者们对这些基本概念的理解和理解方式的异同。

二 教育

"教育（Erziehung）"一直是德意志教育学的核心概念。它有着悠久的历史，其动词形式为"erziehen"。在词源学上，"erziehen"一词由拉丁文的"educare"发展而来。多尔赫（Josef Dolch）曾详细考察了"教育"一词的动词形式"erziehen"在德语中的词源。它由词根"ziehen"和前缀"er-"组成。其中,词根"拉、牵引(ziehen)"表示"借助于外力而对对象实施影响,从而使其从一种状态或现象向着靠近实施影响者的方式,亦即向着实施影响者所期望的更好的或者更加正确的方向改变。"而前缀"er-",则表示"实施影响者的一种使对象或事务由低层次向高层次发展变化的观念或想法。"[1] 因此,动词"ziehen"所表达的动作的完成需要满足以下几个条件:A. 至少有两个以上的主体存在,即实施影响者和被影响者;B. 借助外力,即要有一定的外在条件;C. 动作的预期目标是被影响者的状态或现象的改变;D. 这种改变应靠近实施影响者,即朝向实施者所期望的更好的或更正确的方向。这样的动词词根,再加上"使对象由低层次向高层次发展变化"的"er-"前缀,构成了德语的"erziehen"。

在16世纪以前,"德语"是德意志地区多种方言的总称。直到路德将《圣经》翻译成德语,才使德语作为一种书面语言固定下来。此后,标准德语(Standarddeutsch)一直在印刷出版物中被使用。1800年左右,德意志地区各地居民仍以说方言为主。"Erziehen"和"Erziehung"也一直在印刷出版物中被使用,然而不同作者赋予它的含义以及使用方式均有较大差别。

在分析"教育"一词在近代教育学专业语言中的含义时,布雷钦卡将其概括为八种两两对应的类型:

> A. 过程含义/产品含义。过程性概念通常用来指称,一种过程或一种经过;产品性概念,指称一种产品,一种过程的结果或一种结局。在这对含一种,应注意"教育"作为过程与产品的区别,应将"作为教育目的来追求的应然人格状态与作为过程来理解的'教育'区分开来"。

---

[1] 转引自〔德〕沃尔夫冈·布雷钦卡《教育科学的基本概念——分析、批判和建议》,胡劲松译,华东师范大学出版社2001年版,第36—37页。

B. 描述性含义/计划—规范性含义。描述性概念，指称能将教育与其他现实对象区别开来的基本特征，它只包含可以界定教育的特征，而不考虑那些教育应该遵循的文化价值观和规范。规范性概念包含通过教育应该达到什么目的或这些目的该如何实现的规定，计划性定义追随一个道德目标，并包含了相关行动的计划，它通常包含实然和应然要求的混合陈述。①

C. 意图含义/效果含义。意图概念，具有完成某一特定任务（为达到特定目的去行动）的意图、意向性和意识等本质特征，只包含行动的含义，而不考虑行动的结果是否实现了目标。效果概念，强调受教育者作为应然或作为具有努力价值的人格状态已经成为现实。即，效果性的教育概念，指称那些已经被证实产生了效果的原因或条件。

D. 行动含义/事件含义。行动性概念，指称一类具有促进意图的行动。这类行动概念，在意图含义和效果含义上均可使用。② 事件性概念，指称导致人格改变（形成、塑造）的外部事变或事件。

布雷钦卡举例分析了每种类型的含义和特征，确定了各类含义

---

① 针对"计划—规范性概念"的应用范围，布雷钦卡引用索尔蒂斯（J. F. Soltis）的话并分析道："教育常常包含一些清晰或不清晰的计划、规范、规定或者评价，这一切都不足为奇。教育是一种人类的工作，它试图以适当的、审慎的和仔细的方式去行事。有意识地按照某一目的或某种程序合乎目的地行动，在一定程度上也就是无异于意味着认为上述目的或程序是有价值的、好的和值得去追求的。"在一种充满着教育者和教育政治家行为的理性和情绪影响的实际情境中，这种所谓的计划—规范性概念是可以被允许的，但在一种学术性的情境中，这种概念则是不可以使用的。"参见[德]沃尔夫冈·布雷钦卡《教育科学的基本概念——分析、批判和建议》，胡劲松译，华东师范大学出版社2001年版，第46页。原文见 J. F. Soltis, *An Introduction to the Anlysis of Educational Concepts. Reading*, Mass, 1968, p. 5. 布雷钦卡为"计划—规范性概念"划定了使用范围，并指在学术型情境中应杜绝使用出这类概念。这一观点，对我国当前混乱的教育学概念的使用状况，也是适用的。

② [德]沃尔夫冈·布雷钦卡：《教育科学的基本概念——分析、批判和建议》，胡劲松译，华东师范大学出版社2001年版，第40—54页。

的区别与共同点。本节对"教育"概念的分析，借用了布雷钦卡的分类框架，但并不十分严格地遵循它。

（一）"教育是将人朝向幸福的教化"

在《教育学尝试》中，特拉普以论述教育的必要性开篇，但并未在一开始给教育下定义。他将教育的含义当作一种众所周知的前提预设。在后来的论述中，直接阐明了"教育是什么"的地方仅有两处。第一处，他在该著第一部分"论教育的一般"的第11小节中指出：

> 教育是将人朝向幸福的教化（Erziehung ist Bildung des Menschen zur Glückseligkeit）。哲学家和乳母、祖母和学校教师等人，以及一切与青少年的教育有关的，或者这种教育所需要的事物，均应努力赋予学生的内在和外在一种特定的特征或形式，可能并不通过教化这个一般性词汇来表达。[①]

在对教育第一次下定义时，特拉普指出，教育就是达到"使人朝向幸福"这一结果的教化。这一定义，指称一种达到特定效果的条件，可被视为"效果性定义"，同时它指称一种教化行动，也是"行动性定义"。在这个定义中，特拉普关注的焦点并不在于教化，而在幸福。接下来的一句，他解释了使用"教化"一词的原因，其实是为了指代"赋予学生内在和外在一种特定的特征或形式"的行为，这种行为也可以不采用"教化"来表达。教化只是一种表达方式，而这个教育定义的重点在于行动的目的，即"让人朝向幸福"。紧接着这一定义，他又写道：

---

① 见 E. C. Trapp, *Versuch einer Pädagogik*, 1977, S. 33。然而，在第一部分"论教育的一般"的第三篇"教学"中，他又指出，"教学（作为总体教育的一部分来看待的教学）的首要目的，是将人朝向幸福的教化（教化通过教育来实现）。"见 E-. C. Trapp, *Versuch einer Pädagogik*, 1977, S. 254.

一切教育的最终目的是幸福，一切人类努力活动的目的也是如此，也必须如此。为更好地理解幸福一词，可用福利（Wohlfahrt），安康（Wohlergehen），幸福（Glück），快乐的生活（vergnügtes Leben），平安和极乐（Heil und Seligkeit）等词来替换。① 进一步言之，幸福是一种令人产生舒适感觉的状态（Zustand angenehmer Empfindung），这种状态包括所有种类和程度的幸福。②

特拉普对教育定义的论述，最主要是为了引出教育目的。在定义之后的第一章，就是"论一切教育的目的——普遍与特殊的幸福"，其教育目的将在下文讨论。

特拉普对教育定义的第二次论述（第三篇"论教学"的第75小节），也证明了这一点：

教育是人带着让自己幸福的意图的转变（Erziehung ist Modifikation des Menschen in der Absicht ihn glücklich zu machen）。③

这次，教育被定义为一种转变，呼应了他之前的观点，可以不用教化一词来表达教育。因为特拉普所重视的，是作为一种行动的教育的目的，即"让自己幸福"。紧随其后的，又是对"幸福"的详细阐释。在特拉普那里，这种"带着让自己幸福的意图的转变"，与之前的"将人朝向幸福的教化"是同义的。

除了这两次直接给教育下定义以外，特拉普在著作中还将教育分为不同部分来论述。他从人的天性和人类社会出发，将教育分为四大部分："赋予游戏空间和有目的的诱因；预防；习惯；

---

① E. C. Trapp, *Versuch einer Pädagogik*, 1977, S. 33.
② E. C. Trapp, *Versuch einer Pädagogik*, 1977, S. 34.
③ E. C. Trapp, *Versuch einer Pädagogik*, 1977, S. 266 – 267.

教学。"教育的四大部分,又分别表现为感官的、智力的和道德的。

特拉普的教育概念,并未以对教育本身特征的清晰阐释为核心,而是直接指向了教育行动所应达成的效果,是效果性的。这也反映出在教育学初创期,作者尚未对概念有足够的重视,而将之直接视为一种无须刻意解释的前提性知识,并直接采用了它在日常语言中的用法。

(二)"教育是均衡且合目的地发展人的一切自然禀赋"

哲学家康德,要比教育实践家特拉普更为重视对概念的阐释。在康德的《康德论教育学》中,随处可见对定义的阐释。他多次解释了"教育"概念并将之分为不同的部分。

在导论的开篇,康德就提出:

> 人是唯一必须受教育的被造物。我们所理解的教育,即保育(养育、抚养)、规训(训育)以及连同教化在内的教导。①

在对教育概念的第一次论述中,康德将教育分为三部分,分别对应人的三种状态:婴儿、幼童和学生。康德并未用清晰的语言对其作解释,而是借用一系列同样需要解释的名词来说明教育。康德在接下来的段落中,分别对规训、训育、和教导做了解释。他的论述特征之一,即不断地引入新的概念,不断地对新概念做出解释。例如,"训育是纯否定的,即从人身上去除野性的行动。……野性是不取决于法则"。因此,将教育分解为多个概念的解释方式,并不能算作康德的教育定义,而只能视为是他对教育的理解。

在对第一次论述中出现的若干概念做出解释之后,康德做出了对教育概念的第二次论述:

---

① Immanuel Kant, *Ausgewählte Schriften zur Pädagogik und ihrer Begründung*, 1963, S. 9.

人唯有通过教育才能成为人。除了教育从他身上所造出的东西外，他什么也不是。① 人唯有通过人，通过同样是受过教育的人来受教育。因此，本身在规训和教导上的欠缺，使得一些人成为其学生们的糟糕的教育者。一旦一个更高类型的存在者关心我们的教育，人们就会看到，人能够成为什么。既然教育一方面是教给人某些东西，另一方面也只是在他那里发展出某些东西，则人们就不可能知道，在那里自然禀赋能够发展到哪一步。②

康德指出，教育对人的发展至关重要，接受教育是人成为人的唯一途径。在接下来的论述中，隐含着康德对教育含义的理解，教育一方面是"教给人某些东西"，另一方面是在"人身上发展出某些东西"，这种发展是以人的自然禀赋（Naturanlagen）为基础的。此处，教育的含义出现模糊意义，因为康德没有对他所谓的"某些东西"做具体描述，因此无法得知到底教育教给人的或从人身上发展而出的究竟是什么。

康德对教育概念的第二次论述，指称教育的结果，可被视为效果性定义。在这次理解的基础上，结合教育对人的自然禀赋的发展，康德提出了关于教育概念的第三次论述：

　　教育是一门艺术，它的运用必须经由许多世代才能逐步完善。由于配备了前人的认识，每一代人总是能更好地推行一种教育，这种教育均衡且合目的地发展人的一切自然禀赋，并将整个人类引向其本质规定。天意（Vorsehung）希望人自己从自身中把善（Gute）产生出来。③

---

① 此处的"造出"原文为"ausmachen"，有"发现、认识、刨出、挖出"的意思。
② Immanuel Kant, *Ausgewählte Schriften zur Pädagogik und ihrer Begründung*, 1963, S. 11.
③ Immanuel Kant, *Ausgewählte Schriften zur Pädagogik und ihrer Begründung*, 1963, S. 13.

康德对教育概念的第三次论述,是对第二次论述的进一步解释。康德首先将教育理解为一门艺术,而且是一门应该不断得到完善,且能够被不断完善的艺术。继而,康德为教育设定了目标,首先是针对个人目标,教育是"均衡且合目的地发展人的一切自然禀赋"的教育行动,在此基础上将教育目标推及全人类,教育的最终目的,是将"整个人类引向其本质规定"。这种规定了教育应该达到的目标以及该如何实现这种目标的条件,可被称作是"计划—规范性定义"。因此,满足"发展人的一切自然禀赋"的条件的行动,即可被称为"教育"。在第三次论述中,康德终于给教育下了一个相对清晰的定义。

以第三次定义为依据,康德将教育分为五个发展阶段:教育的第一阶段是保育。"保育意味着父母要采取预防措施,使孩子不会有害地运用其能力。"[1] 这种保育,同时也包括了父母对儿童的养育和抚养。教育的第二阶段,是规训或训诫。"规训就是对野性的单纯抑制",以防止动物性对人性造成伤害。[2] 教育的第三阶段,是培植(kultiviert)。它包括教授(Belehrung)和教导(Unterweisung)。培植造就的是技能(Geschicklichkeit),即拥有一种满足各种任意目的的能力。关于培植,康德在后来有深入的探讨,培植被分为三个方面:灵魂的培植、心灵力量的培植和道德培植。教育的第四阶段,是文明化。文明化,是培植的一种类型,即人要变得明智,以便能够适应人类社会,在社会上受欢迎、有影响。教育的第五阶段,是道德化。因为人不仅需要有实现目的的技能,还要有能够选择好的目的的观念。"好的目的就是必然为每个人所认同的目的,也是能够

---

[1] Immanuel Kant, *Ausgewählte Schriften zur Pädagogik und ihrer Begründung*, 1963, S. 9.

[2] Immanuel Kant, *Ausgewählte Schriften zur Pädagogik und ihrer Begründung*, 1963, S. 16. 对比,"规训或训育把动物性转变成人性"。Immanuel Kant, *Ausgewählte Schriften zur Pädagogik und ihrer Begründung*, 1963, S. 9.

同时成为任何人目的的目的。"① 康德按照发展人的自然禀赋的需要，将教育分为五个阶段，这些阶段之间也是递进关系。在后来的正文部分中，康德又将教育分为"自然的"和"实践的"两大部分。这种"两分法"，涉及了导论中的"五阶段论"中的保育、培植、道德化三个方面，特别重视对人的道德和品质的教化，而对规训和文明化所涉及不多。或许是因为该文本来自林克对康德部分讲义的整理，不够完整也情有可原。

康德为教育提供了一个"计划—规范性"的定义。他将教育理解为促进人的一切自然禀赋发展的行动。只要满足此条件的行动，均被视为教育。教育概念，因此也就有了丰富的外延，包括了从婴儿一出生开始直到青春期结束的整个过程。康德虽然是面向人类在谈论教育理论，但是他具体涉及的对象仍是儿童。也就是：

> 儿童不应以人类的当前状况，而是要以人类将来可能达到的状况，即合乎人性的理念及其全部规定为准则，来进行教育。②

（三）"教育是促进人的全部力量的发展"

在这六部教育学中，首次明确提出应探讨教育概念的是尼迈尔的《教育与教学原理》。该著第三篇"论教育"的第一部分标题为"教育和教育科学的概念、目的与价值"。尼迈尔对教育概念的探讨，也以人的发展为基础：

> 人有身体和精神禀赋，也有一直趋向完满的能力，这是人

---

① 康德关于教育的具体内涵的划分，见 Immanuel Kant, *Ausgewählte Schriften zur Pädagogik und ihrer Begründung*, 1963, S. 16–17.

② Immanuel Kant, *Ausgewählte Schriften zur Pädagogik und ihrer Begründung*, 1963, S. 14.

与动物的真正区别。……一切在人身上都有胚芽，一切均由这些胚芽发展而来。这种发展，一部分遵从内在法则，仅通过内在力量实现，而不依赖外在影响。……而人的发展的另一部分，依赖于外在帮助和外在影响，当前一种发展未能实现时，第二种发展就被委以重任。人处于一种生蛮和未受教育的状态。①

尼迈尔认为，人身上具有发展的胚芽，这种胚芽是身体禀赋、精神禀赋以及趋向完满的能力的基础，而这些禀赋和能力的形成，需要依靠"发展"。发展被分为两种：一种是不依赖外在影响的发展，如身体的成长、理性的觉醒、意志的渴求等；另一种是依赖外在帮助和影响的发展。也正是因为人处于"生蛮和未受教育的状态"，所以才需要外在的帮助和影响。基于对发展的这种理解，尼迈尔引出了"教育"的概念：

一切帮助人身上沉睡的力量得以发展的，从人身上培养出这些力量的，让人变得有能力的"行动"，人们均可以称之为广义的教育。在此意义上，教育不仅限于童年和青少年时期，而是在成年期也存在，我们的整个生命，我们存在的每一个早期状态，以及生命的每一方面，均可被视为是一种为了下一阶段状态的教育。因为人的力量，至少精神力量，是依据其完满能力在持续地提高。广义的教育不仅是外在于人的理性本质的工作，或者是某种特定的人的工作，而必须也要承认存在天性（Natur）的教育和环境（Umstände）的教育。前者指称天生的力量和官能的内在发展，除了人自身以外不依靠任何其他因素。后者通过外在于人的影响因素，环境、偶发事件、与周遭事物的关系等来产生，而仅有一部分受自己或他人支配。那些在世

---

① A. H. Niemeyer, *Grundsätze der Erziehung und des Unterrichts: für Eltern, Hauslehrer und Erzieher*, 1970, S. 73.

界计划的前提以及天意而非偶然控制下的教育，人们可以称为天意的教育。①

在"广义的教育概念"中，教育的外延被扩大到极致，一切促进人的力量的发展的，让人变得有能力的行动，均被称为教育。这种以目标是否实现作为衡量教育存在与否的标准的定义方式，可被归为"效果性定义"。尼迈尔在时间跨度和内容广度上对教育的广义概念做出了阐释。在时间上，它不仅包括童年和青少年时期，更被推及成年期，涵盖了人的整个生命和生命的每个状态。因为人的力量一直处在不断提高的过程中，其目的是朝向完满，而在这一过程中的每一个阶段、每一次提高、均是教育的结果。因而，教育在生命中的每一个阶段都是存在的。在广度上，教育并未被局限于来自他人的外在因素的影响，而被推广到包括人自身的内在天性的发展，以及除自身和他人以外的其他外在环境因素的影响。总而言之，与人的发展有关的一切因素均可以被称之为"广义的教育"。与之相对应的，是"狭义的教育"：

> 在日常语言中，人们在狭义范围内使用教育一词。首先，这种教育指向特定年龄阶段的人，儿童期和青少年期，或者处于道德上未成熟的状态，虽然对年龄没有特别严格的分期界限，但是存在一个大致的规定，如同在许多国家中规定了未成年人的年龄一样，因此，人们为这些人设想促进其身体和道德成熟，以及满足其教育需要的每一种途径。同时，当人们谈及青少年的教育时，人们设想有这样一种人，他们承担影响教育的工作，有目的地付出努力、采取行动、施加影响，以完成这些工作。当人们谈及教育艺术、教育科学和教育原则时，即是在这种意

---

① A. H. Niemeyer, *Grundsätze der Erziehung und des Unterrichts: für Eltern, Hauslehrer und Erzieher*, 1970, S. 73 – 74.

义上使用教育概念。①

在教育的狭义定义中，尼迈尔并未简洁地论述何谓狭义的教育，而是对教育活动的接受者和实施者做了进一步限定，缩小了教育概念的外延。他将教育的接受者限定为特定年龄阶段的人，即在身体上和道德上尚处于未成熟状态的人。为使这些未成年人达到身体和道德上的成熟状态而对其施加的影响，就是狭义的教育。同时，从教育活动的实施者上，尼迈尔也对教育概念做出了具体限定，即存在一群致力于青少年教育工作的人，他们有目的地开展教育工作，对青少年施加影响。他们是尼迈尔所谓的教育者。在狭义的教育概念中，尼迈尔将教育看作是一种由教育者所实施的，针对特定的受教育者的（身体和道德上未达到成熟状态的人），一种具有特定目的（帮助其步入成熟状态）的行动。这种确定教育活动的特征的定义，可被视为"描述性定义"。尼迈尔对"教育"一词的狭义理解，主要停留在儿童和青少年的教育之上，内容主要集中在身体和道德上。因而，尼迈尔将教育的最高目的确定为品德良善（Sittliche Güte）也是理所当然的。这种理解，在一定程度上受康德的影响。此外，尼迈尔指出，这种狭义的定义，主要在日常生活中使用，人们所说的教育艺术、教育科学和教育原则，均在此意义上使用教育概念。

尼迈尔对广义和狭义的教育概念做了详细的区分。在其教育学著作中，主要在狭义范围中使用教育概念。他继而将教育分为客观和主观部分：

> 教育的客观部分，指向人的力量（Kräfte）。这种力量既是身体的又是精神的。后者或是认知能力（认知或理智力量）或是感知能力（感觉力量）或是欲望能力（道德或意志力量）。

---

① A. H. Niemeyer, *Grundsätze der Erziehung und des Unterrichts: für Eltern, Hauslehrer und Erzieher*, 1970, S. 74.

应该促进全部力量的发展的教育有双重任务,身体教化和心灵教化。心灵教化是理智、感觉和意志的教化。教育分为身体和精神教育。后者是智力的、审美的和道德的。教育的主观部分,根据性别分为儿子和女儿的教育;根据阶层和职务分为农民的、市民的、士兵的、商人的、匠人的、学者的、贵族的、王侯的;根据教育的种类分为在家中或家庭中的教育,公共的在学校和教育机构中的教育。①

尼迈尔认为,教育的客观方面,是任何教育活动都应该包括的内容,是对人的力量的发展,因为这些力量分为身体和精神两部分。因而教育也分为身体教育和精神教育两部分。精神力量分为认知能力、感知能力和欲望能力。与之对应的是三种精神教育:智力的、审美的和道德的。其教育学中的教育原理部分,正是按照这样的分类逐一展开。② 而教育的主观方面,主要是根据教育对象对教育活动进行分类。其教育学以论家庭教育为主,因而对教育的主观方面未做展开论述。

尼迈尔对教育概念所做的阐释,是六人中最为集中且详细的。他区分了的广义和狭义的教育概念,从效果上定义了广义的教育,而对狭义的教育进行了描述。他的描述,代表着当时人们对教育概念的主流理解。通过对狭义教育概念的描述和分解,尼迈尔勾勒出教育原理的框架,既体现了对清晰的教育学概念的追求,又展现了其教育学的逻辑性和系统性。

(四)"教育是在上帝的支配下的人的自我发展"

施瓦茨对教育概念的阐释体现了与前几位不同的理路。其《教育与教学学说教科书》以对教育概念的阐释开篇,在导论的第一和

---

① A. H. Niemeyer, *Grundsätze der Erziehung und des Unterrichts*: *für Eltern, Hauslehrer und Erzieher*, 1970, S. 76–77.

② 此处可参见第三章第一节中对尼迈尔教育学结构的分析。

第二小节，施瓦茨写道：

> 教育的概念，是宏大的、全面的、简约的，它是一种基于人的天性（die menschlichen Natur）建立起的观念。它也是最艰深的概念之一，尽管每个人都曾偶尔思考过它，但多数思考是模糊而随意的。为了能完全理解教育概念的内容，人们必须认识到教育正是在人们生活的情境中真正得到实现，同时也必须认识到实现这种理想的途径。它是一种表达活动的实践性概念，它不仅是最重要的，而且也应该是反对每一种片面性的强化的实践性概念。它是关于"教育"艺术的知识。在广义上，人的整个生命都是一种不间断的教育；在狭义以及日常意义上，它仅指向青少年时期，包括所有属于教化以及属于教学的内容。[1]

施瓦茨对教育概念的论述是渐进式的。他首先提出教育概念以人的天性为基础，进而指出教育概念的复杂性和重要性。他经典地概括了教育概念的日常用法的模糊性和随意性：或许每个人都曾使用、思考过它，但是并不能因此说，每个人都完全理解了教育概念的含义或是在真正的意义上使用它。因此，他提出认识教育概念的两个必要条件：必须认识教育所发生的情境，以及实现它的途径。在此基础上，他将教育概念定性为一个实践性的概念。因为它表达的是一种活动，这种活动不应该是片面性的。他详细区分了全面的和片面的教育方式的优劣，并指出全面的教育方式才是符合人的天性和人的本质规定的。

在为教育概念定性之后，施瓦茨提出了对教育概念的理解。他接受了尼迈尔对广义和狭义教育的区分，认为广义教育贯穿人的整个生命过程，狭义的教育则仅指向青少年时期。尼迈尔认为教育和教学是并列的两个概念，而施瓦茨则认为，教学也属于教育的内容

---

[1] F. H. C. Schwarz, *Lehrbuch der Erziehungs-und Unterrichtslehre*, 1968, S. 11.

之一。两人之间最重要的区别,在于对教育的基础的认识。尼迈尔的教育概念,建立在人的发展之上;而施瓦茨的教育概念,则建立在人的天性之上。人的天性或人的本质,被施瓦茨当作教育的出发点。他写道:"教育概念应仅出于对人的本质的正确和全面的理解,否则均是片面的、含混的。"① 而且,他认为这种天性并非人类特有,动物、植物中也有,因此在它们之中也存在教育,不过因为人是特殊的理性存在,所以人类中的教育有其独特之处。在此意义上,他提出了教育的定义:

> 为了发展,天性(Natur)会自我教育,并为我们引入教育的概念;因而,在植物、动物、人类之中,均有教育。因为人是理性存在,他的理性和意志会掌管教育,而这种教育也是人身上的自由之果。因此,教育是施加在儿童和成长中的年轻人身上的一种有目的的影响,为了教化他达到本质规定。因此,教育通过人来执行,从一代到下一代,在整体上受天意的引导,这就是普通意义上的教育——在上帝的支配下人类的自我发展。教育者,承担起教育这项活动,他带着这样的目的,即通过他对那些受教育者的影响,来实现这种观念。②

深受启蒙精神影响的新教神学家施瓦茨将人看作是理性存在,并以之为进一步推演的前提条件。理性人的理性和意志掌管了教育。同时,按照康德所提出的,启蒙就是"在一切事情上都公开运用自己理性的自由"。③ 启蒙了的人,运用理性来掌管教育,这种掌管过程是自由的。因此,施瓦茨写道:"这种教育是人身上的自由之果。"站在这样的立场上,施瓦茨论述了他对教育概念的理解:教育的对象

---

① F. H. C. Schwarz, *Lehrbuch der Erziehungs-und Unterrichtslehre*, 1968, S. 12.
② F. H. C. Schwarz, *Lehrbuch der Erziehungs-und Unterrichtslehre*, 1968, S. 11 – 12.
③ [德] 康德:《历史理性批判文集》,何兆武译,商务印书馆1990年版,第24页。

是儿童和成长中的年轻人，教育的性质是一种有目的的影响，这种目的就是让教育对象达到其本质规定。施瓦茨的教育概念，注重达到一定的效果，可被视为效果性定义。在论述"全面的教育"时，施瓦茨再次呼应了对教育概念的理解：

> 全面的或完全的教育，在人的天性和本质规定中，认识到影响儿童和青少年的正确途径，通过这种途径让他的理想得以实现。①

康德站在整个人类的角度谈论教育，其教育目的是将整个人类（die ganze Menschengattung）引向其本质规定。而施瓦茨则回到个人，回到儿童和青少年身上，其教育目的是将儿童和青少年引向其本质规定。康德关于教育是从一代人到另一代人传递的观点，在施瓦茨的那里延续。两人均承认"天意（Vorsehung）"对教育的引导。但康德的天意，来自造物主（Schöpfer），而施瓦茨的天意，则来自上帝（Gott）。在施瓦茨看来，上帝支配人的教育，同时也支配了人的发展。施瓦茨离开了康德，而转向神学的怀抱。为进一步解释他所提出的"全面的教育"，施瓦茨基于神学提出了"高级教育（die höhere Erziehung）"的概念。高级教育，建立在当前教育的基础上，是当前教育的提升，是比当前教育更为完善的教育。高级教育的理念是：

> 它将人的本质规定全部收入眼底，将每位儿童均纳入它的理想之中；同时它也洞察人的天性，不仅是普通人的天性，它尤其关注且深入研究儿童的特殊性。它在关于上帝的意志的观念中，认识人的天性和本质规定，因此，它引导人类以及个人

---

① F. H. C. Schwarz, *Lehrbuch der Erziehungs-und Unterrichtslehre*, 1968, S. 33.

的尘世生活均朝着靠近神的方向发展。①

施瓦茨的"高级教育",是有别于当时教育的一种理想的教育,是他所期望的教育状态。他指出:

> 教育应引导成长中的人从一出生就朝向其原型(Urbilde)发展,在他们身上存在类神性(Gottähnlichkeit),如同它在他的天性和个性中所显现的那样。②

儿童身上存在的类神性,是"高级教育"存在的前提条件,这也是当时教育未能认识到的最重要的一点。施瓦茨提出了其教育学说的核心观点:

> 我们唯一确定的有效的原则——儿童应该在耶稣基督的精神中被教育。③

总体看来,施瓦茨的教育概念分为两个层次。第一层次是对教育行动的规定,它是"施加在儿童和成长中的年轻人身上的一种有目的的影响,为了教化他达到本质规定"④。在这一层次,其教育概念与尼迈尔、康德等人区别不大。但作为新教神学家的施瓦茨,并未止步于此,而是继续将教育概念提升至更高层次。他认为,教育是"在上帝的支配下人的自我发展"。他在这一层次上进一步发展,提出高级教育的概念:在耶稣基督的精神中发展人天性和个性,为了让人朝向靠近神的方向发展。施瓦茨对教育的第二层次的理解,是他与其他几位教育学的作者们的最主要的区别。

---

① F. H. C. Schwarz, *Lehrbuch der Erziehungs-und Unterrichtslehre*, 1968, S. 35.
② F. H. C. Schwarz, *Lehrbuch der Erziehungs-und Unterrichtslehre*, 1968, S. 108.
③ F. H. C. Schwarz, *Lehrbuch der Erziehungs-und Unterrichtslehre*, 1968, S. 37.
④ F. H. C. Schwarz, *Lehrbuch der Erziehungs-und Unterrichtslehre*, 1968, S. 11.

（五）"真正的教育主要指思想范围的教化"

六位作者中，最重视概念的是赫尔巴特。他在《教育学讲授纲要》中强调："普通教育学必须把论述基本概念放在一切论述之前。"① 在其著作《普通教育学》中也确实体现了这一点，基于管理、教学和训育这三个核心概念，赫尔巴特将其普通教育学分为三大部分。然而，在《普通教育学》中却很难发现赫尔巴特对教育定义的清楚阐释。在该著中，赫尔巴特并未像尼迈尔和施瓦茨一样，首先阐明教育概念，再进一步展开论述，而是直接使用它。该著开篇指出：

> 通过教育想要得到什么，教育要求达到什么目的，这是由人们对事物的见解决定的。②

赫尔巴特已经预设了对教育概念的一种理解，并预设他与读者就这种理解达成了一致，因此，不需要对教育概念做过多的阐释。这种理解，是当时盛行的关于教育日常理解。正如尼迈尔指出的，人们在日常语言中所使用的教育概念，指向特定年龄阶段的群体——儿童和青少年。人们为了让儿童和青少年达到身体和道德上的成熟而对其施加的影响即为教育。然而，赫尔巴特并不满足于这种日常理解，他多次在其著作中提出"真正的教育（Eigentliche Erziehung）"的概念。

> 真正的教育，这里主要指思想范围的教化（Bildung des Gedankenkreises）。③

---

① ［德］赫尔巴特：《普通教育学》，载赫尔巴特《赫尔巴特文集3》（教育学卷一），李其龙主编，浙江教育出版社2002年版，第189页。
② ［德］赫尔巴特：《普通教育学》，载赫尔巴特《赫尔巴特文集3》（教育学卷一），李其龙主编，浙江教育出版社2002年版，第9页，本书将Bildung统一翻译为"教化"，因此译文与李其龙等的译本有改动。
③ ［德］赫尔巴特：《普通教育学》，载赫尔巴特《赫尔巴特文集3》（教育学卷一），李其龙主编，浙江教育出版社2002年版，第28页。

思想范围的教化是教育最本质的部分。①

此处出现的"思想范围",是赫尔巴特教育学独特的核心概念之一。赫尔巴特认为,对教育者而言,他们关注的并非年轻人想要学到何种本领与技能,而是年轻人的思想范围是如何形成的,"因为从思维中将产生感受,而从感受中又会产生原理与行动方式"。② 因此,教育者对年轻人思想范围的形成的关注和引导,才能真正影响其未来的发展。对赫尔巴特而言,思想范围不仅与个人有关,更是人类发展的重要途径,"人类不断地通过其自身产生的思想范围来教育自己。"③ 然而,到底什么是思想范围,赫尔巴特并未对此做出确切的解释。有研究者指出了赫尔巴特的思想范围:

> 是这样一个地方（Ort）,一个人在其中处理自身与世界的关系并设计发展方向的原则。在思想范围中,人们摆正了自己与世界的关系。思想范围的产生、维持和变迁,主宰着发展方向的原则的设计。在教育过程中,人们发展出多维度的思想范围。④

赫尔巴特将思想范围与人未来发展的方向紧密地联系在一起。"一切都必须从这样一种思想出发来进行考虑:教育者要为儿童的未来着想。"⑤ 正是在这一意义上,赫尔巴特指出了教育发挥作用的

---

① [德]赫尔巴特:《普通教育学》,载赫尔巴特《赫尔巴特文集3》（教育学卷一）,李其龙主编,浙江教育出版社2002年版,第133页。
② [德]赫尔巴特:《普通教育学》,载赫尔巴特《赫尔巴特文集3》（教育学卷一）,李其龙主编,浙江教育出版社2002年版,第13页。
③ [德]赫尔巴特:《普通教育学》,载赫尔巴特《赫尔巴特文集3》（教育学卷一）,李其龙主编,浙江教育出版社2002年版,第20页。
④ Thomas Rucker, *Komplexität der Bildung: Beobachtungen zur Grundstruktur bildungstheoretischen Denkens in der (Spät-) Moderne*, Julius Klinkhardt, 2014, S. 91.
⑤ [德]赫尔巴特:《普通教育学》,载赫尔巴特《赫尔巴特文集3》（教育学卷一）,李其龙主编,浙江教育出版社2002年版,第36页。

条件：

> 我们只有知道如何在年轻人的心灵中培植起一种广阔的、其中各部分都紧密地联系在一起的思想范围，这一思想范围具有克服环境不利方面的能力，具有吸收环境有利方面并使之与其本身达到同一的能力，那么我们才能发挥教育的巨大威力。①

若要发挥教育的威力，则教育者要知道如何在教育对象的心灵中培植特定的思想范围。这也是他所谓"真正的教育"的诉求。

此外，还需注意赫尔巴特的教育概念与教学概念的区别。虽然他提倡通过教学来进行教育，但教育和教学是两种不同的活动。赫尔巴特指出：

> 教育这个词是从训育（Zucht）与牵引（ziehen）两词来的，……通常人们把教育本身与教学作对照，而我曾经把它同儿童的管理作过对比。②

在他看来，教育在词源上来自训育和牵引，人们也因此认为训育是教育的主要内容。从这一内容出发，赫尔巴特详细区分了教学与教育。教学需要中介，"在教学中总是有一个第三者的东西为师生同时专心注意的"；而教育则是直接的，在教育中，"学生直接处在教师的心目中"。③ 因此，管理虽不是教学，但必须被纳入真正的教育之中。同样，维持学生的秩序的训育，也应属于真正的教育。在

---

① ［德］赫尔巴特：《普通教育学》，载赫尔巴特《赫尔巴特文集3》（教育学卷一），李其龙主编，浙江教育出版社2002年版，第20页。
② ［德］赫尔巴特：《普通教育学》，载赫尔巴特《赫尔巴特文集3》（教育学卷一），李其龙主编，浙江教育出版社2002年版，第145页。
③ ［德］赫尔巴特：《普通教育学》，载赫尔巴特《赫尔巴特文集3》（教育学卷一），李其龙主编，浙江教育出版社2002年版，第145页。

与管理和教学的对比中，赫尔巴特解释了训育：训育与管理的共同特征在于，均是直接对儿童的心灵发生影响；它与教学共同的地方在于，它们的目的都是教化。①

赫尔巴特既在普遍意义上使用教育概念，又借助"真正的教育"的概念进一步限定了教育的核心任务与职能。

（六）"教育是温暖长满春蕾的冬天荒地"

里希特虽以创作文学作品为主，但是在创作教育学著作时，他也深知概念对理论的重要性。《莱瓦娜》中并未对教育学的基本概念做出明确定义，且对概念的阐释和探讨，亦非里希特所长。但他对这些概念的使用并非含混不清，而是各有其确定的意义。在对"教育"概念的理解上，里希特亦未像尼迈尔、施瓦茨等人一样，明确地给教育概念下定义，而是与赫尔巴特类似，直接在教育的日常意义上使用它。在开篇的第一小节中，里希特就指明了教育的作用以及教育者与受教育者之间的关系：

> 唯有通过教育，我们才能在一块纯净松软的土地上，种下毒草或者甜花。正如神祇对待初民们那样，我们（对儿童而言，是在身体和精神上的巨人）也应俯下身来对待儿童，引导他们，使他们变得伟大或渺小。②

在里希特看来，教育对儿童未来的发展方向起决定性作用，儿童向善或向恶均与教育有关。而且在教育中，教育者占据极为重要的主导地位，是儿童的"引导者"和"指南针"，他甚至将教育者比喻为儿童的"神"，而儿童则是被动地接受引导。虽然儿童是被动地接受，但是这种引导，也自有其发生的条件：

---

① ［德］赫尔巴特：《普通教育学》，载赫尔巴特《赫尔巴特文集3》（教育学卷一），李其龙主编，浙江教育出版社2002年版，第146页。

② Jean Paul Richter, *Levana oder Erziehlehre*, 1963, S. 18.

> 儿童的天性，是长满春蕾的冬天荒地，这片地方，若有阳光普照（一切教学都是温暖它而非播种），则绿叶将会遍布，儿童的整个生活将由温暖组成。两种因素起作用：第一种是儿童信念（Kinderglaube），它是一种吸收的可能性，没有它就没有教育和语言。儿童是晚归巢的饿鸟，喂食的手出现，它才会张开嘴。但是，这种信念以微弱的形式，在大多数人的心中沉睡多年。第二种是应激性（Erregbarkeit）。在生命的最初阶段，它存在于儿童的身体和精神方面，随着年龄的增长逐渐消退，到最后，除了未来，没有其他事物可以激起人的反应。①

在里希特看来，教育的发生，是以儿童的天性为基础的。儿童身上存在着各种胚芽，是一片春蕾遍布的荒地，教育者所要做的，就是温暖这片荒地，让这些原本存在于儿童之中的胚芽发展起来。因此，儿童身上有两种特性使得教育得以发生：一种是儿童信念，这种信念指的是儿童具有吸收外界影响的可能性；另一种是应激性，指的是儿童可以对外界影响做出反应。正因为儿童具备这两种特性，他们才能吸收外界影响并对其做出反应，从而使教育活动得以发生。

此外，里希特通过对"教育"与"教学"的区分，来明确教育是什么。在论儿童发展的重要性时，他指出：

> 道德发展是无尽的，它没有时间和终点的限制。道德发展即教育，正如智力发展即教学一样。②

被理解为道德发展的教育，将为儿童的发展指明方向，使他无论身在何方都不致迷失。而与道德发展相对应的智力发展，则指向

---

① Jean Paul Richter, *Levana oder Erziehlehre*, 1963, S. 34.
② Jean Paul Richter, *Levana oder Erziehlehre*, 1963, S. 20.

教学。教育和教学，肩负着不同的发展任务。在后来的论述中，里希特又写道：

> 人们可能会给予一个陌生的儿童教学，但是教育则只能给予自己的孩子，因为前者允许中断，而后者必须持续。①

他从时间维度对教学和教育做出了区分，虽然这种区分并未道出两者的本质性区别，但透露出他对教育应该持续不断地实施的态度，以及认为父母应该承担起其子女教育任务的立场。

在"教育的精神与原理"一章中，里希特对教育概念做了进一步的限定。他指出，选择何种教育手段由教育目的所决定。

> 人们必须在认识道路之前先认识目的。教育的一切手段和艺术，首先由教育的理想或原型所决定。②

教育的目的在于儿童的发展，而且是身体和精神并重的发展。而且，"教育既不是某种能力的单一发展，也不是所有能力的全部发展"③。这种发展之所以可能，是因为"我们每个人心中都有他理想的价值人（idealen Preismenschen），每个人心中都曾住有一位伊甸园中的亚当（未堕落之前的）"。在青少年时代，人们曾努力地追求它，以使自己成为理想之人（Idealmenschen）。然而，受到物欲和贪欲的影响，多数人的理想日渐消退，变得堕落。最后导致"理想之人最终沦为石头雕像（石化之人）"。里希特强调，为打破这种悲剧式的结局，解放石化之人，需要或者应该借助教育。因此：

---

① Jean Paul Richter, *Levana oder Erziehlehre*, 1963, S. 121.
② Jean Paul Richter, *Levana oder Erziehlehre*, 1963, S. 37.
③ Jean Paul Richter, *Levana oder Erziehlehre*, 1963, S. 39.

> 每位拥有高贵灵魂的正常人，都应做家庭教师，去教化儿童，让他们独立、自由、强壮。①

这里的"理想之人"，是里希特教育学的核心概念。对"理想之人"的培养，是其教育理论的主要目的。

里希特在日常意义上使用教育概念，并未对其有深入的探讨，这与写作风格和预设读者有一定关系。他在《莱瓦娜》中，对教育概念的阐释和使用，也有一定的特殊性。他更多地强调了教育者的主导地位和责任，因为女神"莱瓦娜"乃是让父母肩负起教育子女责任的神祇；同时也强调在受教育者身上具有各种胚芽，经教育者的培植方可得到发展。

三 教化

"教化（Bildung）"是德意志教育学中的另一个核心概念，也是德语书写的教育学中的一个特有的概念。这一概念存在的历史悠久，根据本纳等人的研究，教化一词的含义，可以追溯到古希腊时期。② 在那时的智者派、苏格拉底、柏拉图、亚里士多德等人的思想中，用"Paideia"一词来表示与儿童有关的教育，并且其中已蕴含着关于教化的意涵。在中世纪神学家奥古斯丁、托马斯·阿奎那等人的理论著作中，教化的意涵同样得到发展。这一概念在德语中的创造和使用，源于14世纪的德意志神秘主义者（Mystiker）埃克哈特（Meister Eckhart）等人。该词最初是神学用语，埃克哈特提出，神根据神的形象，塑造人的形象，因而人具有类神性（Gottebenbildlichkeit），这种类神性的提升即教化。对教化概念的这种神学性理解，一直持续到18世纪。它真正进入教育学领域，并成为核心概念，是

---

① Jean Paul Richter, *Levana oder Erziehlehre*, 1963, S. 41.
② 本纳等人在《教育学历史词典》中对"Bildung"一词做了详细的考证，详见 Dietrich Benner, Jürgen Oelkers, *Historisches Wörterbuch der Pädagogik*, Weinheim und Basel: Beltz Verlag, 2004, S. 174–214.

在18世纪中期。伯姆（Winfried Böhm）在其《教育学词典》的"教化"词条中，简要揭示了这一进程。

> 18世纪，教化成为教育学专业语言中的概念之一。在精神史领域的启蒙运动以及政治领域中第三等级的解放，共同赋予教化新的含义：它描绘出启蒙过的人与受那些受形而上学、神学和统治阶级所控制的人之间的距离，并让人能运用自己的理性自治。由此，通过教化，人们将自身从传统的关系中解放出来，从而借助手段实现自己的目的；在以市民为目的的教化之外，还有一般人的教化（卢梭）。对教化的这种理解，其重要基础是莱布尼茨的理论，他将人理解为单子（Monade），而在本体意义上是力量。根据心理学上的观点，教化是心灵力量的发展。在启蒙运动时期，新时期的科学观将这种发展过程视为通过规律性的外在的教育影响，将人引向幸福和道德。在德意志人文主义和唯理论中，教化被理解为人的自我塑造（Selbstgestaltung）。与将到来的人的机械化和功能化相对，在人类学意义上，认为人的目源自其自身的（康德、席勒），历史的（赫尔德），语言的（洪堡）基本原则。教化的出发点，并非外在的照搬过来的图像，而是人自身的本质规定（费希特）。洪堡总结了个体的外在形式，人的力量朝向一个整体的最高最匀称的教化。在黑格尔的哲学中，教化被看作是精神的自我实现。①

随着启蒙运动在德意志地区的深入发展，人们对教育的认识发生了转变，教化概念也在这一转变过程中进入教育学领域。在德意志的启蒙教育学中，教化被理解为人的力量的发展，对人的教育和教化的目的是培养市民。康德从人类学意义上，对教化概念做出阐

---

① Winfried Böhm, *Wörterbuch der Pädagogik*, Stuttgart: Alfred Kroner Verlag, 2005, S. 90–91.

释，教化概念更加注重人本身。之后经过德意志唯理论和新人文主义的发扬，教化概念的定义基本被确定下来。本纳在《教育学历史词典》中指出：

> 德意志启蒙教育学重新解释了卢梭对可教化性和学习能力（Bildsamkeit und Lernfähigkeit）的理解，由此将之与莱布尼茨和伍尔夫所传播的能力心理学（Vermögenspsychologie）联系在一起，指称神所赐给的力量的教育性发展。因此，人的可教化性被普遍视为一种在初期尚未被限定的潜能，这种潜能可根据个体能力和社会环境不断得到发展。[1]

在启蒙教育学家那里，这种"尚未被限定的潜能"，是发展的源头和基础。特拉普就指出："这种不确定性，是一切完善性的源头。"[2] 卢梭所提出的，培养人和培养市民的矛盾或悖论，在启蒙教育学中得到了调和。他们将两种目的融合在一起，创立泛爱学校，提倡新的教育，一方面发展人的所有力量，另一方面按照社会需要培养人。

（一）特拉普教育学中的"教化"

特拉普指出，对人的教化既要考虑社会的需求，又要考虑人的天性。天性是基础，但社会的要求也必须被重视。

> 人的教化必须要考虑到其类型和程度，因为这是人生活于其中的社会的需求；同时也是人的天性的需求，这种天性是良好的教育的基础。人们不仅要看到能从一个人的天性中教化出什么，也要注意按照他所生存的社会的要求必须从他身上教化

---

[1] Dietrich Benner, Jürgen Oelkers. *Historisches Wörterbuch der Pädagogik*, Weinheim und Basel: Beltz Verlag, 2004, S. 190.

[2] E. C. Trapp, *Versuch einer Pädagogik*, 1977, S. S. 22.

出什么。①

特拉普的《教育学尝试》，是启蒙教育学的代表作之一，其中多次使用"教化"概念。特拉普借助教化概念来阐释教育概念："教育是将人朝向幸福的教化。"在该阐释中，教育成为教化的一种类型。若仅从字面理解，似乎他认为存在着多种方向的教化，而其中朝向幸福的一类，是教育。实际上，在特拉普的教育学体系中，教育是包括教化和教学的。而教学本身，也是一种教化。在该著第一部分"论教育的一般"的第三篇"教学"中，他指出，"教学（作为总体教育的一部分来看待的教学）的首要目的，是将人朝向幸福的教化（教化通过教育来实现）"②。如此看来，教育与教化的界限时而清晰，时而模糊。正如他的解释：

> 教育有两个主要部分，即"教学"和——此处我无法找出一个词，足以代表我的意思，且能总括表达我想赋予这一活动的含义，此刻我只能用——"教化"这个词。尽管这个词在某种意义上太普通，而且也包括了教学。现在，自由变动的教学与这种狭义限制的教化总是交织在一起，如同身体与灵魂，导致人们在实践中经常无法将两者区分开来，不过也这种区分也从来不是必须。但是，在理论中，人们必须将两者区分开来，正如我们在此处也应将身体与灵魂区分开来一样。③

在特拉普的教育学体系中，教育分为两个主要部分：教学与狭义的教化。因为，广义上的教化，包括了教学。即便对"教化"一词做了狭义限定，然而它在实践中还是与教学交织在一起。虽然特

---

① E. C. Trapp, *Versuch einer Pädagogik*, 1977, S. 45.
② E. C. Trapp, *Versuch einer Pädagogik*, 1977, S. 254.
③ E. C. Trapp, *Versuch einer Pädagogik*, 1977, S. 267.

拉普强调，在理论中应该把两者区分开来。但是，其教育学在概念的分析和阐释上着墨不多。

（二）康德教育学中的"教化"

与启蒙教育学形成于同一时间的康德教育学，在论述中多次使用了"教化"一词。康德对教化的理解，秉承了启蒙精神中对人的肯定和对理性的重视，与启蒙教育学不同的是，他较少关注教化的社会方面。教化是康德教育学中的一个重要概念。康德在开篇就指出，教化是教育的一部分。而他对教化的解释，则是通过对这一概念的多次拆分完成的，而且这些拆分多是用一些同义或近义词。

康德第一次将教化概念拆分为训育和教导。他指出：

> 人需要保育和教化。教化本身包含着训育和教导。①

教化被视为训育和教导的上层概念，并且与保育是并列的概念。然而这也仅仅是用概念去解释另一个概念。

康德对教化概念的第二次解释，仍是凭借其他概念：

> 教育包括照料和教化。后者是：消极的，即纯粹防止错误的规训（Disziplin）；积极的，即教导（Unterweisung）和引导（Anführung），就此而言属于培植。②

第二次解释与上次类似，且更加具体。教化被分成两个方面，分别对应儿童成长的两个阶段。教化的消极方面是规训。在康德看来，人身上具有动物性或者野性，而规训的作用主要是为了"防止

---

① Immanuel Kant, *Ausgewählte Schriften zur Pädagogik und ihrer Begründung*, 1963, S. 10.

② Immanuel Kant, *Ausgewählte Schriften zur Pädagogik und ihrer Begründung*, 1963, S. 18.

动物性对人性造成损害——无论在个体的人身上,还是在社会性的人身上。规训就是对野性的单纯抑制"。① 在儿童发展的第一阶段要达到的目的,是让"儿童必须表现出恭顺和一种被动地服从",因此,规训是必要的。在正文部分,康德花大篇幅论述了自然教育,而早期的自然教育均被康德归为消极的教化。

教化的积极方面是教导和引导,且教化的积极方面可用一个新概念来指称——培植。儿童发展第二阶段要达到的目的,是让"儿童在法则之下运用其思考能力和自由",为此需要教导和引导。而且,前一个阶段是机械性的强制,后一个阶段是道德性的强制。强制与自由的关系困扰康德许久。他曾提出,教育最大的问题之一是"人们怎样才能把服从于法则的强制与运用自己自由的能力集合起来?"即"如何在强制中教化自由?"② 康德提出了解决方法:"我应该让我的儿童习惯于忍受对其自由的强制,并且应当同时引导他自己去正确地运用自己的自由。"③ 这种一方面强制,另一方面引导的做法,就是康德的"教化"一词所表达的含义。

在第二次解释的基础上,康德继续将教化拆分为三部分:

> 教育学或者教育学说要么是自然的,要么是实践的。自然的教育,是人与动物共有的教育,或者就是养育。实践的或道德教育,是人受到教化的教育,为了让人能够像一个自由行动者那样生活(实践的指称教育中所有与自由相关的东西)。这是一种朝向个性的教育,是一名自由行动者的教育,他能够自立,是社会中的一名成员,也独立地拥有内在价值。

---

① Immanuel Kant, *Ausgewählte Schriften zur Pädagogik und ihrer Begründung*, 1963, S. 21.

② Immanuel Kant, *Ausgewählte Schriften zur Pädagogik und ihrer Begründung*, 1963, S. 20.

③ Immanuel Kant, *Ausgewählte Schriften zur Pädagogik und ihrer Begründung*, 1963, S. 20.

因此，实践教育由这几部分构成：1. 在技能上是校园的——机械性的教化，因此是传授式的（由传授者进行）；2. 在明智上是实用性的（由家庭教师进行）；3. 在伦理方面是道德性的。

人们需要学校的教化或教导，以便有技能达到其所有的目的。这种教化给人以自身作为个体的价值。而通过对明智的教化，人成为公民，这样他就取得了一种公共的价值。他既学会为自己的意图驾驭公民社会，也学会投身其中为其服务。最后，通过道德教化，他获得了一种对于整个人类的价值。[1]

第三次拆分更为详细，也是对前两次阐释的呼应和衍生，更与导论部分对教育的分类相吻合。康德在导论中指出，对人的教育，必须让人得到规训、让人被培植、也必须让人变得明智、还必须注意道德化。[2] 而此处，康德将教育分为自然和实践两部分。其中，实践教育等同于教化，且能将之一分为三：校园的教化，以技能为主，为教化独立的个人；明智的教化，为教化适应社会的公民；道德教化，让个人获得对整个人类的价值。康德对教化的三个划分即导论中的培植、让人明智和道德化。他在不断变换的近义概念中，重复阐释并强调教化的含义。他的教化概念从规训开始，落脚在道德化之上。康德试图通过启蒙、教育、教化和道德化来改造他所在的时代。因为他说"我们生活在规训、培植和文明化的时代，但还远不是道德化的时代"。[3] 实现整个人类的道德化，和一个时代的道德化，是康德教育学的梦想。

---

[1] Immanuel Kant, *Ausgewählte Schriften zur Pädagogik und ihrer Begründung*, 1963, S. 21.

[2] Immanuel Kant, *Ausgewählte Schriften zur Pädagogik und ihrer Begründung*, 1963, S. 16.

[3] Immanuel Kant, *Ausgewählte Schriften zur Pädagogik und ihrer Begründung*, 1963, S. 17.

（三）尼迈尔教育学中的"教化"

尼迈尔在其教育学中高频率地使用"教化"概念，但并未对教化概念加以阐释，多是将之与其他词汇连在一起，组成新的概念。例如，理智教化、道德教化、品德教化、心灵教化、精神教化、审美教化等等。与康德类似，同时也受到赫尔德、歌德等人的影响，尼迈尔的"教化"概念，指的是个人全部力量的和谐发展。在其教育学中，"Bildung"和"Ausbildung"均可被理解为"教化"，而且，在大多时候教化的含义与狭义的教育类似。例如，尼迈尔认为，教育的双重任务是"身体教化和灵魂教化"。[①]

（四）施瓦茨教育学中的"教化"

施瓦茨教育学对"教化"概念的处理同样含混不清。在解释"教育"概念时，施瓦茨指出，"在狭义以及日常意义上"的教育"仅指向青少年时期，包括所有属于教化的内容，以及属于教学的内容"[②]。此处他将所有属于教化和属于教学的内容均归入教育。然而在这一段的注释中，施瓦茨却又写道：

> 教育和教学的概念属于某一概念，但我们暂时不能确定，两者在何处统一而在何处相异，也不能确定两者是否统一于教化概念。语言的使用，即便是在专业人员那里也处在波动之中。[③]

那么，到底是教育概念包括教化和教学概念，还是教育和教学概念从属于教化概念？施瓦茨并未下定论。这与教化概念在当时的发展程度有关。

---

① A. H. Niemeyer, *Grundsätze der Erziehung und des Unterrichts: für Eltern, Hauslehrer und Erzieher*, 1970, S. 77.
② F. H. C. Schwarz, *Lehrbuch der Erziehungs-und Unterrichtslehre*, 1968, S. 11.
③ F. H. C. Schwarz, *Lehrbuch der Erziehungs-und Unterrichtslehre*, 1968, S. 11.

施瓦茨指出，人的身上有两种相对的属性：惰性（Trägheit）和可教化性（Bildsamkeit）。人之所以能够被教化，是因为有可教化性，也即人的教化驱力（Bildungstrieb）。

> 人的教化驱力努力让人的自我规定达到其原型（Urbild），这种原型是与上帝类似的形象，也是人与生俱来的。……这种努力就是人的力量的朝向其教化的真正发展。①

神学家施瓦茨的"教化"概念，延续了"教化"一词最初的含义。他将教化视为发展人的力量和提升人至类似上帝形象的努力。

（五）赫尔巴特教育学中的"教化"

在赫尔巴特的《普通教育学》中，未见对"教化"概念的具体阐释。他并未将之列入其教育学的三大基本概念，但却在《普通教育学》中频繁地使用了它。例如，身体教化（körperliche Bildung，又译"体育"）、精神教化（Geitesbildung，又译"智育、心智教化"）、审美教化（Geschmacksbildung，又译"情趣的陶冶"）、性格教化（Charakterbildung，又译"性格形成"）等。在赫尔巴特看来，身体、精神、审美、性格均为可"教化"的。在《普通教育学》第二编"兴趣的多方面性"中，赫尔巴特较为频繁地使用了"多方面的教化"这一概念。而在第三编"道德性格的力量"中，"教化"一词出现的频率最高，多与"性格"连用，组成概念"性格教化"。例如，"不要认为你们对孩子不加监督，不加教化，放任他们撒野就能引导出伟大性格来"②。

在有些地方，赫尔巴特直接将"教育"和"教化"通用了。他指出："真正的教育，这里主要指思想范围的教化（Bildung des Ge-

---

① F. H. C. Schwarz, *Lehrbuch der Erziehungs-und Unterrichtslehre*, 1968, S. 47.

② J. F. Herbart, *Allgemeine Pädagogik aus dem Zweck der Erziehung abgeleitet*, in J. F. Herbart, *Sämtliche Werke*, Bd. 2. Langensalza：Hermann Beyer, 1887, S. 20.

dankenkreises)。"又如,"读者是否注意到,品德教化(sittliche Bildung)与教化的其他部分有何种关系?即,它们如何成为品德教化的前提,……品德教育(sittlich Erziehung)的问题并非独立于整个教育的一部分,而是与其他教育问题有着必然的、广泛而深远的联系"①。此处,品德教化之于教化,品德教育之于教育,既是相互对应的,又是可以通约的。又例如,"因为有德性的生活蓝图(sittliche Lebensplan)是以环境本身为导向的,因此多方面的教化(vielseitige Bildung)使人十分轻松愉快地转向任何一种新的活动与生活方式,而且每次转换都可能是最好的"。这里的多方面的教化,是与多方面的兴趣相对应的。

赫尔巴特在《教育学讲授纲要》中,修正了自己在《普通教育学》中对教化概念的忽略和随意使用。在《教育学讲授纲要》的开篇,他就提出"教育学的基本概念就是学生的可教化性(Bildsamkeit,李其龙主编可塑性)"。②"可教化性"的概念是从教化而来的,在本纳的《教育学历史词典》中,这两个概念被视为同一词条。赫尔巴特特别对"可教化性"做了补充说明:

> 可教化性这一概念有广阔的外延。它甚至延伸到物质的元素。按照经验,它可以一直追踪到那些有机体新陈代谢的元素。在高等动物的心灵中,显示出意志可教化性的迹象。但意志可教化性转化为品德的情形,我们只能在人身上可以看到。③

---

① J. F. Herbart, *Allgemeine Pädagogik aus dem Zweck der Erziehung abgeleitet*, in J. F. Herbart, *Sämtliche Werke*, Bd. 2. Langensalza: Hermann Beyer, 1887, S. 27.

② J. F. Herbart, *Schriften zur Pädagogik*, Herausgegeben von G. Hartenstein. Leipzig, Verlag von Leopold Voss, 1851, S. 186.

③ J. F. Herbart, *Schriften zur Pädagogik*, Herausgegeben von G. Hartenstein. Leipzig, Verlag von Leopold Voss, 1851, S. 186.

在赫尔巴特看来，可教化性外延广阔，包括从物质到精神的元素。因而，他在《普通教育学》中提及身体、精神、性格的教化等概念便不难理解了。赫尔巴特为何在《教育学讲授纲要》中一改对"教化"概念的忽略，转而以之为教育学的核心概念，这涉及其教育学思想的转变与发展，需另起专文探讨。

（六）里希特教育学中的"教化"

在《莱瓦娜》中，里希特多次区分了教育和教学的概念，尝试澄清两者的界限。在区分的同时，他也找到一个概念将两者统一起来，这个概念就是教化。

与对教育概念的使用类似，里希特并未在对"教化"概念的阐释上耗费笔墨。他多次使用教化的动词"bilden"来表达其教育观念。例如：在论及教育的重要性时，他写道："在一个新生儿身上，父母亲拥有全部的权力；他们能将孩子与其他人隔绝开来，能在毫无干扰的情况下教化他。"① 在论及如何借助教育解放"石化之人"时，他指出："每位拥有高贵灵魂的正常人，都应做家庭教师，去教化儿童，让他们独立、自由、强壮。"② 在里希特看来，教化可以发生在父母与其孩子之间，也可以发生在家庭教师与儿童之间。在这两种情况中，教化的对象均是儿童；教化活动的执行者是父母、家庭教师；教化活动的结果是对儿童的身心产生积极的影响，使其向积极的方面转化，直至到达最终目标，教化出理想之人（Idealmensch）。更重要的是，这种理想之人的种子，并非外来，而是人人生来皆具有的。这颗种子的成长在青少年时代最为旺盛，而后来受到欲望和贪婪的影响，多数人的理想日渐消退，并因此堕落、窘困。所以，里希特强调，"我们必须让身体的和精神的成长同时进行"，这便是对儿童的教化。

里希特对教化概念的理解受到赫尔德的影响。在"宗教的教化"

---

① Jean Paul Richter, *Levana oder Erziehlehre*, 1963, S. 0.
② Jean Paul Richter, *Levana oder Erziehlehre*, 1963, S. 41.

一节中，他引用赫尔德的观点指出，儿童更接近至高的上帝，因为上帝创造人时，先赋予人们与神相似的形象。儿童心中潜藏有关宗教的理论和观念，我们能做的仅是将其唤醒。基于启蒙思想，18世纪的部分思想家认为，人的发展是向上的、进步的，通过教育和教化可以将人从落后或堕落状态提升。然而经过非理性的几次反击，以及法国大革命之后带来的冲击，这种观点遭到质疑。对于基本问题"如何通过教育实现个人的自我救赎？"的答案，在19世纪变得越来越消极。越来越多的观点认为，人是不断堕落的，朝向道德败坏和罪恶。因而，教育的作用不是提升，而是防止人的堕落。① 所以，里希特指出：

> 人们其实并非走向至高，而是逐渐从至高堕落，然后再升上去。②

让堕落之人上升的过程，就是使其与至高上帝的形象相符合的过程，也就是教化。这种理解，是对赫尔德教化理论的延续，同时这也是为何里希特非常重视儿童出生最初几年的教育的主要原因。

经过考察可发现，在早期德意志教育学中普遍存在"教化"概念。几位教育学的作者们均在不同的意义上使用它。这与当时的"教化"概念正处在形成过程中有关。

四 教学

"教学"（Unterricht）是早期德意志教育学中的另一核心概念。

（一）特拉普教育学中的"教学"

"教学"概念在特拉普教育学中占据重要位置。虽然他并未精准

---

① Joel D. Black, *Levana: Levitation in Jean Paul and Thomas De Quincey*, Comparative Literature, 2002, p. 42–62.

② 转引自 Joel D. Black, *Levana: Levitation in Jean Paul and Thomas De Quincey*, Comparative Literature, 2002, p. 57.

定义教学，但通过对教学目的的阐释，展现了他对"教学"概念的理解。在论述教育原则的来源时，他将真理与谬误与教学联系在一起：

> 人们认为，教学的目的是教人寻求真理和避免谬误。如此人们能够明白，真理和谬误总是成对出现的，想要寻求和避免它们并非易事，因为每个人既拥有它们又缺少它们，个人总是按照自己的标准来评判。然而，人们还是以之为教学的目的，因为人们相信，真理通向幸福之路，而谬误则导向堕落之途。①

他首先将教学的目的与真理联系起来，继而通过论证真理与幸福的关系，将教学与幸福联系起来。在接下来的章节中，特拉普专辟一章来探讨教学。在第三篇"论教学"的第一节，他探讨了教学的内涵：

> 教学（作为总体教育的一部分来看待的教学）的首要目的，是将人朝向幸福的教化（教化通过教育来实现）。教学（站在自身角度来看待的教学）的次要的目的，是保持、相信、理解、接受、思考、发现和传播。教学的次要目的，通过从教学的形式中发现的方法来实现。②

特拉普从目的出发，在两个不同的层面上解释了教学概念。就人的教育的整体而言，特拉普将教学作为总体教育的一部分，其目的在于教化人通往幸福。他认为这是教学的首要目的，这种解释与之前教学目的与真理和谬误的关系相呼应。就人的教育的过程而言，教学的目的由一系列动词组成，"保持、相信、理解、接受、思考、

---

① E. C. Trapp, *Versuch einer Pädagogik*, 1977, S. 231.
② E. C. Trapp, *Versuch einer Pädagogik*, 1977, S. 254.

发现和传播",这些动词之间是层进的关系。在第二个层面上,教学被理解为手段。

特拉普由此展开对教学的论述。作为泛爱派的代表,他强调在教学中,应该传授实用性知识。因此他将记忆力、写作、绘画、算术、历史等知识的传授,作为教学的一般性目的。而教学的最终目的,则在于这些实用性知识的运用。他列举了通过朗诵、写作练习等方式来实现知识的运用。特拉普的教学概念,与其指向幸福的教育目的论紧密相连。

(二)康德教育学中的"教学"

就目前所见的文本而言,康德并未在其《康德论教育学》中提及"教学"一词,他较多地使用了教育以及教育的各种替代性、延伸性用法。康德是否曾在开展教育学讲座时就教学概念发表看法,如今不得而知,因为无法判明林克整理出的文本是否包含了康德讲授教育学时的全部论点。

(三)尼迈尔教育学中的"教学"

在尼迈尔教育学中,教育理论与教学理论各占半壁江山。教学概念得到了详细的阐释,其《教育与教学原理》的第四篇专论教学。尼迈尔开篇阐明了教学的定义:

> 人们将教学与教育区分开来,教学被理解为有目的地、有计划地向学徒(生)传播特定知识的活动。教育更多地指向现有力量(Kräfte)在特定外在活动的帮助下的自我发展,而教学则是从外部对心灵(Seele)的引导。教育涉及一切身体和精神能力的发展,而教学则仅与认知能力有关,并对其余的心灵力量产生影响。每一种教学都是一种科学性的理智教化。[1]

---

[1] A. H. Niemeyer, *Grundsätze der Erziehung und des Unterrichts: für Eltern, Hauslehrer und Erzieher*, 1970, S. 208.

尼迈尔对教学概念的分析，采用了与教育概念相比较的方式。他区分了教育和教学的界限，同时澄清了教学概念。教学是"有目的、有计划地向学生传播特定知识的活动"。这一定义包括三个方面：第一，教学活动的对象是学生；第二，它是对特定知识的传播；第三，这种传播是有目的、有计划的。尼迈尔对比了教育和教学作用对象的差异，教学是对人的心灵的引导，而教育是对人的力量的发展，这些力量包括身体的和精神的。尼迈尔相信，认知能力来自心灵，来自人的理智，因而教学作用于心灵，是对人的理智的教化。

尼迈尔试图表明教学与教育的区别。然而，倘若结合他在上一篇中对教育概念的阐释，就可以看出明显的矛盾。在解释教育概念时，尼迈尔将人的力量分为身体的和精神的，而认知能力从属于精神力量。因而，认知能力的教化也属于教育。[①] 而在解释教学概念时，他认为教学是对心灵的作用，是对人的理智和对认知能力的影响。按此论证逻辑，教学应该是教育的一部分。然而在宏观上，尼迈尔却将教育和教学概念并列起来，在著作的内容安排上，教育原理和教学原理所占篇幅相当。如此看来，尼迈尔并未清楚地辨明教育与教学概念之间的关联和区别。而且接下来他对教学概念的补充说明，不仅没有让教育和教学的界限变得明晰，反而加剧了这一矛盾。

尼迈尔担心读者无法正确地理解教学概念，也为了调和两者之间的矛盾，他为"教学"概念的阐释补充了一段注释，特别强调了教学与心灵力量发展的关系。他指出：

> 倘若人们忽略了教学对内在心灵力量发展的作用，则会导致教学概念的狭隘化。教学必须以教育的目的为目的，两者的差异仅在于手段（Mittlen）。教育为激发出心灵的火花，而教学

[①] 尼迈尔对教育的客观和主观方面的阐释，参见 A. H. Niemeyer, *Grundsätze der Erziehung und des Unterrichts: für Eltern, Hauslehrer und Erzieher*, 1970, S. 76–77.

则侧重于物质方面,为了让前者激发出的心灵火花蔓延开来。也许有人会认为,教学就是将一些陌生的观念注入学生的心灵,卢梭就曾断言,12岁以下的儿童无须教学。倘若将教学的本质规定理解为心灵力量的发展的话,那么卢梭的观点就是错误的,真相是:教育的观念并未被教学排斥在外,或者可以说好的教学应该是带有教育性的。[①]

在尼迈尔看来,教学不仅传播知识、发展学生的认知能力,而且它对学生心灵力量发展的作用也不能被忽视。在这里,尼迈尔试图借助心灵力量的概念,调和教学与教育的矛盾。他认为,教学必须以教育的目的为目的,而其差异在于手段;两者均作用于心灵,教育为激发心灵火花,而教学致力于让这些火花的蔓延。美中不足的是,他并未对手段的差异具体展开阐述。如此看来,教育和教学均以心灵力量的发展为己任,区别在于两者各自负责不同的发展阶段。又因为,心灵诸力量的发展,并非一次完成,而是持续不断的,所以教学与教育并非完全分离,而是相互交织。由此,尼迈尔驳斥了卢梭认为12岁以下儿童无须教学的观点,继而指出,教学不应排斥教育,好的教学应该是带有教育性的。尼迈尔提出了"教育性教学"的概念,并未做展开。尼迈尔的教学理论部分,详细探讨的是初等教学的原理和规则。

(四) 施瓦茨教育学中的"教学"

教学理论在施瓦茨教育学中占据三分之一的篇幅。他的《教育与教学学说教科书》的第二卷名为"方法论,或教育性教学的教学艺术"。在这一卷的导论中,施瓦茨详细阐释了他对教学概念的理解。

[①] A. H. Niemeyer, *Grundsätze der Erziehung und des Unterrichts: für Eltern, Hauslehrer und Erzieher*, 1970, S. 208.

> 教学意味着对一种精神力量（geistige Kraft）的激发或引导，即让这种精神力量掌握某种知识或技能。教学是一种有目的、由他人实施的、用某种特定的教化去影响他人的活动。教育性教学，从童年时期持续到成年时期，激发和引导这类力量的发展，以达上述目的。因此，它是教育的一部分。①

施瓦茨将教学概念与精神力量的发展联系在一起，教学的目的在于精神力量的发展以及知识或技能的掌握。此处，施瓦茨延续了他对教育概念的解释，即将教学和教化均视为教育的一部分。他的教学所关注的，是从童年时期开始的力量的发展。

为进一步澄清教学概念，施瓦茨亦将教育概念和教学概念进行了对比。首先，教育和教学均指向青少年的禀赋（Anlage）的发展，区别在于：教育发展的是青少年的全部禀赋以达到其"原型（Urbild）"，并且激发青少年心中的力量朝向全面的发展。如前所述，施瓦茨的"原型"指的是与上帝类似的形象，在他看来，靠近"原型"的过程，就是人的真正发展（参见前文对施瓦茨"教育"和"教化"概念的论述）。而与教育概念相对的，教学发展的是单一禀赋，在发展力量的同时也掌握某种既定物质。其次，教育"教化人的身体能力和精神能力朝向统一和完美"；而教学则"引导某个人像另外一个人一样在某一种特定的可掌握的方向上达到某种单一的完善"。② 施瓦茨认为，教育指向统一和完美，而教学则指向单一的完善。两者的差异不仅在作用的对象上不相同，而且在作用的程度上也不相同。

施瓦茨分析了教学的三个要素：主体（学生）、客体（教学材料）、教学艺术。他详细解释了这三个要素的注意事项。第一个要素要求在学生的教学中，运用发展和教育的人类学原理；第二个要素

---

① F. H. C. Schwarz, *Lehrbuch der Erziehungs-und Unterrichtslehre*, 1968, S. 142.
② F. H. C. Schwarz, *Lehrbuch der Erziehungs-und Unterrichtslehre*, 1968, S. 143.

指的是为了实现发展青少年所应当学习到的知识；前者使教育学在教育中变得具有实践性，后者发展出一部教育百科全书。① 需注意的是，施瓦茨的教学三要素并不包括教师。他认为教学的目的就是学生的发展。因此对教学理论的分析也围绕着学生展开。

（五）赫尔巴特教育学中的"教学"

管理、教学和训育，赫尔巴特以这三者为其教育学的核心概念。与对待教育概念一样，赫尔巴特并未对教学概念做出具体阐释，而是直接在一般意义上使用它。

面对尼迈尔、施瓦茨等人教育学著作中将教育理论与教学理论分列并举的状况，赫尔巴特尝试弥补这两个概念之间若有若无的"鸿沟"。他继续深入阐释了尼迈尔提出的"教育性教学"概念，并试图通过这个概念连接、沟通"教育"和"教学"两极。在《普通教育学》的导论中，赫尔巴特就提出：

> 而在这里，我得立刻承认，不存在"脱离教学的教育"这个概念，正如反过来，我不承认有任何"不进行教育的教学"一样，至少在这本书中如此。②

即教育不能脱离教学，教学均在进行教育。随后他专门探讨了"通过教学来进行的教育"（Erziehung durch Unterricht）"。③ 在1832年出版的《教育学讲授纲要》中，赫尔巴特修正了自己的观点，他指出"远非一切教学都是教育性的"，例如对那些为了生计或业余爱

---

① 根据施瓦茨在下文第6节中的解释，教育百科全书，是由青少年全面发展所需要的各种教学材料组成的。见 F. H. C. Schwarz, *Lehrbuch der Erziehungs-und Unterrichtslehre*, 1968, S. 146.

② J. F. Herbart, *Allgemeine Pädagogik aus dem Zweck der Erziehung abgeleitet*, in J. F. Herbart, *Sämtliche Werke*, Bd. 2, 1887, S. 10. 中文译文参见［德］赫尔巴特《普通教育学》，载赫尔巴特《赫尔巴特文集3》（教育学卷一），李其龙主编，浙江教育出版社2002年版，第12页。

③ 具体论证过程参见第四章第二节中对赫尔巴特教育学的核心命题的分析。

好学习的人，教师在传授技艺时，就不讲其目的的好坏，这种教学就不具有教育性。不过，赫尔巴特特别注明，其教育学中所谈及的是教育性教学。

在赫尔巴特那里，教学因为与教育的特殊关系，而被扩大了外延。他在导论中指出：

> 通过教学来进行的教育，将一切以学生为观察对象的活动，均视为教学。①

此后，在正文中，赫尔巴特辟出大量篇幅论述教学。与尼迈尔、施瓦茨不同的是，赫尔巴特并未将教学理论单独成卷，而是将其放在第二编"兴趣的多方面性"中。赫尔巴特指出，人们主要通过经验与交际来获取认识和同情。在教育中，必须考虑经验与交际。然而，单纯依靠经验与交际也有其局限性，经验获得的内容倘若未加整理和排序，就是杂乱无章的；单由交际获得的同情，难以产生移情的效果。因而，需要教学来补充。赫尔巴特因此写道：

> 全部生活，人类的全部观察，证明每个人都从他的经验与他的交际中吸取适合他自己的一切，展现他原有的观念与感情。……这些极其显著的经验是我们共同的财富，交际将一切民族联结在一起。然而，意见分歧，感情不睦，很难说过去比今日更严重。
>
> 因此，我们精神生活的核心不能卓有成效地通过经验与交际来教化。而教学一定能教深入地渗透到思维工场中去。②

---

① J. F. Herbart, *Allgemeine Pädagogik aus dem Zweck der Erziehung abgeleitet*, in J. F. Herbart, *Sämtliche Werke*, Bd. 2, 1887, S. 11.

② ［德］赫尔巴特：《普通教育学》，载赫尔巴特《赫尔巴特文集3》（教育学卷一），李其龙主编，浙江教育出版社2002年版，第67—68页。

在经验和交际不可为之处，教学体现出其价值。赫尔巴特委教学以重任：教学将"教育兴趣的一切对象集中于青少年心胸中"；"只有教学才能满足平衡地教化广泛的多方面的要求"。① 至此，赫尔巴特将兴趣的多方面性与教学紧密地联系在一起。接下来的内容，是对教学理论的详细展开。教学的步骤、材料、方式均被探讨。就教学过程而言，赫尔巴特将教学分为三种：单纯提示（描述）的教学、分析教学、综合教学。最后，赫尔巴特探讨了教学的结果。他认为，教学的结果应该是学生的心灵的充实。因为他所谓的教学均是教育性的，所以随着朝向多方面兴趣的多方面性教学得到真正的施行和发展，则学生的性格的正确方向得到了保障。

赫尔巴特的教学概念，与其教育性功能紧密相连。教育性教学的作用在赫尔巴特教育学中得到充分肯定。

（六）里希特教育学中的"教学"

在里希特教育学中，与"教育""教化"两概念相比，"教学"概念是最不受重视的。他并未对教学概念做过多解释，甚至在其《莱瓦娜》中也很少看到"教学"这个词的出现。他关于教学的零星论述，均以与教育做对比的方式出现。他将智力发展看作是教学，认为教学是可以给予一个陌生的孩子的，而且是可以中断的。具体可见前文中对里希特"教育"概念的分析。

五 教育目的

布雷钦卡指出："因为教育是对某一目的的行动，所以，教育目的的概念属于教育学的基本概念。"② 而且"教育目的的问题领域对于教育科学、教育哲学和实践教学来说，都具有核心意义"③。"教

---

① ［德］赫尔巴特：《普通教育学》，载赫尔巴特《赫尔巴特文集3》（教育学卷一），李其龙主编，浙江教育出版社2002年版，第68—69页。

② ［德］沃尔夫冈·布雷钦卡：《教育科学的基本概念——分析、批判和建议》，胡劲松译，华东师范大学出版社2001年版，第89页。

③ ［德］沃尔夫冈·布雷钦卡：《教育科学的基本概念——分析、批判和建议》，胡劲松译，华东师范大学出版社2001年版，第91页。

育目的"概念,作为教育学中的基本概念和具有核心意义的问题,在早期德意志教育学中得到了充分的探讨。与前文分析的三个概念不同,"教育目的"是一个复合词,由"教育"和"目的"两个词组成。对于"目的"一词,德语中有两个近义词"Ziel"和"Zweck",在表述"教育目的"概念时,特拉普、尼迈尔、施瓦茨、里希特在其教育学中用的是"Zweck"一词,而赫尔巴特用了"Ziel"一词。

布雷钦卡在《教育科学的基本概念》中对"目的"(Ziel)和"目标"(Zweck)做了区分。布雷钦卡指出,"目的"(Ziel)概念源于希腊语"telos",意思是目的、目标,与拉丁语"finis"相对应。"目的"的基本词义,是一种运动的终点。说一个人达到了目的,是指他达到了他所设定或追求的地方。它原本是一种关于空间的观念,指一个射手的瞄准点,而转引到精神领域,指称一种行动的终点。而"目标"(Zweck)一词,原本与阴性名词"平头钉"(Zwecke)一致。为避免用词上的误解,1800年坎佩将之重构为阳性名词"目标"(Zweck),其原意与"目的"(Ziel)相同,也指射手的瞄准点,也是一种行动的既定目的。从语言发展的历史来看,两词的含义有时完全重合,有时互相包含。在德语和英语的对比中,"Zweck"一词与英语的"end"相对应,而"Ziel"一词与英语的"aim"和"goal"相对应。布雷钦卡指出,在1800年前后的德意志地区,两个词所表达的含义基本相同,均指一种行动的目的。[1] 因本书涉及的教育学均在1800年前后,所以将诸教育学中所用到的这两个词均翻译为"目的"。

---

[1] 参见[德]沃尔夫冈·布雷钦卡《教育科学的基本概念——分析、批判和建议》,胡劲松译,华东师范大学出版社2001年版,第95—97页。此外,布雷钦卡《教育科学的基本概念:分析、批判、建议》一书的译者胡劲松,《教育目的、教育手段和教育成功:教育科学体系引论》一书的译者彭正梅,均将"Ziel"一词翻译为"目的",而将"Zweck"一词译为"目标"。学者李其龙亦将赫尔巴特的《普通教育学》中的"Zweck"译为"目的"。

（一）特拉普的教育目的

1779 年 5 月，刚刚成为哈勒大学教育学教授的特拉普，做了一场题为"将教育和教学作为一种真正的艺术来学习的必要性"的入职报告。在报告的开篇，特拉普就阐明了其教育目的：

> 教育和教学的目的，是人的苦难的减少，或者说是人的幸福（Glücklichkeit）在数量上的增加。[1]

特拉普以与"苦难"相对应的"幸福"为教育和教学的目的。其《教育学尝试》第一部分的第一章，就以"论一切教育的目的——普遍与特殊的幸福"为标题。特拉普在文中强调：

> 一切教育的最终目的是幸福，一切人类努力活动的目的也是如此，也必须如此。为更好地理解幸福一词，可用福利（Wohlfahrt）、安康（Wohlergehen）、幸福（Glück）、快乐的生活（vergnügtes Leben）、平安和极乐（Heil und Seligkeit）等词来替换。因为这些词均是人们日常生活语言中的词汇，在日常言谈和书写中经常被用到，而真正特殊的平安、极乐等词，在神学语言中，被作为幸福的同义词使用。[2]

对"幸福"的含义的理解，是诠释特拉普教育目的的关键。在这里，特拉普用了"Glücklichkeit"一词，这个词是形容词"幸福的"（Glücklich）加"-keit"名词化后缀转换而来，意指一种幸福的状态。特拉普再次强调：

> 一切教育的最终意图应该是也必须是幸福。[3] 进一步言之，

---

[1] E. C. Trapp, *Versuch einer Pädagogik*, 1977, S. 6.
[2] E. C. Trapp, *Versuch einer Pädagogik*, 1977, S. 33.
[3] E. C. Trapp, *Versuch einer Pädagogik*, 1977, S. 34

幸福是一种令人产生舒适感觉的状态（Zustand angenehmer Empfindung），这种状态包括所有种类和程度的幸福。①

特拉普将教育目的定位为人的幸福。他并非先验地提出这一观点，而是经过了一定的论证。

特拉普指出，教育的最终目的并非其他，而是幸福的需要。为支持这一论点，他首先论证了什么不可能是教育的最终目的。根据他的论证，对神的赞美（die Verherrlichung Gottes）、对完善性或者美德的追求均非教育所要达成的最终目的。在否定了这两种惯常的观点之后，特拉普提出："毫无疑问，真正的、长远的、持久的、完美的幸福才是人的教育的目的。"② 在确定了教育目的为幸福之后，特拉普对"幸福"做了详细的考察。他指出，幸福并无等级之分，无所谓低级或高级的幸福。幸福，是人们处于一种舒适的感觉的状态之下，"这种状态开始的越早、持续的时间越长、越少被打断、越高贵、越纯粹、这种舒适感觉的程度越高，则这个人就越幸福"③。影响幸福的是这种舒适感觉的数量、质量和持久度。而产生幸福的这种舒适感觉可以被分为三种类型：感官上的、精神上的和道德上的。三种类型中特拉普最为重视的是第三种。

在详细考察了幸福之后，特拉普指出，倘若仅将幸福与舒适的感觉联系在一起，似乎看不出教育存在的必要性。但是，考虑到舒适感觉的不同价值、数量和持久度时，则一种朝向幸福的教育就有存在的必要性了。他第三次强调：

教育应该帮助每个人拥有更多的幸福，因为这对每个人而言都是可能的，也是必要的。④

---

① E. C. Trapp, *Versuch einer Pädagogik*, 1977, S. 34.
② E. C. Trapp, *Versuch einer Pädagogik*, 1977, S. 38–39.
③ E. C. Trapp, *Versuch einer Pädagogik*, 1977, S. 40.
④ E. C. Trapp, *Versuch einer Pädagogik*, 1977, S. 42.

何以可能？又为何是必要的？特拉普继续论证。之所以是可能的，是因为人对幸福的感受，依靠其自然禀赋。每个人生来就具有感受幸福的禀赋，同时也有感受幸福的需要。这种自然禀赋，是进行教育的基础。在论述个人的同时，特拉普也没有遗忘社会。个人是生活在社会中的个人，"人的教化必须被分类、分等级，因为这是个人所生活的社会的需要"。因此，教育一方面要考虑到个人的自然禀赋，另一方面还要考虑社会的需要。最后特拉普总结道：

> 幸福必须是教育的目的，教育也能促进幸福。接下来的任务是（指其著作的任务，笔者注），发现能实现这一目的的规则。我们可以从两个源头中探寻：人的自然禀赋和人类社会。①

特拉普的教育目的指向幸福。他通过教育和幸福，尝试将个人与社会联系在一起，这也是德意志泛爱派的一贯主张。

（二）康德的教育目的

康德在其教育学中首先为教育目的确定了一条原则：

> 教育艺术的一个原则应特别为那些制定教育计划的人士所牢记：孩子们受教育，应当不仅合乎人类当前的状态，而且合乎人类未来更好的状态，即合乎人性的理念（Idee）及其完整规定（ganze Bestimmung）。这个原则极为重要。父母教育自己的孩子，通常只是让他们适应当前的世界，哪怕它是个堕落的世界。但他们应当把孩子教育得更好，以便由此产生一个未来的更好的状态。②

---

① Immanuel Kant, *Ausgewählte Schriften zur Pädagogik und ihrer Begründung*, 1963, S. 45.

② Immanuel Kant, *Ausgewählte Schriften zur Pädagogik und ihrer Begründung*, 1963, S. 14. ［德］康德：《教育学》，载《康德著作全集》（第9卷），李秋零译，中国人民大学出版社2010年版，第447页。

康德认为教育目的，并非指向单一个人，而是指向人类；而且并非为了人类的当前状态，而是为了人类的更好未来。正如康德在阐述教育概念的定义中所谈到的，教育将促使每一个后代都向着人性的完善更进一步。他指出：

> 设想人的本性将通过教育而发展的越来越好，而且人们能够使教育有一种合乎人性的形式，这是令人陶醉的。这为我们展示了未来更加幸福的人类的前景。①

康德不满当前的世界，他认为应该通过教育来改造儿童，进而改造世界。因此，朝向未来、朝向更好状态的教育目的是极为必要的。

康德的教育目的，指向人类的未来，落脚在个人身上。他批评当前的教育未能让人完全达到其存在目的。因此，他认为制定一种更合乎目的的教育计划势在必行。他将教育者的任务规定为：

> 把人的自然禀赋均衡地发展出来，把人性从其胚芽中展开，使得人达到其本质规定。②

这种教育工作非一人之力，也非一时、一世之功，须经过许多世代才能够完善。

> 这种教育，能够越来越多地实现均衡且合目的地发展人的

---

① Immanuel Kant, *Ausgewählte Schriften zur Pädagogik und ihrer Begründung*, 1963, S. 12. ［德］康德：《教育学》，载《康德著作全集》（第9卷），李秋零译，中国人民大学出版社2010年版，第444页。

② Immanuel Kant, *Ausgewählte Schriften zur Pädagogik und ihrer Begründung*, 1963, S. 13. ［德］康德：《教育学》，载《康德著作全集》（第9卷），李秋零译，中国人民大学出版社2010年版，第445页。

一切自然禀赋，就这样把整个人类导向其规定。①

康德从个人的完善出发，最终实现人类的完善，其出发点和着眼点还是个人的教育。因此，康德阐释了针对个人的教育的目的。用他的语言表述是"教育的总目的（der Zweck der Erziehung）"。他按照教化的不同类型，将教育目的一分为二：一种是对心灵力量的普遍培植；另一种是对心灵力量的特殊培植。

第一种教育目的，是对心灵力量的普遍培植。

> 关涉技能和完善，它不是给学童特别在某方面传授什么东西，而是强化其心灵力量。它，要么是自然的。在这里，一切都基于练习和规训，孩子们可以不学习任何准则。这种教化是被动的，学生必须服从他人的引导，别人为他思考。
>
> 要么是道德的。在这种情况下，它不是基于规训，而是基于准则。如果人们要把它建立在前例、威胁和惩罚等之上，则一切都被败坏了。这些是纯然的规训。人们必须看到，学生的善行，是出于他们自己的准则而非习惯；他不仅行善，而且因为那样是善的才那样做。因为行动的全部道德价值就在于善的准则。自然的教育就在这一点上与道德的教育相区别，即对学生而言，前者是被动的，后者是能动的。他必须在任何时候均意识到行动的根据以及行动被义务的概念所引导。②

---

① Immanuel Kant, *Ausgewählte Schriften zur Pädagogik und ihrer Begründung*, 1963, S. 13. ［德］康德：《教育学》，载《康德著作全集》（第9卷），李秋零译，中国人民大学出版社2010年版，第446页。

② Immanuel Kant, *Ausgewählte Schriften zur Pädagogik und ihrer Begründung*, 1963, S. 38. ［德］康德：《教育学》，载《康德著作全集》（第9卷），李秋零译，中国人民大学出版社2010年版，第475页。

在康德看来，普遍培植与具体的知识无关，而是对心灵力量的强化。而实现的路径有两者，一种是自然的，也是规训的，学生处于被动状态，接受教师的引导；另一种是道德的，也是能动的，指向的是学生的内心准则。

第二种教育目的，是对心灵力量的特殊培植。

> 出现在这里的是对认识能力、感官、想象力、记忆力、注意力的强度和机智的培植，因而关涉理智的低等力量。……就高等的理智力量而言，这里出现的是对理智、判断力和理性的培植。①

康德所谓特殊培植，涉及理智的低等力量和高等力量，与自然规训和道德准则无关。

鲍尔生总结了康德的教育目的："他认为教育的伟大目标和主要任务是培养每个人或每个有理性的人的天赋的合乎正义的意志，使他达到清楚的自我意识的境界；或者说，培养能坚持自己确认为合乎正义的事物的自由人。"② 陈桂生则看得更为深入，他认为康德的教育目的是对卢梭"个人本位"教育目的的修正。修正后的康德教育目的有四个特征："（1）外在的目的，个人生长应有一定方向，这个方向决定于人生理想，教育目的取决于人生理想，而非儿童的'自然'。（2）教育目的指向未来。（3）把'自然目标'上升为'实践理性的目标'。（4）从个人价值到社会价值，最终达到全人类的价值。"他将康德的教育目的模式，归为"个人本位"，而且这种

---

① Immanuel Kant, *Ausgewählte Schriften zur Pädagogik und ihrer Begründung*, 1963, S. 39. ［德］康德：《教育学》，载《康德著作全集》（第9卷），李秋零译，中国人民大学出版社2010年版，第476页。

② ［德］弗里德里希·鲍尔生：《德国教育史》，滕大春等译，人民教育出版社1986年版，第108页。

个人是超越现实社会人的理想的大同社会的人。①

（三）尼迈尔的教育目的

在论述了教育的广义和狭义概念之后，尼迈尔提出一个问题："教育的最终和最高目的是什么？"② 对这一问题的回答，以两个条件为基础。其一，这个问题的经验前提是人的天性的可臻完善性（Perfectibilität）；其二，教育促进人的自然力量的发展，这种发展是有方向的，是朝向完善的发展。基于这两个条件，尼迈尔提出：

> 教育的最高目的是品德的良善（Sittliche Güte）。③

尼迈尔首先论证教育目的存在的必要性，因为"促进青少年力量的发展的努力，必须要有一个特定的目的，这个目的同时也是一切教育的最高原理的基础"。之后他解释了其教育目的：

> 倘若能将学生教化成为一个善良的人（ein gutter Mensch），那么朝向最完善的教育目的就将达成。……德行是人至高的天性（Natur）。通过向着德行的理想靠近，人获得了真正的价值。④

继而他证明了教育目的为何应该如此。他指出，人具有趋向完善的倾向。因为，人的单一力量总是朝完善性发展；人的身体力量总是朝着健康、强壮的最高等级发展；人的理智也总是朝尽可能多

---

① 陈桂生：《历史的"教育学现象"透视：近代教育学史探索》，人民教育出版社1998年版，第76页。

② A. H. Niemeyer, *Grundsätze der Erziehung und des Unterrichts: für Eltern, Hauslehrer und Erzieher*, 1970, S. 74.

③ A. H. Niemeyer, *Grundsätze der Erziehung und des Unterrichts: für Eltern, Hauslehrer und Erzieher*, 1970, S. 75.

④ A. H. Niemeyer, *Grundsätze der Erziehung und des Unterrichts: für Eltern, Hauslehrer und Erzieher*, 1970, S. 75.

的方向发展，直至认知的外在边界；因此人也希望成为一个善于处事的、有教养的完人。他进而论证，为了成为完善的人，人首先需要明白，如何在道德律令的制约下发展上述的力量，并且还要明白，这些力量的运用是否合乎德行。各种力量的发展和运用，必须与道德和品德相符合。因为：

> 品德良善、意志高洁是一切力量的起点，也是一切力量再次统一的终点，多重力量在它之中必须达到美妙的平衡。所以，任何时代的教育的最崇高的目的均应该是促进人的全部力量的发展，使它们对德行而言最有用，或者对品德良善的运用最有利，没有比这更崇高的了。①

通过论证，尼迈尔将德行和品德良善作为教育的最高目的。在他立论的同时，也对其他教育学家的观点进行了反驳。对于那些基督教的品德教师和神学教育学的作者们而言，教育的最高目的是对上帝的尊崇。尼迈尔认为，教育涉及人的理智的发展，而理智与对上帝的尊崇无关。那些来自哲学领域的教育家，或将幸福当做人的教化的目的，或将人的天性和全部力量的完善作为教育目的，或以社会的最高需要为教育目的，尼迈尔认为这些人忘记了教育的本质，即人的全部力量的发展均以品德良善为最终目的。

此后，尼迈尔又在其教育学中多次表述了其教育目的。例如，在论心灵的教化时，他指出："一切教育的最终和最高目的，根本上关涉到我们本性的理性部分或者心灵的完善性。"②

（四）施瓦茨的教育目的

施瓦茨阐释其教育目的的方法和过程，与其他五位教育学的作

---

① A. H. Niemeyer, *Grundsätze der Erziehung und des Unterrichts：für Eltern, Hauslehrer und Erzieher*, 1970, S. 76.

② A. H. Niemeyer, *Grundsätze der Erziehung und des Unterrichts：für Eltern, Hauslehrer und Erzieher*, 1970, S. 105.

者均不相同。在他对教育方式（Erziehungsweisen）的分类中，隐含着对教育目的的阐述。施瓦茨认为，概览各种不同的教育方式，也是教育学著作的任务之一。因而，他根据出发立场、应达目的和所经途径这三个要素，对教育方式进行了分类。此外他指出，在给人的教育分类时，还必须综合考虑人的天性、人的本质、人的教育行动。综合以上因素，施瓦茨将教育方式分为两类：片面的和全面的。那些只考虑人的天性而忽略了人的本质的教育方式，是片面的。

片面的教育方式，又可分为几个亚型。（1）根据人的本性分为四类：第一类是奴隶式（sklavisch）的教育方式，将人看作不自由的自然事物，其教育目的也是教化这种不自由的人。第二类是泛爱派（philanthropistisch）的教育方式，它将人看作是自由的。这种教育的目的在于使人的力量，无论是高级的还是低级的，均得到和谐的发展，让人像一株植物完全遵照自己的本性成长。第三类是教条式（methodistisch）的教育方式，它将儿童看作是带有原罪的，根据教会教条来教育儿童。这种教育的目的，是让人获得上帝的庇佑和眷顾。第四类是澄清式（pädeutisch）的教育方式，它将儿童看作是既善又恶的。这种教育的目的在于通过对理性、经验以及基督精神的强调，实现在儿童心灵中的去恶扬善。（2）根据人的本质分为三类：第一类是利己主义的（egoistisch），这种教育方式完全以个人自身为目的。第二类是野蛮的（barbarisch），这种教育方式的目的在于使个人为他人牺牲自己。第三类是面向人性的（Humanität），这种教育方式以人性的发现为目的。[1] 施瓦茨分别列举了多类教育方式，但认为以上这些教育方式均有其缺点。经过漫长的分析之后，他提出，最合理的教育方式，应该是全面的：

> 全面的教育，在认识到人的天性和本质规定的同时，也认

---

[1] 施瓦茨关于片面的教育方式的论述，详见 F. H. C. Schwarz, *Lehrbuch der Erziehungs-und Unterrichtslehre*, 1968, S. 20 – 33.

识到引导儿童发展至青年期并实现其理想的正确途径。①

这种全面的教育方式,可分为两类。一类是分析性的(analytisch)。这类教育方式依据人的天性和本质,目的在于将学生教育成为一个善良的、有技能的、有用的世界公民(Weltbürger)。一类是综合性的(synthetisch)。因为人性中存在唯一而至高的目的,所以这种教育方式的目的就是追寻它。这种唯一而至高的目的的实现,依赖于施瓦茨所谓"更高级的或最高级的教育"——基督的教育。因为,

> 神圣而永恒的真相是,人的至高本质、人的内在天性,以及在神的爱中朝向类神性(Gottähnlichketit)的教化,均在基督里向我们展现。

所以,儿童应在基督的精神中被教育。②

施瓦茨并未对教育目的做出明确限定,但他在不断澄清和分解的过程中,阐明了其教育和教学学说中的教育目的。

(五) 赫尔巴特的教育目的

教育目的,是赫尔巴特教育学中的核心概念之一。其著作名为《由教育目的导出的普通教育学》。此处涉及三个问题,第一,赫尔巴特的教育目的是什么?第二,这种教育目的如何确立?第三,如何从教育目的中推导出普通教育学?

赫尔巴特从日常经验和理论推导两个方面来探讨,教育目的应是多方面的。就日常经验来看,他在《普通教育学》开篇就指出:

---

① F. H. C. Schwarz, *Lehrbuch der Erziehungs-und Unterrichtslehre*, 1968, S. 33.
② F. H. C. Schwarz, *Lehrbuch der Erziehungs-und Unterrichtslehre*, 1968, S. 36 – 37.

通过教育要想得到什么，教育要求达到什么目的，这是由人们对事物的见解决定的。①

人们的见解的形成，受到他们的自身特点以及学生的个性和所处的环境的制约。特点、个性、环境、均有差异，因此，人们所持有的教育目的各不相同。就理论推导而言，赫尔巴特指出："从教育的本质来看，统一的教育目的是不可能产生的。"② 因为教育者要为儿童的未来着想，儿童要成长为成年人，成年人各有其目的，教师的工作在于帮助儿童顺利达成这些目的。由此他推论："因为人的追求是多方面的，所以教育者所关心的也应当是多方面的。"③

教育目的的这种多方面性，并非杂乱无章的，而是可以将之归为两大类："纯粹可能的（Möglich）目的领域"和"完全与此分开的必要的（Nothwendig）目的领域"。因此教育目的可以分为：意向目的（Willkür）（既不是教育者的，也不是儿童的，而是未来人的）和道德目的（Sittlichkeit）。

教育目的的第一部分，是可能的目的，也是意向目的。教育是教化未来人，而为实现未来人的意愿，教师要发展学生的能力、兴趣和活动。未来人的活动力和敏捷性要尽可能大地得到发展，这样实现目的的可能就越大。因而，赫尔巴特将教育目的的第一部分总结为兴趣的多方面性，而且，这种兴趣是平衡的多方面兴趣，即"一切能力的和谐发展"。④

教育目的的第二部分，是必要的目的，也是道德目的。赫尔巴

---

① ［德］赫尔巴特：《普通教育学》，载赫尔巴特《赫尔巴特文集3》（教育学卷一），李其龙主编，浙江教育出版社2002年版，第7页。

② ［德］赫尔巴特：《普通教育学》，载赫尔巴特《赫尔巴特文集3》（教育学卷一），李其龙主编，浙江教育出版社2002年版，第36页。

③ ［德］赫尔巴特：《普通教育学》，载赫尔巴特《赫尔巴特文集3》（教育学卷一），李其龙主编，浙江教育出版社2002年版，第37页。

④ ［德］赫尔巴特：《普通教育学》，载赫尔巴特《赫尔巴特文集3》（教育学卷一），李其龙主编，浙江教育出版社2002年版，第38页。

特在《论对世界之审美描述是教育的首要工作》一文中论定，教育的最高目的是道德。他写道：

> 我们可以将教育唯一的任务和全部的任务概括为一个概念：道德。
>
> 道德，普遍地被认为是人类的最高目标，因此也是教育的最高目标。①

何谓道德？赫尔巴特在《普通实践哲学》（又译一般实践哲学）中提出了五种道德观念：内心自由的观念、完善的观念、友善的观念、正义的观念和公平的观念。在《普通教育学》中，这五种道德观念被缩减为三种，并组成了道德的表现形式：公正、善良和内心自由。因为道德在意志中才有其地位。所以"德育绝不是要发展某种外表的行为模式，而是要在学生心灵中培养起明智及其适宜的意志来"②。而德育的目的在于：

> 使绝对明确、绝对纯洁的正义与善的观念成为意志的真正对象，以使性格内在的、真正的成分——个性的核心——按照这些观念来决定性格本身，放弃其他所有的意向，这就是德育的目标，而不是其他。③

赫尔巴特认为，学生的个性是教育目的的出发点。然而，个性是确定的、有界限的；多方面兴趣是向各个方向伸展的。突出的个

---

① ［德］赫尔巴特：《普通教育学》，载赫尔巴特《赫尔巴特文集3》（教育学卷一），李其龙主编，浙江教育出版社2002年版，第177页。
② ［德］赫尔巴特：《普通教育学》，载赫尔巴特《赫尔巴特文集3》（教育学卷一），李其龙主编，浙江教育出版社2002年版，第38页。
③ ［德］赫尔巴特：《普通教育学》，载赫尔巴特《赫尔巴特文集3》（教育学卷一），李其龙主编，浙江教育出版社2002年版，第9—40页。

性与平衡发展多方面性似乎产生了矛盾。如何调和二者，是他必须面对的问题。个性是多样化的，而多方面性的观念只有一个。赫尔巴特承认个性与多方面性的冲突，但他认为两者之间更多的是联系。

  各种个性全部包含在多方面性中，就像部分包含在整体中那样。部分可以衡量整体，部分也可以扩展为整体。这可以通过教育来实现。①

教育是沟通两者的桥梁。通过教育，多方面性兼容了个性，个性也可以向多方面性扩展，看似存在的矛盾通过教育化解。个性是出发点，多方面性是目的。

明确了教育目的之后，赫尔巴特教育学的任务随之明晰——如何实现教育目的。从教育目的出发，赫尔巴特将其教育学的余下内容分为两大部分：通过兴趣的多方面性的教化（借助教学），实现可能的教育目的；通过道德性格的形成（借助训育），实现必要的教育目的。具体内容见第三章第一节的分析。

赫尔巴特的教育目的，从学生的个性出发，经由可能性的目的——兴趣多方面性，到达最高目的——道德性格的力量。

（六）里希特的教育目的

里希特教育学中对教育目的的直接论述仅有两处，且均在特殊情境中，专指在儿童的教化中应该为其树立长远的目标。但这并未意味着里希特的教育学没有教育目的。他曾写道："在熟悉道路之前，人们必须知晓目的地。"②

里希特关于教育目的的论述，是从对当时教育的批判开始的。因为父母和教师不知教育的真正目的，错用了方法，且急于求成，

---

① ［德］赫尔巴特：《普通教育学》，载赫尔巴特《赫尔巴特文集3》（教育学卷一），李其龙主编，浙江教育出版社2002年版，第46页。

② Jean Paul Richter, *Levana oder Erziehlehre*, 1963, S. 37.

给儿童带来错误的教育。里希特特别批判了那种类似机器制造者的教师，他们依据外在的和国家实用性的目的来教育儿童。最终他们生产出的是机器而不是人。另外，他也批判当时的教育仅注重儿童身体的养育，而忽略了其精神胚芽的生长。卢梭所谓的纯粹的消极教育，同样遭到里希特的批判。里希特提出要给儿童心灵以真正的自由，其天性才会自我发展。在批判了当前教育现状和盛行的教育理念之后，他提出对教育目的的看法。

里希特认为，每个人心中都有他的理想的价值人格（idealen Preismenschen），即"每个人心中都曾住有一位伊甸园中的亚当（未堕落之前的）"。[①] 每个人都曾追求过这种理想的实现，最终成长为理想之人（Idealmensch）。然而这一过程并非一帆风顺，在青少年时代，理想之人的光芒最为旺盛，而后来受到欲望和贪婪的影响，多数人的理想日渐消退，并因此堕落、窘困。原本内在于人心灵中的理想之人，也因此沦为石化之人（Anthropoliten）。

> 理想之人最终沦为石化之人。为打破这种悲剧结局，以解放石化之人，需要或者应该借助教育。每位拥有高贵灵魂的正常人，应做家庭教师，去教化儿童，让他们独立、自由、强壮。但首先，我们应该找出这类人。[②]

为改变这种悲剧状况，里希特提出借助教育来解放理想之人。这一过程包括两个步骤：第一步，找出已经解放过的理想之人，即教育者应该努力解放自己心中的理想之人；第二步，让这些已经解放过的理想之人，去教育和帮助儿童，以解放儿童心中的理想之人。因此，对里希特而言，教育目的，就是理想之人的解放。

---

① Jean Paul Richter, *Levana oder Erziehlehre*, 1963, S. 41.
② Jean Paul Richter, *Levana oder Erziehlehre*, 1963, S. 41.

> 教育精神，从总体上看来，就是一种试图将隐藏在每个儿童心中的理想之人解放出来的努力。①

接下来里希特面临的问题是，何谓"理想之人"？他从对人的个性的分析出发，强调每个个体的特殊性，即"每一个'我'，都是有个性的，都是精神个体发展的结果"②。这种个性，是由神性生成的。因为上帝的表现形式是多样的，所以由神性生成的个性也是无限多样的。这也解释了人的特殊性和多样性，由此组成了多姿多彩的世界。人的个性，是"一切审美的、品德的、智力的因素与心灵的统一"。③ 里希特认为，父母和教育者应该知道如何珍视和保护儿童的个性，应该知道哪些个性应该让其继续成长，哪些必须将之弯折或者给予引导。这也是里希特教育学所要处理的重要问题——如何形成儿童的性格，如何教化有价值的和高尚的人（Preise-und Hochmensch）。里希特也详细定义了何为有价值的理想之人：

> 一个在所有个性品质上共同达到最大限度的和谐发展的人。此处，不考虑和谐的一切相似性，而将其中的各部分均联系在一起，如同一首乐曲中的不同音符。④

里希特的这种教育目的观，也体现在其教育小说之中。在《看不见的小屋》中，里希特以旁白者也即教育者的身份告诉主人公古斯塔夫：

> 现在，古斯塔夫，在苍天和大地面前，在所有人们周围的

---

① Jean Paul Richter, *Levana oder Erziehlehre*, 1963, S. 15. Vorrede zur ersten Auflage.
② Jean Paul Richter, *Levana oder Erziehlehre*, 1963, S. 43.
③ Jean Paul Richter, *Levana oder Erziehlehre*, 1963, S. 44.
④ Jean Paul Richter, *Levana oder Erziehlehre*, 1963, S. 45.

不可见的事物面前，我将这五样极重要的东西交到你的手里：我给你一颗纯洁的心灵（Herz），我给你尊严（Ehre），对无限的思考（Gedanken an das Unendliche）、你的命运（Schicksal）和你的身形（Gestalt）。①

这段文字，展现了里希特对教育目的的追求。他要给古斯塔夫的五样重要的东西，心灵、尊严、对无限的思考、命运和身形，这些正是古斯塔夫天生即拥有的。此处，教育者所做的不仅是维持这些天生存在于学生身上的特征，更是促进它们和谐发展。小说中也正是如此，经过成长，古斯塔夫最后成为里希特所谓的"理想之人"。

第二节　教育学的基本判断与核心命题

教育学的陈述借助判断和命题。

陈桂生指出："教育学的陈述也像一般学科一样，由一系列命题组成，并对命题以及命题之间的关系进行论证。命题以及命题之间关系的推理，须经手证伪或批判的检验，其立论才可以成立。所以，教育学命题建构是教育学立论中不可忽视的环节。"② 他依据组成命题的判断的性质，将教育学中的常见命题分为三类：描述性命题、评价性命题和规范性命题。金生鈜也强调："研究的核心观点一定是命题（proposition）。研究的论点或主题、主张就是以断言（claim）形式表达的，即命题形式的。命题意味着下断定，即肯定性判断或否定性判断，因为，命题是指研究者通过论证所断定的某种观

---

① Jean Paul, *Sämtliche Werke*, Darmstadt, 2000, S. 176.
② 陈桂生：《教育学的建构》（增订版），华东师范大学出版社2008年版，第106页。

点。……研究必须陈述命题，而且，研究的论证是从一系列的命题推理出一个命题或一组命题。论证就是指谓任何一个这样的命题组：一个命题由其他命题推出，后者给前者之为真提供了根据。"[1] 他认为，断言可以分为关于事实的断言和关于价值规范的断言。前者在事实性问题的研究中，后者在规范性问题研究中。因此，命题也相应可被分为事实命题和规范命题。两人均强调了命题在教育学陈述中的重要性。对教育学中核心命题的理解和解读，是诠释教育学核心内容，亦是辨析教育学观念的必经之途。

本节重点考察诸教育学中的核心命题的陈述形式与论证过程。

一 里希特教育学

里希特的《莱瓦娜》因其书写方式而成为德意志教育学史中的一朵奇葩，在对教育学核心命题的陈述和论证上该著也自有其特征。现将该著作中的部分核心命题抽取如下。

核心命题1：教育是重要的且应该尽早开始。

里希特教育学提出的第一个核心命题是教育是重要的而且应尽早开始。他首先论述教育的对儿童的重要作用。儿童比成年人更重要，儿童身上存在人性的胚芽，它具有无法估计的潜力。教育能对儿童产生善的或者恶的影响。因此，教育者是儿童的引导者和指南针。教育者无法预见儿童未来的发展。本身已具备善的教育者能用爱将儿童引向善。父母对新生儿的影响最大，家庭教育能让儿童免于外在力量的伤害。人们应该对家庭教育寄以更多的希望。然后是对当前教育的批判。当前的教育因循守旧，无法满足时代发展的需要。教师顽固不化，教授的内容毫无用处。虽然时有新的改革，但是维系教育的旧精神未能改变。当前的教育培养的都是侏儒，校长们霸道地控制了教育过程，生产出的不再是优秀的骑士，而是安静的顺民。正因为教育作用重要，而且当前教育不合时宜，所以教育

---

[1] 金生鈜：《教育研究的逻辑》，教育科学出版社2015年版，第108页。

必须被重新重视起来。

里希特指出，人生活在世界中，会不断受到影响，而且越长大，越不容易被影响。儿童的第一次堕落或飞升，对其影响都是持续终身的。教育应该尽可能在生命的最初几年中进行。即教育的第一粒种子，应该在生命最初时播下。在儿童身上存在两种力量：儿童之见是吸收影响的可能；应激性是对外来刺激的反应。教育可以在儿童身上发生，是因为儿童需要教育；教育之所以发生，是因为儿童可以被教育。

综上论证，里希特提出其教育学的第一个核心命题：儿童早期阶段的教育至关重要，教育应该尽早开始。

核心命题 2：教育目的在于教化有价值的和高尚的人，即理想之人。

具体论证过程，参见本章第一节中对里希特的"教育目的"的分析。

核心命题 3：儿童期的教育是整个教育阶段中最重要的部分。

里希特按照年龄阶段分期来论述其教育观念，首先是儿童教育。他认为儿童本身具有教化驱力。所有的第一次，对儿童的影响都是长远的。因此，精神教育应该从儿童的第一次呼吸开始。首先避免儿童接触那些暴躁的、强烈的、甚至甜蜜的感觉。儿童的第一个阶段，是前三年，这一时期儿童的生命之光虽然微弱，但我们不应过多的干预，而让他自己成长。

接下来是对儿童期教育内容和规范的论述：儿童应该保持快乐，远离忧伤和享乐。玩耍（Spiel，一译"游戏"）是维持快乐的重要活动。玩耍，是人的第一首诗歌；玩耍塑造一切的能力。舞蹈与身体和灵魂发展的关系密切，充满活力的身体，随着快乐的灵魂而律动。音乐和歌唱对儿童的发展同样意义重大。关于命令、禁止、惩罚、哭泣的论述。儿童应先有自由的"前感觉"，再有必要性/强制的"后感觉"。里希特关于自由和强制的观点，与提倡从强制中培养自由的康德相反，也与在教育中强调管理和训育的赫尔巴特相异。

里希特强调儿童的欣然，提出要保持儿童信任的神圣性，没有它教育无法展开。儿童信任教育者，教育才能得以进行，儿童才会接纳教育者所传授的知识和品德。

里希特关于儿童教育的论述，在《莱瓦娜》出版的当年，即被赫尔巴特引入了他在哥廷根大学讲授教育学大纲之中。[①]

核心命题4：教育者形象的实然与应然。

教育者形象的实然（里希特对当前多数教育者的批评和不满）：教育著作中的精华无法在教育者身上体现；多数教育者总是催促儿童向前发展；很多教育者以毁坏儿童为生；教育者让儿童失去了纯真。里希特反对教育者对儿童的染色。

教育者形象的应然（理想的教育者形象）：理想的教育者应该像金星一样，每天早晚出现在夜空，带着善为人们指明方向。理想的教育者还应注意对儿童身体的养护；要儿童在恐惧中变得坚强；具备足够的学识；应关注儿童的整体发展，而非部分发展；不要教儿童过多种语言；不要给儿童沉重的学习负担。教育者应肩负起所有的职责。

核心命题5：女孩应成长为母亲和教育者。

对女孩的教育在里希特教育学中占据重要位置。他认为，无法依靠扭曲的国家和忙于职业的父亲来拯救教育，只能依靠母亲。人的生命的前十年中一半的教育，执掌于母亲的手中，而当前多数母亲施于孩子的教育是错误的。因此，丈夫应该与妻子一道承担起教育孩子的责任。所以，他认为女性教育的目的是培养一位好母亲。自然将女性的职责限定为母亲，它同时也规定了她朝向这一角色的发展，教育工作需要的仅是让她们循序渐进，不违反也不抢先。当前社会对女性不够重视，女孩的教育被忽视。里希特对儿童早期教

[①] 赫尔巴特对里希特儿童教育思想的引用，参见［德］赫尔巴特《赫尔巴特教育学讲授纲要（哥廷根，1807—1809年）》，载《赫尔巴特文集5》（教育学卷三），李其龙主编，浙江教育出版社2002年版，第215—219页，对里希特宗教教育思想的引用，参见第230—232页。

育和母亲的重视源于卢梭。卢梭在《爱弥儿》中强调:"最初的教育是最为重要的,而这最初的教育无可争辩地是属于妇女的事情。……在你的教育论文中多多向妇女们讲一讲,理由是,不仅她们比男子更注意这方面的问题、在教育上能产生巨大的影响,而且教育的成功对她们的关系也最为密切。"①

里希特认为,女孩教育的目的,是让女孩成为一位好的母亲和好的教育者。因此,我们应该教给女孩们口头的和书面的教育学说。在成为一个母亲之前,女孩是一个人。母亲或妻子的角色,都无法克服或取代人的位置,它们只是手段,而并非目的。女孩应有自己的判断力、应该有品德、保持纯洁、拥有高贵的心灵、善于处理家庭事务、拥有清楚的洞察力、应掌握各种学科的基础性知识、不虚荣、笑容得体、幽默适度。

核心命题6:男孩的品德教化以品德力量的发展为主。

里希特认为,品德有两部分,一半是品德力量和崇高,另一半是品德美感。真正的品德力量仅依赖于爱。纯粹的爱不仅可能是一切,它就是一切。男性与生俱来就被配置了更多的品德力量,即荣耀;而女性则拥有更多的品德美感或爱。他更加关注男孩品德力量的教化。

男孩品德教化包括以下几方面:身体是灵魂的铠甲,对身体的锻炼是第一位的;男孩不仅要身体健康,还要忍耐疼痛;赋予男孩更多勇气,教他战胜恐惧。要男孩心中有伟大的目标和长远的计划,养成男子气概;让男孩学会控制激情;在男孩头脑中树立清晰的英雄世界;用两种伟大的理想引导男孩前行,一种是他自己的良心所命令的,另一种是上帝的旨意;诚实,是男孩品德的另一个重要组成部分,避免对男孩的欺骗和谎言,让诚实与道德一同成长。

爱是教化男孩的品德重要方式。灵魂像动物一样,有冷有热。不管种类如何,教育有两种方式去对待它,保护和发展。爱和自私

---

① [法]卢梭:《爱弥儿,论教育》,李平沤译,商务印书馆2010年版,第5页。

均是儿童的本能。因此，教育一方面要抑制自私，另一方面要维持爱。教儿童学会爱身边的事物；教他爱身边的人（包括陌生人）；教他尊重一切生命的神圣性，爱动物；教儿童为了爱而爱，以爱本身为目的。儿童的爱，应该通过行动和言语来表达。教爱，这就意味着爱。

品德教化的若干注意事项：应有专门的道德教育时间，而且道德教育应一直持续；注意榜样的力量；对坏习惯的改造应有耐心；对儿童的要求应该有充分的理由；善用讲故事的方法；注意少让儿童长期旅行。

核心命题7：论精神教化驱力的发展——教育者不应非向个人灌输各种知识，而应发展精神教化驱力的各个部分。

里希特首先批评其他教育学作者：他们将精神教化驱力等同为认知可能性；他们认为教化是自发的活动；他们建议，通过灌输知识的方法，教化出一个有才能的人。而里希特则认为，精神的教化驱力，由智力创造出来，即新的观念出自旧的观念，是人类的特有标志。教育者应该做的，并非向个人灌输各种知识，而是发展精神教化驱力的各个部分。

里希特对教化驱力各组成部分的分类：第一，语言与写作能力。通过语言和写作来激发儿童的教化驱力。第二，注意力。根据儿童年龄和特征来维持和调整注意力。通过数学来锻炼和发展儿童的教化驱力。第三，想象力。第四，智慧或智力。第五，思考，抽象以及自我认识能力的发展。第六，记忆力。关于各部分发展的建议略。

核心命题8：审美感觉的教化有外在和内在两种途径。

里希特认为，审美感觉并非品味，亦非审美的教化内驱力。关于崇高感觉的教化也是困难的。对审美感觉的教化，应该从最直接、最简单的方法开始。

审美感觉的教化有两种途径：一种是从外在，例如绘画、音乐、建筑艺术等。打开儿童的眼睛，让他看到美。另一种是从内在，例如诗歌艺术，打开儿童的内心。对于用古代经典来教化儿童审美感觉的做法，里希特持反对意见。一是因为古代精神难以理解，二是因为古代语言难以学习。

二　特拉普教育学

特拉普的《教育学尝试》在出版之时，在德意志地区尚未有直接以"教育学"命名的著作，其著在开创先河的同时，内容上的"尝试"性意味明显。现将其部分核心命题抽取如下：

核心命题1：教育是必要的。

特拉普教育学提出的第一个核心命题就是教育是必要的。他对这一命题的论证从个人和社会两个方面展开。

对个人而言，教育是必要的。人天性中的禀赋不会自己发展。这种发展依赖教育。人的禀赋的发展，可被称为是人的完善。有目的的教育使这种完善成为可能。人的完善表现在学习能力加快、感知能力增强、将人从本能和愿望中解放以达到本质规定、道德上的完善、健康。完善让人变得更幸福。好的教育引领人们走向完善之路。因此，教育对个人而言是必要的。

对社会而言，教育是必要的。社会是由个人组成的。社会中的个人紧密相连，我们的幸福不能缺少其他人。为了让人类社会不被耗尽，我们必须变得有用且必须繁衍生息。我们的知识和道德性格均依赖于教育。作为单一社会成员的个人越善良越幸福，则整个社会就越幸福。给予社会中全部成员良好的教育，会增加整个社会的幸福。因此，教育对社会的福祉而言是必要的。

综合个人和社会两方面的论证得出结论：教育是必要的。因而适龄儿童必须就学。

核心命题2：教育艺术是必要的。

特拉普由核心命题1推出了**核心命题2：由教育的必要性可推导出教育艺术的必要性。**[①]

[①] E. C. Trapp, *Versuch einer Pädagogik*, 1977, S. 20.

核心命题 3：教育是将人朝向幸福的教化。

具体论证过程，参见本章第一节中对特拉普的"教育"概念和"教育目的"概念的分析。

核心命题 4：教育的四个主要部分：自由空间和适宜场所的活动、照料、养成习惯、教学。

特拉普教育学中，关于教育理论的部分，以对教育原则的总结、推导和分析为主。特拉普将教育原则的来源定位在人类天性和人类社会之上。而发现和总结这些教育原则的方法，是借助经验人类学中的教育观察。在此基础上，他将儿童的教育分为十四个方面，并分别论述了相对应的教育原则。最后，特拉普将这些分析总结成为教育的四个主要部分：自由空间和适宜场所的活动、照料、养成习惯、教学。

在确立了四个部分之后，特拉普给出了在教育实践中必须同时注意的一系列教育规范。这四个部分中的每一个均与感官的、智力的和道德的教育相关。教育艺术，应将青少年的所有能力和需要与教育的四部分联系起来综合考虑。此外，针对学生的教育和教学，特拉普还提出了数十条具体规范。例如，自然教育的基本要求是让学生将来能够维持自己的生活。那些无法让青少年明白目的的教学，不会被他们接受。教师必须让儿童处于两种状况之下。其一，教师应该让儿童完全自由，如此他们的能力才能得到更好的发展；他们的意见才能更好地表达；教师才能更好地了解他们，并更好地对待他们，引导他们为将来的职业做准备。其二，教师应该预防儿童团结一起，否则他们就不会按照教师的意愿行事。此类具有极强的可操作性的规范还有很多。

核心命题 5：教学的一般目的在于知识的传授，教学的特殊目的在于知识的运用。

特拉普对教学理论的论述，是以教学目的为核心展开的。关于教学目的，见本章第一节对特拉普"教学"概念的分析。

三 康德教育学

作为一部由在大学课堂上的讲义整理而成的教育学,《康德论教育学》篇幅不大,所论述的核心命题也比较集中。现将其部分核心命题抽取如下:

核心命题1：教育是一门艺术,它均衡且合目的地发展人的一切自然禀赋,从而将整个人类导向其本质规定。

康德对教育的理解和分类,见本章第一节中对康德"教育"概念的分析。

核心命题2：教育分为五个阶段：保育、规训、培植、文明化和道德化。

康德以对人性的分析作为教育分阶段的前提。因为人的天性中同时具有动物性和人性；人性中有许多需被展开的胚芽,造物主为人类配备了一切向善的禀赋,在人里面有向善的胚芽；人的动物性需要训诫或管教；人需要通过自己的努力,发展人性中的全部自然禀赋。因此,人是唯一必须受教育的造物,人唯有通过教育才能成为人。所以,人应该首先发展其向善的禀赋；人性中的胚芽需要培植；人的教育需要由受过教育的人来引导。据此,教育可分为以下五个阶段：

第一阶段是保育,是父母对儿童的养育和抚养。第二阶段,是规训或训诫,是对动物性（野性）的抑制,以防止动物性对人性造成伤害。第三阶段,是造就技能的培植。它包括教授和教导。在正文中,康德又将培植一分为三：灵魂的培植、心灵力量的培植和道德培植。第四阶段,是文明化,即人要变得明智,以便能够适应人类社会。第五阶段,是道德化,即让人拥有能够选择好的目的的观念。好的目的,是每个人都认可的目的。

核心命题3：将人们服从于发展的强制与运用自己自由的能力结合起来。

康德教育学面临的重大问题之一是,如何在必需的强制下培养出自由？这种他律与自律之间的矛盾，也是康德批判哲学所要解决的根本问题，即在一个服从自然必然性的世界之中如何发挥人的自由和理性？康德在其教育学中给出的解决方案是让儿童习惯于强制，并同时引导他去正确地运用自己的自由。儿童必须尽早感受到来自自然和社会的制约。关于正确运用自由，康德同样给出了建议。从小培养孩子运用自己的自由，但不得妨碍别人的自由。告诉儿童达到自己目的的条件，是让别人也达到目的，例如满足教育者对他的要求等。让儿童明白，施加强制于他是为了让他将来能运用自己的自由。康德特别指出，公共教育在从强制中培养出自由的问题上有明显的优势。

核心命题 4：自然教育的消极部分是不妨碍自然；积极部分是灵魂、心灵力量和道德的培植。

康德将关于教育的学说分为两类，自然的和实践的。在自然教育中，又分为消极部分和积极部分。在自然教育的消极部分，康德与卢梭相同，强调不妨碍自然。包括一些如何养护、照料婴儿的措施。自然教育的积极部分是培植，被康德分成三方面：灵魂、心灵力量和道德。灵魂的培植被等同于精神的自然教化，通过自由的培植（游戏）和教条的培植（工作）来实现。心灵力量的培植与知性的力量等级有关。知性的低等力量是认识能力、感官、想象力、记忆力、注意力和机智。知性的高等力量是理智、判断力和理性。每种力量均有其特殊的教化方式。道德培植则建立在准则之上，关键是在儿童心中教化出准则和性格。服从、诚实、合群和心胸坦荡，是儿童所应具备的性格。康德最后强调，自然教育必须与儿童年龄相适应，必须将儿童当作儿童看待。

核心命题 5：实践教育包括技能、世故和品德。

在实践教育的三方面内容中，康德重点论述的是品德教化。品德的内容包括：忍耐与承受、同感、快而不急。品德教化，也是在儿童身上确立道德性格的集中方法：让儿童履行义务，包括对自身的义务（认识自己的尊严）和对他人的义务（敬畏和尊重人的权利）；在学校中配发法权问答手册；教给儿童行善的责任；让儿童谦卑而不要妒忌；确立儿童率直的性情；去除儿童的欲望与恶习。

四　尼迈尔教育学

作为写给父母和家庭教师的一部教育指南，尼迈尔的《教育与教学原理》以"全"为主，不仅有对教育与教学原理的探讨，还包括家庭教师工作。现将其部分核心命题抽取如下：

核心命题1：一名好的家庭教师，要有明确的目的，要在学科知识、性格和品德上达到一定的要求。

尼迈尔认为，家庭教师和教育者的培养，须在三个方面做准备：理智、性格和品德。理智方面要有计划地开展学术性学习，其主要内容应包括语言知识、学科知识和艺术能力。性格方面要求教育者具备温柔、谦逊、坚定、责任心、秩序与守时、节俭、耐受吵闹、善与儿童交流、活泼开朗等特征。品德方面要求教育者具备良好举止和礼貌。

核心命题2：家长应该为家庭教育和家庭教师提供必要的支持。

尼迈尔提出父母应该给予家庭教师五条支持：一是父母应该帮助家庭教师树立声望并维持它；二是父母应该为家庭教师的工作支付合理的报酬；三是父母应该以直接或间接的方式参与儿童的教育；四是父母应该参与教学计划的制定并帮助购置教学用具；五是父母对家庭教师提出的要求应公允合理。

核心命题3：教育的最高目的是德行和品德良善。

具体论证过程，参见本章第一节中对尼迈尔对"教育"概念和"教育目的"概念的分析。

核心命题4：身体教育是教育理论应该关注的首要问题。

尼迈尔特别重视身体教育。他认为，身体是人的发展和完善的基础，也是精神活动起作用的载体。因此，身体应该是教育理论应该关注的首要问题。进而提出若干关于身体教育该如何进行的建议。例如，应该注意观察儿童的排泄物、应该通过体操、手工制作等活动来锻炼儿童身体等。

核心命题5：教育最终目的的实现依赖于三个方面——认知能力的教化（智力教育）、感知能力的教化（审美教育）和欲望能力的教化（道德教育）。

尼迈尔认为，认知能力的教化即智力教育。认知能力教化的最普遍一条原则是，注意天性发展的方向，并在一切层面均将之维持在这一方向上。认知能力首先通过感觉表现出来，所以教育者的首要任务是儿童感官的完善。儿童的想象力通常发展的比成人预期过快，所以儿童的想象力需要一定的限制，但并非完全抑制。记忆力的培植应该尽早开始、勤加练习、由字词到概念、由简单到复杂。真正的理智教化，包括概念的澄清、语言的培植、判断力的教化、理智独立性的养成、敏锐与机智的锻炼、理性的教化等方面。在教化过程中，必须考虑到青少年头脑的差异性。

感知能力的教化即审美教育。根据有关感知能力的理论，感知的产生，或者通过外在感觉的印象，或者通过与意识联系在一起的理智的变化，它将我们引向对认知、品德、审美的愉悦，以及从感受真、善、美，所产生的幸福感。因此，感知能力的教化，应从道德感知、宗教感知、审美感知和崇高感知四个方面展开。

欲望能力的教化即道德教育。道德教育应该以人品德的完善为主要目标。道德教育，是欲望的节制，应该按照理性的需要或者上帝的准则来满足人的欲望，让人辨明善恶。道德教育应依据儿童的年龄阶段采取不同的方式。道德教育的第一阶段，应该是消极对待多于积极干预。儿童越快乐、越繁忙、被照看的时间越长、越自由、获得的信任越多、坏的欲望得到及时的节制，则儿童就越远离恶。道德教育的核心部分，是对儿童意志的直接影响。应养成儿童服从的习惯，这种服从是由无条件服从到服从理性的过程。儿童品德的确立，应通过对品德内在价值的理性确认，以及外在锻炼来实现。影响儿童的意志的主要方式包括，理智性的介绍、讲授和举例；给予儿童关注和爱；宗教情感；奖励与惩罚。针对特殊的非道德行为，例如儿童的惰性、敏感性和虚伪等，尼迈尔也提出了维持和矫正的方法。儿童的道德教育，应考虑到儿童的性别，儿童的阶层和个体的差异。

核心命题 6：关于初等教学的若干原则。

尼迈尔的教学理论主要指的是初等教学。在他看来，初等教育学是不分阶层、性别的精神教化。教学材料的选择遵循三个原则：依据年龄和能力、从易到难、切勿过度。初等教学的教学应遵循的七个原则：灵魂力量的和谐教化、为生活而非学校而学习、通过教学培养兴趣、欲速则不达、轻松学习、多样化目的、教学需要自我参与。初等教学的形式有谈话式或讲授式两种。

尼迈尔对各学科的教学的论述，见本章第一节中对"教学"概念的分析。

核心命题 7：给家庭教师工作的若干建议。

尼迈尔认为家庭教师和教育者在工作中，应该明了工作产生效果的条件、了解自己的处境、善于处理工作中的各种关系、学会减轻自己的忧虑。

五 施瓦茨教育学

施瓦茨的《教育与教学学说教科书》，将教育理论和教学理论均建立在人类学理论的基础之上，该著中关于教育和教学的若干核心命题，均由人类学前提推导而出。现将其部分核心命题抽取如下：

核心命题 1：最合理的教育方式应该是有计划的、全面的。

具体论证过程，参见本章第一节中对施瓦茨"教育目的"概念的分析。

核心命题 2：教育学说以人类学原理为基础。

施瓦茨的教育学说建立在人类学原理之上。

关于人的本质，他认为人是一种自然存在，同时也是一种存在于器官躯体的精神存在。因而人存在于两个世界中，感官世界与抽象世界，两个世界通过人的自我意识相统一。

人的天性力量会趋向完善状态发展，这种发展是躯体中的精神的发展。一切自然存在都处于彼此交互影响之中，同时它也是独立个体。人的力量的发展有三个方面：由外向内的接受性、由内向外的应激性、内在的自我维持——教化。三者是和谐统一的。人的由内而外的趋向完善的成长即发展。

人具有教化驱力，即从本能中的萌芽发展至最完善状态的可能。人的教化驱力致力于将人朝向其"原型"的教化，这种原型是其与生俱来的"类神性"。每个人都具有这种与生俱来的教化驱力，同时也具有品德发展的禀赋。

因此，人的教育和发展，与身体、精神能力、感觉与感知能力有关。青少年的发展应依据人类学原理分成若干阶段。

核心命题3：青少年的发展应该按照阶段来进行。

施瓦茨关于青少年发展的核心命题，正是核心命题2的结论。他指出，人是由上帝所造的。在上帝造人的同时，人也开始了在尘世躯体中的精神生活，并根据自然法则发展。因而，儿童的发展有确定的转折点，且可被分为三个时期：童年期（生命的前三年）、男孩和女孩期（3岁末到15岁初）、青少年期（男性到25岁、女性到18岁）。

每个时期的具体发展情况，施瓦茨分别从身体、感知和精神三个方面展开。在童年期，身体的自由发展占主要地位。在男孩和女孩时期，以教育者影响下的感知发展为主，兼顾道德发展。在青少年期，则侧重精神发展，以道德发展和性格养成为主。

核心命题4：高级教育的原理——教育应该引导成长中的人从一出生就朝向其原型（基督耶稣）发展。

具体论证过程，参见本章第一节中对施瓦茨的"教育"概念的分析。

核心命题5：教学应该是教育性的。教育性教学是，富有生命的、富有灵魂的、富有精神的。

施瓦茨的教学学说也建立在人类学基础之上。他认为，教学艺术必须考虑学生的发展。人的类神性既是教育也是教学的目的。通过对个人的教育，将促进人类的发展；通过教学，个人既是为了他自己，也是为了他的民族和时代，为了人类和永恒而被教化。

因此，教学应该是教育性的，即教育性教学，它是全面的，它直接作用于人的力量，为了使它们在全面的教化中得到发展。教育在多个方面教化儿童的力量，使其从童年步入成熟。教学帮助儿童在发展的整个过程中，从整体和单一层面均受教育。

所以，一方面教育性教学是富有生命的、富有灵魂的、富有精神的。教学会对人的天性产生有机的影响，因而是富有生命的。一切教育性教学都是基础性的、持续的、富有成效的。教学会促进人的精神在灵魂中的发展，因而是富有灵魂的。另一方面一切教育性教学都是可领会的、训练的、费力的。教学促使学生的教化驱力的自由使用，锻炼他们的精神，因而是富有精神的。根据教育性教学的特征，可推导出教育性教学的三个原则：从直观走向概念、从简单走向复杂、从容易走向困难。

早在1796年，尼迈尔就在其《教育与教学原理》中提出了"教育性教学"的概念，但未做展开。施瓦茨注意到这一概念，并在其教育学著作中详细论证和阐释了它。赫尔巴特的《普通教育学》，在前人的基础上，继续阐释了这一概念。

核心命题6：教学分为两种：基础性教学和专业性教学。

施瓦茨将教学分为两部分论述。一方面是基础性教学。最初儿童的自然驱力的活动和自由的自我限定是统一的，游戏和严肃也是统一的。所以在最初教学中，儿童力量的锻炼，既通过游戏，又通过带有严肃的目的的练习来进行。基础性教学有两种练习，自由的和受规则约束的。基础性教学包括如下方面：身体力量的锻炼、感官的锻炼（视觉、听觉、嗅觉、味觉和感觉）、知性锻炼、记忆力锻炼和想象力锻炼。

另一方面是专业性教学。每一个受教育的人，必须拥有知识和技能，这对他个人和社会而言均是必要的。因此，人需要专业性教学，各种知识和技能就是专业性教学的对象。专业性教学分为两种：第一种涉及能力（技术性），即与引导性活动有关的技能。包括整个身体的锻炼、手部的锻炼（书写、绘画、音乐、艺术展示等）、声音（言谈、歌唱、阅读、报告）。第二种涉及知识（数理性），即与教化中的理解性活动有关的知识。包括感官世界的知识（数学、地上与天空的常识、自然常识）和内心世界的知识（语言、历史、人类学、宗教）。

核心命题 7：对青少年教育机构的分类。

施瓦茨认为，人在人类的整体生命中得到发展，同时也作为社会有机体的一个成员受教育。真正的教化，将儿童视为个体存在的同时，也看作是人类社会的一部分。因此，教育存在两种方向，一种为了学生自己，另一种为了学生所属的社会。前者是私人的，后者是公立的。施瓦茨对青少年机构的分类，具体见本章第一节中的分析。

六 赫尔巴特教育学

立志成为哲学家的赫尔巴特，在其《普通教育学》中渗透着哲学性的思考和论证方式。该著虽然被赫尔巴特自称为"一部简略的、部分不能让人充分理解的简编教材"，但也确立了赫尔巴特独特教育学的体系。① 现将其部分核心命题抽取如下：

核心命题 1：通过教学来进行教育。

赫尔巴特认为，教育者不仅需要掌握教育学，还需要掌握传授知识的科学（教学论）。这两种科学，通过"教育性教学"的命题，被联系在一起。这一命题，并非赫尔巴特的原创，见上文对施瓦茨教育性教学的论述。但他从教育目的的可能性目的和必要性目的出发，通过这一命题，将教学与教育联系在一起，尝试弥补在前人教

---

① ［德］赫尔巴特：《论教育学的阴暗面》，载《赫尔巴特文集 4》（教育学卷二），2002 年版，第 259 页。

育学著作中"教育理论"与"教学理论"长期分立的格局。这也是赫尔巴特教育学的独特价值之一。在特拉普、尼迈尔、施瓦茨等人的教育著作中，教育理论和教学理论均是分立并列的。而在赫尔巴特看来，不存在"脱离教学的教育"和"不进行教育的教学"。其核心命题是"通过教学来进行教育"。

赫尔巴特对这一命题有详细的论证。先是反例论证。证明无教学的教育是失败的。缺乏知识的教育者，束缚、动摇学生的心灵，无法形成性格。这种学生长大后若成为教育者，将重复同样失败的教育。然后是解释和证明，即如何通过教学进行教育。其一，通过扩大教学的外延来实现。一切以学生为观察对象的活动，均是教学，训育也被纳入其范畴。其二，通过论证教育应考虑到实际环境和各种教育手段之间的联系，将教育与教学联系在一起。他举例通过《奥赛德》来实现通过教学进行教育。因为，人通过其自身产生的思想范围来教育自己。结合第二编中的论述，教学在形成思想范围的同时，满足了平衡地培养广泛的多方面性的要求。教学的结果应该是学生的心灵的充实。随着朝向多方面兴趣的多方面性教学得到真正的施行，学生的性格发展的正确方向得到了保障，教育的最高目的——道德随之实现。教学和教育，被如此连接在一起。

核心命题2：对儿童的管理是必要的。

赫尔巴特认为，儿童的意志和道德关系并非与生俱来，而是后天形成。儿童最初只有不服从的烈性，这种烈性是必须克服的。因此，为减少烈性和欲望对儿童日渐成长的意志的负面影响，有必要对它们进行压制，即管理。

成年人会自己管理自己，儿童需要帮助。儿童的管理，是为了创造一种秩序。管理的措施包括，威胁、监督、权威与爱。管理与教育的关系。不顾及教育的单纯管理，是对心灵的压迫；不管理的教育，儿童也不认为它是教育。因此，若不紧紧而灵巧地抓住管理的缰绳，任何教学都无法进行。

核心命题 3：教育目的从学生的个性出发，经由可能性的目的——兴趣多方面性，到达最高目的——道德性格的力量。

具体论证过程，参见本章第一节中对赫尔巴特的"教育目的"概念的分析。

核心命题 4：多方面兴趣概念的产生与分解。

赫尔巴特从分析概念出发，对教育的可能性目的——兴趣的多方面性展开论证。他首先分析了多方面性的概念。多方面性是教育目的中兴趣数量的最贴切表达。多方面的兴趣统一于一种意识。如何把握多方面的兴趣，需要依赖"专心"和"审思"，前者让人专注于某一种兴趣，后者使多种专心活动统一起来。从专心与审思的静态和动态分类中延伸出四个阶段。静止的专心，导致事物的清楚；专心的进展，导致观念的联合；静止的审思，看到由许多事物关系组成的系统；审思的进一步发展，是方法。

然后分析了兴趣的概念。兴趣与欲望、意志和审美相联系，区别在于兴趣依赖于对象。兴趣发生的机制是：对外界的注意，产生兴趣；兴趣发展成为期望；期望中的兴趣可能转变为欲望，欲望通过对对象的要求显示；如果条件满足，要求就会付诸行动。

根据分析，赫尔巴特结论：可按照心理状态将多方面兴趣的对象分为两类：认识与同情。认识是将事物纳入人的观念，同情是将自身置于他人情感。认识的成分包括关于多方面的、规律性的和与美相关的认识。同情的成分包括对于人类的、社会的，人类和社会对上帝的关系的同情。

核心命题 5：只有教学才能平衡地教化广泛的多方面兴趣。

具体论证过程，参见本章第一节中对赫尔巴特的"教学"概念的分析。

核心命题 6：道德性格的概念与形成过程。

赫尔巴特对教育的必要目的——道德性格的培养的论证同样从概念的分析出发。他首先分析了形式上的性格概念。性格是意志的坚定性。性格分为客观和主观部分。教育的影响从客观性格到主观性格。论影响性格形成的因素，意志的记忆、选择、原则、冲突。为后来的训育提供依据。

然后分析了形式上的道德概念。援引来自实践哲学的研究结果，道德分为积极和消极部分。道德性格的真实性。不仅要寻求形式概念上的结合，更要澄清它的真实性。赫尔巴特揭示了道德性格的物质本质和形式本质。道德性格的物质本质：我们所要忍受的、所要有的和所要做的。道德性格的形式本质：公正、友善、内心自由。

继而赫尔巴特提出道德性格形成的自然过程。性格的形成与意志作决定的方式有关。行动从欲望中产生意志。因而，行动是性格的原则。影响性格的三个主要因素：其一思想范围。思想范围的教化，使兴趣上升为欲望，然后又依靠行动上升为意志。思想范围的形成，是教育最本质的部分。其二禀赋（Anlagen，有人译为"素质"）。禀赋决定了人的心灵状况改变的难易程度。其三生活方式。应自由发挥年轻人的精力，使其过一种锻炼的生活。自由自在的人获得性格的过程：从性格的客观部分到主观部分，从道德的消极部分到积极部分，确立稳固的道德力量，确立纯粹的强于观念的道德力量，最终形成一种全面而冷静的思想，一种用以做人的道德力量。

核心命题7：训育是对儿童的心灵产生直接影响的，有目的的教化活动。

赫尔巴特认为，教育和教学的概念是有差异的，在教育过程中，既有需要教授的学科，又有不安分的学生。所以真正的教育与教学应该分工，训育是真正的教育的一部分。训育的含义：它是对儿童的心灵产生直接影响的，有目的的教化活动，与管理既有联系又有区别。训育对性格形成有双重的影响，一方面是间接的，通过维持教学的正常进行来影响人的性格形成；另一方面是直接的，通过行动或非行动直接使学生产生或不产生性格。训育有多种措施，有些与管理重合，它与管理的核心区别在于训育强调对心灵的影响。在思想范围的培养和性格的形成上，训育均有重要作用。训育有其特殊性。它应该是连续的，应该按照特殊的意图来进行。这个特殊的意图，与训育的作用相一致，一方面保证智育的正常进行，另一方面辅助道德性格的形成。

第三节　教育学的基本概念和核心命题的对比分析

一　"教育"概念对比

根据第一节中的分析，可将诸教育学著作的作者们在各自著作中对"教育"概念的理解综合为表 3-2。

表 3-2　　　　早期德意志教育学对"教育"概念的理解对照

教育学	"教育"的概念
特拉普教育学	教育是将人朝向幸福的教化，是人带着让自己幸福的意图的转变
康德教育学	教育均衡且合目的地发展人的一切自然禀赋，并将整个人类引向其本质规定
尼迈尔教育学	1. "广义的教育"，指一切促进人的力量的发展的、让人变得有能力的行动； 2. "狭义的教育"，是一种由教育者实施的，帮助身体和道德上未达到成熟状态的人步入成熟状态的行动
施瓦茨教育学	教育是施加在儿童和成长中的年轻人身上的一种有目的的影响，为了教化他达到本质规定； 普通意义上的教育指在上帝的支配下人类的自我发展
赫尔巴特教育学	真正的教育，是在年轻人的心灵中培植起一种广阔的、其中各部分都紧密地联系在一起的思想范围，这一思想范围具有克服环境不利方面的能力，具有吸收环境有利方面并使之与其本身达到同一的能力
里希特教育学	教育是发展原本存在于儿童之中的胚芽，让他们成为"理想之人"

布雷钦卡将教育概念分为八种两两对应的类别，分别是过程含义/产品含义；描述性含义/计划—规范性含义；意图含义/效果含义；行动含义/事件含义。根据布雷钦卡的分类标准，表 3-2 中六种关于"教育"概念的定义，可被分别归入不同的类别。

其中特拉普、尼迈尔、赫尔巴特对"教育"概念的阐释，可归为效果含义。他们对教育概念阐释，规定了教育行动应该达到的效果，凡能实现这些效果的均属教育。特拉普的教育定义表明，将人朝向幸福的教化即教育。尼迈尔的广义的教育定义表明，一切促进人的力量的发展的，让人变得有能力的行动均为教育。尼迈尔的狭义的教育定义表明，由教育者实施的，帮助身体和道德上未达到成熟状态的人步入成熟状态的行动为教育。赫尔巴特的教育定义表明，能在年轻人心中培植其思想范围的即真正的教育。

而康德、施瓦茨、里希特对教育概念的阐释，则可归为"计划—规范性"含义。他们对教育概念的阐释，规定了教育行动应该达到什么目的，以及实现这些目的的计划。康德的教育定义表明，教育行动为了将整个人类引向其本质规定，而所经途径是均衡且合目的地发展人的一切自然禀赋。施瓦茨的教育定义表明，教育行动为教化儿童和成长中的年轻人达到其本质规定要在其身上施加一种有目的的影响。里希特的教育定义表明，教育行动的为教化"理想之人"，为此要发展原本存在于儿童之中的胚芽。

两种类型相比较，效果性含义因为在内涵上的限定较少，因而包含较大的外延，凡能达成效果的行动，均被理解为教育。而"计划—规范性"含义，则因其不仅规定了应该达成的目的，也规定了实现目的的计划而缩小了教育概念的外延，不仅要满足目的的实现，还要遵循既定计划。前者在定义中注重目的的实现，或者兼顾目的及其实现的手段。倘若仅就对概念的表述而言，后者比前者更为严谨。

六种教育定义，表达了对教育概念的六种不同理解。它们在时间上有先后顺序，且先后之间有一定的关联。特拉普和康德的定义较早，两人的教育学思想的成熟，比后面四位早15—25年。特拉普将教育定义在对幸福实现之上的做法，与后来的几位教育学作者的教育定义差异较大。因其教育学出版时间较早，在后来教育学对教育的定义中，几乎看不到特拉普的影响。尼迈尔的教育学出版在康德教育学之前，其教育定义在广义上强调人的全部力量的发展，在狭义上强调身体和道德的成熟,这一定义影响了后来的赫尔巴特。康德的教育定义中的"禀赋""人的本质规定"等关键词对施瓦茨影响较大。施瓦茨的教育定义,继承了康德以实现人的本质规定为目的的方面,同时也有所发展,它告别人类学走向神学,指出高级的教育应该发展人的类神性,使人不断靠近上帝。怀有学术"野心"的赫尔巴特,尝试借助自己的实践哲学,在教育学定义上走出一条新路。他提出了"思想范围"的概念,以此来解释教育概念,不过这仅是解释形式上的创新,在最终目的上,他不得不回到康德,以人的道德发展为教育目的。里希特与尼迈尔一样,认为儿童身上存在可发展的胚芽,两者的差异在于,尼迈尔的教育在于全部力量的发展,人因此得到成熟状态,对这种成熟状态的描述借鉴自康德;而里希特的教育则是根据人的不同身份,有针对性地发展某些胚芽,例如女孩与男孩的差异,贵族与平民的差异等,其教育的目的在于教化身心和谐发展的"理想之人"。

在六种教育定义中,特拉普和康德的教育定义,可被看作德意志教育学创立初期对教育下定义的模糊尝试;尼迈尔和施瓦茨的教育定义,则标志着教育的定义走向成熟;赫尔巴特和里希特的教育定义,是在成熟基础上进一步推进的努力。

二 "教学"概念对比

根据第一节中的分析,可将诸教育学的作者们在各自著作中对"教学"概念的理解综合为表3-3。

表3-3　　　早期德意志教育学对"教学"概念的理解对照

教育学	"教学"的概念
特拉普教育学	教学(作为总体教育的一部分来看待的教学)的首要目的,是将人朝向幸福的教化(教化通过教育来实现); 教学(站在自身角度来看待的教学)的次要目的,是保持、相信、理解、接受、思考、发现和传播
康德教育学	未涉及教学概念

续表

教育学	"教学"的概念
尼迈尔教育学	教学是有意地、有计划地向学生传播特定知识的活动;每一种教学都是一种科学性的理智教化;它是从外部对心灵的引导。它与认知能力有关,并对心灵力量产生影响;因而教学是具有教育性的
施瓦茨教育学	教学是对一种精神力量的激发或引导,使这种精神力量掌握某种知识或技能;教学是一种有目的、由他人实施的、用某种特定的教化去影响他人的活动;教学具有教育性
赫尔巴特教育学	教学将教育兴趣的一切对象集中于青少年心胸中;教学满足平衡地教化广泛的多方面性的要求;教学的结果应该是学生的心灵的充实,即教育性教学
里希特教育学	教学是智力的发展;教学是可以给予一个陌生的孩子的,而且是可以中断的

在六人的教育学中,康德教育学和里希特教育学并未对教学概念做出详细阐释。这两人的教育学均极为重视教育,轻视教学。康德在讲授教育学讲座时是否有涉及教学理论,我们无从得知。但可以肯定的是,里希特教育学较少地涉及教学概念,多用教化和教育来替代。

另外四人的教育学,均详细探讨了教学概念,并有大量涉及教学理论的内容。特拉普区分了两种不同的教学概念,一种是作为教育的一部分的教学,一种是独立的教学。前者与教育有着同样的目的,后者被视为传授和应用知识的手段。特拉普对教学的这种理解是泛爱派教育理论中重视实用性知识传授的体现。

尼迈尔的教学概念,强调有意图和有计划的传播知识。他强调教学发展人的认知能力,并影响人的心灵,从而赋予教学教育性。与尼迈尔不同,施瓦茨的教学概念强调对精神力量的激发或引导,促使这种精神力量去掌握知识和技能。尼迈尔的教学通过传播知识来发展认知能力,影响心灵;而施瓦茨的教学通过影响精神力量来传授知识。尼迈尔的教学,是知识的被动输送,而施瓦茨的教学,是引导学生主动学习。施瓦茨的教学则指向人在某一单个方面的完善，教学与人的完善集合在一起，因而变得具有教育性。施瓦茨的教育性教学，是富有生命的、富有灵魂的、富有精神的。

与对教育概念的解释类似，赫尔巴特尝试用新的概念，从新的角度来解释教学概念。他从实现教育目的的需要出发，引出教学的必要性。他指出，为实现可能的教育目的，即多方面兴趣的教化，仅依靠经验与交际是不够的，必须依赖教学。通过教学，多方面兴趣的对象集中于青少年心胸中。也唯有教学能满足平衡地教化广泛的多方面性的要求。教学因而成为可控制的、实现教育的可能性目的的重要手段。同时，受到尼迈尔和施瓦茨的教学概念的影响，赫尔巴特也没有放弃沟通教育理论和教学理论的尝试，他继续强调教育性教学。在他看来，教学之所以应该是教育性的，因为教学虽然实现的是可能性目的，但教育最终目的也是必要性目的是道德性格的教化。作为实现手段之一的教学，其结果应该是学生的心灵的充实和学生性格发展的正确方向的保障。

综合考察四人的教育学中的教学概念，特拉普的教学概念更强调目的的实现，在实际论述中关于教学理论部分，也较为侧重教学原则的归纳总结。而尼迈尔和施瓦茨对教学概念的阐释更符合下定义的规范，两者的定义均描述了教学活动应该具备的特征。赫尔巴特的教学是实现其教育目的的重要手段，在其教育学中占据重要位置。

三 "教育目的"概念对比

根据第一节中的分析，可将诸教育学的作者们在各自著作中对"教育目的"的理解综合为表3-4。

表3-4 早期德意志教育学对"教育目的"的理解对照

教育学	教育目的
特拉普教育学	一切教育的最终意图应该是也必须是幸福；幸福是一种令人产生舒适感觉的状态，这种状态包括所有种类和程度的幸福

续表

教育学	教育目的
康德教育学	教育为实现人类未来的更好状态；针对个人的教育的总目的，一种是通过自然的规训和道德的准则实现心灵力量的强化，另一种通过理智力量的培植，实现心灵力量发展
尼迈尔教育学	教育的最高目的是品德良善；教育最崇高的目的应该是，促进人的全部力量的发展，让这些力量有助于德行或品德良善的运用
施瓦茨教育学	全面的教育分为两类：1. 分析性教育方式的目的，在于将学生教育成为一个善良的、有技能的、有用的世界公民；2. 综合性教育方式的目的，在于将人朝向类神性的教化
赫尔巴特教育学	教育的目的分为两种：1. 教育的可能性目的是兴趣的多方面性，即一切能力的和谐发展；2. 教育的必要性目的，也是最高的，是道德
里希特教育学	教育目的是解放隐藏在每个儿童心中的理想之人；这种理想之人，是一个在所有个性品质上共同达到最大限度和谐发展的人

六人的教育学，提出了六种不同的教育目的，幸福、更好的人类未来、品德良善、类神性、道德、理想之人，既是教育学的作者们对通过教育实现何种目的的表达，更反映了他们尝试改变当时的人和社会的愿景。

特拉普将教育目的指向幸福，秉持这种教育目的观，他发展出对教育概念和教学概念的理解。他所谓的幸福，是让人处于一种舒适的状态之中。在感官上、精神上和道德上的幸福状态中，特拉普最重视的是道德上的幸福。教育，一方面发展人与生俱来的感受幸福的禀赋，继而增进人们对幸福的感受；另一方面，教育让人更完善，这种完善也会产生幸福的感受。倘若社会中的个人均感受到幸福，个人幸福均得到增加，则整个社会的幸福感随之增加。特拉普认为，教育通过改变个人来改变社会。

虽然远在柯尼斯堡的康德一直关心支持泛爱派学校的发展，但他在其教育学中，提出了与泛爱派特拉普不同的教育目的观。康德的教育目的，从当下的个人出发，指向人类未来。他提出，儿童的教育，应该是为了实现人类未来的更好状态。教育让个人的一切自然禀赋均衡地发展，使人达到本质规定，倘若人人都能如此，则整个人类必将进入更好的状态。因此，康德的教育目的又回归到个人身上。按照作用对象的不同，他将个人教化的目的分为普遍教化和特殊教化两部分。前者通过被动的自然规训和主动的道德准则的引导，来强化个人的心灵力量；后者通过理智的低等和高等力量的培植，实现心灵力量的发展。康德的教育目的，指向人类未来，落脚个人身上。在此意义上，可以说康德教育学是以整个人类为对象的教育学。

尼迈尔教育学以品德良善为教育的最高目的。因为人的天性中具有可臻完善性，人的力量总是朝向完善发展，教育的作用是促进这种发展。这种发展并非毫无限制的，而是有最终的目的。衡量完善的标准，是多重力量在道德律令的制约下充分发展，而且合乎德行地运用这些力量。这种德行并非完全外来的，而是存在于人自身的，是人的至高的天性。因此，尼迈尔将教育的最终目的定位于品德的良善之上。他的教育目的与社会无关，仅关涉个人。通过教育，他试图教化出一个完善的人，而完善的标准即品德的良善。为实现这一目的，他借助了智力教育、审美教育和道德教育。尼迈尔被称为教育学中的康德派，他将康德提出的"纯粹的品德"作为教育目的。在道德教育中，他重视对欲望的节制，提倡对道德律令的理性服从等。

施瓦茨在否定其他教育方式的基础上，提出自己的"全面的教育方式"。这种全面的教育，综合考虑了人的天性和人的本质，因而有双重的目的。在世俗方面，因为人首先是生活在世界上的，所以教育目的是将学生教育成为一个善良的、有技能的、有用的世界公民。在属灵（属神）方面，因为人具有类神性（人是上帝依据自己的形象创造的），因而人的本质和天性中存在着唯一且至高的目的，即朝向神的发展，这种发展是在上帝的支配下人的自我发展。因此，人一出生就应该被引导朝向其原型（基督）发展。出身牧师家庭，且一直以牧师为职业的施瓦茨，在其教育学中区分了世俗的教育目的和属灵的教育目的。尼迈尔曾在其教育学中批评神学教育学以对上帝的尊崇作为教育的最高目的。神学家施瓦茨用其教育学回应了尼迈尔，教育的最高目的应该是属灵的，不过并非对上帝的尊崇，而是人朝向上帝的发展。因为人天生便具有教化驱力，它规定了人应该也能够朝向其原型发展。

赫尔巴特教育学由教育目的推导而出，教育目的是其著作的主线，贯穿了整个陈述过程。该著中的三编均以教育目的为标题，第一编总论教育目的，第二编论可能的教育目的——多方面的兴趣，第三编论必要的教育目的道德性格。赫尔巴特从人们对教育的要求出发，将教育目的一分为二。在可能的教育目的部分，赫尔巴特与康德一样着眼于未来，但又不及康德着眼于人类未来的高瞻远瞩。赫尔巴特仅着眼于个人的未来发展，他认为教育培养的是未来人，是为了增加未来人实现其意愿的可能，因此要尽可能大地发展未来人的能力。为达到一切能力的和谐发展，需要通过教学来平衡地发展人的多方面的兴趣。除可能性目的之外，教育还有其必要目的，也是教育的最高目的，即道德。他将道德作为人类的最高目标，这一做法与尼迈尔有相似之处，然而赫尔巴特对道德的解释有其独特性。他从自己的实践哲学出发，将道德表述为三种观念：公正、善良和内心自由。教育必须在学生的心灵中教化道德意志，亦即道德性格的教化。实现这种最高目的的手段，一方面借助教育性教学，另一方面要借助训育。赫尔巴特通过对前人的借鉴，组合成对教育目的的特殊理解。同时他也借助教育目的构造了一个独特的教育学体系，这也使得其教育学在早期德意志教育学中孑然独立。

里希特教育学的教育目的，是理想之人的解放。里希特的教育目的与他关于人的构想有密切联系。他认为，新生的儿童是最纯洁的，是没有经过尘世污染的。他批评当时的父母和教育者不知教育的真正目的，仅依据外在的和国家实用性的目的教育儿童，生产出的不是人而是机器。如卢梭所言："出自造物主之手的东西，都是好的，而一到了人的手里，就全变坏了。"① 里希特因此强调，每个人心中都曾有理想的价值人格，只是在成长过程中变得堕落，成为石化之人。教育的目的就在于解放这种潜藏于心的理想之人，最终实现"在所有个性品质上共同达到最大限度的和谐发展"。因此，教育的作用并非改变，而是顺应人的天性，是维持和促进天性的自我发展。教育者的作用也因此改变，并非灌输，也并非改变，而是引导和指明方向。他笔下的教育者，首先应该是一个"理想之人"。

六种教育目的观中，特拉普试图培养幸福的个人并营造一个充满幸福的社会；康德期望实现人类的更好状态；尼迈尔与赫尔巴特关注个人的道德发展，前者试图培养品德良善的人，后者强调个人道德性格的教化；施瓦茨既培养世俗的"世界公民"，更培养属灵的趋向基督原型的人；里希特关注的是个人在所有个性品质上的最大限度的和谐发展。

四 核心命题对比

教育学的作者们，带着对同样概念的不同理解，出于各异的目的，用这些概念构筑了各自教育学的核心命题。现将六人的教育学中的基本命题所涉及的主题整理归纳为表3-5。

表3-5　　　　　早期德意志教育学核心命题的主题对照

教育学	核心命题的主题
特拉普教育学	1. 教育的必要性；2. 教育艺术；3. 教育目的；4. 教育原则；5. 教学目的
康德教育学	1. 教育目的；2. 教育的阶段；3. 强制与自由；4. 自然教育；5. 实践教育
尼迈尔教育学	1. 家庭教师的标准；2. 家长；3. 教育目的；4. 身体教育；5. 教育的三个方面；6. 初等教学；7. 给家庭教师的建议
施瓦茨教育学	1. 教育目的；2. 人类学基础；3. 青少年发展阶段；4. 高级教育；5. 教育性教学；6. 教学类型；7. 教育机构

---

① ［法］卢梭：《爱弥儿，论教育》，李平沤译，商务印书馆2010年版，第5页。

续表

教育学	核心命题的主题
赫尔巴特教育学	1. 通过教学来教育；2. 儿童管理；3. 教育目的；4. 多方面兴趣；5. 教学；6. 道德性格；7. 训育
里希特教育学	1. 教育的重要性；2. 教育目的；3. 儿童教育；4. 教育者形象；5. 女孩教育；6. 男孩品德；7. 精神教化驱力；8. 审美感觉

教育学中所包含核心命题的多寡反映一部教育学内容的集中程度。在六人的教育学中，特拉普和康德的教育学各包含五个核心命题，相对较少，内容较为集中。主要原因是相对于其他四部教育学，这两者形成的时间较早，关注的问题较为集中。此外，康德的教育学还受文本篇幅的限制。赫尔巴特教育学，因为是"普通教育学"所以处理的问题也相对集中。管理、教学和训育等是其核心主题，彼此之间又通过教育目的紧密联系在一起。而另外三位，尼迈尔、施瓦茨和里希特的教育学内容则相对分散。尼迈尔教育学的核心命题除教育和教学以外，还扩展到家庭教师和家长。施瓦茨教育学的核心命题则扩展到教育机构。内容最为分散的里希特教育学，包含了八个核心命题，且命题之间的联系并不紧密。通过对核心命题集中程度的分析，可以得知，命名中含有"教育学（Pädagogik）"的教育学著作的系统性较强。在这背后潜藏的，是教育学的作者们对"教育学"观念的不同理解。

六人的教育学共包含49个核心命题。这些命题中多有重复，针对同一主题，各教育学中提出了类似或相异的理解。现将其异同呈现如下。

1. 关于"教育目的"的主题，每人的教育学均有涉及。详见上文对六种教育目的的对比分析。

2. 关于"道德教育"或"品德教化"的分析，每人的教育学均有涉及。区别在于每部教育学对道德或品德所包含内容的理解有差异，或者在于它们对道德教育或品德教化在教育学中所占地位的理解不同。

因其教育以幸福为目的，道德教育在特拉普教育学中的分量较轻，他更强调的是品德教化，即礼貌、正义、友善、乐于助人等性格。同样施瓦茨教育学关注的是人的完善，是人向上帝的靠近，因而道德教育不被其重视。康德以道德化为教育的最高阶段，因而在其自然教育和实践教育中均将道德教育作为探讨的重点。在自然教育中按照道德准则教化性格，在实践教育中通过品德教化确立道德性格。尼迈尔以品德良善为教育最高目的，因而道德教育和品德教化在其教育学中占据核心位置。赫尔巴特教育学中以道德性格的形成为最高目的，因而管理、教学和训育，均作为保障或促进道德性格的形成的手段被探讨。里希特教育学在这一问题上是最特殊的，其教育学将男孩和女孩的品德教化分开，认为男孩应男性化。因而，勇敢、诚实、爱和荣耀是男孩品德教化的重点。

综合比较而言，康德、尼迈尔和赫尔巴特的教育学对道德教育问题的探讨最为充分。特拉普和施瓦茨的教育学则不太重视该问题。里希特教育学则特立独行。

3. 关于"教育的必要性和重要性"的分析，有两人的教育学涉及，分别是特拉普和里希特的教育学。特拉普从个人和社会两个方面来论证教育的必要性。教育能发展人的禀赋，让人趋向完善，个人完善是实现教育最终目的——幸福的必经之路，因此，教育对人而言是必要的。同时，教育作用于社会中的个人，个人的善良和幸福会增加整个社会的福祉。因而，教育对社会而言，也是必要的。里希特对教育重要性的论证，完全以个人为中心。他指出，儿童身上存在发展的潜力和胚芽，儿童的发展需要依已经具备善的教育者的引导。同时，儿童具有吸收影响的可能，即儿童之见也具有对外来刺激做出反应的能力，即应激性。前者表明儿童需要教育，后者表明儿童可被教育。因此，教育是重要的。特拉普教育学和里希特教育学对教育重要性的不同论证，隐含着调和个人与社会关系的启蒙教育学和以人的重新发现为主的新人文主义教育学之间的差别。

4. 关于"教育"所包含内容的分类，有三人的教育学涉及，分别是康德、尼迈尔和里希特的教育学。三位在分类时，根据不同标准，产生了各异的结果。康德在其教育学中将教育内容分为两个部分：自然教育和实践教育。自然教育被细分为消极部分和积极部分，消极部分效仿卢梭，不妨碍自然；积极部分是对灵魂、心灵力量和道德的培植。实践教育被细分为技能、世故和品德的教化。其中心灵力量的培植和品德教化是康德教育学的重点。尼迈尔在论述了身体教育之后，将教育的内容分为三部分：认知能力的教化（智力教育）、感知能力的教化（审美教育）和欲望能力的教化（道德教育）。里希特先将教育分期，然后再为内容分类。教育包括早期教育（儿童期的教育）、品德的教化、精神教化驱力的发展和审美感觉的教化。在对教育内容做相应分类时，康德依据的标准是教育作用的不同对象；尼迈尔和里希特依据的标准是人的不同能力的分类。里希特的三种分类与尼迈尔的相类似：品德对应欲望能力，精神教化驱力对应认知能力，审美感觉对应感知能力。不同的是两者对这些能力的发展或教化方法的论述。

5. 关于"教育阶段"的分析，有三人的教育学涉及，分别是康德、施瓦茨和里希特的教育学。康德将教育分为五个阶段：保育、规训、培植、文明化和道德化。这五个阶段在时间上递进，在内容上相互保证。施瓦茨按照人类学中的相关理论，确立了儿童发展的若干转折点，并以此为标准将教育分为三个阶段，并规定了每一阶段的发展任务：童年期（生命的前三年），以身体的自由发展为主；男孩和女孩期（3岁末到15岁初），以感知发展为主，兼顾道德发展；青少年期（男性到25岁、女性到18岁）侧重精神发展，以道德发展和性格养成为主。里希特按照年龄将教育分为两个阶段，并赋予诗意的名称：花蕾期和盛开期。他所谓的花蕾期，即生命的前三年，也即施瓦茨的童年期。赫尔巴特在讲授教育学讲座时，特别参考了里希特对生命前三年的教育的论述。这三人的教育学，均按照教育阶段，来陈述其教育理论。另外三人的教育学，则未表现出明显的分期意识。

6. 关于"教学理论"的分析，有四部教育学涉及，分别是特拉普、尼迈尔、施瓦茨和赫尔巴特的教育学。四部教育学对教学理论的论述，各种侧重。特拉普将教学看作教育的一部分，他对教学理论的阐述，按照教学目的分类。在他看来，教学仅与知识有关，教学的一般目的在于知识的传授，特殊目的在于知识的运用。尼迈尔的教育理论，侧重初等教学。因为其教育学是写给家庭教师和父母的，因而主要处理与家庭教育阶段相适应的初等教学。尼迈尔详细分析了初等教学的对象、材料选择、教学范式、教学形式、教学安排等内容。此外，还按照论述了具体科目的教学。在他那里，教学发展人的心灵力量，已经具有一定的教育性了。与尼迈尔有别，施瓦茨的教学理论，涵盖了家庭和学校。施瓦茨侧重的是教学的方法论，即教学艺术。他的教学与人的精神力量的完善有关，因而是富有生命的、富有灵魂的、富有精神的，也即教育性教学。此外，在特殊教学论部分，基础教学、专业教学、教学安排和形式均被探讨。赫尔巴特关于教学的论述与前三者最大的差异在于出发点和目的。赫尔巴特的教学，是作为交际和经验的补充，作为教化思想范围的手段而存在的，其教学的目的是教化多方面的兴趣，其教学并不像尼迈尔和施瓦茨那样，与人的心灵力量或者精神理论联系在一起，而是通过专心、审思等过程，实现心灵的充实，并为性格发展指明了方向。赫尔巴特接受了教育性教学的概念，并借助自己的概念去阐释它。在其教育学重点探讨了教学的步骤、材料、过程和结果。

综合考察这四人的教育学中的教学理论可见，教学与教育的关系在变换中交融，从最初在特拉普教育学中的从属关系，到尼迈尔和施瓦茨教育学中的并列关系，再到赫尔巴特教育学中交叉关系。四人的教育学中教学理论的内容各有侧重，体现出四人的教育学在职能上的分野。有侧重知识实用性的教学、有侧重家庭教育的教学、有家庭学校并重的教学、有侧重思想范围教化的教学。这些均是对诸教育学进行分类的依据。

7. 关于"教育者形象"的分析，有两人的教育学涉及，分别是尼迈尔和里希特的教育学。尼迈尔的教育学，主要写给家庭教师和父母，因而有三个核心命题与家庭教师有关。分别是成为一名好的家庭教师的条件，家庭教师应从家长处获得何种支持以及家庭教师如何有效开展工作。里希特教育学对教育者的探讨，并未局限于家庭教师，而是指向了广义的教育者。他认为教育者首先应该是理想之人，其最主要的职责是带着善为儿童指明方向。

本章结语

对六人的教育学的基本概念和核心命题的分析、分辨和比较，明确了他们对教育学基本范畴的理解和使用方式，揭示了他们对教育学基本观念的阐释和表征情况。

"教育""教化""教学"和"教育目的"是早期德意志教育学中的基本概念。六位作者对这些概念的理解和使用，有相似亦有差异。就空间而言，这些概念表现出一定的稳定性；就时间而言，这些概念呈现出一定的发展性。早期德意志教育学的基本概念，由创立初期特拉普和康德对概念的朦胧解释，经尼迈尔和施瓦茨对概念定义的准确界定，已趋成熟，赫尔巴特和里希特的努力，是对这些概念的进一步分化和推进。

由基本概念和基本判断组成的核心命题，是确立各教育学性质的重要依据。核心命题"教育目的"每部教育学必不可少。六种不同的教育目的，体现了六位作者尝试改变当时的人和社会的不同愿景。康德、尼迈尔和赫尔巴特的教育学以道德教育为核心命题之一，体现了教育学中的伦理学视角。特拉普与里希特的教育学以教育的重要性为核心命题之一，分别侧重教育对社会的作用（特拉普教育学）和教育对人的作用（里希特教育学），这种分野背后隐含着启蒙教育学和新人文主义教育学之间的差异。特拉普、尼迈尔、施瓦茨和赫尔巴特的教育学均以教学理论为核心命题之一。在四人的教育学中，教学理论与教育理论的地位由最初的从属关系（特拉普教育学），到并列关系（尼迈尔和施瓦茨教育学），再到交叉关系（赫尔巴特教育学），标志着早期德意志教育学不断走向成熟。

结　语

早期德意志教育学的"归位"

"分而治之"之后，就到了"合而统之"之时。

虽教育学观念先于教育学行动和教育学实体存在。但呈现在研究者面前的，首先是教育学行动和教育学实体。因而教育学形态研究应先从教育学行动出发，继而分析教育学实体，最后上升至教育学观念，也即回到教育学观念。情境分析、语言分析和观念分析，是从三个相对独立的角度对早期德意志教育学进行的三次观察。这三次观察的结果，既是对"陈桂生问题"的回答，也是进一步对教育学进行分类的基础和依据。对诸早期德意志教育学形态的分类，是使诸教育学"归位"的初步尝试。

第一节　近代教育学的故乡：德意志地区

陈桂生问题的上半部分，是对近代教育学发源地的探寻。研究发现，德意志地区是近代教育学的故乡。1780—1810年，短短的三十年间，在德意志地区产生了十几本教育学著作。这等盛况，在当时的欧洲大陆一时无二。

18世纪下半叶到19世纪初德意志地区的社会发展状况既为这些教育学的产生提供了机遇和养分。在这段历史时期，德意志民族的神圣罗马帝国经历了由衰败走向灭亡的过程。政治动荡，国土四分五裂；经济发展停滞，人口增长但贫困问题严重。为挽救颓势，高级市民寄希望于教育和启蒙，低级市民和农民祈求统治者的改革。若干邦国施行了开明专制改革，发展教育事业。有识之士将教育看作是变革社会和建立新秩序的手段，关于教育的实践和思考随之增加。这些催生了总结实践经验和思考结果的教育学著作。

与此同时，在德意志地区，思想领域成为理性主义与非理性主义厮杀的疆场。18世纪中叶以来，启蒙精神在德意志地区深入发展，部分学者和思想家视大众启蒙为己任，关心、思考、探讨教育成为潮流。在理性主义大行其道的同时，非理性主义开始在思想领域争夺地盘，从"狂飙突进"运动到古典文学时期，再到"浪漫派"时期，非理性主义最终以浪漫主义的形式，席卷19世纪初的欧洲大陆的思想领域。这一领域激烈斗争的结果，以文字的形式反映出来，促进了印刷出版物的发行。德意志教育学的作者们，在这种思想背景中成长、成熟，时代精神的变动，影响了他们的教育学行动。

这一时期德意志地区教育实践的发展，是教育学著作产生的直接动因。随着部分邦国推行改革，德意志地区的初等教育蓬勃发展，并逐步走上世俗化和国家化的进程。中等学校教育得到发展，出现多种学校形式。同时，泛爱派学校的昙花一现，刺激了德意志地区教育事业的改革。18世纪中叶以来的大学改革，使得大学缩短学制，开设更多实用性科目，也为平民出身的人提供了接受高等教育的机会。各级各类教育事业的蓬勃发展，需要更多更高质量的师资，各地开始设立教师培训学院，多所大学相继开设教育学讲座。在此情况下，作为教科书的教育学著作开始出现。

就作者个性而言，德意志教育学的作者们的经历中也有一定的共同特征。他们均曾在大学就读，接受了系统的学术训练。离开大学之后，他们分别担任了若干年的家庭教师或学校教师，积累了教育实践经验。除里希特外，其他作者均进入大学讲堂，有主讲教育学讲座或研讨班的经历,具备将实践转化为理论的需要与可能。因此,除里希特教育学之外的其他教育学著作,均由其作者在大学讲授教育学之时创作而出。

以上这些是德意志地区作为近代教育学的故乡的确据。

第二节　得教育学风气之先者:早期德意志教育学

对早期德意志教育学的三次分析,既是从情境、语言和观念三个不同角度对它们的描述和辨析,也是对陈桂生问题下半部分——"谁是得教育学风气之先者"的具体回答。

一　教育学情境

情境分析是对时代情境和作者个性这两个变量如何影响、刻画教育学形态的展现。

特拉普教育学是泛爱派教育思想的首次系统总结。1779 年,特拉普获聘哈勒大学教育学教授。此前在泛爱派学校的工作,让他积累了丰富的教育实践经验,同时他也有将经验转化为理论的想法,又恰逢哈勒大学教育学讲座缺少教科书,值此情境下,《教育学尝试》在 1780 年应运而生。

康德教育学出版时间较晚,但形成的时间在 18 世纪七 80 年代。早年曾担任过家庭教师的康德一直关心启蒙事宜,深信教育是实现大众启蒙的重要途径。即便远在柯尼斯堡,他也在理论和行动上对泛爱派教育改革表示支持。他与教育学真正结缘,还是因柯尼斯堡大学开设教育学讲座。作为哲学院的教授,康德曾四次讲授教育学。1803 年,他讲授教育学的讲义经学生林克整理出版,才有了《康德论教育学》。

尼迈尔教育学同样产生于大学讲堂。从教师培训学院毕业之后,尼迈尔进入哈勒大学做教师。三十岁开始发表关于教育问题的论著并担任教师培训学院督导。自1878年开始担任哈勒大学教育学教授并指导教育学研讨班。1790年，他计划将多年来积累的教育经验总结出来，为家长和家庭教师写一部教育指南。六年后的1796年《教育与教学原理》问世。

1786年至1822年，施瓦茨在担任牧师的同时，还指导一所小型教育机构。多年的教育实践让他积累了丰富的经验。他的教育论著与这些经验密不可分。18世纪90年代，他开始发表教育论著，早期关注教育理论与宗教理论的结合。18世纪最后几年，他致力于裴斯泰洛齐教育理论的传播和推广。1802年，他开始创作自己的教育理论。1804年受聘海德堡大学的教授，更让他有传播和检验自己教育理论的机会。受聘的第二年，他便为学习教育学的青年学生出版了《教育学与教学论教科书》。

1797年，赫尔巴特中断大学学业到瑞士伯尔尼做家庭教师，在瑞士他结识了裴斯泰洛齐，并开始发表教育理论著作。1802/03冬季学期，他开始在哥廷根大学讲授教育学和哲学。在1802年的课堂记录中，赫尔巴特已经初步形成了自己的教育学体系，这一体系与他的实践哲学关系密切，而与之前的若干教育学著作有较大差异。1806年其教育学最终以文本形式出版，名为《普通教育学》。

六部教育学之中，唯有里希特教育学与大学讲堂无关。不过，他同样有将教育经验理论化的动机。在青年时代，长达九年的家庭教师生涯让他积累了大量教育经验。在文学创作的道路上，他创作了多部教化小说，可谓从未远离教育问题。对儿童教育的期望、对当时教育的失望以及作为知识分子的自觉，促使他创作一部影响世人的教育著作。1807年，《莱瓦娜》承载着拯救儿童的重任问世。

二　教育学语言

语言分析，研究语言在教育学场域的应用过程及其特性，具体表现为对内容结构、陈述框架和陈述语言的分析呈现。

特拉普、康德、赫尔巴特和里希特教育学,在内容上侧重教育理论;尼迈尔和施瓦茨教育学,则将教育理论和教学理论并重。在教育学文本结构的安排上,诸教育学有较明确的篇章标识,表现出较强的系统性,体现了构建教育学体系的意识。在教育学理论的发现方式上,特拉普和里希特教育学是归纳性的;康德、施瓦茨和赫尔巴特教育学是演绎性的;尼迈尔教育学的教育理论部分是演绎性的,教学理论部分是归纳性的。在教育学的来源上,六人的教育学均从教育实践经验中受益,特拉普、康德、尼迈尔、施瓦茨的教育学还以人类学理论为基础,此外,康德和赫尔巴特的教育学则与各自的哲学有紧密联系。在陈述原则上,特拉普、尼迈尔和施瓦茨的教育学遵循从一般到特殊的原则;里希特教育学则遵循从特殊到一般的原则;康德和里希特教育学将教育内容分成多个组成部分分别论述;赫尔巴特则以教育目的为中心展开其教育学。

在陈述语言上,特拉普、康德、赫尔巴特和里希特教育学采用了第一人称,拉近了作者和读者的距离,增强了著作在主观情感上的说服力;尼迈尔和施瓦茨教育学则采用了第三人称,凸显了著作的客观性和理论性。在具体陈述中,作者们分别采用不同的方法突出著作中的重点内容。康德、尼迈尔和施瓦茨的教育学中将重点词汇和句子加粗显示,特拉普和尼迈尔则将重要内容独立成段,易于读者把握著作的重要和核心观点。概念和命题的表述,多用规范性陈述语言,是六人的教育学的共同特征。规范性语言,易于读者理解和遵行,却有损著作的客观性。在命题的论证方式上,六人的教育学均有使用举例论证。康德、尼迈尔、施瓦茨和赫尔巴特的教育学多用逻辑论证,而里希特教育学则偏爱文学性的表达方式。

三 教育学观念

观念分析通过对基本概念和核心命题的比较分析确定诸教育学的性质。

特拉普所理解的教育,是发展人的一切自然禀赋至完善,以实现人的幸福为最终目的。康德所理解的教育，是均衡且合目的地发展人的一切自然禀赋，以实现人类的未来的更好状态。尼迈尔所理解的教育，是教育者帮助身体和道德上未达到成熟状态的人步入成熟状态的行动，最终目的是实现人的品德良善。施瓦茨所理解的教育，是施加在成长中的年轻人身上的一种有目的的影响，为了教化他达到本质规定，最终目的是引导人朝向其原型（基督）发展。赫尔巴特所理解的教育，是教化人的思想范围，最高目的是教化人的道德性格。里希特所理解的教育，是引导人身上的胚芽的发展，解放潜藏每个人心中的"理想之人"。

特拉普教育学，讨论的核心议题是如何实现将个人朝向幸福的教化。从这一目的出发，他论证了教育和教育艺术的重要性，并从教育经验中总结出教育的四大原则。以知识传授和知识应用为目的的教学，其最终目的也是为了实现人的幸福。特拉普教育学可谓"指向幸福的教育学"。

康德教育学，从个人出发，目的在于人类的本质规定的实现，以及人类朝向更好状态的发展。康德教育学不断地将教育概念分解，细化，规定了教育发展的五个阶段，并将教育学说分为自然教育和实践教育两个部分。康德尤其重视儿童的道德培植和品德教化，因为道德化是教育的最高阶段，也是造就更好人类社会的必要手段。康德教育学可谓"面向人类的教育学"。

尼迈尔教育学，以教化品德良善的人为目的，主要面向家庭教育阶段。他为家庭教师设立了入职标准，提供了从业建议，并要求家长配合家庭教师的工作。在其教育学的核心部分，他向家庭教师阐明，如何通过智力教育教化认知能力、通过审美教育教化感知能力，通过道德教育教化欲望能力，通过初等教学教化精神能力，最终将儿童教化成为品德良善之人。尼迈尔教育学可谓"家庭教育学"。

施瓦茨教育学，以教化一个善良的、有技能的、有用的世界公民为世俗目的，以引导人朝向其原型（基督）发展为属灵目的。施瓦茨教育学从人类学原理出发，将青少年的发展分为童年期、男孩和女孩期、青少年期，并从身体、感知和精神三个方面开展教育。教学被分为基础性教学和专业性教学，前者发展儿童的自然驱力，后者发展儿童的知识和技能。这种教学是富有生命的、富有灵魂的、富有精神的，是教育性的。世俗的教学和教育，最终服务于属灵的目的。施瓦茨教育学可谓"基督教育学"。

赫尔巴特教育学是从教育目的推导出的，它将教育目的分解为可能目的和必要目的。可能目的是发展人的多方面兴趣，这需要借助教学来平衡地教化；必要的目的是人的道德性格的教化，需要借助管理、教育性教学和训育。他的教育学以教育目的为核心，将作为实现手段的管理、教学和训育，分别与教育目的总论、可能目的和必要目的相结合，形成三部分内容，并在教育目的的整合下构成一个完整的教育学体系。赫尔巴特教育学可谓"特殊体系教育学"。

里希特教育学，以解放潜藏每个人心中的"理想之人"为目的。里希特将儿童看作最纯洁的，富有各种力量的胚芽的存在。教育是已经是"理想之人"的教育者对儿童的引导，使儿童发展成为一个在所有个性品质上共同达到最大限度的和谐发展的人。他将儿童的成长分为花蕾期和盛开期，并将教育分解为不同的部分，借助灵活多样的表现形式，使用文学性语言，阐释其教育学。里希特教育学可谓"诗性教育学"。

第三节 "教育学科学化"的起源

经三次分析之后，赫尔巴特之前的早期德意志教育学浮出水面，被加在赫尔巴特头顶的"科学教育学之父"的桂冠已经动摇。教育学的科学化，并非从赫尔巴特开始，在诸早期德意志教育学中早已潜藏着科学化的萌芽、诉求和努力。

一 "教育艺术":教育实践的理论化尝试

1766年,"教育科学"一词首次在德语文献中出现。

> 教育科学是我们这个时代的宠儿。我们可以看到,几年来人们为创作和应用它所做的努力,可能比之前几个世纪的还要多。①

这一论断带着美好愿景,展现了"启蒙教育学"(Aufklärungspädagogik)的努力。不过,作为科学的教育学"尚未诞生"。②

1771年,长期担任中学校长的米勒(Johann Peter Miller,1725—1789)出版了《智慧与基督的教育艺术原理》。③ 对米勒而言,艺术意味着对基本技能与基础性知识的熟练掌握。教育艺术,是"教育规则"的"系统性总结"。

柯尼斯堡大学的神学教授博克的出发点与米勒相同,但他走得比米勒更远。对指导教育实践的原则的系统总结,被他称作是"教育学"。在写给"基督教父母和未来的青少年教师"的《教育艺术教科书》(1780)中,博克把"教育艺术"与"教育学"等同起来。

> 教育艺术,是一种通过勤奋和练习所获得的能力,是以理性、宗教和经验为基础的知识。它采用最好的方法,让儿童的

---

① Magazin für Schulen und die Erziehung überhaupt. Frankfurt/Leizig (1766). 1. Vorrede. 转引自 Dietrich Benner und Jürgen Oelkers (Hrsg.), *Historisches Wörterbuch der Pädagogik*. Studiengabe. Weinheim und Basel. Beltz Verlag. 2004, S. 341.

② A. L. Schlözer. Vorrede des Hearsgebers. In: L. R. de la Chalotais, *Versuch über den Kinder-Unterricht*, Göttingen/Gotha, 1771, S. 223. 转引自 Dietrich Benner und Jürgen Oelkers (Hrsg.), *Historisches Wörterbuch der Pädagogik*. Studiengabe. Weinheim und Basel. Beltz Verlag. 2004, S. 341.

③ Johann Peter Miller, *Grundsätze einer weisen und christlichen Erziehungskunst*, Göttingen, 1771, S. 11–12.

灵魂和身体的能力和力量，满足其合适的需要，让儿童过一种有道德的符合公共利益的生活。这种指导性知识，在广泛意义上，被称为教育学，而它的特殊部分——理智的发展所需要的中介和教学方法，即所谓的教学法。①

博克在一定程度上发现了教育学的悲惨境遇：它与"神学的和哲学的伦理学以及政治理论"有紧密联系，是它们的"一部分"。②为摆脱这种依附性，博克尝试借助"观察"的方法，弥补教育学中的"知识缺陷"。他希望通过这一途径，可成功地"给它（教育学）一种恰切的科学的声望"。③

在教育理论中，古老的艺术概念，开始与新兴的科学概念产生碰撞，并试图在一定程度上融合。博克啼出了教育学科学化的先声。

二 "教育学"：对教育学"理论基础"的探寻

率先尝试为教育学奠定科学基础的，是哈勒大学的特拉普。他尝试"将教育学建立在一种经验的、以统计方法为主的实验心理学的基础之上"。④ 在批判经验"总结式"教育学的基础上，他提出书

---

① Friedrich Samuel Bock, *Lehrbuch der Erziehungskunst. zum Gebrauch für christliche Eltern und künftige Jugendlehrer*, Königsberg, 1780, Vorrede Ⅱ.

② Friedrich Samuel Bock, *Lehrbuch der Erziehungskunst. zum Gebrauch für christliche Eltern und künftige Jugendlehrer*, Königsberg, 1780, S. 4.

③ Friedrich Samuel Bock, *Lehrbuch der Erziehungskunst. zum Gebrauch für christliche Eltern und künftige Jugendlehrer*, Königsberg, 1780, S. 4.

④ Albert Reble, *Geschichte der Pädagogik*, Stuttgart: Klett-Cotta, 1995, S. 168. 本纳主编的《教育学历史词典》认定，特拉普的方法是"实验心理学中的观察—实验方法"。Dietrich Benner und Jürgen Oelkers (Hrsg.), *Historisches Wörterbuch der Pädagogik*. Studiengabe. Weinheim und Basel. Beltz Verlag. 2004, S. 343. 国内也有研究者指出，特拉普"对教育学的理论基础作了透彻的分析"，他"试图将实验心理学作为教育学的基础"。参见肖朗（2003）：81；比较，范国睿（2000）：16。另有研究者认为，特拉普教育学，是建立在以观察和实验为主的经验科学的基础之上的。参见：Horst Ruprecht, *Die erfahrungswissenschaftliche Tradition der Erziehungswissenschaft*, in Hans Thiersch, Horst Ruprecht, Ulrich Herrmann, *Die Entwicklung der Erziehungswissenschaft*, München: Juventa Verlag, 1978, S. 145.

写"正确可靠的"教育学体系的要求。特拉普将泛爱派实践中的研究方法,应用于教育研究领域,即在不同的教育情境中,对学生进行充分的系统性观察,并将结果形成系统性报告,从而导出明确的教育和教学的原理。"经验—实验方法"的引入,使实验心理学成为教育学的基础。

在教育学科学化的道路上,康德也有其独特贡献。他在课堂中讲义《康德论教育学》中较早提出了教育学科学化的目标,虽然未能在教育学文本中完全实现。他从先验哲学出发,阐释教育学,开创了以哲学的概念和范畴来探讨教育学问题的先河。有研究者评价道:"康德那从哲学的,特别是伦理学的立场上引出的教育学,……至今仍对体系化教育学的建构意义重大。"[①]

三 "教育原理/学说":对教育学"自身概念"的推求

1795 年,尼特哈默尔(Friedrich Philipp Imannuel Niethammer, 1766—1848)。在一篇论文中明确提出教育学科学化的要求。

> 必须承认,作为一门科学的教育学是否以及何以可能的问题,从未被明确地提出来。而且首部科学性的教育学著作的创作也必须提上日程。[②]

随着关于教育科学的探讨和争论日渐增多,学者们开始认识到

---

① 参见 Otto F. Bollnow, *Kant und die Pädagogik. Zum 150. Todestag von Immanuel Kant am 12. Februar 1954*, In, *Westermann Pädagogische Beiträge*, Jg. 6. H. 2. S. 49 – 55. 在多部德语《教育学史》中,康德教育学被纳入"德国唯理论教育学"或"哲学与教育学"一章中。例如 Albert Reble, *Geschichte der Pädagogik*, Stuttgart: Klett-Cotta, 1951, S. 194 – 195; Dietrich Benner und Jürgen Oelkers (Hrsg.), *Historisches Wörterbuch der Pädagogik*. Studiengabe. Weinheim und Basel. Beltz Verlag. 2004, S. 122 – 133.

② *Philosophisches Journal einer Gesellschaft Teutscher Gelehrten*. Bd 1. Neustrelitz, 1795. 178. 转引自: Friedhelm Nicolin (Hrsg.), *Pädagogik als Wissenschaft*. Darmstadt: Wissenschaftliche Buchgesellschaft, 1969, Einleitung, Ⅷ.

教育学概念的重要性。

尼迈尔较早做出回应。他的《教育与教学原理》有着强烈的概念意识。在导论中，"教育的广义和狭义概念""教育目的""教育科学""教育艺术"等概念，都得到了明确的探讨。[①]

同样重视教育学概念的还有施瓦茨。他承认，作为科学的教育学离不开哲学的思考，同时也担忧，教育学有过度依赖哲学而丧失严密的科学性的危险。他认为，教育学还需要以经验事实为基础。

在施瓦茨看来，构建教育学科学理论离不开概念。

> 在尝试构教育的体系时，我们必须遵循一门科学的严密概念的限制。……若要理解教育学这种以生命为出发点，以人类学知识为前提的科学，首先要抓住基本概念。[②]

在回到经验和理解生命之间，施瓦茨借助人类学形成了独特的教育学概念。其教育学著作的每一部分的开始，均有一部分内容专论基本概念。

四 "普通教育学"：教育学"体系化"的努力

教育学的科学化，经过之前教育学的作者们的推动，到了赫尔巴特那里已经初具雏形。

赫尔巴特批评了以纯粹经验为基础的教育学，因为经验难以证明。同时他指出，教育学的建构是一项最高级也是最困难的哲学任务，因此不能以纯哲学的基础为前提。他安排给教育学的科学基础，是自己的"实践哲学"（即伦理学）和"心理学"。然而，教育学并

[①] 后来，有研究者将尼迈尔《教育与教学原理》中对教育学概念的论述节选出版，名为《尼迈尔论教育的概念》。A. H. Niemeyer, *Über den Begriff der Erziehung*, Besorgt und eingeleitet von Enno Fooken, Heidelberg: Quelle & Meyer Verlag, 1965.

[②] A. H. Niemeyer, *Über den Begriff der Erziehung*, 1965, S. 38.

非这两种学科的应用，作为一门科学，它有自己的概念和研究主题。赫尔巴特指出，教育学必须"尽可能地明确自身的概念，进而培植出独立的思想"，由此"成为一个研究领域的中心"。这样的教育学，才能避免"受外人治理的危险"。因此，其教育学围绕教育目的，按照三个主要概念"管理""教学"和"训育"来展开论述。除理论基础与独立概念之外，赫尔巴特还极为重视陈述形式。他的教育学在列出一系列概念的同时，还将之"有条不紊"地排列在一起，内容之间还有"交叉的分节"。

有理论基础、概念演绎和体系化表述的教育学，被赫尔巴特认定为科学教育学。他以"'绝对'的伦理学为其灵魂，'内省'的心理学为其方法，'系统'的教学规范的确证为其方向"，构建了科学教育学。[①] 这种构想，"确定了此后多年间的教育学的科学性特征"。[②] 本纳在其《教育学史》中认定赫尔巴特"影响了后世的心理学和教育科学的发展"，但并未加之以"科学教育学的奠基人""科学教育学之父"等荣誉。本纳对赫尔巴特的定位极为谨慎，这种观点在德语学术界中也具有一定代表性。

从"教育艺术"走到"教育科学"，德意志教育学用了四十年的时间。教育学科学化的进程，既非由赫尔巴特而起，亦未止于赫尔巴特。对尼特哈默尔问题的回答，仍在继续。直到1968年，布雷钦卡还在指出："是否以及在何种意义上能将教育学看作科学？至今仍在争论之中。"[③]

---

① 董标：《卢梭悖论——"教育学形态"的案例研究》，《中国教育科学》2013年第1期。

② Friedhelm Nicolin (Hrsg.), *Pädagogik als Wissenschaft*, Darmstadt: Wissenschaftliche Buchgesellschaft, 1969, S339.

③ Wolfgang Brezinka, *Von der Pädagogik zur Erziehungswissenschaft, Vorschläge zur Abgrenzung*, In．*Zeitschrift fuer Pädagogik*, No.14, 1968, p.317ff. 后来，布雷钦卡将自己对这一问题的思考，发展为一部专著，于1971年出版。

第四节　早期德意志教育学的形态分类

根据情境、语言和观念三次分析的结果，参照教育学形态研究理论的分类模型，可对早期德意志教育学进行分类。教育学形态研究理论将教育学分为十种形态：制度教育学、统治教育学、共谋教育学、应用教育学、学名教育学、俗名教育学、阶层教育学、大众教育学、国际教育学、文化教育学。每种形态之中，又分若干不同的亚型。①

因本书处理的分类对象——早期德意志教育学，处在教育学的初创期，且仅限于德意志地区，故无法充分利用分类模型。早期德意志教育学无关国家知识，故非统治教育学；无关专业共同体，故非共谋教育学；无关个人知识，故非俗名教育学；无关公共知识，故非大众教育学；非产生于知识群体，故非阶层教育学；无涉跨国交流，故非国际教育学；无涉跨文化交流，故非文化教育学。排除了这七种分类之后，可在另外三种分类中，为诸教育学找到合适的位置。

一　制度教育学

制度教育学，是存在于大学课堂上的教育学形态。它的直观形式是教育学课程。在塑造课程的因素中，社会制度高于学科传统，因而，课程可被理解为一种教育制度。制度教育学分为三个亚型：科目教育学，以教育学科目体系为载体；教化教育学，是存在于学校之前、学校之外的教育学；学科教育学，以作为学科的教育学为载体。早期德意志教育学中尚未发展出科目体系，因而无科目教育学。在早期德意志教育学中，有五部教育学产生于大学课堂之上，

---

① 参见第一章绪论中研究方法论部分的相关分析。

作者们当时的身份之一均为教育学教师。就其内容而言，它们为满足教学的需求，也是建设教育学学科的尝试。因而，特拉普教育学、康德教育学、尼迈尔教育学、施瓦茨教育学、赫尔巴特教育学是学科教育学。只有里希特教育学产生于大学之外，作者也非专业人士，它属于教化教育学。[①]

二 应用教育学

应用教育学，是以专业设置形式存在的教育学形态。它以传播和应用教育学知识为目的。根据历史发展，它可被分为三个亚型：(1) 分工教育学。因普及教育的需要，教学职业产生并不断专业化，从而产生了专门研究教学职业的分工教育学。(2) 学校教育学，研究各级各类学校的教育和教学。(3) 家庭教育学，以研究家庭中的教育为主要任务。早期德意志教育学中，无专门研究教学职业的分工教育学。特拉普教育学和施瓦茨教育学，以教育机构或学校中的教育和教学行动为研究对象，属于学校教育学。康德教育学、尼迈尔教育学、赫尔巴特教育学、里希特教育学均以家庭教育为研究对象，属于家庭教育学。

三 学名教育学

学名教育学，是存在于专业文献中的教育学形态。它的内涵以理论为主，表现形式是文本。学名教育学的分类最为复杂。按照价值取向分类的是取向教育学、按照论域分类的是论域教育学、按照语种分类的是语种教育学、按照国家分类的是国家教育学、按照情境分类的是情境教育学。早期德意志教育学，具有一定的理论性，表现为教育学文本，且满足了价值取向和论域所向两个条件，均属学名教育学。它们均由德语书写，属于德意志地区，因此在语种和

---

① 此处"教化教育学"中的"教化"一词为中文语境，并非与德语"Bildung"一词对应。

国家上无法分类。而在价值取向、论域选择上可分别将之归类。

从价值取向来看，特拉普教育学，以总结泛爱派教育思想为主，面向普通大众，因而是大众教育学。康德教育学，以人类的更好状态为目的，是人类教育学。尼迈尔教育学、赫尔巴特教育学，以人的道德发展为目的，是道德教育学。施瓦茨教育学，以实现人向基督原型的发展为目的，是基督教育学。里希特教育学，写给上层等级家庭和有知识的女性的，是贵族教育学。

就论域选择而言，特拉普教育学、施瓦茨教育学，以论学校中的教育和教学问题为主，是学校教育学。康德教育学、尼迈尔教育学、赫尔巴特教育学、里希特教育学均以论家庭教育问题为主，是家庭教育学。

综合而言，可将以上分类呈现为表4-1。

表4-1　　　　　　　　早期德意志教育学的形态分类表

教育学形态			特拉普教育学	康德教育学	尼迈尔教育学	施瓦茨教育学	赫尔巴特教育学	里希特教育学
制度教育学	教化教育学							○
	学科教育学		○	○	○	○	○	
应用教育学	学校教育学		○			○		
	家庭教育学			○	○		○	○
学名教育学	论域教育学	大众教育学	○					
		人类教育学		○				
		道德教育学			○		○	
		基督教育学				○		
		贵族教育学						○
	取向教育学	学校教育学	○			○		
		家庭教育学		○	○		○	○

第五节　回到早期德意志教育学

陈桂生在《历史的"教育学现象"透视》中对近代德意志教育学的考察，是早期德意志教育学在中文书写的教育学史和教育思想史文献中最后一次集体露面。前溯六十年，后推二十年，早期德意志教育学在中文学术界均是"缺位"的。

"缺位"的原因多样。可能是研究旨趣的差别，可能是对话语言的阻碍，也可能是历史意识的淡薄。差别、阻碍、淡薄本不可怕，可怕的是研究者形成回避语言障碍、搁置历史意识的习惯。"缺位"的后果众多。对国内的许多教育学学习者而言，赫尔巴特教育学几乎成为德国教育学代名词；除康德、赫尔巴特之外，对18世纪、19世纪的德意志教育学所知甚少；每溯及教育学科学化的源头，必归至赫尔巴特。实际上，在赫尔巴特教育学之前，已经存在若干教育学，而且它们早已在教育学科学化的道路上做出了努力。

国内教育学的"迷惘"和"贫困"已有时日。比介绍和传播早期德意志教育学发展状况并让它们在中文书写的教育学史和教育思想史文献中"归位"，更为迫切和必要的是它们在教育学研究者心中的"归位"是教育学研究者对语言障碍的勇于克服和对历史意识的积极寻回。这或许是教育学走出迷惘、自我扶贫的路径之一。

本书所做的分辨、解析、描述、解释和比较，仅仅是"回到"早期德意志教育学。

真正让诸教育学"归位"的工作，尚未开始。

附　　录

附录一　近代欧洲教育学人物大事记（1632—1848）

年份（年）	事件
1632	洛克（J. Locke）出生，1704 年去世
1646	莱布尼茨（G. W. Leibniz）出生，1716 年去世
1670	夸美纽斯（J. A. Comenius）去世
1690	洛克出版《人类理解力论》
1693	洛克出版《教育片论》
1712	卢梭（J. J. Rousseau）出生，1768 年去世
1714	莱布尼茨出版《单子论》
1717	温克尔曼（J. J. Wincklemann）出生，1768 年去世；普鲁士邦开始实行义务教育
1724	巴泽多夫（J. B. Basedow）出生，1790 年去世；康德（I. Kant）出生，1804 年去世
1729	莱辛（J. G. E. Lessing）出生，1781 年去世
1730	哈曼（J. G. Hamann）出生，1788 年去世
1734	罗霍（Fr. E. F. Von Rochow）出生
1740	弗里德里希二世出生，1786 年去世

续表

年份（年）	事件
1744	赫尔德（J. G. Herder）出生，1803 年去世； 萨尔茨曼（Ch. G. Salzmann）出生，1811 年去世
1745	特拉普（E. Chr. Trapp）出生，1818 去世
1746	坎佩（J. H. Campe）出生，1818 年去世； 裴斯泰洛齐（J. H. Pestalozzi）出生，1827 年去世
1747	德意志地区第一所实科学校成立（Realschule）
1748	拉美特利（J. O. D. La Mettrie）出版《人是机器》； 孟德斯鸠（C. d. S. Montesquieu）出版《论法的精神》
1749	歌德（J. W. von Goethe）出生，1832 年去世
1750	巴赫（J. S. Bach）出生
1751	塞勒（J. M. Sailer 出生，1832 年去世； 福斯（J. H. Voss）出生，1826 年去世； 法国"百科全书运动"开始
1754	尼迈尔（A. H. Niemeyer）出生，1828 年去世
1756	莫扎特（W. A. Mozart）出生，1791 年去世； 休谟（D. Hume, 1711—1776）出版：《人类理解力探究》
1759	席勒（Fr. Schiller）出生，1805 年去世； 古兹姆斯（J. C. F. Guts-Muths）出生 1839 年去世； 伍尔夫（F. A. Wolf）出生，1824 年去世
1763	里希特（J. P. Richter）出生，1825 年去世； 费希特（J. G. Fichte）出生，1814 年去世； 卢梭出版《社会契约论》与《爱弥儿》
1765	里希特搬家至 Joditz，其父成为那里的牧师
1766	施瓦茨出生（F. H. C. Schwarz），1837 年去世
1767	洪堡（W. von Humboldt）出生，1835 年去世
1768	施莱尔马赫（Fr. E. D. Schleiermacher）出生，1834 年去世； 巴泽多夫出版《泛爱介绍》
1770	荷尔德林（F. Hoelderlin）出生，1843 年去世； 黑格尔（G. W. F. Hegel）出生，1831 年去世； 巴泽多夫出版《方法论》

续表

年份（年）	事件
1772	诺瓦利斯（Fr. Von Hardenberg Novalis）出生，1801年去世； 施莱格尔（F. Schlegel）出生，1829年去世
1774	巴泽多夫出版《启蒙教材》； 泛爱派学校在德骚（Dessau）建立
1776	赫尔巴特（J. Fr. Herbart）出生，1841年去世； 里希特开始上公立小学
1777	米尔德（V. E. Milde）出生，1853年去世
1778	亚恩（F. L. Jahn）出生，1852年去世； 里希特父亲去世，他升入高中
1780	莱辛出版《论人的教育》（Die Erziehung des Menschengeschlechts）； 特拉普出版《教育学尝试》（Versuch einer Pädagogik）； 裴斯泰洛齐出版《隐者夜话》（Abendstunde eines Einsiedlers）； 萨尔兹曼出版《蟹之书》（Krebsbüchlein）
1781	康德出版《纯粹理性批判》（Kritik der reinen Vernunft）； 裴斯泰洛齐出版《林哈德与葛笃德》（Lienhard und Gertrud）； 里希特开始在莱比锡大学学习神学
1782	福禄贝尔（Fr. Froebel）出生，1852年去世
1784	里希特从莱比锡大学辍学，去Toepen做家庭教师
1788	叔本华（A. Schopenhauer）出生，1868年去世； 康德出版《实践理性批判》（Kritik der praktischen Vernuft）
1789	法国大革命
1790	第斯多惠（F. A. Diesterweg）出生，1866年去世； 里希特成为私立学校教师
1792	里希特首次使用笔名"Jean Paul"
1793	里希特出版小说《看不见的小屋》（Die Unsichtbare Loge）
1794	里希特作为私人教师（Privatlehrer），主要是女童的教师，在Hof积极活动
1795	席勒出版《审美教育书简》（Über die ästetische Erziehung des Menschen）； 里希特出版《黑斯佩罗斯》（Hesperus），成为当时最受欢迎的作家

续表

年份（年）	事件
1796	尼迈尔出版《教育与教学原理》（Grundsätze der Erziehung und des Unterrichts）；里希特出版《齐本克斯》（Siebenkäs），与赫尔德建立友谊；拜访在耶拿的歌德和席勒
1800	里希特出版泰坦《Titanium》
1801	坎佩出版《德语正字词典》（Wörterbuch der Verdeutschung）；里希特与 Karoline Mayer 结婚
1803	康德的《康德论教育》（I. Kant über Pädagogik）出版
1804	里希特出版《少不更事的年岁》（Flegeljahre）与《美学入学》（Vorschule der Ästhetik），在 Bayreuth 建立家庭
1805	第三次反法战争；阿恩特（E. M. Arndt）出版《人类教育片论》（Fragmente ueber Menschenbildung）；施瓦茨出版《教育学与教学论教科书》（Lehrbuch der Paedagogik und Didaktik）
1806	德意志民族的神圣罗马帝国终结；赫尔巴特出版《普通教育学》（Allgemeine Paedagogik）
1807	里希特出版《莱瓦娜，或教育学说》（Levana, oder Erziehlehre）；塞勒出版《论教育者的教育》（Über Erziehung für Erzieher）
1808	费希特出版《对德意志民族的演讲》（Reden an die deutsche Nation）
1811	米尔德（V. Milde）出版《普通教育艺术教科书》（Lehrbuch der allgemeinen Erziehungskunde）
1812	格林兄弟（Gebrüder Grimm）出版《儿童与家庭童话集》（Kinder- und Hausmärchen）；洪堡改革
1813	黑贝尔（F. Hebbel）出生，1863 年去世；克尔凯郭尔（S. Kierkegaard）出生；阿恩特《教育论纲和一位亲王的准则》（Entwurf der Erziehung und Unterweisung eines Fürsten）
1815	维也纳会议，神圣同盟
1816	赫尔巴特：《心理学教科书》（Lehrbuch der Psychologie）
1817	齐勒尔（T. Ziller）出生
1818	马克思（K. Marx）出生
1819	格拉泽（J. B. Graser）：《儿童的第一课，对教学方法的批评》

续表

年份（年）	事件
1821	魏茨（T. Waitz）出生
1825	11月14日，里希特因肺部久患去世
1826	福禄贝尔出版《人的教育》（Die Menschenerziehung）
1827	裴斯泰洛齐出版《天鹅之歌》（Schwanengesang）与《我的命运》（Meine Lebensschicksale）；同年去世
1831	塞勒出版《未来执政者们的聪明原理》（Weisheitslehre für künftige Regenten）
1833	福禄贝尔出版《人的教育的基础》（Grundzüge der Menschenerziehung）
1835	贝内克出版《教育与教学原理》（Erziehungs-und Unterrichtslehre）；第斯多惠出版《德国教师培养指南》（Wegweiser zur Bildung für deutsche Lehrer）；赫尔巴特出版《教育学讲授纲要》（Umriss pädagogischer）Vorlesungen；斯蒂凡尼（H. Stephani）出版《教学艺术指南》（Handbuch der Unterrichtskunst）
1836	第斯多惠出版《文明的生活问题》（die Lebensfragen der Zivilisation）
1837	第斯多惠出版《教育学领域的争论》（Streitfragen auf dem Gebiet der Pädagogik），《七神》（Göttinger Sieben）
1848	欧洲革命

附录二 德国"教育学史"著作编目（1843—2016）

1. 1843 – 1854. Raumer, Karl Georg von. Geschichte der Pädagogik vom Wiederaufblühen klassischer Studien bis auf unsere Zeit. Stuttgart：S. G. Liesching，Ⅰ，Ⅱ，Ⅲ，Ⅳ，1843，1843，1847，1854. 376 S. 437 S. 279 S. 371 S.

2. 1857. Körner, Friedrich. Geschichte der Pädagogik von den ältesten Zeiten bis zur Gegenwart：Ein Handbuch für Geistliche und Lehrer beider christlicher Confessionen. Leipzig：Costenoble，1857. 388 S.

3. 1860 – 1862. Schmidt, Karl. Geschichte der Pädagogik, darges-

tellt in weltgeschichtlicher Entwicklung und im organischen Zusammenhange mit dem Kulturleben der Völker. Cöthen, Schettler, 4 Bde. 1860, 1861, 1861, 1862, 496 S. 4426 S. 699 S. 1040 S.

4. 1870. Böhm, Johann. Kurz gefaßte Geschichte der Pädagogik mit besonderer Berücksichtigung des deutschen Volksschulwesens und einem Anhange: Geschichte, Verwaltung und Statistik der deutschen Schulen und Lehrerbildungsanstalten in Bayern. Nürnberg: Korn, 1870. 134 S.

5. 1873. Schorn, August. Geschichte der Pädagogik in Vorbildern und Bildern: mit Holzschnitten aus dem Orbis pictus und dem Elementarwerk. Erst Aufl. im 1873. Leipzig: Dürr, 1873. 252 S.

6. 1876. Stöckl, Albert. Lehrbuch der Geschichte der Pädagogik. Kirchheim, 1876. 744 S.

7. 1877. Vogel, August. Geschichte der Pädagogik als Wissenschaft. C. Bertelsmann, 1877. 410 S.

8. 1879. Klöpper, Klemens. Repetitorium der Geschichte der Pädagogik von Den ältesten Zeiten. bis auf die Gegenwart. W. Werther, 1879. 116 S.

9. 1881. Schumann, Johann Christoph Gottlob. Geschichte der Pädagogik im Umriss. Hannnover, Meyer, erst Aufl. 1881. 256 S.

10. 1886. Königbauer, Joachim: Geschichte der Pädagogik und Methodik, für Seminaristen und Lehrer. Regensburg: Habbel, 1886. 231 S.

11. 1887. Schiller, Herman. Geschichte der Pädagogik für Studierende und junge Lehrer höherer Lehranstalten. Leipzig: Fues, 1887. 352 S.

12. 1887. Wittstock, Albert: Geschichte der deutschen Pädagogik im Umriß. Von den ältesten Zeiten bis zur Gegenwart. 2. Aufl. Leipzig: Naumann, 1887. 330 S.

13. 1894. Ziegler, Theobald. Geschichte der Pädagogik: mit besonderer Rücksicht auf das höhere Unterrichtswesen. 1. Aulf. München,

C. H. Beck'sche 1894. 361 S.

14. 1898. Kappes, Matthias: Lehrbuch der Geschichte der Pädagogik. Band 1. Altertum und Mittelalter. Münster i. W. : Aschendorff, 1898. 518 S.

15. 1899. Förster, Eduard. Tabellen zur Geschichte der Pädagogik. F. Bull, 1899. 81 S.

16. 1900. Rausch, Erwin: Geschichte der Pädagogik und des gelehrten Unterrichts im Abrisse dargestellt. Leipzig: Deichert, 1900. 169 S.

17. 1901. Heilmann, Karl: Geschichte der Pädagogik. Leipzig: Dürr, 1901. 167 S.

18. 1902. Knoke, Karl. Grundriss der Pädagogik und ihrer Geschichte seit dem Zeitalter des Humanismus. vom evangelischen Standpunkte dargestellt. Berlin. Reuther & Reichard, 1902. 240s.

19. 1902. Weimer, Hermann: Geschichte der Pädagogik. Leipzig: Göschen, 1902. 168 S.

20. 1903. Hohmann, Ludwig: Geschichte der Pädagogik. Die Grundwissenschaften der Pädagogik. Allgemeine Pädagogik. Breslau: Hirt, 1903. 88 S.

21. 1904. Heman, Friedrich: Geschichte der neueren Pädagogik. Eine Darstellung der Bildungsideale der Deutschen seit der Renaissance und Reformation zum Unterricht für Lehrerseminare und zum Selbststudium. Osterwieck: Zickfeldt, 1904. 436 S.

22. 1907. Toischer, Wendelin: Geschichte der Pädagogik. Kempten [u. a.]: Kösel, 1907. 187 S.

23. 1908. Heilmann, Karl. Tabelle zur Geschichte der Pädagogik. Dürr'sche Buchhandlung, 1908. 62 S.

24. 1910. Ostermann, Wilhelm: Geschichte der Pädagogik. Oldenburg: Schwartz, 1910. 304 S.

25. 1910. Scherer, Heinrich: Die Geschichte der Pädagogik und ihr-

er Hilfswissenschaften. Leipzig: Wunderlich, 1910. 247 S.

26. 1911. Bartholome, Friedrich. Kurze Geschichte der Pädagogik. Zum Gebrauche an Lehrer-und Lehrerinnenbildungsanstalten sowie für Selbstunterricht und Fortbildung. Freiburg im Breisgau, Herder, 1911. 368 S.

27. 1913. Baumgartner, Heinrich. Geschichte der Pädagogik: mit besonderer Berücksichtigung des Volksschulwesens. Freiburg im Breisgau [u. a.], Herder, 1913. 263 S.

28. 1914. Funke, Klemens August. Grundzüge der Geschichte der Pädagogik. Paderborn, Schöningh, 1914. 202 S.

29. 1916. Wickert, Richard. Geschichte der Pädagogik. Leipzig, Klinkhardt, 1916. 199 S.

30. 1920. Borch, Rudolf (Hrsg.): Bilderatlas zur Geschichte der Pädagogik. 1. -5. Tsd. Freiburg i. Br.: Herder, 1920. 123 S.

31. 1921. Göttler, Joseph. Geschichte der Pädagogik in Leitsätzen für Vorlesungen: Mit besondere Berücksichtigung der bayerischen Schulgeschichte. F. Dümmlers Verlagsbuch. Berlin 1921. 216 S.

32. 1925 – 1928. Leser, Hermann: Das pädagogikgeschichtliche Problem in der Geistesgeschichte der Neuzeit. Band 1. Renaissance und Aufklärung im Problem der Bildung. München [u. a.]: Oldenbourg, 1925. 592 S. Band 2. Die deutsch – klassische Bildungsidee. München [u. a.]: Oldenbourg, 1928. 651 S.

33. 1925. Messer, August. Geschichte der Pädagogik. Breslau, Hirt. 1925. Teil 1 122 S. Teil 2 118 S. Teil 3. 156 S.

34. 1926. Vogelhuber, Oskar: Geschichte der neueren Pädagogik in Leitlinien. Nürnberg: Korn, 1926. 360 S.

35. 1928. Behn, Siegfried. Allgemeine Geschichte der Pädagogik. In problementwickelnder Darstellung. Paderborn, Schöningh, 1928. 453 S.

36. 1928 – 1933. Moog, Willy. Geschichte der Pädagogik. Ratingen

bei Düsseldorf; Henn; Hannover: Zickfeldt. 1928 – 1933. Band 2. 338 S. Band 3. 539 S.

37. 1932. Kynast, Reinhard. Problemgeschichte der Pädagogik, Berlin: Junker und Dünnhaupt, 1932. 366 S.

38. 1948. Rechtmann, Heinrich J. : Geschichte der Pädagogik. Ein Abriß. Teil 1. Nürnberg [u. a.]: Glock und Lutz, 1948. 166 S.

39. 1950. Olbrich, Heinrich Otto: Die Geschichte der Pädagogik in Beziehung zum Werden unserer Schulen. Ein Überblick in Frage und Antwort. Paderborn: Schöningh, 1950. 212 S.

40. 1951. Reble, Albert. Geschichte der Pädagogik . Stuttgart: Klett-Cotta, 1951. 322 S.

41. 1951. Blättner, Fritz. Geschichte der Pädagogik. Heidelberg: Quelle & Meyer, 1951. 223 S.

42. 1952. Ruß, Willibald. Geschichte der Pädagogik. Bad Heilbrunn: Obb. , Klinkhardt, 1952. 162 S.

43. 1955. Vogelhuber, Oskar. Geschichte der neueren Pädagogik. München: Ehrenwirth, 1955. 447 S.

44. 1965. Wilden, H. Vergleichende Tabellen zur Geschichte der Pädagogik. Bad Godesberg, 1965. 119 S.

45. 1970. Dietrich, Theo. Geschichte der Pädagogik: in Beispielen aus Erziehung, Schule und Unterricht, 18 – 20 Jahrhundert. Bad Heilbrunn/ Obb. , Klinkhardt, 1970. 309 S.

46. 1981. Knoop, Karl/Schwab, Martin: Einführung in die Geschichte der Pädagogik. Pädagogen-Porträts aus vier Jahrhunderten. Heidelberg: Quelle & Meyer, 1981. 284 S.

47. 1982. Burg, Udo von der/Hülshoff, Rudolf: Geschichte der Pädagogik. Stationen von der Aufklärung bis zur Gegenwart. Düsseldorf: Bagel, 1982. 119 S.

48. 1982. Blankertz, Herwig. Die Geschichte der Pädagogik: Von

der Aufklärung bis zur Gegenwart. Büchse der Pandora. 1982. 319 S.

49. 1985. Elzer, Hans Michael. Begriffe und Personen aus der Geschichte der Pädagogik. Frankfurt am Main, Bern, New York: Lang, 1985. 469 S.

50. 1998. Fritz März. Personengeschichte der Pädagogik. Ideen-Initiativen-Illusionen. Bad Heilbrunn : Klinkhardt , 1998. 795 S.

51. 2004. Böhm, Winfried. Geschichte der Pädagogik: Von Platon bis zur Gegenwart. München, C. H. Beck, 2004. 128 S.

52. 2004. Roux, Susanna. Schmiedt, Jutta. Geschichte der Pädagogik kompakt. Landau: Empirische Pädagogik. e. V. 2004. 78 S.

53. 2011. Benner, Dietrich, Brüggen, Friedhelm. Geschichte der Pädagogik: von Beginn der Neuzeit bis zur Gegenwart. Stuttgart, Reclam, 2011. 424 S.

54. 2014. Lischewski, Andreas. Meilensteine der Pädagogik: Geschichte der Pädagogik nach Personen, Werk und Wirkung. Stuttgart: Kröner, 2014. 666 S.

55. 2015. Fees, Konrad. Geschichte der Pädagogik. Ein Kompaktkurs. Stuttgart: Kohlhammer Verlag, 2015. 322 S.

参考文献

一 基本文献

赫尔巴特：《赫尔巴特文集》，李其龙、郭官义等主编，浙江教育出版社2002年版。

康德：《康德著作全集（第9卷：逻辑学、自然地理学、教育学）》，李秋零主编，中国人民大学出版社2010年版。

A. H. Niemeyer, *Grundsätze der Erziehung und des Unterrichts*, Halle：bey dem Verfasser, 1796.

A. H. Niemeyer, *Grundsätze der Erziehung und des Unterrichts*：*für Eltern*, *Hauslehrer und Erzieher*, Herausgegeben von Hans-Hermann Groothoff, Ulrich Herrmann, Die erste Auflage, Halle, 1796, Unveränderter Nachdruck, Paderborn：Ferdinand Schöningh, 1970.

E. C. Trapp, *Versuch einer Pädagogik*, Berlin：Nicolai, 1780.

E. C. Trapp, *Versuch einer Pädagogik*, Hg. v. Ulrich Herrmann, Paderborn：Ferdinand Schöningh, Unveränd. Nachdr. d. 1. Ausg. Berlin, 1780, 1977.

F. H. C. Schwarz, *Erziehungslehre*, Leipzig：G. J. Göschen, 4 Bände, 1802 – 1813.

F. H. C. Schwarz, *Lehrbuch der Erziehung und Unterrichtslehre*, Besorgt von Hans-Hermann Groothoff unter Mitwirkung von Ulrich Herrmann, Paderborn：Ferdinand Schöningh, 1968.

F. H. C. Schwarz, *Lehrbuch der Pädagogik und Didaktik*, Heidelberg,

1805.

Immanuel Kant, *Ausgewählte Schriften zur Pädagogik und ihrer Begründung*, Besorgt von Hans-Hermann Groothoff unter Mitwirkung von Edgar Reimers, Paderborn：Ferdinand Schöningh，1963.

Immanuel Kant, Friedrich Theodor Rink, *Über Pädagogik*, Königsberg：Friedrich Nicolovius，1803.

Jean Paul F. Richter, *Levana oder Erziehlehre*, Besorgt von K. G. Fischer, Paderborn：Ferdinand Schöningh，1963.

Jean Paul F. Richter, *Levana oder Erziehlehre*, Braunschweig, 1807.

Jean Paul F. Richter, Susan Wood, *Jean Paul Friedrich Richter's Levana, Or, The Doctrine of Education：For English Readers*, Swan Sonnenschein，1887.

Johann Friedrich Herbart, *Allgemeine Pädagogik aus dem Zweck der Erziehung abgeleitet*, Göttingen, 1806.

Johann Friedrich Herbart, *Allgemeine Pädagogik aus dem Zweck der Erziehung abgeleitet*, in J. F. Herbart, *Sämtliche Werke*, Bd. 2, Langensalza：Hermann Beyer，1887.

二　中文文献

1. 论著资料

《德汉教育学词典》，安徽科学技术出版社2000年版。

查士元、查士骥编译：《世界教育名著提要》，新文化学会1928年版。

陈桂生：《教育文史辨析》，华东师范大学出版社2012年版。

陈桂生：《教育学的建构》，华东师范大学出版社2008年版。

陈桂生：《教育学究竟怎么一回事——教育学辨析》，上海教育出版社2020年版。

陈桂生：《教育原理》，华东师范大学出版社2000年版。

陈桂生：《历史的"教育学现象"透视：近代教育学史探索》，人民教育出版社 1998 年版。

陈杭柱:《德语简史》, 外语教学与研究出版社 2000 年版。

陈元晖:《中国教育学史遗稿》, 北京师范大学出版社 2001 年版。

单中惠主编:《西方教育思想史》, 教育科学出版社 2007 年版。

丁建弘:《德国通史》, 上海社会科学院出版社 2002 年版。

董标:《何谓教育学形态研究》（内部资料）, 华南师范大学 2012 年版。

董标:《马克思主义教育思想论纲》, 中国矿业大学出版社 1999 年版。

董标:《毛泽东教育学》, 时代国际版有限公司 2011 年版。

董标主编:《教育理论百年文献辑要》, 华南师范大学教育系 2008 年版。

杜美:《德国文化史》, 北京大学出版社 1990 年版。

范大灿、任卫东、刘慧儒:《德国文学史》, 译林出版社 2008 年版。

范捷平:《德国教育思想概论》, 上海译文出版社 2003 年版。

谷裕:《德语修养小说研究》, 北京大学出版社 2013 年版。

洪汉鼎编:《理解与解释——诠释学经典文选》, 东方出版社 2011 年版。

侯怀银等:《20 世纪中国教育学发展问题研究》, 北京师范大学出版社 2011 年版。

侯怀银等:《德国教育学在中国的传播和影响》, 商务印书馆 2018 年版。

姜琦:《现代西洋教育史》, 商务印书馆 1935 年版。

姜琦编译:《西洋教育史大纲》, 商务印书馆 1921 年版。

蒋径三编:《西洋教育思想史》, 商务印书馆 1934 年版。

瞿葆奎:《教育学的探究》, 人民教育出版社 2004 年版。

瞿葆奎:《元教育学研究》, 浙江教育出版社 1999 年版。

瞿葆奎主编:《教育与教育学》（第一卷）, 瞿葆奎、沈剑平选编, 人民教育出版社 1993 年版。

雷通群编：《西洋教育通史》，商务印书馆1934年版、福建教育出版社2011年版。

李伯杰等：《德国文化史》，对外经济贸易大学出版社2002年版。

李工真：《德意志道路：现代化进程研究》，武汉大学出版社2005年版。

李其龙：《德国教育》，吉林教育出版社2000年版。

李秋零：《德国哲人视野中的历史》，中国人民大学出版社2011年版。

李政涛：《教育科学的世界》，华东师范大学出版社2010年版。

林玉体：《西方教育思想史》，九州出版社2006年版。

刘小枫、陈少明主编：《施莱尔马赫的柏拉图》，华夏出版社2009年版。

刘小枫选编：《德语诗学文选》（上、下卷），华东师范大学出版社2006年版。

潘德荣：《西方诠释学史》，北京大学出版社2013年版。

彭正梅：《德国教育学概观：从启蒙运动到当代》，北京大学出版社2011年版。

彭正梅：《解放和教育：德国批判教育学研究》，华东师范大学出版社2008年版。

彭正梅等：《异域察论：德国和美国教育学研究》，华东师范大学出版社2015年版。

任钟印主编：《世界教育名著通览》，湖北教育出版社1994年版。

唐钺、朱经农、高觉敷主编：《教育大辞书》，商务印书馆1928年版。

王承绪主编：《比较教育学史》，人民教育出版社1998年版。

王坤庆：《教育学史论纲》，湖北教育出版社2000年第1版、2008年第2版。

吴式颖、任钟印主编：《外国教育思想通史》（第六、七卷），湖南教育出版社2000年版。

吴友法、黄正柏主编：《德国资本主义发展史》，武汉大学出版社 2000 年版。

新华通讯社译名室编：《世界人名翻译大辞典》，中国对外翻译出版公司 1993 年版。

徐宗林：《西洋教育思想史》，文景出版社 1983 年版。

杨深坑：《理论·诠释与实践——教育学方法论论文集》，台湾师大书苑有限公司 1988 年版。

叶澜：《教育研究方法论初探》，上海教育出版社 2014 年版。

余匡复：《德国文学史》，上海外语教育出版社 1991 年版。

张斌贤、褚洪启主编：《西方教育思想史》，四川教育出版社 1993 修订版、人民教育出版社 2011 年年版。

张雪：《19 世纪德国现代大学及其与社会、国家关系研究》，博士学位论文，华中师范大学，2012 年。

郑金洲、瞿葆奎：《中国教育学百年》，教育科学出版社 2002 年版。

郑寅达：《德国史》，人民出版社 2014 年版。

周作宇：《问题之源与方法之镜：元教育理论探索》，教育科学出版社 2000 年版。

［德］彼得·克劳斯·哈特曼：《神圣罗马帝国文化史 1648—1806 年/帝国法、宗教和文化》，刘新利、陈晓春、赵杰译，东方出版社 2005 年版。

［德］第斯多惠：《德国教师培养指南》，袁一安译，人民教育出版社 1900 年版。

［德］弗里德里希·鲍尔生：《德国大学与大学学习》，张弛、郏海霞、耿益群译，人民教育出版社 2009 年版。

［德］弗里德里希·鲍尔生：《德国教育史》，滕大春等译，人民教育出版社 1986 年版。

［德］格勒弗特：《德国特征：德国人如何走到今天》，常暄译，南京大学出版社 2013 年版。

［德］古琼·高乐：《德国文学史》，曾新、张晓懿、严晓翚译，上

海文艺出版社2007年版。

[德] 哈贝马斯:《现代性的哲学话语》,曹卫东译,译林出版社2011年版。

[德] 赫伯特·格隆德曼等:《德意志史》,商务印书馆1999年版。

[德] 亨利希·海涅:《浪漫派》,薛华译,上海人民出版社2003年版。

[德] 亨利希·海涅:《论德国宗教和哲学的历史》,海安译,商务印书馆1974年版。

[德] 卡西勒:《卢梭问题》,[美] 盖伊编,王春华译,译林出版社2009年版。

[德] 李凯尔特:《文化科学和自然科学》,涂纪亮译,商务印书馆2007年版。

[德] 马克斯·韦伯:《社会科学方法论》,韩水法译,中央编译出版社1998年版。

[德] 马克斯·韦伯:《社会学的基本概念》,顾忠华译,广西师范大学出版社2005年版。

[德] 马克斯·韦伯:《学术与政治》,钱永祥译,广西师范大学出版社2010年版。

[德] 曼弗雷德·盖尔:《康德的世界》(第2版),黄文前、张红山译,中央编译出版社2018年版。

[德] 萨弗兰斯基:《荣耀与丑闻——反思德国浪漫主义》,卫茂平译,上海人民出版社2014年版。

[德] 瓦尔特·本雅明:《本雅明论教育:儿童·青春·教育》,徐维东译,吉林出版集团,2011年版。

[德] 沃尔夫冈·布雷钦卡:《教育科学的基本概念》,胡劲松译,华东师范大学出版社2001年版。

[德] 沃尔夫冈·布雷钦卡:《教育目的、教育手段和教育成功:教育科学体系引论》,彭正梅译,华东师范大学出版社2008年版。

[德] 席勒:《审美教育书简》,张玉能译,译林出版社2012年版。

［德］约阿希姆·希尔特：《简明德语史》，袁杰译，同济大学出版社 2012 年版。

［俄］克拉耶夫斯基：《教育学原理》，张南星等译，教育科学出版社 2007 年版。

［法］保罗·利科尔：《解释学与人文科学》，陶远华等译，河北人民出版社 1987 年版。

［法］迪尔凯姆（又译涂尔干）：《社会学方法的准则》，狄玉明译，商务印书馆 1995 年版。

［法］卢梭：《爱弥儿，论教育》，李平沤译，商务印书馆 2010 年版。

［法］卢梭：《社会契约论》，李平沤译，商务印书馆 2011 年版。

［法］马丁-菲吉耶斯：《浪漫主义者的生活》，杭零译，山东画报出版社 2005 年版。

［法］斯太尔夫人：《德国的文学与艺术》，丁世中译，人民文学出版社 1981 年版。

［捷克］夸美纽斯：《大教育论·教育法解析》，任钟印译，人民教育出版社 2006 年版。

［美］本尼迪克·安德森：《想象的共同体：民族主义的起源与散布》，吴叡人译，上海人民出版社 2011 年版。

［美］欧文·M. 柯匹：《逻辑学导论》（第 11 版），张建军、潘天群等译，中国人民大学出版社 2007 年版。

［美］平森：《德国近现代史：它的历和文化》，范德一等译，商务印书馆 1987 年版。

［美］斯塔夫里阿诺斯：《全球通史：从史前史到 21 世纪》（上、下册），吴象婴等译，北京大学出版社 2006 年版。

［美］梯利：《西方哲学史》（增补修订版），伍德增补，葛力译，商务印书馆 2010 年版。

［美］伊格尔斯：《德国的历史观》，彭刚、顾杭译，译林出版社 2006 年版。

［瑞士］裴斯泰洛齐:《裴斯泰洛齐教育文选》,北京编译社译,人民教育出版社 1959 年版。

［瑞士］裴斯泰洛齐:《裴斯泰洛齐选集（二卷本）》,阿图尔·布律迈尔等主编,尹德新组译,教育科学出版社 1994 年版。

［苏联］Е·Я·哥兰塔、Ш·И·加业林:《世界教育学史（苏联师范学校参考书）》,柏嘉译,作家书屋 1951 年版。

［意］克罗齐:《历史性的理论和历史》,田时纲译,中国人民大学出版社 2012 年版。

［意］克罗齐:《作为思想和行动的历史》,田时纲译,商务印书馆 2012 年版。

［英］J. M. 罗伯茨:《欧洲史》,李腾、史悦等译,东方出版中心,2013 年版。

［英］吉登斯:《民族—国家与暴力》,胡宗泽等译,生活·读书·新知三联书店 1998 年版。

［英］柯林武德:《历史的观念》（增补版）,何兆武、张文杰、陈新译,北京大学出版社 2010 年版。

［英］洛克:《教育漫话》,杨汉麟译,人民教育出版社 2005 年版。

［英］斯宾塞:《斯宾塞教育论著选》,胡毅,王承绪译,人民教育出版社 2004 年版。

　　2. 连续出版物

蔡玉冰:《以"Bildung"为核心的洪堡教育理念之辨析》,《黑龙江社会科学》2019 年第 3 期。

程亮:《多元的传统与交互的生成——教育学知识建构的跨文化比较》,《教育研究》2016 年第 5 期。

程亮:《教育学制度化的兴起与逻辑》,《华东师范大学学报》（教育科学版）2016 年第 3 期。

董标:《"卢梭悖论"——教育学形态的案例研究》,《中国教育科学》（第 1 辑）人民教育出版社 2013 年版。

董标:《教育、教育学、民族—国家同构论》,《山西大学学报》（哲学社会科学版）2014 年第 4 期。

董标：《教育的文化研究》，《华东师范大学学报》（教育科学版）2002 年第 3 期。

董标：《教育哲学学科起源考辨——从低位关注论高位观照》，《教育学报》2018 年第 3 期。

董标、汪利兵：《行动研究：未定型的教育行动》，《教育研究大陆版》2003 年第 3 期。

范国睿：《教育哲学与教育科学：历史观点》，《华东师范大学学报》（教育科学版）2000 年第 1 期。

范国睿：《略论传统教育学的历史进程与历史命运》，《江西师范大学学报》（哲学社会科学版）1994 年第 3 期。

黄向阳：《教育知识学科称谓的演变：从教学论到教理学》，《华东师范大学学报》1996 年第 4 期。

彭正梅：《生命、实践和教育学学科身份的寻求："教化"的历史考察》，《基础教育》2011 年第 10 期。

王飞：《化育——德国教育写的核心概念》，《比较教育研究》2014 年第 10 期。

肖朗：《康德与西方大学教育学讲座的开设》，《华东师范大学学报》（教育科学版）2003 年第 1 期。

肖朗：《启蒙时代的康德教育学讲座及其教育思想——基于近代德国大学教育学讲座改制的考察》，《浙江大学学报》（人文社会科学版）2020 年第 9 期。

肖朗：《人的两重性和教育的两重心——康德教育哲学思想探析》，《南京大学学报》（哲学·人文科学·社会科学版）2003 年第 1 期。

徐秀明、葛红兵：《教化小说的西方渊源与中国衍变》，《上海师范大学学报》（哲学社会科学版）2011 年第 1 期。

许环环：《什么是"Bildung"》，《湖南师范大学教育科学学报》2013 年第 11 期。

叶志坚、肖朗:《赫尔巴特实践哲学的教育学意蕴——以赫尔巴特与康德思想关联为考察中心》,《中国教育科学》(第2辑),人民教育出版社2014年。

张颖慧:《"Bildung"和"教化"概念辨析》,《中南大学学报》(教育科学版)2012年第2期。

周谷平:《近代西方教育学在中国的传播及其影响》,《华东师范大学学报》(教育科学版)1991年第3期。

[德]底特里希·本纳:《论赫尔巴特的教育机敏理论及其当代研究》,《比较教育学报》2021年第1期。

三 外文文献

Alfred Heubaum, *Geschichte des Deutschen Bildungswesens seit der Mitte des 17. Jahrhunderts*, Scientia Verlag, 1973.

Anne Catherine Reitz, *Reforming the State by Reforming the Family Imagining the Romantic Mother in Pedagogy and Letters, 1790 – 1813*, Ph. D. dissertation, University of Texas at Austin, 2004.

Anton Luible, *Pestalozzi und Jean Paul*, Ph. D. dissertation, Jena, Kempten: Jos. Kösel, Graphische Anstalt, 1912.

Bernhard Echte, *Das Wort und die Freiheit: Jean-Paul-Bildbiographie, eine Gemeinschaftspublikation zum 250. Geburtstag Jean Pauls von Jean Paul 2013 e. V. und Nimbus, Kunst und Bücher; Jean Paul – 250 Jahre*; Wädenswil am Zürichsee: Nimbus Kunst und Bücher, 2013.

Brian Simon, *Why no pedagogy in England?* In Brian Simon, *Does education matter?* London: Lawrence and wishart, 1985.

Christian Niemeyer, *Klassiker der Sozialpädagogik: Einführung in die Theoriegeschichte einer Wissenschaft*, Weinheim: Juventa-Verl., 2005.

Christiane Ruberg, *Wie ist Erziehung möglich? Moralerziehung bei den frühen pädagogischen Kantianern*, Bad Heilbrunn: Julius Klinkhardt. 2002.

Cristina Allemann-Ghionda, *Migration, Identität, Sprache und Bildungserfolg*, Weinheim, Beltz, 2010.

Dagmar Markar, *Jean Pual Friedrich Richters "Levana" als Repräsentation des Typs eines "literarisch-ästhetischen" Systems der Pädagogik. Eine Studie zum Problem von Typologien pädagogischer Systeme*, Ph. D. dissertation, Halle, 1983.

Dietrich Benner und JürgenOelkers, *Historisches Wörterbuch der Pädagogik*, Weinheim und Basel: Beltz Verlag. 2004.

Dorothea Berger, *Jean Paul Friedrich Richter*, New York: Twayne Publishers, 1972.

Eduard Berend, *Jean Pauls Persönlichkeit, zeitgenössische Berichte*, Müller, 1913.

Eliza Buckminster Lee, *Life of Jean Paul F. Richter: Compiled from various sources. Together with his Autobiography* (Translated from the German) (First Edition, in 1842.) Third Edition, Boston: Ticknor and Fields. 1864.

Elmar Anhalt, (Hrsg.), *In welche Zukunft schaut die Pädagogik? Herbarts Systemgedanke heute*, Jena: IKS Garamond, 2009.

Friedrich Reuter, *Die psychologische Grundlage von Jean Pauls Pädagogik*, Borna: Reiche, 1901.

Gerhard Müßener, (Hrsg.). *Johann Friedrich Herbart (1776 – 1841)*, Baltmannsweiler: Schneider Verlag Hohengehren, 2002.

Gilbert Clarence Kettelkamp, *Jean Paul and his realtionship to the pedagogical theories of his day*, Ph. D. dissertation, University of Illinos. 1941.

Gottfried Brückner, *Die ästhetische Grundlage von Jean Pauls Pädagogik*, Borna Leipzig: Noske, 1910.

Gregor Hucke, *Das Verhältnis des Kindes zur Welt und zu Gott in Jean Paul Fr. Richters Levana oder Erziehlehre*, Münsterschwarzach: Vier-

Türme-Verl., 1968.

G. F. Banham, *Jean Paul's Levana in the light of his life and earlier works*, M. Phi. theis, Queen Mary and Westfield College London, 1972.

Hans Scheuerl, *Geschichte der Erziehung. Ein Grundriss*, W. Kohlhammer Verlag. 1985.

Hans-Christoph Koller, *Die Liebe zum Kind und das Begehren des Erziehers: Erziehungskonzeption und Schreibweise pädagogischer Texte von Pestalozzi und Jean Paul Studien zur Philosophie und Theorie der Bildung*, Vol. 10, Weinheim: Deutscher Studien Verlag, 1990.

Heinrich Döring, *Jean Paul Friedrich Richter's life*, with a Sketch of his works, Gotha: Hennings, 1826.

Heinz-Elmar Tenorth, *Geschichte der Erziehung*, 5. Auflage, Weinheim und München: juventa Verlag, 2010.

Helmut Pfotenhauer, *Jean Paul. Das Leben als Schreiben*, München Hanser, 2013.

Herbert Rösche, *Das pädagogische Konzept Johann Michael Sailers und Jean Paul Friedrich Richters (mit Berücksichtigung Christian Gotthilf Salzmanns)*, Diss. Phil. München, 1970.

Hermann Nohl, *Die pädagogische Bewegung in Deutschland und ihre Theorie* (1933), 3. Aufl. Frankfurt am M. 1949.

Herrmann Ulrich, (Hrsg.). *Das pädagogische Jahrhundert. Volksaufklärung und Erziehung zur Armut im 18. Jahrhundert in Deutschland*, Weinheim und Basel: Beltz Verlag, 1981.

Horst Oppel, *Über Jean Pauls "Levana": mit ausgewählten Textstellen*, Hamburg: Ellermann, 1948.

Iwan von Müller, *Jean Paul und Michael Sailer als Erzieher der deutschen Nation*, eine Jahrhunderterinnerung, München, 1908.

James Bowen, *A History of Western Education*, Vol. 1 – 3. New York:

Routledge, 2003.

Jan Daniel Georgens, *Jeanne Marie von Gayette-Georgens. Die Erziehung und Heilung der Idioten: Medicinisch-pädagogische Erfahrungen und Studien aus der Heilpflege und Erziehanstalt "Levana" Neue wohlfeile Ausgabe*, Zamarski: Dittmarsch, 1863.

Karl Ernst Nipkow, *Der schwere Weg zum Frieden: Geschichte und Theorie der Friedenspädagogik von Erasmus bis zur Gegenwart*, Gütersloh: Gütersloher Verl. -Haus, 2007.

Karl Wilhelm. Reinhold, *Wörterbuch zu Jean Paul's Levana oder Erziehungslehre*, Leipzig: J. Ch. Eurich, 1809.

Karoline Sprenger, *Jean Pauls Pädagogik: Studien zur Levana*, Ars et unitas, 2003.

Katharina Rutschky, *Schwarze Pädagogik: Quellen zur Naturgeschichte der bürgerlichen Erziehung*, Frankfurt/M.: Ullstein, 1988.

Kurt Zimmermann, *Die Wertung der Selbstentfaltung des Zöglings in der Pädagogik Jean Pauls und Hegels*, Freiburg i. B.: Wagner, 1913.

K. Fischer, *Jean Paul als pädagogischer Klassiker*, Langensalza, 1895.

Ludwig Fertig, *Jean Paul der Winkelschulhalter*, Darmstadt: Wissenschaftl. Buchges, 1990.

Margarete Reckling Altenhein, *Jean Paul's reception in the nineteenth and twentieth centuries*, Ph. D. dissertation, New York University, 1938.

Mary Elizabeth H. Owen, *Some considerations on the Emile of Jean Jacques Rousseau in contrast with the Levana of Jean Paul Richter*, Ph. D. dissertation, the University of Illinois, 1908.

Max Kommerell, *Jean Paul*, Frankfurt am Main: Klostermann, 1957.

Michael Tischer, *Herbart und die Folgen. Studien zur Genese der Allgemeinen Pädagogik und Didaktik*, Wetzlar: Büchse der Pandora, 1999.

N. Touroff, *Jean Paul Friedrich Richter als Pädagoge*, Ph. D. dissertation, Lausanne, 1906.

Oscar Browning, *An Introduction to the History of Educational Theories*, London: Kegan Paul, Trench, & Co., Paternoster Square, 1882.

Otto Friedrich Bollnow, *Die Pädagogik der deutschen Romantik. Von Arndt bis Froebel*, Stuttgart: W. Kohlhammer, 1967, Die erst Aufl. im 1952.

Otto Lenz, *Jean Paul Friedrich Richter und die zeitgenössische Kritik*, Giessen, 1916.

Robert G. Eisenhauer, *Mythology of souls: philosophical perspectives in the novels of Jean Paul*, New York: Lang, 1987.

Rudolf Jentzsch, *Der deutsch-lateinische Büchermarkt nach den Leipziger Ostermeßkatalogen von 1740, 1770 und 1800 in seiner Gliederung und Wandlung*, Leipzig, 1912.

Ruth Scheier-Binkert, *Das Bild des Kindes bei Jean Paul Friedrich Richter*, Ph. D. dissertation, Munich: Ludwig-Maximilians-Universität, 1983.

Rüdiger Safranski, *Romantik. Eine deutsche Affäre*, München: Carl Hanser Verlag, 2007.

Rüdiger Steinlein, *Die domestizierte Phantasie. Studien zur Kinderliteratur, Kinderlektüre und Literaturpädagogik des 18. Und frühen 19. Jahrhunderts*, Heidelberg, 1987.

Seidenfaden Fritz. *Die Pädagogik des jungen Herbart*, Weinheimu. Berlin, 1967.

Stanislaw Skrczypczek, *Die "Levana": vom Standpunkte moderner Pädagogik betrachtet; Jean Paul Friedrich Richter; sein Leben und seine pädagogischen Werke*, Halle a. Saale: Schroedel, 1905.

Walter Asmus, *Der „menschliche" Herbart*, Düsseldorf: A. Henn Verlag, Ratingen, 1967.

Walter Hoppe, *Das Verhältnis Jean Pauls zur Philosophie seiner Zeit*, Leipzig: B. G. Teubner, 1901.

Wilhelm Münch, *Jean Paul, der Verfasser der Levana*, Berlin: Reuther & Reichard, 1907.

Wilhelm Roessler, *Die Entstehung des modernen Erziehungswesens in Deutschland*, Stuttgart, 1961.

Wolf Lepenies, *The Seduction of Culture in German History*, Princeton: Princeton University Press, 2006.

W. H. G. Armytage, *the German influence on English education*, London, 1969.

Anselm Ruest, "Jean Paul als Erzieher", *Die Aktion*, No. 1, 1911.

G. F. Banham, "A note on jean paul's attitude to play", *Neophilologus*, Vol. 59, No. 2, 1975.

G. F. Banham, "Jean Paul on the Education of a Prince", *Neophilologus*, Vol. 60, No. 4, 1976.

G. F. Banham, "Jean Paul Richter's International Contribution to Moral Education", *Pädagogica Historical*, Vol. 22, No. 1 - 2, 1982.

G. F. Banham, "Jean Paul's Levana, in contextual Perspective", *German Life and Leiters*, Vol. 27, No. 3, 1974.

G. F. Banham, "On Some Salient Features of Jean Paul's Pedagogic Writings", *Colloquia germanica*, No. 11, 1978.

G. F. Banham, "Some thoughts on the educator in the pedagogic novels of Jean Paul", *German Life and Letters*, Vol. 31, No. 3, 1976.

Hans-Christoph Koller, "Pädagogische Druckfehler: Erziehungskonzeption und Schreibweise in Jean Pauls Levana", *German Issue*, Vol. 102, No. 3, 1987.

Joel D. Black, "Levana: Levitation in Jean Paul and Thomas De Quincey", *Comparative Literature*, Vol. 32, No. 1, 1980.

John Pridmore, "Dacing cannot start too sonn: Spiritual education in the thought of Jean Paul Friedrich Richter", *International Journal of*

Children's Spirituality, Vol. 9, No. 3, 2004.

Klaus H. Kiefer, "Jean Paul als Erzieher. Konflikte zwischen Pädagogik und literarischer Lust", *Jahrbuch der Jean-Paul-Gesellschaft*, 28, 1993.

Ludwig Fertig, "Jean Paul und die Pädagogik", *Jahrbuch der Jean-Paul-Gesellschaft* 17., 1982.

Lutz Koch, "Bemerkungen über Logik und Psychologie der Levana", *Jahrbuch der Jean-Paul-Gesellschaft*, 28., 1993.

Norimi Tsuneyoshi（恒吉法海）, "Jean Pauls Levana", 独仏文学研究, No. 41, 1991.

Wulf Köpke, "Jean Pauls Erziehung zum Witz", *Deutschunterricht für Ausländer*, No. 13, 1963.

索　引

C

陈桂生问题　1,6,11,47,320,322

陈述模式　13,14,194,203,204,212

陈述语言　154,204—207,210,212,214,216—218,220—222,323,324

D

大众教育学　56,57,332,334

大众启蒙　67,70,74,85,105,137,321,322

道德教育学　334

道德　13,31,35,44,68,76,106,116,147,148,151,166,167,169,170,172—174,176—179,182,183,187,189—192,201,203,213,219,226,227,229,232,234,235,237—239,244,248,251,255—258,261,272,275,276,278,281—283,290—295,297—299,302—307,309—316,318,325,326,328,334

得教育学风气之先者　1,322

德意志民族的神圣罗马帝国　1,61,94,145,152,321

F

泛爱派　18,19,21—28,66,84,95—99,121,134,135,137,153,167,170,172,222,263,273,279,308,310,321,322,329,334

非理性主义　67,79,153,321

G

观念教育学　50,56,57,154

贵族教育学　334

H

赫尔巴特　1—3,5,7—17,19—29,31,47,60,91,113—119,122—129,131,139,140,146—153,186—194,196—204,207,217—222,227,243—247,258—260,267—270,

280—283,288,289,300—310,312—319,323—326,330,331,333—335

J

基督教育学　326,334

家庭教育学　55,56,333,334

《教育学尝试》　4,11,66,129,132,133,135,164,165,167,168,197,200,210,222,226,230,253,271,292,322

《教育与教学原理》　4,11,123,129,131,139—141,151,175,179,180,185,198,201,213,215,222,235,263,296,300,323,330

《教育与教学学说教科书》　145,146,181,185,198,202,215,222,239,265,298

教化　2,3,19,25,26,33,37,39,43,44,63—65,72,73,79,80,104,109,121,130,149,150,159,162—164,169,171—174,176—178,182,184,186,189,191,194,200—202,211,212,225—227,230—232,235,239—241,243,244,247,250—264,266,268,269,273,275,277—281,283—285,288,290,291,293,295,297—301,303—318,323,325,326,333

教化教育学　54,56,332—334

教育　1—33,35—57,59—61,63—66,68,71—81,83—103,105—110,112—197,199—335

教育科学　2—5,8,16,49,51,52,64,90,97,120,129,136,146,151,152,154,168,177,178,182,196,197,202,210,214,223—229,235,237,238,269,270,287,326,327,329—331

教育目的　5,95,98,158,159,165,167,168,183,187,189—192,195—197,200,203,222,225—228,231,242,249,263,269—286,288,293,296,298,301,303,307,309—314,318,324,326,330,331

教育世纪　84,85,95,98

教育性教学　183,188,196,197,202,227,265—269,299—301,308,309,312,313,317,326

教育学存在　6,11,48—52,54,57,58,128,223

教育学的科学化　326,330

教育学观念　23,57,59,128,153,221,287,320,324

教育学讲座　66,91,119,120,126—129,132—134,136,137,147—149,169,210,211,263,308,316,321,322

教育学生成　36,37,46,59,99,128,148,152,195

教育学实体　57—59,128,153,154,221,320

教育学史　1,3,5,6,8—12,14—29,31,32,35,45,49,84,99,147,156,157,164,167,170,171,213,276,287,329,331,335

教育学说　4,10,12,13,110,113,128,131,143—146,151,159,163,171,172,181,194,197,205,210,243,255,290,298,325

教育学文本　38,41,47,49,51,53,128,129,137,138,154,155,169—171,174,181,194,197,212,213,215,324,329,333

教育学行动　48,49,51,52,57—59,153,221,320,321

教育学形态研究　47—54,56,57,59,99,113,129,154,155,223,224,320,331,332

教育艺术　4,66,91,113,123,126,136,149,151,165,177,195,196,214,226,237,238,273,292,293,313,325—327,330,331

教育原理　4,7,16,30,111,157,195,205,239,264,329

教育原则　141,165—167,177,195,196,200,202,209,215,226,237,238,262,293,313

教学　1,5,7,9,11,24,25,43,55,63,85,87,89—94,98,106,107,113,118,121—126,129,131—133,140,142—149,151,163,166,167,176—179,181,183—185,188,189,191,194—197,200—204,213,214,217—221,226,227,230—232,240,244,246—249,253,257,260—269,271,280,283,293,296,298—304,307—310,312—315,317—319,323—326,328,329,331,333,334

近代教育学　1,3,15,17,47,99,228,320,322

K

康德　7,8,11,13,14,16,17,19—24,26—28,31,47,60,66,68—73,82,91,108,113—120,122—129,131,135—139,142,146,151,153,169—174,178,194,195,197—199,201,203,204,207,212,213,215,220—222,226,227,232—235,238,241—243,251,254—257,263,273—276,288,293—295,305—308,310—316,318,322,324,325,329,333—335

《康德论教育学》　4,11,15,129,135,137—139,151,169—171,174,175,195,198,201,222,226,232,263,294,322,329

科学教育学　2,16,20,21,24,326,331

L

《莱瓦娜,或教育学说》　5,7,11,109,129,155,156

浪漫主义　10,23,24,26,29,41,
　42,78,81—84,100,321
里希特　5—14,17,19—24,26,27,
　29—49,54,60,66,67,76,78,80,
　83—87,89,91,99—119,121—125,
　127—131,151,153,155—164,183,
　194,197—201,203—210,220—
　222,226,227,247—250,260,261,
　269,270,283—292,305—308,310,
　312—316,318,321—326,333,334
理想之人　79,80,159,160,200,
　208,226,249,250,260,284,285,
　288,305—307,310,312,313,318,
　325,326
论域教育学　55,57,333,334

N

尼迈尔　9—11,13,14,16,19—23,
　31,47,91,113—119,121,123—
　129,131,139—142,146,151,153,
　175,176,178—180,185,194—198,
　201—204,209,213—216,220—
　222,226,227,235—241,243,244,
　247,256,257,263—265,267,268,
　270,277,278,296—298,300,302,
　305—319,322—325,330,333,334

P

《普通教育学》　2,3,5,7,9,11,
　129,131,147,148,150—152,186—
　189,192,193,199,202,203,217—
220,222,227,244—247,258—260,
267—270,280—283,300,301,323

Q

启蒙教育学　22,23,97—99,105,
　106,153,251—254,315,318,327
启蒙运动　17,26,63,67—73,77,
　78,81,82,86,92,119,137,153,251
启蒙　2,21,23,27,60,65,67—74,
　76,77,79,81,83,87,92,93,95,
　102,103,105,120,137,166,208,
　241,251,254,256,261,321,322
取向教育学　55,57,333

R

人类教育学　56,57,334

S

诗性教育学　326
施瓦茨　3,9—12,14,16,19,21,
　22,29,47,60,113—115,117—119,
　121,124,125,127—129,131,139,
　141—146,151,153,181—185,194,
　196—198,202—204,209,215—
　217,220—222,227,239—244,247,
　257,258,265—268,270,278—280,
　298—302,305—319,323—326,
　330,333,334
时代情境　15,37,40,46,48,51,
　57,59,60,99,129,142,152,153,
　197,322

实体教育学　50,56,57,154

T

特拉普　11,14,16,17,23,27,47,60,66,91,96,105,113—116,118,119,121,124—126,128,129,132—135,141,146,153,164—169,194,195,197,200,203,204,207,210—215,220—222,226,227,230—232,252—254,261—263,270—273,292,293,302,305—310,313—315,317—319,322,324,325,328,329,333,334

X

新人文主义　13,20—26,29—32,78,80,83,89,93,98,142,153,225,252,315,318

行动教育学　50

学科教育学　54,56,332—334

学名教育学　55,57,332—334

学校教育学　19,54—56,333,334

Y

应用教育学　55,56,332—334

Z

早期德意志教育学　1,4—8,11—20,22—29,47—49,57,58,95,114,116,120,153,194,197,204,221,222,226,261,270,305,307,309,312,313,318—320,322,326,331—335

制度教育学　54,56,332,334

后　　记

本书在我博士毕业论文的基础上修改而成。

2011年秋，蒙董标先生不弃，将我收在门下，从此开启一段奇妙的生命旅程。先生独立卓绝的人格魅力，新颖独特的学术旨趣，严谨勤奋的治学方法，虚极静笃的为人之道，均为学生树立了治学处世的典范。本书从研究方向的确立、研究工具的选取、研究过程的把控，研究结果的呈现，到书稿的修改和最终出版，每个环节先生都付出了大量心血。在我赴德国研修期间，先生时常通过邮件或电话加以指导，且多次发来关键文献。论文初稿完成后，先生严格把关，指出文中的诸多需补强之处。无奈学生愚笨，虽尽力弥补，却远未达到先生的要求。书稿修改时，先生又提出许多宝贵意见且拨冗做序。感谢先生的教诲，愧对先生的期望。

在德国研修期间的合作导师 Monika Schmitz-Emans 教授，在学习和生活上给我许多指导和帮助，让我在异国他乡倍感温暖。是她让我真正领略到德式的学术理念、治学风格和研究方法。在德期间，她多次跟我探讨论文的研究与写作，并且提供了许多宝贵的建议。回国之后，她也多次通过邮件关心论文和工作的进展。感谢 Schmitz-Emans 教授的关怀。

攻读硕士学位期间，导师朱天利先生引领我走进学术研究之门。朱老师关爱生徒、远见卓识，建议我报读博士研究生。我本畏缩不前，在朱老师的不断鼓励和指导下，我才得以走上学术之路。感谢朱老师领路。

我的成长，离不开求学路上的诸位师长，他们为我传授新知、解答疑惑、指明道路。感谢华南师范大学教育科学学院的扈中平老师、胡劲松老师、郑航老师、吴全华老师、葛新斌老师、齐梅老师、袁征老师、肖绍明老师。感谢华东师范大学的李政涛老师、刘良华老师。感谢波鸿鲁尔大学的 Till Koesller 老师、Sonja Steier 老师、Norbert Ricken 老师。

感谢我的同学和朋友们。与平功波、徐巍、宫盛花、涂诗万、赵同友、郑炜君、童想文、张建国、孙碧、杨永炎、陈广耀等学友的交往，不仅让我在学术上时有新收获，也让生活变得丰富多彩。特别感谢李振军，我"漂泊在外"的日子，他不厌其烦地帮我办理学校里的各项琐事。感谢硕士师弟师妹们，感谢每周一次的"习明会"，志同道合的人在一起阅读、研究、分享、探讨、成长，总有新收获。感谢中国国家留学基金管理委员会和德国赛德尔基金会的联合资助，让我有机会赴德国研修。感谢在德期间金秀丽、欧阳燕、张义修、徐彪、曹越、李运杨、Robert Link，David Kajdewicz，Tavvi Laanpere 等朋友在学习和生活上给我的诸多帮助。

家是最温馨的港湾。感谢父亲牛华仁先生和母亲姚文玉女士。在二十余年的漫漫求学路上，他们给了我最大的支持。作为家中独子，却长年在外，感谢父母对我的包容。感谢我的太太谭子欣女士。在辗转颠沛的"穷博士"生活中，她始终给我最温暖的陪伴。每有倦怠之时，她总能给我最有力的支持和鼓励。在我写博士毕业论文时，儿子出生；在修改书稿时，女儿出生，这两个可爱的小家伙给了我更多的动力。

本书得以与读者见面，还要感谢国家社科基金后期资助暨优秀博士论文出版项目的资助。感谢五位项目评审专家给出的宝贵修改建议。感谢中国社会科学出版社的编辑高歌女士,她专业而细致地编校了书稿。

因个人学识有限,书中难免有浅薄和错误之处,敬请读者批评指正。

再次感谢所有帮助过我的人!

牛国兴

2022 年 1 月 21 日